Strafbarkeit grenzüberschreitend tätiger Forschungsgruppen im Bereich der biomedizinischen Forschung in der Europäischen Union

Europäische Hochschulschriften

European University Studies
Publications Universitaires Européennes

Reihe II **Rechtswissenschaft**

Series II Law

Série II Droit

Band/Volume **5576**

Christina Dorr

Strafbarkeit grenzüberschreitend tätiger Forschungsgruppen im Bereich der biomedizinischen Forschung in der Europäischen Union

PL ACADEMIC RESEARCH

Bibliografische Information der Deutschen Nationalbibliothek
Die Deutsche Nationalbibliothek verzeichnet diese Publikation in der Deutschen Nationalbibliografie; detaillierte bibliografische Daten sind im Internet über http://dnb.d-nb.de abrufbar.

Zugl.: Heidelberg, Univ., Diss., 2013

D 16
ISSN 0531-7312
ISBN 978-3-631-64663-2 (Print)
E-ISBN 978-3-653-04154-5 (E-Book)
DOI 10.3726/978-3-653-04154-5

PL Academic Research ist ein Imprint der Peter Lang GmbH.
Peter Lang – Frankfurt am Main · Bern · Bruxelles · New York · Oxford · Warszawa · Wien

Dieses Buch wurde vor Erscheinen peer reviewed.

www.peterlang.com

Vorwort

Die vorliegende Arbeit wurde im Sommersemester 2013 von der Rechtswissenschaftlichen Fakultät der Ruprecht-Karls-Universität in Heidelberg als Dissertation angenommen.

Die Arbeit befindet sich größtenteils auf dem Stand des Monats Oktober 2012. Vereinzelte Aktualisierungen und Ergänzungen wurden jedoch bis November 2013 vorgenommen.

Die Idee zu dem Thema dieser Arbeit geht zurück auf eine Anregung von Herrn Professor Dr. Gerhard Dannecker, dem ich an dieser Stelle für die ausgezeichnete Betreuung meinen tiefsten Dank aussprechen möchte. Durch seine Ratschläge und Anmerkungen sowie die vielen gewinnbringenden Diskussionen in persönlichen Gesprächen und im Rahmen von Seminaren hat er mich stets unterstützt und den Fortgang meiner Arbeit gefördert.

Mein Dank gilt auch dem gesamten Lehrstuhl. Die Bereitschaft der wissenschaftlichen Mitarbeiter meine Thesen und Ideen zu hören und mit mir zu diskutieren, sowie die freundliche Unterstützung, die ich von Seiten des Sekretariats erfahren habe, haben entscheidend zum Gelingen dieser Arbeit beigetragen.

Bedanken möchte ich mich auch bei Herrn Professor Dr. Dr. h.c. Hillenkamp für die rasche Erstellung des Zweitgutachtens.

Widmen möchte ich diese Arbeit meinen Eltern Cornelia und Walter Dorr. Mit ihrer liebevollen Unterstützung und ihrer vorbehaltlosen Förderung haben sie mir eine persönliche und berufliche Entwicklung ermöglicht, für die ich ihnen von Herzen danke. Ohne sie wäre diese Arbeit niemals möglich gewesen.

Inhaltsverzeichnis

Literaturverzeichnis

Ambos, Kai	Internationales Strafrecht, 2. Auflage, München 2008 zit.: „Ambos, Int. StR“
Ambos, Kai/ Steiner, Christian	*„Vom Sinn des Strafens auf innerstaatlicher und supranationaler Ebene“*, Juristische Schulung 2001, S. 9–13 zit.: „Ambos/Steiner, JuS 2001“
Appel, Ivo	Verfassung und Strafe – Zu den verfassungsrechtlichen Grenzen staatlichen Strafens, Berlin 1997 zit.: „Appel, Verfassung und Strafe“
Baumann, Jürgen/ Weber, Ulrich/ Mitsch, Wolfgang	Strafrecht, Allgemeiner Teil, 11. Auflage, Bielefeld 2003 zit.: „Bearbeiter in Baumann/Weber/Mitsch, StR AT“
Behrens, Peter	*„Die Konvergenz der wirtschaftlichen Freiheiten im europäischen Gemeinschaftsrecht“*, Europarecht 1992, S. 145–162 zit.: „Behrens, EuR 1992“
Benda, Ernst/ Maihofer, Werner/ Vogel, Hans-Jochen	Handbuch des Verfassungsrechts, 2. Auflage, Berlin/New York 1994, bearbeitet u.a. von Schulze-Fielitz, Helmuth zit.: „Bearbeiter in Benda/Maihofer/Vogel, Hdb VerfR“
Bergmann, Lothar	Der Begehungsort im Internationalen Strafrecht Deutschlands, Englands und der Vereinigten Staaten von Amerika, Berlin 1966 zit.: „Bergmann, Begehungsort im internationalen Strafrecht“

Bieber, Roland/ Epiney, Astrid/ Haag, Marcel	Die Europäische Union, 8. Aufl., Baden-Baden 2009 zit.: „Bieber/Epiney/Haag, Die Europäische Union“
Binding, Karl	Systematisches Handbuch der Deutschen Strafrechtswissenschaft, Leipzig 1885 zit.: „Binding, HdB des StR“
Blankenagel, Alexander	*„Wissenschaftsfreiheit aus der Sicht der Wissenschaftssoziologie“*, Archiv des Öffentlichen Rechts 1980, S. 36–78 zit.: „Blankenagel, AöR 1980“
Bleckmann, Albert	Völkerrecht, 1. Auflage, Baden-Baden 2001 zit.: „Bleckmann, Völkerrecht“
Bloy, René	Die dogmatische Bedeutung der Strafausschließungs- und Strafaufhebungsgründe, Berlin 1976 zit.: „Bloy, Die dogmatische Bedeutung der Strafausschließungs-und Strafaufhebungsgründe“
Böckenförde-Wunderlich, Barbara	Präimplantationsdiagnostik als Rechtsproblem, Tübingen 2002 zit.: „Böckenförde-Wunderlich, Präimplantationsdiagnostik als Rechtsproblem“
Böhm, Michael	*„Das Europäische Haftbefehlsgesetz und seine rechtsstaatlichen Mängel“*, Neue Juristische Wochenschrift 2005, S. 2588–2590 zit.: „Böhm, NJW 2005“
Böse, Martin	*„Die Stellung des sog. Internationalen Strafrechts im Deliktsaufbau und ihre Konsequenzen für den Tatbestandsirrtum“* in: Bloy, René; Böse, Martin; Hillenkamp, Thomas; Momsen, Carsten; Rackow, Peter (Hrsg.), Gerechte Strafe und legitimes Strafen, Festschrift für Manfred Maiwald zum 75. Geburtstag, Berlin 2010, S. 61–77 zit.: „Böse in FS Maiwald“

Bremer, Karsten	*„Radikal-politische Inhalte im Internet – ist ein Umdenken erforderlich?"*, Multimedia und Recht 2002, S. 147–152 zit.: „Bremer, MMR 2002"
Brewe, Manuela	Embryonenschutz und Stammzellengesetz, Berlin u.a. 2006 zit.: „Brewe, Embryonenschutz und Stammzellengesetz"
Breyer, Hiltrud	Offener Brief zu neuartigen Therapien an die Bundeskanzlerin vom 19.04.2007 abrufbar unter http://www.kritischebioethik.de/breyer_offener_brief_merkel_wg_adv_therapies_19-04-07.pdf [Stand 18.11.2013] zit.„Hiltrud Breyer, Offener Brief 2007"
Brinkmann, Bernhard	Der Vertrauensgrundsatz als eine Regel der Erfahrung. Eine Untersuchung am Beispiel des Lebensmittelstrafrecht, Berlin 1996 zit.: „Brinkmann, Der Vertrauensgrundsatz als eine Regel der Erfahrung"
Brosius-Gersdorf, Frauke	Bindung der Mitgliedstaaten an die Gemeinschaftsgrundrechte, Berlin 2005 zit.: „Brosius-Gersdorf, Bindung der Mitgliedstaaten an die Gemeinschaftsgrundrechte"
Bühler, Margit	Einschränkung von Grundrechten nach der Europäischen Grundrechtecharta, Berlin 2005 zit.: „Bühler, Einschränkung von Grundrechten nach der Europäischen Grundrechtecharta"
Bundesministerium für Bildung und Forschung	
Initiative „BIOTechnikum"	Meilensteine in der Geschichte der Biotechnologie abrufbar unter http://www.biotechnikum.eu/inhalte/biotechnologie/geschichte/meilensteine.html [Stand 18.11.2013] zit.: „Bundesministerium für Bildung und Forschung, BIOTechnikum"

Informationsplattform Biotechnologie	„Was ist Biotechnologie?“, abrufbar unter http://www.biotechnologie.de/bio/generator/Navigation/Deutsch/daten-und-fakten,did=24666.html [Stand 18.11.2013] zit.: „Bundesministerium für Bildung und Forschung, Biotechnologie“
	„Was ist Biotechnologie? Hintergrund-Basiswissen“ Abrufbar unter http://www.biotechnologie.de/BIO/Navigation/DE/Hintergrund/basiswissen.html [Stand 18.11.2013] zit.: „Bundesministerium für Bildung und Forschung, Biotechnologie, Hintergrund, Basiswissen“
	„Wertvolle Spermien einzeln eingefroren“- Förderung – Förderbeispiele“, abrufbar unter http://www.biotechnologie.de/BIO/Navigation/DE/Foerderung/foerderbeispiele,did=117636.html?listBlId=74568&searchText=in%20vitro%20fertilisation [Stand 18.11.2013] zit.: „Bundesministerium für Bildung und Forschung, Biotechnologie, Förderbeispiele“
Calliess, Christian/ Ruffert, Matthias	EUV-AEUV, Das Verfassungsrecht der Europäischen Union mit Europäischer Grundrechtecharta, 4. Auflage, München 2011 bearbeitet u.a. von Bröhmer, Jürgen; Kingreen, Thorsten; Brechmann, Winfried; Kluth, Winfried zit.: „Bearbeiter in Calliess/Ruffert, EGV/AEUV“
Cornils, Karin	Die Fremdrechtsanwendung im Strafrecht, Berlin u.a. 1978 zit.: „Cornils, Die Fremdrechtsanwendung“

Cremer, Wolfram — *„Der programmierte Verfassungskonflikt: Zur Bindung der Mitgliedstaaten an die Charta der Grundrechte der Europäischen Union nach dem Konventsentwurf für eine Europäische Verfassung"*, Neue Zeitschrift für Verwaltungsrecht 2003, S. 1452–1457
zit.: „Cremer, NVwZ 2003"

Dahm, Georg/ Delbrück, Jost/ Wolfrum, Rüdiger — Völkerrecht, Band I/1, 2. Aufl., Berlin u.a. 1989 zit.: „Dahm/Delbrück/Wolfrum, Völkerrecht I/1"

Dahs, Hans/ Müssig, Bernd — *„Gutachten, Rechtliche Stellungnahme zum StZG"*, Gutachten für die Deutsche Forschungsgesellschaft, 2003
abrufbar unter http://www.dfg.de/download/pdf/dfg_im_profil/reden_stellungnahmen/2003/gutachten_dahs_muessig.pdf [Stand 18.11.2013]
zit.: „Dahs/Müssig, Gutachten"

Dahs, Hans/ Müssig, Bernd — *„Wissenschaft(ler) in der Strafrechtsfalle"*, Medizinrecht 2003, S. 617–623
zit.: „Dahs/Müssig, MedR 2003"

Dannecker, Gerhard — Steuerhinterziehung im internationalen Wirtschaftsverkehr in Samson, Erich; Tiedemann, Klaus (Hrsg.), Schriften zum gesamten Wirtschaftsstrafrecht, Band 6, Köln 1984
Zit.: „Dannecker, Steuerhinterziehung im internationalen Wirtschaftsverkehr"

Dannecker, Gerhard — *„Strafrecht der Europäischen Gemeinschaft"* in: Eser, Albin; Huber, Barbara (Hrsg.), Strafrechtsentwicklung in Europa, Band 4, Teilband 3, Freiburg i.Brsg. 1995
zit.: „Dannecker in Eser/Huber (Hrsg.), Strafrechtsentwicklung in Europa"

Dannecker, Gerhard	*„Strafrechtlicher Schutz der Finanzinteressen der Europäischen Gemeinschaft gegen Täuschung"*, Zeitschrift für die gesamte Strafrechtswissenschaft 108, 1996, S. 577–608 zit.: „Dannecker, ZStW 108, 1996"
Dannecker, Gerhard	*„Die Dynamik des materiellen Strafrechts unter dem Einfluss europäischer und internationaler Entwicklungen"*, Zeitschrift für die gesamte Strafrechtswissenschaft 117, 2005, S. 697–748 zit.: „Dannecker, ZStW 117, 2005"
Dannecker, Gerhard/ Hagemeier, Andrea	*„Grenzen der Beteiligung an Finanzvergehen unter besonderer Berücksichtigung von europarechtlichen und völkerrechtlichen Vorgaben"*, in Leitner, Roman (Hrsg.), Finanzstrafrecht 2008, Wien 2009, S. 63–118 zit.: „Dannecker/Hagemeier in Leitner (Hrsg.), Finanzstrafrecht 2008"
Dannecker, Gerhard	*„Können europäische Vorgaben ein Tätig werden des nationalen Gesetzgebers erzwingen?"* in: Hilgendorf, Eric; Beck, Susanne (Hrsg.), Biomedizinische Forschung in Europa, 1. Auflage, Baden-Baden 2010, S. 153–199 zit.: „Dannecker in Hilgendorf/Beck (Hrsg.), Biomedizinische Forschung in Europa"
Dannecker, Gerhard	*Anmerkung zur Fransson-Entscheidung des EuGH vom 26.02.2013*, Juristenzeitung 2013, S. 616–620 Zit.: „Dannecker in JZ 2013"
Dauses, Manfred	Handbuch des EU-Wirtschaftsrechts, 29. Ergänzungslieferung, München 2011 bearbeitet u.a. von Bleckmann, Albert; Pieper, Stefan Ulrich zit.: „Bearbeiter in Dauses, HdB des EU-Wirtschaftsrechts"

Deutsches Ärzteblatt	„Frankreich erlaubt Forschung an embryonalen Stammzellen“ vom 17.07.2013 abrufbar unter http://www.aerzteblatt.de/service/kontakt [Stand 18.11.2013] Zit.: „Dt. Ärzteblatt, Nachrichten vom 17.07.2013“
	„EU-Kommission will weiter Stammzellforschung fördern“ vom 30.11.2011 abrufbar unter http://www.aerzteblatt.de/nachrichten/48235/EU-Kommission-will-weiter-Stammzellforschung-foerdern zit.: „Dt. Ärzteblatt, Nachrichten vom 30.11.2011“
Deutscher Bundestag	
Drucksache des Bundestages V/4095	Zweiter schriftlicher Bericht des Sonderausschusses für die Strafrechtsreform zit.: „BT-Drucks. V/4095
Drucksache des Bundestages V/4335 vom 12.06.1965	Bundesbericht Forschung III abrufbar unter http://dipbt.bundestag.de/doc/btd/05/043/0504335.pdf [Stand 18.11.2013], zit.: „BT-Drucks. V/4335“
Drucksache des Bundestages 11/5460 vom 25.10.1989	Entwurf eines Gesetzes zum Schutz von Embryonen (Embryonenschutzgesetz-ESchG), abrufbar unter http://dip21.bundestag.de/dip21/btd/11/054/1105460.pdf [Stand 18.11.2013] Zit.: „BT-Drucks. 11/5460“
Drucksache des Bundestages 14/6640 vom 03.08.2001	Antrag der Abgeordneten Katherina Reiche, u.a., abrufbar unter http://dip21.bundestag.de/dip21/btd/14/066/1406640.pdf [Stand 18.11.2013] zit.: „BT-Drucks. 14/6640“

Drucksache des Bundestages 14/7546 vom 21.11.2001 – Zweiter Zwischenbericht der Enquete-Kommission Recht und Ethik der modernen Medizin, abrufbar unter http://dip21.bundestag.de/dip21/btd/14/075/1407546.pdf [Stand 18.11.2013]
zit.: „BT-Drucks. 14/7546“

Drucksache des Bundestages 14/9020 vom 14.05.2002 – Schlussbericht der Enquete-Kommission „Recht und Ethik der modernen Medizin“, abrufbar unter http://dip21.bundestag.de/dip21/btd/14/090/1409020.pdf [Stand 18.11.2013]
zit.: „BT-Drucks. 14/9020“

Drucksache des Bundestages 16/7981 vom 06.02.2008 – Entwurf eines Gesetzes zur Änderung des Stammzellgesetzes, abrufbar unter http://dip21.bundestag.de/dip21/btd/16/079/1607981.pdf [Stand 18.11.2013]
zit.: „BT-Drucks. 16/7981“

Drucksache des Bundestages 16/7982 vom 05.02.2008 – Entwurf eines Gesetzes für eine menschenfreundliche Medizin – Gesetz zur Änderung des Stammzellgesetzes, abrufbar unter http://dip21.bundestag.de/dip21/btd/16/079/1607982.pdf [Stand 18.11.2013]
zit.: „BT-Drucks. 16/7982“

Drucksache des Bundestages 16/7983 vom 06.02.2008 – Entwurf eines Gesetzes zur Änderung des Gesetzes zur Sicherstellung des Embryonenschutzes im Zusammenhang mit menschlichen embryonalen Stammzellen (Stammzellgesetz – StZG)
abrufbar unter http://dip21.bundestag.de/dip21/btd/16/079/1607983.pdf [Stand 18.11.2013]
zit.: „BT-Drucks. 16/7983“

Drucksache des Bundestages 16/7984 vom 06.02.2008 – Entwurf eines Gesetzes zur Änderung des Stammzellgesetzes, abrufbar unter http://dip21.bundestag.de/dip21/btd/16/079/1607984.pdf [Stand 18.11.2013]
zit.: „BT-Drucks. 16/7984“

Plenarprotokoll des Bundestages 14/233 vom 25.04.2002	Stenographischer Bericht, abrufbar unter http://dipbt.bundestag.de/doc/btp/14/14233.pdf#P.23209 [Stand 18.11.2013] zit.: „Plenarprotokoll des BT 14/233“
Deutscher Bundesrat	Entwurf eines Strafgesetzbuches (StGB), E 1962, mit Begründung Zit.: „BR-Drucks. 200/62, E 1962“
Deutsche Forschungsgemeinschaft	
Stellungnahme zur Stammzellforschung in Deutschland-Möglichkeiten und Perspektiven, Oktober 2006	abrufbar unter http://www.dfg.de/download/pdf/dfg_im_profil/reden_stellungnahmen/2006/stammzellforschung_deutschland_lang_0610.pdf[Stand 18.11.2013] zit.: „Stellungnahme der Deutschen Forschungsgemeinschaft 2006“
Empfehlungen zur Forschung mit menschlichen Stammzellen vom 03. Mai 2001	abrufbarunterhttp://www.dfg.de/download/pdf/dfg_im_profil/reden_stellungnahmen/download/empfehlungen_stammzellen_03_05_01.pdf [Stand 18.11.2013] zit.: „Empfehlungen der Deutschen Forschungsgemeinschaft 2001“
Deutsches Institut für Wirtschaftsforschung Pressemitteilung vom 28.06.2006	abrufbar unter http://www.diw.de/de/diw_01.c.100319.de/presse/pressemitteilungen/pressemitteilungen.html?id=diw_01.c.10170.de [Stand 18.11.2013] zit.: „Pressemitteilung des Deutschen Instituts für Wirtschaftsforschung 2006“
Deutsches Referenzzentrums für Ethik in den Biowissenschaften	Übersicht ausgewählter nationaler und international Gesetze und Regelungen, abrufbar unter http://www.drze.de/im-blickpunkt/stammzellen/gesetze-und-regelungen [Stand 18.11.2013] zit.: „Übersicht DRZE“
Doehring, Karl	Völkerrecht, 2. Auflage, Heidelberg 2004 zit.: „Doehring, Völkerrecht“

Dreier, Horst — Kommentar Grundgesetz, Band I, Präambel, Art. 1–19 GG, 1. Auflage, Tübingen 1996
bearbeitet u.a. von Dreier, Horst
zit.: „Bearbeiter in Dreier, 1. Aufl., Bd.I“

Dreier, Horst — Kommentar Grundgesetz, Band I, Präambel, Art. 1–19 GG, 2. Auflage, Tübingen 2004
bearbeitet u.a. von Dreier, Horst; Schulze-Fielitz, Helmuth; Pernice, Ingolf
zit.: „Bearbeiter in Dreier, 2. Aufl., Bd.I“

Dreier, Horst — Kommentar Grundgesetz, Band III, Art. 83–146 GG,
2. Auflage, Tübingen 2008
bearbeitet u.a. von Schulze-Fielitz, Helmuth
zit.: „Bearbeiter in Dreier, 2. Aufl., Bd.III“

Dreier, Horst — *„Menschenwürdegarantie und Schwangerschaftsabbruch“*, Deutsche Öffentliche Verwaltung 1995, S. 1036–1040
zit.: „Dreier, DÖV 1995“

Ehlers, Dirk — Europäische Grundrechte und Grundfreiheiten,
3. Auflage, Berlin 2009
bearbeitet u.a. von Becker, Ulrich; Ehlers, Dirk; Pünder, Hermann; Pache, Eckhard; Ruffert, Matthias; Tietje, Christian
zit.: „Bearbeiter in Ehlers, Europäische Grundrechte und Grundfreiheiten“

Emmerich-Fritsche, Angelika — Der Grundsatz der Verhältnismäßigkeit als Direktive und Schranke der EG-Rechtssetzung, Berlin 2000
zit.: „Emmerich-Fritsche, Der Grundsatz der Verhältnismäßigkeit“

Epiney, Astrid — Umgekehrte Diskriminierungen, Köln u.a. 1995
zit.: „Epiney, Umgekehrte Diskriminierungen“

Epping, Volker — *„Die Nivellierungen im Bereich des Rüstungsexportsrechts“*, Recht der Internationalen Wirtschaft 1991, S. 461–470
zit.: „Epping, RIW 1991“

Eser, Albin/Koch, Hans-Georg — *„Forschung mit humanen embryonalen Stammzellen im In-und Ausland- Rechtsgutachten zu den strafrechtlichen Grundlagen und Grenzen der Gewinnung, Verwendung und des Imports sowie der Beteiligung daran durch Veranlassung, Förderung und Beratung“*, Gutachten, Freiburg 2003, abrufbar unter http://www.dfg.de/download/pdf/dfg_im_profil/reden_stellungnahmen/2003/gutachten_eser_koch.pdf [Stand 18.11.2013]
zit.: „Eser/Koch, Gutachten“

Eser, Albin — *„Das „Internationale Strafrecht“ in der Rechtsprechung des Bundesgerichtshofs“*, in: Canaris, Claus-Wilhelm; Heldrich, Andreas; Hopt, Klaus J.; Roxin, Claus; Schmidt, Karsten; Widmaier, Gunter (Hrsg.), 50 Jahre Bundesgerichtshof-Festgabe aus der Wissenschaft, Band IV, Strafrecht und Strafprozessrecht, München 2000, S. 3–28
zit.: „Eser in Festgabe BGH“

Eser, Albin — *„Die Entwicklung des Internationalen Strafrechts im Lichte des Werkes von Hans-Heinrich Jescheck“* in: Vogler, Theo (Hrsg.) i.V.m. Herrmann, Joachim; Krümpelmann, Justus; Moos, Reinhard; Triffterer, Otto; Leibinger, Rudolf; Schaffmeister, Dieter; Meyer, Jürgen; Hünerfeld, Peter; Behrendt, Hans-Joachim, Festschrift für Hans-Heinrich Jescheck zum 70. Geburtstag, 1. Halbband, Berlin 1985, S. 1353–1377
zit.: „Eser in FS Jescheck“

Europäische Kommission

Mittteilung der Kommission an das Europäische Parlament, den Rat und den Europäischen Wirtschafts- und Sozialausschuss, „Biowissenschaften und Biotechnologie: Eine Strategie für Europa vom 05.03.2003, S. 2 ff.	abrufbar unter http://ec.europa.eu/biotechnology/pdf/com2003–96_de.pdf [Stand 18.11.2013] zit.: „Biowissenschaften und Biotechnologie: Eine Strategie für Europa vom 05.03.2003“
Mitteilung der Kommission an das Europäische Parlament, den Rat und den Europäischen Wirtschafts-und Sozialausschuss, „Biowissenschaften und Biotechnologie: Eine Strategie für Europa“ vom 23.01.2002	abrufbar unter http://eur-lex.europa.eu/LexUriServ/LexUriServ.do?uri=COM:2002:0027:FIN:DE:PDF [Stand 18.11.2013] zit.: „Biowissenschaften und Biotechnologie: Eine Strategie für Europa vom 23.01.2002“

Europäisches Parlament

Entschließung zur Zukunft der Biotechnologieindustrie vom 15. März 2001	Doc. A5–0080/2001 abrufbar unter http://www.europarl.europa.eu/sides/getDoc.do?pubRef=-//EP//TEXT+TA+P5-TA-2001–0153+0+DOC+XML+V0//DE [Stand 18.11.2013] zit.: „Entschließung des Europäischen Parlaments zur Zukunft der Biotechnologieindustrie vom 15.03.2009“

Entschließung des Europäischen Parlaments zum Klonen von Menschen vom 07.09.2000	Doc. B5–0710, 0751, 0753 und 0764/2000, abrufbar unter http://www.europarl.europa.eu/comparl/tempcom/genetics/links/b5_0710_de.pdf [Stand 18.11.2013] zit.: „Entschließung des Europäischen Parlaments zum Klonen von Menschen vom 07.09.2000“
Entschließung des Europäischen Parlaments bzgl. des am 08.09.1995 erteilten Patents Nr. EP 695 351 vom 08.12.2000	Doc. B5–0288, 0291, 0293, 0299 und 0301/2000 http://www.europarl.europa.eu/comparl/tempcom/genetics/links/b5_0288_de.pdf [Stand 18.11.2013] zit.: „Entschließung des Europäischen Parlaments bzgl. des am 08.09.1995 erteilten Patents Nr. EP 695 351 vom 08.12.2000.“
Europäisches Parlament und Europäischer Rat	
Beschluss Nr. 1982/2006/EG vom 18. Dezember 2006 über das Siebte Rahmenprogramm der Europäischen Gemeinschaft für Forschung, technologische Entwicklung und Demonstration (2007 bis 2013)	abrufbar unter http://eur-lex.europa.eu/LexUriServ/LexUriServ.do?uri=OJ:L:2006:412:0001:0041:DE:PDF [Stand 18.11.2013] zit.„Abl. der EU vom 30.12.2006, Nr. L 412/1“
Europäisches Parlament, der Rat und die Kommission	
Erläuterungen zur Charta der Grundrechte	Amtsblatt der Europäischen Union vom 16.12.2004, Nr. C 310/435. abrufbar unter http://eur-lex.europa.eu/LexUriServ/LexUriServ.do?uri=OJ:C:2004:310:0420:0464:DE:PDF [Stand 18.11.2013] zit.: „Abl. der EU vom 16.12.2004, Nr. C 310/435“

Fischer, Hans Georg — Europarecht, 2. Auflage, Köln/München 2008
zit.: „Hans Georg Fischer, Europarecht“

Fischer, Thomas — Strafgesetzbuch und Nebengesetze, Kurzkommentar, 57. Auflage, München 2010
zit.: „Fischer, StGB“

Forsthoff, Ulrich — *„Die Tragweite des Rechtfertigungsgrundes aus Art. 46 Abs.1 EG für die Niederlassungsfreiheit, die Dienstleistungsfreiheit und für die Gesellschaften“*, Europäisches Wirtschafts-und Steuerrecht 2001, S. 59–65
zit.: „Forsthoff, EWS 2001“

Fremuth, Michael — *„Cassis de Dijon“ – Zu der dogmatischen Einordnung zwingender Erfordernisse“*, Europarecht 2006, S. 866–878
zit.: „Fremuth, EuR 2006“

Frenz, Walter — Handbuch Europarecht, Band 1, Europäische Grundfreiheiten, Berlin u.a. 2004
zit.: „Frenz, Hdb EuR, Bd.1“

Frenz, Walter — Handbuch Europarecht, Band 4, Europäische Grundrechte, Berlin u.a. 2009
zit.: „Frenz, Hdb EuR, Bd.4“

Frenz, Walter — *„Grundfreiheiten und Grundrechte“*, Europarecht 2002, S. 603–618
zit.: „Frenz, EuR 2002“

Gärditz, Klaus Ferdinand — Weltrechtspflege – Eine Untersuchung über die Entgrenzung staatlicher Strafgewalt, Berlin 2006
zit.„Gärditz, Weltrechtspflege“

Gallas, Wilhelm — Beiträge zur Verbrechenslehre, Berlin 1968
zit.: „Gallas, Beiträge zur Verbrechenslehre“

Gardocki, Lech — *„Über den Begriff des Internationalen Strafrechts“*, Zeitschrift für die gesamte Strafrechtswissenschaft 98, 1986, S. 703–719
zit.: „Gardocki, ZStW 98, 1986“

Gebauer, Jochen — Die Grundfreiheiten des EG-Vertrags als Gemeinschaftsgrundrechte, Berlin 2003
zit.: „Gebauer, Die Grundfreiheiten des EG-Vertrages als Gemeinschaftsgrundrechte"

Geddert-Steinacher, Tatjana — Menschenwürde als Verfassungsbegriff – Aspekte der Rechtsprechung des Bundesverfassungsgerichts zu Art. 1 Abs. 1 Grundgesetz, Berlin 1990
zit.: „Geddert-Steinacher, Menschenwürde als Verfassungsbegriff"

Gellermann, Martin — *„Das Stromeinspeisungsgesetz auf dem Prüfstand des Europäischen Gemeinschaftsrechts"*, Deutsches Verwaltungsblatt 2000, S. 509–519
zit.: „Gellermann, DVBl. 2000"

Grabitz, Eberhard/ Hilf, Meinhard — Das Recht der Europäischen Union, Band I-III, EGV/EUV, 38. Ergänzungslieferung, München 2009,
bearbeitet u.a. von Hilf, Meinhard; Randelzhofer, Albrecht; Forsthoff, Ulrich
zit.: „Bearbeiter in Grabitz/Hilf, Das Recht der Europäischen Union

Gribbohm, Günter — *„Strafrechtsgeltung und Teilnahme"*, Juristische Rundschau 1998, S. 177–179
zit.: „Gribbohm, JR 1998"

Grünwald, Gerald — *„Anmerkung zum Beschluss des BVerfG – 2 BvR 941/75 vom 21.01.1976 zur Verwerfung der Verfassungsbeschwerde gegen den Beschluss des BGH vom 22.20.1975 – 1 StE 1/74"*, Juristenzeitung 1976, S. 767–773
zit.: „Grünwald, JZ 1976"

Gundel, Jörg — *„Lex mitior, Grundrechte und Grundfreiheiten"*, Europäische Zeitschrift für Wirtschaftsrecht 2009, S. 833,
zit.: „Gundel, EuZW 2009"

Habscheid, Walther J./ Rudolf, Walter	Territoriale Grenzen der staatlichen Rechtssetzung, Karlsruhe 1973 Zit.: „Habscheid/Rudolf, Territoriale Grenzen der staatlichen Rechtssetzung“
Hamann, Andreas	Grundgesetz und Strafgesetzgebung, Neuwied/Berlin 1963 zit.: „Hamann, Grundgesetz und Strafgesetzgebung“
Haratsch, Andreas/ König, Christian/ Pechstein, Matthias	Europarecht, 7. Auflage, Tübingen 2010 zit.: „Haratsch/König/Pechstein, Europarecht“
Haßmann, Holger	Embryonenschutz im Spannungsfeld internationaler Menschenrechte, staatlicher Grundrechte und nationaler Regelungsmodelle zur Embryonenforschung, Berlin u.a. 2003 zit.: „Haßmann, Embryonenschutz im Spannungsfeld“
Hecker, Bernd	Europäisches Strafrecht, 2. Auflage, Berlin u.a. 2007 zit.: „Hecker, Europ. StR“
Heinrich, Bernd	*„Handlung und Erfolg bei Distanzdelikten“* in: Heinrich, Bernd; Hilgendorf, Eric; Mitsch, Wolfgang; Sternberg-Lieben, Detlev (Hrsg.), Festschrift für Ulrich Weber zum 70. Geburtstag, Bielefeld 2004 zit.: „Heinrich in FS Weber“
Herdegen, Matthias	Völkerrecht, 7. Auflage, München 2008 zit.: „Herdegen, Völkerrecht“
Herdegen, Matthias	Europarecht, 12. Auflage, München 2010 zit.: „Herdegen, Europarecht“
Herdegen, Matthias	*„Die Menschenwürde im Fluss des bioethischen Diskurses“*, Juristenzeitung 2001, S. 773–779, zit.: „Herdegen, JZ 2001“

Heselhaus, Sebastian M/ Nowak, Carsten — Handbuch der Europäischen Grundrechte, München/Bern 2006
bearbeitet u.a. von Mann, Thomas; Nowak, Carsten; Rixen, Stephan
zit.: „Bearbeiter in Heselhaus/Nowak, HdB Europäische Grundrechte“

Heun, Werner — *„Embryonenforschung und Verfassung – Lebensrecht und Menschenwürde des Embryos“*, Juristenzeitung 2002, S. 517–524
zit.: „Heun, JZ 2002“

Heyer, Martin/ Dederer, Hans-Georg — Präimplantationsdiagnostik, Embryonenforschung, Klonen – Ein vergleichender Überblick der Rechtslage in ausgewählten Ländern, Freiburg/München 2007
zit.: „Heyer/Dederer, Präimplantationsdiagnostik, Embryonenforschung, Klonen“

Hobe, Stephan — Europarecht, 5. Auflage, München 2010
zit.: Hobe, Europarecht“

Hofmann, Rainer — Grundrechte und grenzüberschreitende Sachverhalte, Berlin u.a. 1994
zit.„Hofmann, Grundrechte und grenzüberschreitende Sachverhalte“

Holthausen, Dieter — *„Die Strafbarkeit von Auslandstaten Deutscher und das völkerrechtliche Interventionsverbot“*, Neue Juristische Wochenschrift 1992, S. 214–216
zit.: „Holthausen, NJW 1992“

Hilgendorf, Eric — *„Strafbarkeitsrisiko bei der Stammzellenforschung mit Auslandskontakten“*, Zeitschrift für Rechtspolitik 2006, S. 22–25
zit.: „Hilgendorf, ZRP 2006“

Hillgruber, Christian — *„Die Forschung an embryonalen Stammzellen“*, Humboldt Forum Recht 2008, S. 111–118
zit.: „Hillgruber, HFR 2008“

Huber, Peter M. | *„Unitarisierung durch Gemeinschaftsgrundrechte-Zur Überprüfungsbedürftigkeit der ERT-Rechtsprechung“*
Europarecht 2008, S. 190–199
zit.: „Huber, EuR 2008“

Huber, Peter M. | *„Das Kooperationsverhältnis zwischen BVerfG und EuGH in Grundrechtsfragen“*, Europäische Zeitschrift für Wirtschaftsrecht 1997, S. 517–521
zit.: „Huber, EUZW 1997“

Iliadou, Ekaterini | Forschungsfreiheit und Embryonenschutz, Berlin 1999
zit.: „Ilidaou, Forschungsfreiheit und Embryonenschutz“

Ipsen, Knut | Völkerrecht, 5. Auflage, München 2004
bearbeitet u.a. von Epping, Volker; Gloria, Christian; Heintschel von Heinegg, Wolff
zit.: „Bearbeiter in Ipsen, Völkerrecht“

Ipsen, Jörn | *„Der „verfassungsrechtliche Status“ des Embryos in vitro*, Juristenzeitung 2001, S. 989–996
zit.: „Ipsen, JZ 2001“

Ipsen, Jörn | *„Zur Zukunft der Embryonenforschung“*, Neue Juristische Wochenschrift 2004, S. 268–270
zit.: „Ipsen, NJW 2004“

Isensee, Josef/ Kirchhof, Paul | Handbuch des Staatsrechts der Bundesrepublik Deutschland, Band V, Allgemeine Grundrechtslehren, 2. Auflage, Heidelberg 2000
bearbeitet u.a. von Isensee, Josef; Quaritsch, Helmut
Zit.: „Bearbeiter in Isensee/Kirchhof, HdB StR, Bd.V, 2. Aufl.“

Isensee, Josef/ Kirchhof, Paul | Handbuch des Staatsrechts der Bundesrepublik Deutschland, Band VI, Freiheitsrechte, 2. Auflage, Heidelberg 2001
bearbeitet u.a. von Hill, Hermann; Lorenz, Dieter
zit.: „Lorenz in Isensee/Kirchhof, HdB StR, Bd.VI, 2. Aufl."

Isensee, Josef/ Kirchhof, Paul | Handbuch des Staatsrechts der Bundesrepublik Deutschland, Band VII, Freiheitsrechte, 3. Auflage, Heidelberg 2009
bearbeitet u.a. von Müller-Terpitz, Ralf
zit.: „Bearbeiter in Isensee/Kirchhof, HdB StR, Bd.VII, 3. Aufl."

Isensee, Josef | *„Der grundrechtliche Status des Embryos – Menschenwürde und Recht auf Leben als Determinanten der Gentechnik"* in: Höffe, Otfried; Honnefelder, Ludger; Isensee Josef; Kirchhof, Paul (Hrsg.), Gentechnik und Menschenwürde – An den Grenzen von Ethik und Recht, Köln 2002, S. 37–77
zit.: „Isensee in Höffe/Honnefelder/Isensee/Kirchhof (Hrsg.), Gentechnik und Menschenwürde"

Jakobs, Günter | Strafrecht Allgemeiner Teil, 2. Auflage, Berlin u.a. 1991
zit.: „Jakobs, StR AT"

Jarass, Hans D. | EU-Grundrechte, München 2005
zit.: „Jarass, EU-Grundrechte"

Jarass, Hans D. | *„Elemente einer Dogmatik der Grundfreiheiten II"*, Europarecht 2000, S. 705–723
zit.: „Jarass, EuR 2000"

Jarass, Hans D. | *„Die Niederlassungsfreiheit in der Europäischen Gemeinschaft"*, Recht der internationalen Wirtschaft, 1993, S. 1–7
zit.: „Jarass, RIW 1993"

Jarass, Hans D./ Pieroth, Bodo — Grundgesetz für die Bundesrepublik Deutschland, Kommentar, 9. Auflage, München 2007
zit.: „Bearbeiter in Jarass/Pieroth"

Jescheck, Hans-Heinrich/Weigend, Thomas — Strafrecht Lehrbuch des Strafrechts, Allgemeiner Teil, 5. Auflage, Berlin 1996
zit.: „Jescheck/Weigend, StR AT"

Jescheck, Hans Heinrich — *„Gegenstand und neueste Entwicklung des Internationalen Strafrechts"*, in: Schroeder, Friedrich-Christian; Zipf, Heinz (Hrsg.), Festschrift für Reinhart Maurach zum 70. Geburtstag, Karlsruhe 1972, S. 579–594
zit.: „Jescheck in FS Maurach"

Joecks, Wolfgang/ Miebach, Klaus — Münchener Kommentar zum Strafgesetzbuch, Band 1, §§ 1–51, München 2003 bearbeitet u.a. Ambos, Kai; Joecks, Wolfgang; Radtke, Henning; Ruegenberg, Guido
zit.: „Bearbeiter in MüKo"

Jung, Heike — *„Die Inlandsteilnahme an ausländischer strafloser Haupttat"*, Juristenzeitung 1979, S. 327–332
zit.: „Jung, JZ 1979"

Kanitz, Ralf/ Steinberg, Philipp — *„Grenzenloses Gemeinschaftsrecht? Die Rechtsprechung des EuGH zu Grundfreiheiten, Unionsbürgerschaft und Grundrechten als Kompetenzproblem"*, Europarecht 2003 S. 1013–1036
zit.: „Kanitz/Steinberg, EuR 2003"

Katzorke, Klaus-Dieter — Die Verwirkung des staatlichen Strafanspruchs, Frankfurt a.M. u.a. 1989
zit.: „Katzorke, Die Verwirkung des staatlichen Strafanspruchs"

Kingreen, Thorsten/ Störmer, Rainer — *„Die subjektiv öffentlichen Rechte des primären Gemeinschaftsrechts"*, Europarecht 1998, S. 263–290
zit.„.Kingreen/Störmer, EUR 1998"

Kingreen, Thorsten — *„Theorie und Dogmatik der Grundrechte im europäischen Verfassungsrecht"*, Europäische Grundrechte Zeitschrift 2004, S. 570–576
zit.: „Kingreen, EuGRZ 2004"

Klein, Eckart — *„Das Grundgesetz als gesamtstaatliche Verfassung"*, in: Dörr, Dieter; Fink, Udo; Hillgruber, Christian; Kempen, Bernhard; Murswiek, Dietrich (Hrsg.), Die Macht des Geistes, Festschrift für Hartmut Schiedermair, Heidelberg 2001, S. 125–141
zit.: „Klein in FS Schiedermair"

Klein, Hans H. — *„Die grundrechtliche Schutzpflicht"*, Deutsches Verwaltungsblatt 1994, S. 489–497
zit.: „Klein, DVBl. 1994"

Kloepfer, Michael — *„Humangenetik als Verfassungsfrage"*, Juristenzeitung 2002, S. 417–428
zit.: „Kloepfer, JZ 2002"

Klose, Peter — *„<Ius puniendi> und Grundgesetz"*, Zeitschrift für die gesamte Strafrechtswissenschaft 86, 1974, S. 33–67,
zit.: „Klose, ZStW 86, 1974"

Kluth, Winfried — *„Verfassungsrechtliche Rahmenbedingungen der Präimplantationsdiagnostik"* in: Dierks, Christian; Wienke, Albrecht; Eisenmenger, Wolfgang (Hrsg.), Rechtsfragen der Präimplantationsdiagnostik, Berlin/Heidelberg 2007, S. 83–120
zit.: „Kluth in Dierks/Wienke/Eisenmenger (Hrsg.), Rechtsfragen der Präimplantationsdiagnostik"

Kober, Martin — Grundrechtsschutz in der Europäischen Union, München 2009
zit.: „Kober, Grundrechtsschutz in der Europäischen Union"

Krapp, Christiane — Distanzdelikt und Distanzteilnahme im internationalen Strafrecht, Kiel 1977
zit.: „Krapp, Distanzdelikt und Distanzteilnahme"

Kreß, Claus — „*Völkerstrafrecht und Weltrechtspflegeprinzip im Blickfeld des Internationalen Gerichtshofs*", Zeitschrift für die gesamte Strafrechtswissenschaft 114, 2002, S. 818–849
zit.: „Kreß, ZStW 114, 2002"

Kudlich, Hans — „*Herkunftslandprinzip und internationales Strafrecht*", Höchstrichterliche Rechtsprechung im Strafrecht, 2004, S. 278–284
zit.: „Kudlich, HRRS 2004"

Kühl, Kristian — Strafrecht Allgemeiner Teil, 6. Auflage, München 2008
zit.: „Kühl, StR AT"

Lackhoff, Klaus — Die Niederlassungsfreiheit des EGV – nur ein Gleichheits- oder auch ein Freiheitsrecht, Berlin 2000
zit.: „Lackhoff, Die Niederlassungsfreiheit des EGV"

Lackner, Karl/ Kühl, Kristian — Kommentar zum Strafgesetzbuch, 27. Auflage, München 2011
Zit.: „Lackner/Kühl"

Lagodny, Otto — „*Grundkonstellationen des Internationalen Strafrechts*", Zeitschrift für die gesamte Strafrechtswissenschaft 101, 1989, S. 987–1011
zit.: „Lagodny, ZStW 101, 1989"

Lege, Joachim — „*Das Recht der Bio-und Gentechnik*" in: Schulte, Martin (Hrsg.), Handbuch des Technikrechts, Enzyklopädie der Rechts- und Staatwissenschaften,
Berlin u.a. 2003, S. 669–804
Zit.: „Lege in Schulte (Hrsg.), HdB Technikrecht"

Leipziger Kommentar	Kommentar zum Strafgesetzbuch, 1. Band, 11. Auflage, Berlin 2003, bearbeitet u.a. von Gribbohm, Günter zit.: „Bearbeiter in LK, 11. Aufl."
Leipziger Kommentar	Kommentar zum Strafgesetzbuch, 1. Band, 12. Auflage, Berlin 2006 bearbeitet u.a. von Dannecker, Gerhard; Werle, Gerhard; Jeßberger, Florian zit.: „Bearbeiter in LK, 12. Aufl."
Liebelt, Klaus Günter	Zum deutschen Internationalen Strafrecht und seiner Bedeutung für den Einfluss außerstrafrechtlicher Rechtssätze des Auslands auf die Anwendung inländischen Strafrechts, Bamberg 1978 zit.: „Liebelt, Zum deutschen internationalen Strafrecht"
Lilie, Hans/ Albrecht, Dietlinde	*„Strafbarkeit im Umgang mit Stammzellenlinien aus Embryonen und damit im Zusammenhang stehender Tätigkeiten nach deutschem Recht"*, Neue Juristische Wochenschrift 2001, S. 2774–2776 zit.: „Lilie/Albrecht, NJW 2001"
Lindner, Josef Franz	*„Zur grds. Bedeutung des Protokolls über die Anwendung der Grundrechtecharta auf Polen und das Vereinigte Königreich – zugleich ein Beitrag zur Auslegung von Art. 51 EGC"*, Europarecht 2008, S. 786–799 zit.: „Lindner, EuR 2008"
Lorenz, Dieter	*„Wissenschaft darf nicht alles! Zur Bedeutung der Rechte anderer als Grenze grundrechtlicher Gewährleistung"* in: Badura, Peter; Scholz, Rupert (Hrsg.), Wege und Verfahren des Verfassungslebens – Festschrift für Peter Lerche zum 65. Geburtstag, München 1993, S. 267–280 zit.: „Lorenz in FS Lerche"

Losch, Bernhard/ Radau, Wiltrud Christine	*„Forschungsverantwortung als Verfahrensaufgabe"*, Neue Zeitschrift für Verwaltungsrecht 2003, S. 390–397 zit.: „Losch/Radau, NVwZ 2003"
Lüttger, Hans	*„Bemerkungen zu Methodik und Dogmatik des Strafschutzes für nichtdeutsche öffentliche Rechtsgüter"* in: Vogler, Theo (Hrsg.), Festschrift für Hans-Heinrich Jescheck zum 70. Geburtstag, 1.Halbband, Berlin 1985, S. 121–178 Zit.: „Lüttger in FS Jescheck"
Lungstras, Anne Barbara	Der Umgang mit dem Embryo in vitro – eine Analyse der Überzeugungsstrategien in der verfassungsrechtlichen Debatte um die embryonale Stammzellenforschung und die Präimplantationsdiagnostik, Baden-Baden 2008 zit.: „Lungstras, Der Umgang mit dem Embryo in vitro"
Lutter, Marcus	*„Die Auslegung angeglichenen Rechts"*, Juristenzeitung 1992, S. 593–607 zit.: „Lutter, JZ 1992"
Maunz, Theodor/ Dürig, Günter	Kommentar zum Grundgesetz, Band III, Loseblattsammlung, 67. Ergänzungslieferung, München 2013, bearbeitet u.a. von Di Fabio, Udo; Grzeszick, Bernd, zit.: „Bearbeiter in Maunz/Dürig, GG"
Maurach, Reinhart/ Zipf, Heinz	Strafrecht, Allgemeiner Teil, Teilband I, 8. Auflage, Heidelberg 1992 zit.: „Maurach/Zipf, StR AT, Tb.I"
Maurach, Reinhart/ Gössel, Karl Heinz/ Zipf, Heinz	Strafrecht, Allgmeiner Teil, Teilband II, 7. Auflage, Heidelberg 1989 zit.„Maurach/Gössel/Zipf, StR AT, Tb. II"

Merten, Detlef	*„Räumlicher Geltungsbereich von Grundrechtsbestimmungen“*, in: Dörr, Dieter; Fink, Udo; Hillgruber, Christian; Kempen, Bernhard; Murswiek, Dietrich (Hrsg.) Die Macht des Geistes, Festschrift für Hartmut Schiedermair, Heidelberg 2001, S. 331–345 zit.: „Merten in FS Schiedermair“
Meyer, Jürgen	Charta der Grundrechte der Europäischen Union, Kommentar, 3. Auflage, Baden-Baden 2011 bearbeitet u.a. von Bernsdorff, Norbert; Borowsky, Martin zit.: „Bearbeiter in Meyer, EGRC“
Michael, Lothar	*„Der Verweis auf „ethische Grundprinzipien“ als europäisches Embryonenschutzkonzept?“*, in Hilgendorf, Eric/Beck, Susanne (Hrsg.), Biomedizinische Forschung in Europa, 1. Auflage, Baden-Baden 2010, S. 47–60 zit.: „Michael in Hilgendorf/Beck, Biomedizinische Forschung in Europa“
Miller, Dennis/ Rackow, Peter	*„Transnationale Täterschaft und Teilnahme-Beteiligungsdogmatik und Strafanwendungsrecht“*, Zeitschrift für die gesamte Strafrechtswissenschaft 117, 2005, S. 379–417, zit.: „Miller/Rackow, ZStW 117, 2005“
Müller-Terpitz, Ralf	*„Die neuen Empfehlungen der DFG zur Forschung mit menschlichen Stammzellen“*, Wissenschaftsrecht 2001, S. 271–286 zit.: „Müller-Terpitz, WissR 2001“
Müller-Terpitz, Ralf	Der Schutz des pränatalen Lebens, Tübingen 2007 zit.: „Müller-Terpitz, Pränatales Leben“

Müller-Terpitz, Ralf	Das Recht der Biomedizin, Berlin u.a. 2006 zit.: „Müller-Terpitz, Recht der Biomedizin“
Nettesheim, Martin	*„Grundrechtliche Prüfdichte durch den EuGH“*, Europäische Zeitschrift für Wirtschaftsrecht 1995, S. 106–108 zit.: „Nettesheim, EuZW 1995“
Nettesheim, Martin	*„Die europarechtlichen Grundrechte auf wirtschaftliche Mobilität“*, Neue Zeitschrift für Verwaltungsrecht 1996, S. 342–345 zit.: „Nettesheim, NVwZ 1996“
Neumann, Ulfried	*„Normtheoretische Aspekte der Irrtumsproblematik im Bereich des „Internationalen* Strafrechts“, in: Britz, Guido; Jung, Heike; Koriath, Heinz; Müller, Egon (Hrsg.), Grundfragen staatlichen Strafens, Festschrift für Heinz Müller-Dietz zum 70. Geburtstag, München 2001, S. 589–607 zit.: „Neumann in FS Müller-Dietz“
Nomos Kommentar	Kommentar zum Strafgesetzbuch, Band I, §§ 1–145 d, 2. Auflage, Baden- Baden 2005 bearbeitet u.a. von Lemke, Michael Zit.: „Bearbeiter in NK, 2. Aufl.“
Nomos Kommentar	Kommentar zum Strafgesetzbuch, Band I, §§ 1–145 d StGB, 4. Auflage, Baden-Baden 2013, bearbeitet u.a. von Paeffgen, Hans-Ullrich zit.: „Bearbeiter in NK, 4. Aufl.“
Nowak, Carsten	*„Der Status der Forschung in der EU-Grundrechtecharta und in der Europäischen Menschenrechtskonvention“* in: Hilgendorf, Eric; Beck, Susanne (Hrsg.), Biomedizinische Forschung in Europa, 1. Auflage, Baden-Baden 2010, S. 75–116 Zit.: „Nowak in Hilgendorf/Beck, Biomedizinische Forschung in Europa“

Nowakowski, Friedrich — *„Anwendung des inländischen Strafrechts und außerstrafrechtliche Rechtsätze“*, Juristenzeitung 1971, S. 633–638
zit.: „Nowakowski, JZ 1971“

Nowakowski, Friedrich — Perspektiven zur Strafrechtsdogmatik, Wien/New York 1981
zit.„Nowakowski, Perspektiven zur Strafrechtsdogmatik“

Obermüller, Jens — Der Schutz ausländischer Rechtsgüter im deutschen Strafrecht im Rahmen des Territorialitätsprinzips, Bonn 1999
zit.: „Obermüller, Der Schutz ausländischer Rechtsgüter“

Oehler, Dietrich — *„Die Grenzen des aktiven Personalitätsprinzips im internationalen Strafrecht“* in: Engisch, Karl; Maurach, Reinhard (Hrsg.), Festschrift für Edmund Mezger zum 70. Geburtstag, München/Berlin 1954, S. 83–103
Zit.: „Oehler in FS Mezger“

Oehler, Dietrich — *„Theorie des Strafanwendungsrechts“* in: Oehler, Dietrich; Pötz, Paul-Günter (Hrsg.), Festschrift für Heinrich Grützner zum 65. Geburtstag: Aktuelle Probleme des Internationalen Strafrechts, Hamburg 1970, S. 110–126
Zit.: „Oehler in FS Grützner“

Oehler, Dietrich — *„Anmerkung zu Entscheidung OLG Karlsruhe vom 17.01. 1978–2 Ws 168/77“*, Juristische Rundschau 1978, S. 381–385
zit.: „Oehler, JR 1978“

Oehler, Dietrich — *„Strafrechtlicher Schutz ausländischer Rechtsgüter, insbesondere Urkunden, in der Bundesrepublik Deutschland“*, Juristische Rundschau 1980, S. 485–487
zit.: „Oehler, JR 1980“

Oehler, Dietrich — Internationales Strafrecht, 2. Auflage, Köln u.a. 1983
zit.: „Oehler, Int. StR“

Olshausen, J.v. — Kommentar zum Strafgesetzbuch für das Deutsche Reich, 12. Aufl., Berlin 1942
zit.: „Olshausen, Kommentar StGB“

Oppermann, Thomas/ Classen, Claus Dieter/ Nettesheim. Martin — Europarecht, 4. Auflage, München 2009
zit.: „Bearbeiter in Oppermann/Classen/ Nettesheim, Europarecht“

Ossenbühl, Fritz — *„Wissenschaftsfreiheit und Gesetzgebung“*, in: Dörr, Dieter; Fink, Udo; Hillgruber, Christian; Kempen, Bernhard; Murswiek, Dietrich (Hrsg.), Die Macht des Geistes, Festschrift für Hartmut Schiedermair, Heidelberg 2001, S. 505–521
Zit.: „Ossenbühl in FS Schiedermair“

Otto, Harro — *„Strafwürdigkeit und Strafbedürftigkeit als eigenständige Deliktskategorien?- Überlegungen zum Deliktsaufbau„* in: Stree, Waler; Lenckner Theodor; Cramer, Peter; Eser, Albin (Hrsg.), Gedächtnisschrift für Horst Schröder, München 1978, S. 53–71
Zit.: „Otto in GS Schröder“

Pawlik, Michael — *„Strafe oder Gefahrenbekämpfung – Prinzipien des deutschen Internationalen Strafrechts vor dem Forum der Straftheorie“*, in: Hoyer, Andreas; Müller, Henning, Ernst; Pawlik, Michael; Wolter, Jürgen (Hrsg.), Festschrift für Friedruch- Christian Schröder zum 70. Geburtstag, Heidelberg 2006, S. 357–386
zit.: „Pawlik in FS Schröder“

Pieroth, Bodo/ Schlink, Bernhard — Grundrechte, Staatsrecht II, 25. Auflage, Heidelberg 2009
zit.: „Pieroth/Schlink, Grundrechte“

Pottmeyer, Klaus — *„Die Strafbarkeit von Auslandstaten nach dem Kriegswaffenkontroll- und dem Außenwirtschaftsrecht"*, Neue Zeitschrift für Strafrecht 1992, S. 57–62
zit.: „Pottmeyer, NStZ 1992"

Quaas, Michael/Zuck, Rüdiger — Medizinrecht Kommentar, 2. Auflage, München 2008
zit.: „Quaas/Zuck, Medizinrecht"

Rath, Jürgen — *„Internationales Strafrecht"*, Juristische Arbeitsblätter 2007, S. 26–35
zit.: „Rath, JA 2007"

Renesse, Margot von — Zum Tagesordnungspunkt 7 („Zweite und dritte Beratung des von den Abgeordneten Dr. Maria Böhmer, Wolf-Michael Catenhusen und weiteren Abgeordneten eingebrachten Entwurfs eines Gesetzes zur Sicherstellung des Embryonenschutzes im Zusammenhang mit Einfuhr und Verwendung menschlicher embryonaler Stammzellen"), Plenarprotokoll des Bundestages 14/233, S. 23211, abrufbar unter http://dip21.bundestag.de/dip21/btp/14/14233.pdf [Stand 18.11.2013]
zit.: „Renesse in Plenarprotokoll des BT 14/233"

Riedel, Eibe — *„Die Menschenrechtskonvention zur Biomedizin des Europarats – Ein effektives Instrument zum Schutz der Menschenrechte oder symbolische Gesetzgebung?"* in Taupitz, Jochen (Hrsg.), Das Menschenrechtsübereinkommen zur Biomedizin des Europarates – taugliches Vorbild für eine weltweit geltende Regelung?, Berlin u.a. 2002, S. 29–47
zit.: „Riedel in Taupitz (Hrsg.), Menschenrechtsübereinkommen zur Biomedizin"

Ritgen, Klaus	*„Grundrechtsschutz in der Europäischen Union"*, Zeitschrift für Rechtspolitik 2000, S. 371–375 zit.: „Ritgen, ZRP 2000"
Roggemann, Herwig	Strafanwendungsrecht und Rechtshilfe zwischen beiden deutschen Staaten, Berlin 1975 zit.: „Roggemann, Strafanwendungsrecht und Rechtshilfe zwischen beiden deutschen Staaten"
Roxin, Claus	Strafrecht Allgemeiner Teil, Band I, Grundlagen Aufbau der Verbrechenslehre, 3. Auflage, München 1997 zit.: „Roxin, StR AT, Bd. I"
Roxin, Claus	Strafrecht Allgemeiner Teil, Band II, Besondere Erscheinungsformen der Straftat, München 2003 zit.: „Roxin, StR AT, Bd. II"
Roxin, Claus	Täterschaft und Tatherrschaft, 7. Auflage, Berlin/New York 2000 zit.: „Roxin, Täterschaft und Teilnahme"
Rudolphi, Hans-Joachim; Horn, Eckhard; Samson, Erich; Schreiber, Hans-Ludwig	Systematischer Kommentar zum StGB, Band 1, Allgemeiner Teil, §§ 1–79 b, 2. Auflage, Frankfurt a.M. 1977, bearbeitet u.a. von Samson, Erich zit.: „Bearbeiter in SK, 2. Aufl."
Rudolphi, Hans-Joachim; Horn, Eckhard; Samson, Erich; Günther, Hans-Ludwig	Systematischer Kommentar zum StGB, Band 1, Allgemeiner Teil, §§ 1–79 b, 6. Auflage, Loseblattsammlung, München 1997, bearbeitet u.a. von Hoyer, Andreas zit.: „Bearbeiter in SK, 6. Aufl."
Ruffert, Matthias	*„Die Mitgliedstaaten der Europäischen Gemeinschaft als Verpflichtete der Gemeinschaftsgrundrechte"*, Europäische Grundrechte- Zeitschrift 1995, S. 518–530 zit.: „Ruffert, EuGRZ 1995"

Ruffert, Matthias — *„Schlüsselfragen der Europäischen Verfassung der Zukunft Grundrechte – Institutionen – Kompetenzen – Ratifizierung“*, Europarecht 2004, S. 165–201
zit.: „Ruffert, EuR 2004“

Sachs, Michael — Grundgesetz, Kommentar, 6. Auflage, München 2011,
bearbeitet u.a. von Bethge, Herbert; Degenhart, Christoph; Höfling, Wolfram; Mann, Thomas; Murswiek, Dietrich, Sachs, Michael
zit.: „Bearbeiter in Sachs“

Satzger, Helmut — Internationales und europäisches Strafrecht, 3. Auflage, Baden- Baden 2009
Zit.: „Satzger, Int. StR“

Satzger, Helmut/ Schmitt, Bertram/ Widmaier, Gunter — Strafgesetzbuch Kommentar, 1. Auflage, Köln 2009, bearbeitet u.a. von Satzger, Helmut
zit.: „Bearbeiter in SSW“

Sax, Walter — *Grundsätze der Strafrechtspflege* in Bettermann, Karl August; Nipperdey, Hans Carl; Scheuenr, Ulrich, Die Grundrechte – Handbuch der Therie und Praxis der Grundrechte, Dritter Band, 2. Halbband Rechtspfege und Grundrechtsschutz, Berlin 1959, S. 909–1014
Zit.„Sax, Die Grundrechte- Handbuch der Theorie und Praxis, III/2“

Scheuing, Dieter H. — *„Zur Grundrechtsbindung der EU-Mitgliedstaaten“*, Europarecht 2005, S. 162–191
zit.: „Scheuing, EuR 2005“

Schlüchter, Ellen — *„Zur teleologischen Reduktion im Rahmen des Territorialitätsprinzips“* in: Herzberg, Rolf Dietrich (Hrsg.) Festschrift für Dietrich Oehler zum 70. Geburtstag, Köln u.a. 1985, S. 307–321
zit.„Schlüchter, FS Oehler“

Schmidt-Jortzig, Edzard	*„Systematische Bedingungen der Garantie unbedingten Schutzes der Menschenwürde in Art. 1 GG“*, Die Öffentliche Verwaltung 2001, S. 925–932 zit.: „Schmidt-Jortzig, DÖV 2001“
Schmitz, Alexandra	„Das aktive Personalitätsprinzip im Internationalen Strafrecht- zugleich ein kritischer Beitrag zur Legitimation der Ausdehnung der Strafgewalt auf Auslandstaten Deutscher“, Frankfurt a.M. u.a. 2002 zit.„Schmitz, Das aktive Personalitätsprinzip im Internationalen Strafrecht“
Scholten, Hans- Joseph	*„Das Erfordernis der Tatortstrafbarkeit in § 7 II Nr.2 StGB“*, Neue Zeitschrift für Strafrecht, 1994, S. 266–271 Zit.: „Scholten, NStZ 1994“
Schönke, Adolf/ Schröder, Horst	Strafgesetzbuch Kommentar, 28. Auflage, München 2010, mit kommentiert von Cramer, Peter; Lenckner, Theodor; Stree, Walter; bearbeitet von; Eser, Albin; Heine, Günther; Perron, Walter; Sternberg-Lieben, Detlev; Eisele Jörg; Bosch, Nikolaus; Hekker, Bernd; Kinzig, Jörg; unter Mitarbeit von Schittenhelm, Ulrike zit.: „Bearbeiter in Schönke/Schröder“
Schröder, Friedrich-Christian	*„Urkundenfälschung mit Auslandsberührung“*, Neue Juristische Wochenschrift 1990, S. 1406–1407 zit.: „Schröder, NJW 1990“
Schorkopf, Frank	*„Nationale Grundrechte in der Dogmatik der Grundfreiheiten“*, Zeitschrift für ausländisches öffentliches Recht und Völkerrecht 64, 2004, S. 125–143 zit.: „Schorkopf, ZaörV 64, 2004“

Schröder, Meinhard — *„Zur Wirkkraft der Grundrechte bei Sachverhalten mit grenzüberschreitenden Elementen“* in: Von Münch, Ingo (Hrsg.), Festschrift für Hans-Jürgen Schlochauer, Berlin/New York 1981, S. 137–150
zit.: „Schröder in FS Schlochauer“

Schröder, Horst — *„Die Teilnahme im internationalen Strafrecht“*, Zeitschrift für die gesamte Strafrechtswissenschaft 61, 1954, S. 57–130
Zit.: „Schröder, ZStW 61, 1954“

Schröder, Horst — *„Grundlagen und Grenzen des Personalitätsprinzips im internationalen Strafrecht“*, Juristenzeitung 1968, S. 241–245
zit.: „Schröder, JZ 1968“

Schroth, Ulrich — *„Forschung mit embryonalen Stammzellen und Präimplantationsdiagnostik im Lichte des Rechts“*, Juristenzeitung 2002, S. 170–179
zit.: „Schroth, JZ 2002“

Schultz, Hans — *„Neue Entwicklungen im sogenannten internationalen Strafrecht“* in: Hans Welzel, Hermann Conrad, Armin Kaufmann, Hilde Kaufmann (Hrsg.), Festschrift für Hellmuth von Weber zum 70. Geburtstag, Bonn 1962, S. 305–324
zit.: „Schultz in FS Weber“

Schultz, Hans — *„Zur Regelung des räumlichen Geltungsbereichs durch den E 62“*, Goldammer's Archiv für Strafrecht 1966, S. 193–202
Zit.: „Schultz, GA 1966“

Schulz, Stefan F. — Die Biomedizin im Europa- und Völkerrecht, Eine Einführung in internationale Instrumente, Prinzipien und Regelung der Humangenetik; Rechtspolitisches Forum der Universität Trier, Nr.7, 2002
zit.: „Schulz, Biomedizin“

Schwarze, Jürgen — EU-Kommentar, 2. Auflage, Baden- Baden 2009, bearbeitet u.a. von Becker, Ulrich; Holoubek, Michael; Schlag, Martin
zit.: „Bearbeiter in Schwarze, EU-Kommentar“

Skouris, Vassilios — *„Das Verhältnis von Grundfreiheiten und Grundrechten im europäischen Gemeinschaftsrecht“*, Deutsche Öffentliche Verwaltung 2006, S. 89–97
zit.: „Skouris, DÖV 2006“

Smend, Rudolf — *„Das Recht der freien Meinungsäußerung“*, Veröffentlichungen der Vereinigung der deutschen Staatsrechtslehrer, Heft 4, Berlin/Leipzig 1928, S. 44–73
Zit.: „Smend, VVDStRL 4, 1928“

Spielberg, Petra — *„Embryonale Stammzellforschung in Europa“*, Deutsches Ärzteblatt 2012, Heft 3, S. 2–3
Zit.„Spielberg, Dt. Ärzteblatt“

Starck, Christian — *„Ist die finanzielle Förderung der Forschung an embryonalen Stammzellen durch die Europäische Gemeinschaft rechtlich zulässig?“*, Europarecht 2006, S. 1–25
zit.: „Starck, EuR 2006“

Starck, Christian — *„Verfassungsrechtliche Grenzen der Biowissenschaft und Fortpflanzungsmedizin“*, Juristenzeitung 2002, S. 1065–1072,
zit.: „Starck, JZ 2002“

Stein, Torsten — *„Bananen-Split“*, Europäische Zeitschrift für Wirtschaftsrecht 1998, S. 261–264
zit.: „Stein, EuZW 1998“

Stein, Torsten/ von Buttlar, Christian von — Völkerrecht, 12. Auflage, Köln/München 2009
zit.: „Stein/von Buttlar, Völkerrecht“

Stern, Klaus — Das Staatsrecht der Bundesrepublik Deutschland, Band III/1, Allgemeine Lehren der Grundrechte München 1988
zit.: „Stern, Staatsrecht der BRD, Bd.III/1“

Stern, Klaus — Das Staatsrecht der Bundesrepublik Deutschland, Band III/“, Allgemeine Lehren der Grundrechte, München 1994
zit.:Stern, Staatsrecht der BRD, Bd.III/2“

Störmer, Rainer — *„Gemeinschaftsrechtliche Diskriminierungsverbote versus nationale Grundrechte“*, Archiv des öffentlichen Rechts 123, 1998, S. 541–575
zit.: „Störmer, AöR 123, 1998“

Streinz, Rudolf — *„Unterschiedliche (Rechts-)kulturen – einheitliche Forschung?“* in: Hilgendorf, Eric; Beck, Susanne (Hrsg.), Biomedizinische Forschung in Europa, 1. Auflage, Baden-Baden 2010, S. 29–46
zit.: „Streinz in Hilgendorf/Beck, Biomedizinische Forschung in Europa“

Streinz, Rudolf — Kommentar EUV/EGV, München 2003 bearbeitet u.a. von Franzen, Martin; Müller-Graff, Peter-Christian; Streinz, Rudolf
zit.: „Bearbeiter in Streinz, EUV/EGV“

Streinz, Rudolf/ Ohler, Christoph/ Hermann, Christoph — Der Vertrag von Lissabon zur Reform der EU, Einführung mit Synopse, 3. Auflage, München 2010
zit.: „Streinz/Ohler/Herrmann, Der Vertrag von Lissabon zur Reform der EU“

Streinz, Rudolf — Europarecht, 9. Auflage, Heidelberg 2012
zit.: „Streinz, Europarecht“

Taupitz, Jochen — *„Der „ethische Export“ als Rechtsproblem biomedizinischer Forschung dargestellt aus dem Blickwinkel des deutschen*

Rechts", in: Geiser, Thomas; Koller, Thomas; Reusser, Ruth; Walter Hans Peter; Wiegand, Wolfgang (Hrsg.), Festschrift für Heinz Hausheer zum 65. Geburtstag, Bern 2002, S. 733–752
zit.: „Taupitz in FS Hausheer"

Taupitz, Jochen — *„Der rechtliche Rahmen des Klonens zu therapeutischen Zwecken"*, Neue Juristische Wochenschrift 2001, S. 3433–3440
zit.: „Taupitz, NJW 2001"

Taupitz, Jochen — *„Erfahrungen mit dem Stammzellengesetz"*, Juristenzeitung 2007, S. 113–122
zit.: „Taupitz, JZ 2007"

Taupitz, Jochen — *„Privatrechtliche Rechtspostionen um die Genomanalyse: Eigentum, Persönlichkeit, Leistung"*
Juristenzeitung 1992, S. 1089–1099
zit.: „Taupitz, JZ 1992"

Taupitz, Jochen — Rechtliche Regelungen der Embryonenforschung im internationalen Vergleich, Berlin u.a. 2002
zit.„Taupitz, Rechtliche Regelungen"

Taupitz, Jochen/ Brewe, Manuela/ Schelling, Holger — *„Landesbericht Deutschland"* in Taupitz, Jochen (Hrsg.), Das Menschenrechtsübereinkommen zur Biomedizin des Europarates – taugliches Vorbild für eine weltweit geltende Regelung?, Berlin u.a. 2002, S. 409–485
Zit.: „Taupitz/Brewe/Schelling in Taupitz (Hrsg.), Menschenrechtsübereinkommen zur Biomedizin"

Tettinger, Peter J./ Stern, Klaus — Kölner Gemeinschaftskommentar zur Europäischen Grundrechte-Charta, München 2006

bearbeitet u.a. von Blanke, Hermann-Josef; von Danwitz, Thomas; Höfling, Wolfram; Kempen, Bernhard; Ladenburger, Clemens
zit.: „Bearbeiter in Tettinger/Stern, EGRC“

Tiedemann, Klaus — *„Der Strafschutz der Finanzinteressen der Europäischen Gemeinschaft“*, Neue Juristische Wochenschrift 1990, S. 2226–2233
zit.: „Tiedemann, NJW 1990“

Tröndle, Herbert/ Fischer, Thomas — Strafgesetzbuch und Nebengesetze, 52. Auflage, München 2004
zit.: „Tröndle/Fischer“

Trute, Hans-Heinrich — Die Forschung zwischen grundrechtlicher Freiheit und staatlicher Institutionalisierung – Das Wissenschaftsrecht als Recht kooperativer Verwaltungsvorgänge, Tübingen 1994
zit.: „Trute, Die Forschung zwischen grundrechtlicher Freiheit und staatlicher Institutionalisierung“

Valerius, Brian — *„Stammzellengesetz und grenzüberschreitende Forschung“*, Neue Zeitschrift für Strafrecht 2008, S. 121–125
Zit.: „Valerius, NStZ 2008“

Verdross, Alfred/ Simma, Bruno — Universelles Völkerrecht, 3. Auflage, Berlin 1984
zit.: „Verdross/Simma, Völkerrecht“

Vereinte Nationen

Allgemeine Erklärung der UNESCO zum menschlichen Genom und zu den Menschenrechten von 1997 — abrufbar unter http://www.unesco.de/445.html?&L=o [Stand 18.11.2013]
zit.: „UNESCO Deklaration menschliches Genom und Menschenrechte1997“

Allgemeine Erklärung der UNESCO über Bioethik und Menschenrechte von 1997 — abrufbar unter http://www.unesco.de/erkl_bioethik_05_text.html?&L=0 [Stand 18.11.2013]
zit.: „UNESCO Deklaration Bioethik und Menschenrechte 1997"

Erklärung der Vereinten Nationen über das Klonen von Menschen 2005 — abrufbar unter http://www.un.org/Depts/german/gv-59/band3/ar59280.pdf [Stand 18.11.2013]
zit.: „Erklärung Vereinte Nationen 2005"

WHO Resolution WHA50.37 Cloning in Human Reproduction 1997 — vgl. http://www.who.int/genomics/publications/governance/wha/wha050/en/index.html [Stand 18.11.2013]
zit.: „WHO Resolution 1997"

Vitzthum, Wolfgang Graf — *„Gentechnologie und Menschenwürde"*, Medizinrecht 1985, S. 249–257
zit.: „Vitzthum, MedR 1985"

Vitzthum, Wolfgang Graf — Völkerrecht, 4. Auflage, Berlin 2007
bearbeitet von Bothe, Michael; Dolzer, Rudolf; Hailbronner, Kay; Klein, Eckart; Kunig, Philip; Schröder, Meinhard
Zit.: „Bearbeiter in Vitzthum, Völkerrecht"

Vitzthum, Wolfgang Graf — *„Das Verfassungsrecht vor der Herausforderung von Gentechnologie und Reproduktionsmedizin"* in Braun, Volkmar; Mieth, Dietmar; Steigleder, Klaus (Hrsg.): Ethische und rechtliche Fragen der Gentechnologie und der Reproduktionsmedizin, Reihe Gentechnologie–Chancen und Risiken, Bd. 13, München 1987, S. 263–296
Zit.: „Vitzthum in Braun/Mieth/Steigleder (Hrsg.), Ethische und rechtliche Fragen"

Vöneky, Silja/ Petersen, Niels — *„Der rechtliche Status des menschlichen extrakorporalen Embryos: Das Recht der Europäischen Union"*, Europarecht 2006, S. 340–369
zit.: „Vöneky/Petersen, EuR 2006"

Vogler, Theo — *„Geltungsanspruch und Geltungsbereich der Strafgesetze“* in: Oehler, Dietrich; Pötz, Paul-Günter (Hrsg.), Festschrift für Heinrich Grützner zum 65. Geburtstag: Aktuelle Probleme des Internationalen Strafrechts, Hamburg 1970, S. 149–159
Zit.: „Vogler in FS Grützner“

Vogler, Theo — *„Entwicklungstendenzen im Internationalen Strafrecht unter Berücksichtigung der Konvention des Europarates“*, in: Schroeder, Friedrich-Christian; Zipf, Heinz (Hrsg.), Festschrift für Reinhart Maurach zum 70. Geburtstag, Karlsruhe 1972, S. 595–613
zit.: „Vogler in FS Maurach“

Von der Groeben, Hans/Schwarze, Jürgen — Kommentar zum Vertrag über die Europäische Union und zur Gründung der Europäischen Gemeinschaft, Band 1, Art. 1–53 EUV, Art. 1–80 EGV, 6. Auflage, Baden-Baden 2003
bearbeitet u.a. von Grill, Gerhard; Müller-Graff, Peter-Christian; Tiedje, Jürgen; Troberg, Peter; Wölker, Ulrich
zit.: „Bearbeiter in von der Groeben/Schwarze, Band I“

Von Mangoldt, Hermann/Klein, Friedrich/Starck, Christian — Kommentar zum Grundgesetz, Band I: Präambel, Artikel 1–19, 6. Auflage, München 2010
bearbeitet u.a. von Starck, Christian
zit.: „Bearbeiter in von Mangoldt/Klein/Starck, Bd.I“

Von Mangoldt, Hermann; Klein, Friedrich; Starck, Christian — Kommentar zum Grundgesetz, Kommentar, Band III, Art. 83–146 GG, 5. Auflage, München 2005
herausgegeben von Starck, Christian,
bearbeitet u.a. von Nolte, Georg
zit.: „Bearbeiter in von Mangoldt/Klein/Starck, Bd.III“

Von Münch, Ingo/ Kunig, Philip — Grundgesetz-Kommentar, Band I, Präambel – Art. 19, 5. Auflage, München 2000 bearbeitet u.a. von Kunig, Philip
zit.: „Bearbeiter in von Münch/Kunig"

Walder, Hans — *„Grenzen der Ermittlungstätigkeit"*, Zeitschrift für die gesamte Strafrechtswissenschaft 95, 1983, S. 862–893,
zit.: „Walder, ZStW 95, 1983"

Walter, Tonio — *„Einführung in das Internationale Strafrecht"*, Juristische Schulung 2006, S. 870–873
zit.: „Walter, JuS 2006"

Wagner, Norbert — *„Gewässerverunreinigung und Auslandseinsätze der Bundeswehr"*, Unterrichtsblätter für die Bundeswehrverwaltung 2008, S. 441–449
zit.: „Wagner, UBWV 2008"

Weiß, Wolfgang — *„EU-Verfassungsvertrag und Biotechnologie"* Medizinrecht 2005, S. 458–464
zit.„Weiß, MedR 2005"

Zieher, Wolfgang — Das sog. Internationale Strafrecht nach der Reform, Berlin 1977
zit.: „Zieher, Das sogenannte Internationale Strafrecht nach der Reform"

Zuck, Rüdiger — *„Biomedizin als Rechtsgebiet"*, Medizinrecht 2008, S. 57–61
zit.: „Zuck, MedR 2008"

Einleitung

Moderne Informations- und Kommunikationstechniken sowie vereinfachte Reisebestimmungen erleichtern heutzutage den grenzüberschreitenden Informationsaustausch und führen in einer „kleiner" werdenden Welt zu einem stetigen Anstieg von europäischen und internationalen Kooperationen und Auslandskontakten. Das gilt auch für den Bereich der biotechnologischen und -medizinischen Forschung[1]. Während die Biotechnologieindustrie weltweit noch immer von den

---

1 Vgl. hierzu auf EU-Ebene das 7. Forschungsrahmenprogramm der EU als weltweit größtes Forschungsförderprogramm, in der Forschungsprojekte, gerade auch im Bereich der Biomedizin und Gentechnologie, finanziell gefördert werden und die zur Teilnahme von Mitgliedstaaten wie auch Drittstaaten aufrufen mit dem Ziel, den Europäischen Forschungsraum (European Research Area = ERA) zu verwirklichen, vgl. hierzu http://www.forschungsrahmenprogramm.de/frp-beteiligung.htm [Stand 18.11.2013]. Dieses Ziel fördernd wurde mit dem 7. FRP auch der ERA-Net-Verbund eingeführt, ein Förderinstrument, das es nationalen Forschungsförderinstitutionen erlaubt, in für sie interessanten Wissenschaftsfeldern länderübergreifend zu kooperieren. Hierzu haben sich im „Eurotrans-Bio" Förderagenturen aus Belgien, Deutschland, Finnland, Frankreich, Italien, Niederlande, Österreich und Spanien auf eine gemeinsame Förderinitiative verständigt, siehe unter http://www.eurotransbio.eu [Stand 18.11.2013], sowie auf nationaler Ebene die Fördermaßnahme „KMU-innovativ: Biotechnologie – BioChance" des Bundesministeriums für Bildung und Forschung, weiterhin die im Februar 2008 im Bundeskabinett verabschiedeten Strategie der Bundesregierung zur Internationalisierung von Wissenschaft und Forschung, vgl. dazu die vom Bundesministerium für Bildung und Forschung und der amerikanischen Förderorganisation National Science Fundation (NSF) getragene transnationale Initiative zur Forschungsförderung „Deutschland – USA Zusammenarbeit in Computational Neuroscience" zwischen Deutschland und den Vereinigten Staaten von Amerika; sowie zahlreiche weitere vom Bundesministerium für Bildung und Forschung im Rahmen der Strategie der Bundesregierung zur Internationalisierung von Wissenschaft und Forschung geschaffene Fördermaßnahmen, die die Stärkung der wissenschaftlichen und technischen Zusammenarbeit mit Ländern Zentralasiens, des Südkaukasus, sowie mit Moldau und Belarus, Russland, China und Indien zum Ziel haben, näher dazu siehe unter http://www.bmbf.de/de/13434.php [Stand 18.11.2013]. Daneben bestehen zahlreiche Organisationen, die grenzüberschreitende Forschungsprojekte ins Leben rufen, z.B. das internationale wissenschaftlich-technische Zentrum

USA dominiert wird[2], soll auch auf europäischer Ebene – das Ziel der Schaffung des Europäischen Forschungsraumes[3] vor Augen – in grenzüberschreitenden Verbundprojekten die Zusammenarbeit der einzelnen Staaten gefördert und die biotechnologische Forschung im globalen Wettbewerb gestärkt werden.

Dabei führen die national unterschiedlichsten moralischen, ethischen und kulturellen Anschauungen, die ihren Niederschlag in den jeweiligen (Straf-) Rechtsordnungen finden, jedoch letztlich dazu, dass diese Projekte nicht nur ethische Konflikte hervorrufen, sondern auch mit (straf-)rechtlichen Problemen verbunden sind.

Der Zusammenhang zwischen Forschung, die schwerpunktmäßig oder gar vollständig im Ausland stattfindet, und einer möglichen Strafbarkeit nach deutschem Strafrecht ist nicht auf den ersten Blick ersichtlich. So gewährleisten uns doch gerade nationale Grundrechte sowie die europäischen Freiheitsrechte einen nahezu unbeschränkten Grenzübertritt, der mit einer umfassenden Garantie einhergeht, sich dort aufzuhalten, niederzulassen oder beruflich tätig zu werden. Es drängt sich somit die Frage auf, wie ein Verhalten, das schwerpunktmäßig oder vollständig im Ausland stattfindet und das möglicherweise durch Freiheitsrechte gedeckt ist, durch den nationalen Strafgesetzgeber unter Strafe gestellt werden kann. Die zentrale Bedeutung dieser Frage ergibt sich jedoch erst auf den zweiten Blick.

So war die Problematik um die Strafbarkeitsrisiken der an internationalen Verbundprojekten teilnehmenden Forscher und ihrer Mitarbeiter in den vergangenen Jahren insbesondere im Bereich der Stammzellen- und Embryonenforschung häufig Gegenstand der Diskussion in der juristischen Fachliteratur[4] und erfuhr daneben nicht nur von Juristen, sondern auch in der Politik[5] und Gesellschaft[6] ernst zu nehmende Kritik[7]. Im Mittelpunkt dieser Kritik standen hierbei stets die

---

(IWTZ) und auch multilaterale Organisationen und Gremien wie z.B. die OECD und die UNESCO versuchen die grenzüberscheitende Forschung zu fördern und zu vereinfachen.

2 Vgl. hierzu Pressemitteilung des Deutschen Instituts für Wirtschaftsforschung 2006.

3 Siehe dazu http://ec.europa.eu/research/index.cfm?lg=de [Stand 18.11.2013].

4 *Valerius*, NStZ 2008, S. 121 ff; *Lilie/Albrecht*, NJW 2001, S. 2774 ff.; *Hilgendorf*, ZRP 2006, S. 22 ff., *Taupitz*, JZ 2007, S. 113 ff., *Dahs/Müssig*, MedR 2003, S. 617 ff.

5 Vgl. speziell zum StZG BT-Plenarprotokoll 14233, S. 23210 ff; vgl. dazu auch die Gutachten von *Dahs/Müssig* und *Eser/Koch*, sowie die Vorschläge zur Gesetzesänderung des StZG BT-Drucks. 16/7982, 16/7981, 16/7983, 16/7984.

6 Vgl. hierzu die Stellungnahme der Deutschen Forschungsgemeinschaft 2006.

7 Dass diese insoweit berechtigt war, zeigt die Gesetzesänderung des StZG im August 2008, in dem versucht wurde, dem Strafbarkeitsrisiko des § 13 StZG insofern zu

strafanwendungsrechtlichen Regelungen der §§ 3 ff. StGB, deren Anwendung letztlich zur Strafbarkeit nach nationalem Strafrecht geführt hat. Es stellt keine Vorwegnahme entscheidender Untersuchungsergebnisse dar, wenn bereits jetzt die These aufgestellt wird, dass die Anwendung der strafanwendungsrechtlichen Regelungen der §§ 3 ff. StGB zu einer extraterritorialen Ausdehnung des Anwendungsbereichs des nationalen Strafrechts und damit zu einer erheblichen Erstrekkung der nationalen Strafgewalt führt.

Viel zentraler und bedeutsamer ist jedoch die Feststellung, dass diese Ausdehnung der Strafgewalt nicht dazu führen darf, dass in fremde Rechtsordnungen eingegriffen wird. So selbstverständlich dies auf den ersten Blick erscheinen mag, umso deutlicher zeigt sich schnell, dass es dabei mit einem Verweis auf das völkerrechtliche Nichteinmischungsgebot nicht getan sein kann. Die Problematik erschöpft sich daher nicht in der Untersuchung der strafanwendungsrechtlichen Regelungen der §§ 3 ff. StGB und ihrer Vereinbarkeit mit dem Völkerrecht, sondern ist vielschichtiger.

Allein das Strafanwendungsrecht und seine Anknüpfungspunkte sind zur Begrenzung der Strafgewalt nicht in der Lage. Dies wird insbesondere an den Darstellungen der unterschiedlichen Beteiligungskonstellationen deutlich. Hier wird sich zeigen, dass sich die Anordnung der Strafbarkeit nach deutschem (Sonder-) Strafrecht in Widerspruch zu den den Forschern garantierten nationalen wie auch europäischen Freiheiten setzt.

Im Mittelpunkt soll daher die Frage stehen, inwiefern das nationale Strafrecht grenzüberschreitende Verhaltensweisen, die nach dem Heimatrecht der an der Forschung beteiligten Wissenschaftler erlaubt und durch die Forschungs- und Berufsfreiheit der Wissenschaftler gedeckt ist, mit Strafe bedrohen darf.

Die vielen hitzigen Diskussionen um die Strafbarkeitsrisiken gerade auf dem Gebiet der Embryonenforschung haben gezeigt, dass diese Problematik nicht nur eine rechtliche, sondern auch und gerade eine in hohem Maße ethisch-moralische und daher auch emotionale ist.

Eine weitestgehend objektive Betrachtung der Problematik fällt schon deshalb schwer, weil letztlich die Frage nach der Zulässigkeit von Forschungsvorhaben in diesem Bereich häufig mit sensiblen Themen wie der Frage nach der Schutzwürdigkeit des menschlichen Lebens, der Bestimmung der Einwilligungsfähigkeit und der Selbstbestimmung des Menschen einhergehen. Das Ziel dieser Arbeit versteht sich jedoch weder darin, diese emotionsgeladenen Fragen auf eine rationale

---

begegnen, als der Anwendungsbereich des deutschen StZG auf sich im Inland befindliche Stammzellen beschränkt wurde.

Basis zu bringen, noch die durch die Forschung betroffenen Rechtsgüter zu qualifizieren und ihre Wertigkeit allgemeingültig zu klären.

Sie soll dies auch nicht, denn zwar soll eine nähere Untersuchung im Weiteren exemplarisch am Beispiel der Embryonen- bzw. Stammzellenforschung erfolgen, jedoch unter ausdrücklichem Hinweis darauf, dass die Frage nach der rechtlichen Einordnung menschlicher Embryonen in diesem Rahmen nicht den dafür notwendigen Raum einnehmen und eine Untersuchung nicht im gebotenen Umfang stattfinden kann und soll. Eine Analyse und Einordnung der durch die grenzüberschreitende biomedizinische Forschung möglicherweise betroffenen Rechtsgüter soll daher nicht zum Gegenstand der Untersuchung gemacht werden.

Weiterhin sieht sich diese Arbeit versucht, den gesamten Bereich der biomedizinischen Forschung zu erfassen, in welchem es im Rahmen grenzüberschreitender Verbundprojekte aufgrund der unterschiedlichen ethischen und rechtlichen Beurteilungen der beteiligten Forscher aus unterschiedlichen Ländern (straf-)rechtliche Risiken gibt. Diese Risiken aufzuzeigen, ihre Ursachen zu erörtern und Lösungen zu finden ist das Ziel der vorliegenden Arbeit.

A. Problemlage

Mangels eines europäischen oder international übergeordneten Regelungsapparates bestimmen sich Zulässigkeit und Rechtmäßigkeit eines internationalen Forschungsprojekts stets nach nationalem Recht. Da der deutsche Gesetzgeber in den Bereichen der Biotechnologie und Biomedizin eine eher restriktive Position eingenommen hat[8], ist die Durchführung solcher Forschungsvorhaben im Inland streng reglementiert und nur sehr eingeschränkt zulässig. Mit den teilweise weitreichenden Sanktionierungen nicht zulässiger Verfahren und Vorhaben nach nationalem Recht geht jedoch für deutsche wie auch für ausländische Forscher und ihre Mitarbeiter das strafrechtliche Risiko einher, sich auch bei Beteiligung an einem solchen grenzüberschreitenden Projekt nach nationalem Recht strafbar zu machen, selbst wenn der Großteil oder gar das gesamte Forschungsprojekt im Ausland durchgeführt wird. Die zahlreichen Berührungspunkte zu anderen Staaten und deren Rechtsordnungen bergen ein erhebliches Strafbarkeitsrisiko, wie die folgenden Ausführungen zeigen sollen.

---

8 Vgl. dazu insbesondere die Regelungen des StZG und des ESchG.

I. Strafanwendungsregeln

Den strafanwendungsrechtlichen Regelungen der §§ 3 ff. StGB wohnen zahlreiche Anknüpfungspunkte inne, die indizieren, wann bei einem Sachverhalt mit Auslandsbezug die Anwendbarkeit deutschen Strafrechts gegeben sein und die Strafbarkeit der Beteiligten auch bei Auslandstaten begründet werden kann.

Die Regelungen der §§ 3 ff. StGB sind daher näher zu beleuchten. Neben der Frage, ob die Forschungsvorhaben im Ausland einen Anknüpfungspunkt für die Anwendung deutschen Strafrechts aufweisen, darf die Frage, ob diese Anknüpfungspunkte unter dem Aspekt des Völkerrechts selbst hinreichend legitimiert sind, nicht ausgeblendet werden. Dabei sind einzelne Vorschriften des nationalen Strafanwendungsrechts nicht frei von Kritik. Dies sollen die Untersuchung der risikobehafteten Konstellationen der grenzüberschreitenden Forschungstätigkeit und eine nähere Analyse der einschlägigen Regelungen deutlich machen. Insbesondere in den Fallkonstellationen, in denen die nationale Strafgewalt auf Sachverhalte außerhalb des eigenen Hoheitsgebietes erstreckt wird, wird die Frage nach einer völkerrechtlich zulässigen Anwendung nationalen Strafrechts auf Auslandssachverhalte relevant werden.

II. Das *ius puniendi* und seine Grenzen

Daneben steht ein entscheidender Aspekt, den es dogmatisch einzuordnen gilt: Kann eine Tat, die sich schwerpunktmäßig oder gar vollständig im Ausland in Einklang mit dortigem Recht zuträgt, überhaupt der nationalen Strafgewalt unterworfen sein[9]? Diesbezüglich wird sich zeigen, dass eine Untersuchung der Problematik allein mit Blick auf den Regelungsinhalt der §§ 3 ff. StGB zu kurz greift. So klar die gesetzlichen Regelungen auch sein mögen, so fragwürdig sind in manchen Fällen die Ergebnisse ihrer strikten unreflektierten Anwendung[10].

Prominentestes Beispiel in den letzten Jahren hierfür waren die Ergebnisse, die die Anwendung der §§ 3 ff. StGB in Verbindung mit den Regelungen des deutschen Stammzellengesetzes hervorbrachten. In den Mittelpunkt der Kritik geriet und gerät dabei immer wieder die Regelung des § 9 Abs. 2 S. 2 StGB, die die Geltung deutschen Strafrechts für den im Inland tätigen Teilnehmer anordnet – selbst dann, wenn die Tat nach dem Recht der Haupttat nicht mit Strafe bedroht ist. Was

9 Vgl. dazu *Vogler* in FS Grützner, S. 149, 149.
10 Vgl. schon *Samson* in SK, 2. Aufl., § 9, Rn. 15.

auf den ersten Blick als spezielles Sonderproblem anmutet, zeigt sich – gerade in Bereichen, die von unterschiedlichen Wert- und Kulturvorstellungen geprägt sind – als durchaus weitreichende praktisch relevante Problematik[11], die darüber hinaus nicht nur auf den Anwendungsbereich des § 9 Abs. 2 S. 2 StGB beschränkt ist. So kann auch ein deutscher Forscher, der zur Beteiligung an einem nach dortigem Recht legalen Forschungsprojekt ins Ausland reist, nicht darauf vertrauen, der deutschen Strafgewalt vollständig entzogen zu sein, besteht doch über die Anknüpfung an die deutsche Staatsangehörigkeit in einigen Fällen die Berechtigung, die Strafgewalt über die eigenen Landesgrenzen hinaus auf Sachverhalte im Ausland zu erstrecken.

Lässt sich die Tatbeteiligung des Forschers im Inland als mittäterschaftlich charakterisieren, führt dies dazu, dass er sich selbst nach inländischem Recht strafbar macht. Nach ganz überwiegender Ansicht in Literatur und Rechtsprechung[12] bedeutet ein im Sinne des § 9 Abs. 1 StGB täterschaftliches Handeln eine Tatortbegründung nicht nur für den jeweiligen Mittäter im Inland, sondern zugleich auch für alle anderen mittäterschaftlich Beteiligten, unabhängig vom Ort ihres Aufenthaltes. Die mittäterschaftliche Beteiligung eines Forschers im Inland soll demnach dazu führen, dass alle an dem Projekt beteiligten Forscher, unabhängig vom Recht des Ortes, an dem das Projekt stattfindet, dem nationalen Strafrecht unterliegen.

Bereits die Abgabe bloßer Ratschläge oder Hinweise im Inland an Kollegen im Ausland birgt demnach das Risiko, sich selbst strafbar zu machen, sowie die Gefahr, dass die Kollegen im Ausland dem nationalen Strafrecht unterstellt werden. Die Anwendung des deutschen Strafrechts nach den §§ 3 ff. StGB führt so zu teilweise wertungswidersprüchlichen Ergebnissen, zieht man in Betracht, dass der Forscher bei eigener Reise an den Forschungsort ins Ausland und dortiger Teilnahme nicht dem deutschen Strafrecht unterliegen würde (sofern keine Anknüpfung an das aktive Personalitätsprinzip in Betracht kommt). Es drängt sich demnach die Frage auf, ob alleine die nach §§ 3 ff. StGB bestehende Möglichkeit der Anwendung deutschen Strafrechts bereits genügen kann, die nationale Strafgewalt auch tatsächlich auf diese Sachverhalte zu erstrecken. Das damit

---

11 Insbesondere bei stark kultureigentümlichen Delikten gegen die sexuelle Selbstbestimmung, aber auch im Bereich des Wirtschaftsverkehrs, vgl. *Jakobs*, StR AT, 5. Abschn., Rn. 22; *Samson* in SK, 2. Aufl., § 9, Rn. 15.

12 Vgl. hierzu BGH NJW 2002, 3486, 3487; BGH NJW 1991, 2498, 2498; *Ambos/Ruegenberg* in MüKo, § 9, Rn. 10; *Eser* in Schönke/Schröder, § 9, Rn. 10; *Satzger*, Int. StR, § 5, Rn. 19; *Werle/Jeßberger* in LK, 12. Aufl., § 9, Rn. 13; a.A. nur *Hoyer* in SK, 6. Aufl., § 9, Rn. 5; *Oehler*, Int. StR, Rn. 361.

einhergehende, teils erhebliche Strafbarkeitsrisiko legt die Annahme nahe, dass dies schwerlich der Fall sein kann.

In den Mittelpunkt der Betrachtung gerät daher die Frage, wie sich diese Erstrekkung der Strafgewalt sinnvoll begrenzen lässt. Denkbar wäre hier, die anerkannten Kategorien der Strafwürdigkeit und Strafbedürftlichkeit als Ausprägungen des Verhältnismäßigkeitsgrundsatzes heranzuziehen und unter Zugrundelegung dieser Kriterien zu versuchen, die Strafbarkeit zu beschränken. Ein Auslandssachverhalt, der grenzüberschreitende Forschung betrifft, könnte daher zuerst durch Untersuchung der Strafwürdigkeit und Strafbedürftgkeit einer Verhältnismäßigkeitsprüfung unterzogen werden.

Diese Überlegung lässt jedoch einen zentralen Aspekt außer Acht: Versucht man der Untersuchung, ob auf einen bestimmten Sachverhalt tatsächlich deutsches Strafrecht Anwendung finden kann, unter Rekurrieren auf den Verhältnismäßigkeitsgrundsatz zu begegnen, so findet die Frage nach der rechtspolitisch gebotenen Zurückhaltung des nationalen Gesetzgebers keine hinreichende Beachtung. Neben der Untersuchung der strafanwendungsrechtlichen Regelungen soll daher das Bestehen der nationalen Strafgewalt in den Mittelpunkt der Betrachtung gerückt werden. Es soll untersucht werden, ob die an einem grenzüberschreitenden Forschungsprojekt beteiligten Wissenschaftler tatsächlich nach deutschem Recht zu Verantwortung gezogen werden sollen. Dieser besondere Aspekt würde verwischt, würde man hier auf das Verhältnismäßigkeitsprinzip und die Ausprägungen der Kriterien der Strafwürdigkeit und Strafbedürftgkeit abstellen.

Die Frage nach der Strafberechtigung lässt sich weder unter Berufung auf den Verhältnismäßigkeitsgrundsatz noch mithilfe des Strafanwendungsrechts hinreichend beantworten: Sieht der nationale Strafgesetzgeber in den §§ 3 ff. StGB einen hinreichenden Anknüpfungspunkt für die Erstreckung seiner Strafgewalt auf den zugrunde liegenden Sachverhalt, so mag die Anwendung nationalen Strafrechts auf den ersten Blick nicht nur naheliegend, sondern auch legitim erscheinen. Die Tatsache, dass die entsprechende „Tat“ am Ort ihrer Vornahme legal und in den vorliegend interessierenden Konstellationen gar zumeist berufsrechtlich geschützt ist, findet dabei jedoch keine Beachtung. Im Rahmen der vorliegenden Untersuchung stehen gerade solche Sachverhalte im Mittelpunkt, die einen „besonderen“ Charakter dahingehend aufweisen, dass sie sich in einem verfassungs– und europarechtlich geschützten Bereich abspielen, weil die entsprechenden Verhaltensweisen grundsätzlich dem Schutz der Berufs– und/oder Forschungsfreiheit unterfallen.

Gerade deshalb ist zumindest fragwürdig, ob der national vorherrschende Bewertungshorizont geeignet ist, insbesondere bei Rechtgutsverletzungen, die sich komplett im Ausland zutragen, Geltung für sich in Anspruch zu nehmen und eine Kompetenz zur Bestrafung für sich zu sehen, obwohl in einen grundsätzlich geschützten Bereich eingriffen wird.

Im Mittelpunkt wird hier die Frage stehen, ob dem deutschen Staat überhaupt ein solches Recht zustehen kann und woraus sich ein solches ableitet. Lässt sich nach der Untersuchung dieser Frage das Ergebnis festhalten, dass der deutsche Staat die Auslandstat zwar grundsätzlich bestrafen darf, zeigt sich daneben, dass dies nicht uneingeschränkt gelten kann, sondern hierbei Grenzen zu beachten sind. Welche dies sind und woraus sie sich ergeben, gilt es im Weiteren zu untersuchen. Hier zeigt sich, dass sich die Anordnung der Geltung des deutschen Strafrechts nach den §§ 3 ff. StGB insbesondere unter verfassungsrechtlichen sowie europarechtlichen Aspekten als problematisch erweist.

III. Eröffnung des Schutzbereichs der nationalen Straftatbestände

Kann die Strafberechtigung des deutschen Staates bejaht werden, so stellt sich weiterhin die Frage nach der Strafbarkeit der jeweiligen Verhaltensweise, die letztlich nicht von den strafanwendungsrechtlichen Regelungen abhängt, sondern im materiellen Recht verankert ist und daher nur gegeben sein kann, wenn die begangene Tat im Hinblick auf das verletzte Rechtsgut vom Schutzumfang des nationalen Tatbestandes umfasst ist.

Hierzu verdient die Untersuchung nach dem Schutzbereich nationaler Straftatbestände Beachtung, die offenbaren wird, dass sich im vorliegend zu behandelnden Bereich der biomedizinischen und insbesondere der Embryonenforschung bereits die Frage nach dem Vorliegen eines (unstrittig) schutzwürdigen Rechtsguts schwierig gestaltet. Zwar ist durch den Gesetzgeber eine allgemeingültige Bewertung getroffen worden, diese ist jedoch in den genannten Bereichen keineswegs unumstritten, sondern Gegenstand ständiger Diskussionen. Deutlich wird außerdem, dass es sich hier im Wesentlichen um Rechtsgüter handelt, deren Wertigkeit auch im europäischen und internationalen Vergleich äußerst umstritten ist.

B. Ausblick

Die Problematik der „Strafbarkeit bei grenzüberschreitend tätigen Forschungsgruppen“ ist demnach eine mehrspurige: Von der Frage, ob die Regelungen des nationalen Strafanwendungsrechts über die Anknüpfungspunkte der §§ 3 ff. StGB zu einer Anwendbarkeit nationalen Strafrechts führen, ist zu unterscheiden, ob die Strafberechtigung, das *ius puniendi*, tatsächlich so weit reichen kann, diese extraterritorialen Sachverhalte zu erfassen. Daneben müsste sich die Tat mit Auslandsschwerpunkt dem jeweiligen strafrechtlichen Tatbestand überhaupt zuordnen lassen und demnach als strafbar erweisen.

Diese Problemkreise und die daraus resultierenden „Strafbarkeitsrisiken" sollen exemplarisch anhand von unterschiedlichen Beteiligungskonstellationen untersucht werden, die sich im Rahmen der grenzüberschreitenden Forschungstätigkeit ergeben können. Dazu werden die risikobehafteten Konstellationen und Beteiligungsformen sowie die ihnen immanenten Probleme gesondert beleuchtet und in ihren Eigenarten unterschieden.

Die Untersuchung unterteilt sich in drei Teilbereiche (Konstellationen), wobei zuerst die (täterschaftliche) Forschungsaktivität im Ausland und anschließend die grenzüberschreitende Forschungsaktivität vom Inland aus ins Ausland bzw. vom Ausland in das deutsche Inland untersucht werden soll. Bei den beiden letztgenannten soll zumindest im Ausgangspunkt zwischen täterschaftlicher Beteiligung und bloßer Teilnahme unterschieden werden.

Zur Frage nach der Strafberechtigung wird sich die Entscheidung des Bundesverfassungsgerichts[13] zum Europäischen Haftbefehlsgesetz und dem Rechtsstaatsgebot aus dem Jahre 2005[14] als richtungsweisend erweisen. Die Annahme, dass über das Rechtsstaatsgebot des Art. 103 Abs. 2 GG das „Vertrauen in die Verlässlichkeit der inländischen Rechtsordnung als Orientierungsgrundlage für das eigene Verhalten" geschützt wird[15], soll der Untersuchung nach der Frage der Strafberechtigung zugrunde gelegt werden. Die Ausdehnung der Strafgewalt muss demnach dort ihre Grenzen finden, wo ein berechtigtes Vertrauen an der Straflosigkeit nach dem Recht des Tatortstaates besteht. Dieses Vertrauen lässt sich unter Zuhilfenahme der europäischen Grundrechte der Wissenschaftsfreiheit, Art. 13, sowie der Berufsfreiheit, Art. 15 der Charta der Europäischen Grundrechte[16], die seit 1. Dezember 2009 durch das Inkrafttreten des Lissabonner Vertrages[17] über

13 Im Folgenden: BVerfG.

14 BVerfGE 113, S. 273, 273 ff.

15 Vgl. *Böse* in NK, 4. Aufl., Vor §§ 3 ff, Rn. 47.

16 Abl. der EU vom 30.03.2010, Nr. C 83/389; abrufbar unter http://eur-lex.europa.eu/LexUriServ/LexUriServ.do?uri=OJ:C:2010:083:0389:0403:DE:PDF [Stand 18.11.2013]. Im Folgenden: Grundrechtecharta bzw. EGRC.

17 Als letzter Mitgliedstaat ratifizierte Tschechien am 13.11.2009 den Vertrag von Lissabon und er konnte damit im Dezember 2009 in Kraft treten.

Art. 6 Abs. 1 EUV unmittelbar in den Mitgliedstaaten rechtliche Verbindlichkeit erlangt haben[18], sowie der europäischen Grundfreiheiten, insbesondere der Niederlassungs- und Dienstleistungsfreiheit, näher definieren. Auch die nationalen Grundrechte der Forschungs- und Berufsausübungsfreiheit der Art. 5 Abs. 3 GG und Art. 12 GG der Forscher können hierzu herangezogen werden. Von zentraler Bedeutung wird in diesem Rahmen die Frage nach der Reichweite der nationalen Grundrechte bzw. der staatlichen Schutzpflicht sein, die den jeweiligen Freiheiten gegenüberstehen.

Daneben sollen die strafanwendungsrechtlichen Regelungen, insbesondere die des § 5 Nrn. 12 und 13 sowie des § 9 StGB näher untersucht werden.

18 Ausgenommen Großbritannien, Polen und Tschechien.

1. Teil: Strafbarkeitsrisiken bei grenzüberschreitender Forschung – Problemaufriss

Beteiligt sich ein deutscher Forscher an einem gentechnischen Forschungsprojekt im Ausland, so ist es in der Regel unvermeidbar, dass hierbei nicht nur unterschiedliche Rechtsordnungen aufeinander treffen, sondern das Vorhaben im konkreten Fall auch (straf-)rechtlich unterschiedlich zu beurteilen ist. Während man sich beispielsweise in Großbritannien und Schweden im Umgang mit gentechnischer Forschung sehr liberal zeigt, sind die deutschen Vorschriften diesbezüglich äußerst restriktiv[19].

Da nach den §§ 3 ff. StGB auch bei Auslandssachverhalten deutsches Recht anwendbar sein kann, ist eine Vornahme der umstrittenen Forschungshandlung im Ausland durch einen Inländer oder auch durch seine ausländischen Kollegen in Einklang mit dem dortigen Recht nicht stets – wie zu vermuten wäre – straflos.

A. Strafanwendungsregelungen der §§ 3 ff. StGB

I. Begrifflichkeit

1. Die §§ 3 ff. StGB als Internationales Strafrecht

Die Bezeichnung der §§ 3 ff. StGB als „internationales Strafrecht" ist gleich in doppelter Hinsicht missverständlich und daher verfehlt[20]: Weder handelt es sich bei den Regelungen der §§ 3 ff. StGB um originär internationale oder supranationale Vorschriften (wie z.B. die des Völkerstrafrechts), noch (nach herrschender Ansicht) um Kollisionsrecht, wie die Verwandtschaft des Begriffs mit dem des Internationalen Privatrechts suggerieren mag. Vielmehr erscheint es angebracht, die Regelungen der §§ 3 ff. StGB zu ähnlichen Rechtsmaterien abzugrenzen und die

---

19 Vgl. dazu in Europa: In Großbritannien und Schweden ist beispielsweise das therapeutische Klonen und eine umfassende Forschung an humanen embryonalen Stammzellen zulässig; *Schulz*, Biomedizin, S. 64; BT-Drucks. 14/7546, S. 73.

20 *Schröder*, ZStW 61, 1954, S. 57, Fn.1; *Ambos* in MüKo, Vor §§ 3 ff, Rn. 1; *ders.* in Int. StR., § 1, Rn. 2; *Gribbohm* in LK, 11. Aufl., Vor §§ 3 ff.; Rn.1; *Werle/Jeßberger* in LK, 12. Aufl., Vor §§ 3 ff., Rn. 2; *Hoyer* in SK, 6. Aufl., Vor §§ 3 ff., Rn. 1; *Zieher*, Das sog. Internationale Strafrecht nach der Reform, S. 25 f.

Terminologie des Internationalen Strafrechts als weiten Oberbegriff für all diejenigen Bereiche des Strafrechts, die internationale Bezüge aufweisen, zu verstehen[21]. Nach diesem weiten Verständnis werden neben den Regelungen der §§ 3 ff. StGB auch das Rechtshilferecht, das Europäische Strafrecht und das Völkerstrafrecht als Teil des (weit verstandenen) Internationalen Strafrechts angesehen[22]. Dies kann jedoch nichts an der Feststellung ändern, dass es sich bei den §§ 3 ff. StGB nicht um echtes internationales Recht, sondern allein um innerstaatliches Recht handelt[23].

Allenfalls können die Regelungen der §§ 3 ff. StGB mittelbare transnationale Wirkung insofern entfalten, als sie das nationale Strafrecht über die Grenzen des inländischen Hoheitsgebiets hinaus für Auslandstaten anwendbar erklären, weshalb die Bezeichnung der Regelungen als transnationales Strafrecht zutreffender wäre[24].

In der kontinentaleuropäischen Rechtsterminologie hat sich stattdessen unter dem Begriff des „Internationalen Strafrechts" in erster Linie das Verständnis um die Gesamtheit der Normen, die den Geltungsbereich des innerstaatlichen Strafrechts bestimmen, herausgebildet[25]. Mittlerweise hat sich daher für die §§ 3 ff. StGB weitgehend die Bezeichnung des „Strafanwendungsrechts" durchgesetzt[26].

2. Die §§ 3 ff. StGB als Kollisionsnormen

Die sprachliche Nähe des „Internationalen Strafrechts" zum Begriff des Internationalen Privatrechts wurde bereits als Kritikpunkt der terminologischen Bezeichnung benannt. Dennoch finden sich vereinzelt Stimmen, die die §§ 3 ff. StGB als Kollisionsnormen sehen möchten[27]. So strebt *Weber* den unmittelbaren Vergleich

---

21 *Werle/Jeßberger* in LK, 12. Aufl., Vor §§ 3 ff., Rn. 2, 13; *diess.* in JuS 2001, S. 35, 36.

22 Werle/*Jeßberger* in LK, 12. Aufl., Vor §§ 3 ff., Rn. 13 ff.; *Satzger*, Int. StR, § 2, Rn. 1 ff; *Oehler*, Int. StR, Rn. 1 ff.; *Lagodny*, ZStW 101, 1989, 987, 987; *Jescheck* in FS Maurach, S. 579; zum Begriff des Internationalen Strafrechts eingehend *Gardocki*, ZStW 98, 1986, S. 703, 703 ff.

23 *Ambos* in MüKo, Vor §§ 3 ff., Rn. 1; *ders.* in Int. StR, § 1, Rn. 2; *Eser* in Schönke/Schröder, Vor §§ 3 ff., Rn. 5; *Gribbohm* in LK, 11. Aufl., Vor §§ 3 ff., Rn. 1; *Lemke* in NK, 2. Aufl., Vor §§ 3 ff., Rn. 1; *Werle/Jeßberger* in LK, 12. Aufl., Vor §§ 3 ff., Rn. 11.

24 *Ambos*, Int. StR, § 1, Rn. 2; *ders.* in MüKo, Vor §§ 3 ff., Rn.1; *Böse* in NK, 4. Aufl., Vor §§ 3 ff., Rn. 9; ähnlich *Werle/Jeßberger* in LK, 12. Aufl., Vor §§ 3 ff., Rn. 15, die das Strafanwendungsrecht zusammen mit dem Rechtshilferecht als transnationales Strafrecht bezeichnen möchten. Vgl. auch *Neumann* in FS Müller-Dietz, S. 589, 595.

25 Vgl. *Oehler*, Int. StR, Rn. 1; *Lemke* in NK, 2. Aufl., Vor §§ 3ff., Rn.1; *Satzger*, Int. StR, § 2, Rn. 4

26 Vgl. *Werle/Jeßberger* in LK, 12. Aufl., Vor §§ 3 ff., Rn. 2.

27 *Lackner/Kühl*, Vor §§ 3 ff. Rn. 1.

an, indem er die Möglichkeit der Entscheidungszuweisung zur innerstaatlichen Gerichtsbarkeit bei Sachverhalten mit Auslandsberührung im Strafrecht wie im Zivilrecht sieht[28], während andere Autoren eine nähere Begründung ihrer Auffassung schuldig bleiben[29].

Indem der deutsche Staat den Anwendungsbereich des nationalen Strafrechts selbst festlegt und in den §§ 3 ff. StGB vorsieht, dass deutsche Gerichte im Rahmen ihrer Strafgewalt stets nationales Strafrecht anwenden[30], berücksichtigt er jedoch gerade nicht den sich daraus möglicherweise ergebenden Konflikt, dass mehrere durch den Sachverhalt berührte Rechtsordnungen zur Anwendung kommen können[31].

Im Gegensatz zu den Regelungen der Art. 3 ff. EGBGB, die sich mit der Frage befassen, welches nationale Recht auf den konkreten Sachverhalt mit Auslandsbezug Anwendung findet, bestimmen die §§ 3 ff. StGB nicht die Anwendung ausländischen Rechts, sondern regeln einseitig, ob der jeweilige Auslandssachverhalt nach deutschem Strafrecht beurteilt werden soll. Weder ausländische Kollisionsnormen noch ausländische Interessen finden dabei Beachtung. Um „echtes“ Kollisionsrecht im eigentlichen Sinne, wie es sich im Rahmen der Art. 3 ff. EGBGB findet, handelt es sich daher nicht[32].

II. Einordnung der §§ 3 ff. StGB

1. Die Doppelnatur der §§ 3 ff. StGB

Nach der im deutschen Recht gängigen Praxis liegt bei einem Fehlen der Voraussetzungen der §§ 3 ff. StGB ein Prozesshindernis vor, das die Einstellung des

28 *Weber* in Baumann/Weber/Mitsch, StR AT, § 7, Rn. 7.

29 Vgl. *Schmitz*, Das aktive Personalitätsprinzip im Internationalen Strafrecht, S. 69.

30 Vgl. *Wessels/Beulke*, StR AT, Rn. 62; *Gribbohm* in LK, 11. Aufl., Vor §§ 3 ff., Rn. 3; *Ambos* in MüKo, Vor §§ 3 ff., Rn.2; *ders.* in Int.StR, § 1, Rn. 5; *Jescheck/Weigend*, StR AT, § 18 I 1.

31 Vgl. *Satzger*, Int. StR, § 3, Rn. 4

32 *Ambos*, Int. StR., § 1, Rn. 2; *ders.* in MüKo, Vor §§ 3 ff., Rn. 1; *Werle/Jeßberger* in LK, 12. Aufl., Vor §§ 3 ff., Rn. 2. Allenfalls ließe sich von einseitigem Kollisionsrecht sprechen; vgl. *Ambos*, Int. StR, § 1, Rn. 3; *ders.* in MüKo, Vor §§ 3 ff., Rn. 1; *Lackner/Kühl*, Vor §§ 3 ff., Rn. 1; zu dem Ergebnis, dass sich bei den §§ 3 ff. StGB am ehesten von „kombinierten Sachrechtsanwendungsnormen mit kollisionsrechtlichem Einschlag“ sprechen lässt, kommt auch *Schmitz*, Das aktive Personalitätsprinzip im Internationalen Strafrecht, S. 78.

Verfahrens nach sich zieht[33]. Ein bloß prozessuales Verständnis der §§ 3 ff. StGB wird deren Funktion, die extraterritoriale Erstreckung der nationalen Strafgewalt zu begrenzen, jedoch nicht gerecht[34].

Indem der Gesetzgeber in den §§ 3 ff. StGB den Geltungsbereich des deutschen Strafrechts festlegt, begründet er nicht nur eine Zuständigkeit zur Verfolgung von Taten im Ausland („jurisdiction to adjudicate"), sondern nimmt auch die materiell-rechtliche Regelungsgewalt in Form von Rechtsetzungsgewalt für sich in Anspruch („jurisdiction to prescribe"), wenn er den Anwendungsbereich der strafbewehrten Verbote auf Sachverhalte im Ausland erstreckt[35].

Da angesichts des völkerrechtlichen Nichteinmischungsgebots[36] nicht von einer universellen Geltung der nationalen Verbotsnormen auszugehen ist und das deutsche Strafrecht bei Sachverhalten mit grenzüberschreitenden Bezügen nicht selbstverständlich anwendbar ist, wird durch die §§ 3 ff. StGB der persönliche und räumliche Anwendungsbereich der Strafgesetze umschrieben, für den das deutsche Strafrecht materielle Geltung beansprucht[37]. Die Regelungen der §§ 3 ff. StGB sind somit auch als Geltungsbereichsrecht für das materielle Recht zu bezeichnen.

Im deutschen Recht erfüllen die Regelungen des Strafanwendungsrechts demnach eine Doppelfunktion: Sie haben einerseits verfahrensrechtlichen Charakter und sind zugleich Bestandteil des materiellen Rechts[38] und unterliegen demnach dem „nullum-crimen-sine-lege- Grundsatz" des Art. 103 Abs. 2 GG[39].

---

33 *Ambos* in Int. StR.§ 1, Rn. 4; *ders.* in MüKo, Vor §§ 3 ff., Rn. 4; *Eser* in Schönke/Schröder, Vor §§ 3 ff., Rn. 7; *Lackner/Kühl*, Vor §§ 3 ff., Rn. 10; *Werle/Jeßberger* in LK, 12. Aufl., Vor §§ 3 ff., Rn. 10; BGH NJW 1995, S. 1844, 1845; BGHSt 34, S. 1 ff., 3.

34 *Böse* in FS Maiwald, S. 61, 63.

35 *Ambos*, Int. StR, § 1, Rn. 3 f.; *Böse* in FS Maiwald, S. 61, 63.

36 Näher dazu unten im 3. Teil, A.

37 *Ambos*, Int. StR., § 1, Rn. 3; *Böse* in NK, 4. Aufl., Vor §§ 3 ff., Rn. 9; *Eser* in Schönke/Schröder, Vor §§ 3 ff., Rn. 6.

38 Vgl. dazu *Ambos*, Int. StR, § 1, Rn. 3 ff.; *Böse* in FS Maiwald, S. 61, 64; *Dannecker* in LK, 12. Aufl.,§ 1, Rn. 87; sowie *Eser* in Schönke/Schröder, Vor §§ 3 ff., Rn. 7; Vgl. dazu das französische Recht, das zwischen dem räumlichen Geltungsbereich des französischen Strafrechts (Art- 113–6 ff. Code Pénal) und den Kompetenzregeln in Art. 689 Code de Procédure Pénal differenziert.

39 *Ambos*, Int. StR, § 1, Rn, 4; *Böse* in NK, 4. Aufl., Vor §§ 3 ff., Rn. 45; *Eser* in Schönke/Schröder, Vor §§ 3 ff., Rn. 6; *Fischer*, StGB, Vor §§ 3 ff., Rn. 1; *Werle/Jeßberger* in LK, 12. Aufl., Vor §§ 3 ff., Rn. 268. Die Frage, ob es sich um objektive (Vor-)Bedingungen der Strafbarkeit (so *Ambos*, Int. StR, § 3, Rn. 9; *Eser* in Schönke/Schröder,

2. Die unrechtskonstituierende Funktion der §§ 3 ff. StGB

Zentrale Bedeutung hat die Frage, welche Funktion die §§ 3 ff. StGB erfüllen. So ließe sich einerseits vertreten, das deutsche Strafrecht gelte als universale Bewertungsnorm und könne jeglichem menschlichen Handeln zugrunde gelegt werden[40]. Seine Verhaltensnormen könnten demnach weltweite Geltung beanspruchen.

In einer Zeit, in der man um ein gleichberechtigtes Neben- und Miteinander unterschiedlicher Rechtsordnungen bemüht ist, kann angesichts der unterschiedlichen sozialen und kulturellen Ansichten die Bewertung einer Tat als Recht oder Unrecht jedoch nicht ohne Weiteres von einem einzigen Staat vorgenommen werden[41]. Die Regelungen der §§ 3 ff. StGB können daher allein die Frage beantworten, welche Verstöße gegen das nationale Strafrecht in Deutschland verfolgt werden sollen, und legen damit die Reichweite der an die Strafverfolgungsbehörden gerichteten Sanktionsnormen fest[42]. Sie sind für die Bewertung einer Verhaltensweise als Recht oder Unrecht konstitutiv[43]. Das Modell der potentiellen Weltgeltung der Verhaltensnormen des deutschen Strafrechts ist nach der Idee der souveränen Gleichheit der Staaten nicht (mehr) haltbar[44]. Den §§ 3 ff. StGB kommt demnach nicht nur die Aufgabe zu, den Geltungsbereich des deutschen Strafrechts zu regeln, sie legen gleichermaßen mit den Straftatbeständen

---

Vor §§ 3 ff., Rn. 6; *Satzger*, Int. StR, § 5, Rn. 7; *Werle/Jeßberger* in LK, 12. Aufl., Vor §§ 3 ff. Rn. 286) oder um Merkmale des gesetzlichen Tatbestandes handelt (*Pawlik* in FS Schröder, S. 357, 373), soll hier nicht näher erörtert werden; vgl. zu den Auswirkungen dieser Frage im Bereich der Irrtumsproblematik *Böse* in FS Maiwald, S. 61, 66 ff., sowie *Neumann* in FS Müller-Dietz, S. 589, 589 ff.

40 Vgl. *Schröder*, ZStW 61, 1942, S. 57, 94 f.; vgl. auch *Bergmann*, Begehungsort im internationalen Strafrecht, S. 46 ff., 48 f.; *Liebelt*, Zum deutschen internationalen Strafrecht, S. 51 ff.

41 *Böse* in FS Maiwald, S. 61, 69.

42 Vgl. zur Kritik *Böse* in FS Maiwald, S. 61, 69 ff.; *Neumann* in FS Müller-Dietz, S. 589, 600 ff.; *Pawlik* in FS Schröder, S. 357, 361 f.

43 So *Böse* in FS Maiwald, S. 61, 69 ff.; ähnlich *ders.* in NK, 3. Aufl., Vor §§ 3 ff., Rn. 9; *Neumann* in FS Müller-Dietz, S. 589, 600 ff.; *Pawlik* in FS Schröder, S. 357, 361 f.

44 Vgl. *Böse* in FS Maiwald, S. 61, 70; *Neumann* in FS Müller-Dietz, S. 589, 602 f.; vgl. (insbesondere zur damit einhergehenden Frage, ob die Regelungen der §§ 3 ff. StGB geltungsbeschränkend oder erst geltungsbegründend wirken sollen) auch *Schmitz*, Das aktive Personalitätsprinzip im Internationalen Strafrecht, S. 82 ff., 84; *Zieher*, Das sog. Internationale Strafrecht nach der Reform, S. 35 ff.; *Vogler* in FS Grützner, S. 149, 155; eine Ausnahme stellt wohl *Hoyer* dar, der die §§ 3 ff. in SK, Stand 1997, Vor §§ 3 ff., Rn. 4 als Metanormen charakterisiert, die den Geltungsbereich des materiellen Strafrechts einschränken.

und den Vorschriften des Allgemeinen Teils das nach deutschem Recht strafbare Unrecht fest.

III. Anknüpfungspunkte, die zur Strafbarkeit bei Auslandstaten führen

Zwar legt der deutsche Staat, wie soeben dargelegt, den Anwendungsbereich seines (Straf-)Rechts mit den §§ 3 ff. StGB selbst fest, dennoch kann er dabei nicht beliebig oder gar willkürlich vorgehen. Daher nennen die §§ 3 ff. StGB Anknüpfungspunkte, die – wenn sie vorliegen – eine hinreichende Verbindung zum deutschen Staat herzustellen geeignet sind und eine Anwendbarkeit und Bestrafung nach nationalem Recht rechtfertigen möchten.

So kommt es in den hier interessierenden Fallkonstellationen zu einer Strafbarkeit der beteiligten Forscher und ihrer Mitarbeiter nach dem § 3 StGB zugrunde gelegten Territorialitätsprinzip dann, wenn ein inländischer Tatort begründet werden kann, die Tat also im Inland begangen wurde. Kann für einen Auslandssachverhalt ausgemacht werden, dass der Täter dabei im Inland gehandelt hat, hätte handeln sollen oder zu handeln unterlassen hat (vgl. § 9 Abs. 1 StGB), so zieht dies die Anwendbarkeit nationalen Rechts nach sich.

Das Territorialitätsprinzip erfährt jedoch eine nicht unerhebliche Ausdehnung bereits dadurch, dass nach § 9 StGB als Ort der Tatbegehung nicht nur der Ort genannt ist, an dem der Täter gehandelt hat (bzw. im Falle des Unterlassens hätte handeln müssen), sondern auch der „Erfolgsort" der Tat zum Begehungsort erklärt wird[45]. Das deutsche Strafrecht folgt damit dem Ubiquitätsprinzip, indem es Tätigkeitstheorie und Erfolgstheorie zu einem umfassenden Tatortkonzept verbindet.

Eine Durchbrechung des Territorialitätsprinzips zugunsten des Personalitätsprinzips erfährt das Strafanwendungsrecht, wenn § 5 Nr. 12 StGB anordnet, dass für Taten, die ein Amtswalter oder ein sonst dem öffentlichen Dienst Verpflichteter im Ausland begeht, deutsches Strafrecht anwendbar bleibt[46]. Eine Strafbarkeit nach deutschem Recht ist für den im Öffentlichen Dienst tätigen oder angestellten Forscher also weiterhin möglich, auch wenn er deutschen Boden verlässt.

Weiterhin führen die speziellen Regelungen zur Teilnahme in § 9 Abs. 2 StGB zu einem erheblichen Strafbarkeitsrisiko sowohl deutscher Forscher und ihrer inländischen Mitarbeiter als auch ausländischer Forscher, die sich an einem

45 *Eser/Koch*, Gutachten, S. 62.
46 *Dahs/Müssig*, MedR 2003, 617, 619.

Verbundprojekt beteiligen. So ist nach § 9 Abs. 2 S. 1 StGB Tatort der Teilnahme nicht nur der Ort, an dem der Teilnehmer gehandelt hat, bzw. im Falle des Unterlassens hätte handeln müssen, oder an dem nach seiner Vorstellung die Tat begangen werden sollte, sondern auch der Handlungs- oder Erfolgsort der Haupttat. Sind an dem Projekt auch deutsche Forscher beteiligt, die einen Handlungsort im deutschen Inland begründen, bzw. wirkt sich der Erfolg des Projektes im Inland aus, so begründet dies über § 9 Abs. 2 S. 1 StGB auch für die ausländischen Forscher einen Tatort im Inland.

Für den speziellen Fall der Inlandsteilnahme an einer Auslandstat trifft § 9 Abs. 2 S. 2 StGB sogar die Regelung, dass ein inländischer Tatort für den Teilnehmer selbst dann begründet wird, wenn eine Strafbarkeit nach dem Recht der Haupttat nicht gegeben ist.

Zuletzt führt auch die Zurechnung der Handlungsbeiträge bei mittäterschaftlicher bzw. mittelbarer Tatbegehung zu einem erheblichen Strafbarkeitsrisiko für an einem grenzüberschreitenden Forschungsprojekt beteiligte Deutsche sowie für beteiligte ausländische Forscher und ihre Mitarbeiter, wenn an jedem Ort, an dem ein Mittäter gehandelt hat, ein Handlungsort für alle Mittäter begründet wird und sich demnach auch die Mittäter im Ausland nach nationalem Recht strafbar machen können[47].

IV. Zwischenergebnis

Nach alledem sind es die Regelungen der §§ 3 ff. StGB, die zur Anwendung deutschen Strafrechts und damit zur Strafbarkeit der grenzüberschreitend tätig werdenden Forscher führen können. Es zeigt sich bereits jetzt, dass der Bereich, für den der deutsche Gesetzgeber die Geltung seines Strafrechts beansprucht, alles andere als gering ist. Da die strafanwendungsrechtlichen Vorschriften der §§ 3 ff. StGB zu einer Anordnung der Geltung deutschen Strafrechts im Ausland und damit zu einer Ausdehnung der nationalen Strafgewalt führen, kommt man um eine

47 H.M. in Rechtsprechung und Literatur: BGH NJW 2002, 3486, 3487; BGH NJW 1991, 2498, 2498; *Ambos/Ruegenberg* in MüKo, § 9, Rn. 10; *Eser* in Schönke/Schröder, § 9, Rn. 10; *Satzger*, Int. StR, § 5, Rn. 19; *Werle/Jeßberger* in LK, 12. Aufl., § 9, Rn. 13; a.A. nur *Hoyer* in SK, 6. Aufl., § 9, Rn. 5; *Heinrich* in FS Weber, S. 91, 106 ff.; zwischen Mit – und mittelbarer Täterschaft differenzierend *Oehler*, Int. StR, Rn. 361. *Valerius*, NStZ 2008, S. 121, 122 ff. sieht in § 9 Abs. 1 StGB sogar die Möglichkeit der Zurechnung von Handlungsorten.

nähere Untersuchung dieser Regelungen im Rahmen der weiteren Untersuchung nicht umhin.

B. Ursache des Strafbarkeitsrisikos und Einordnung der Problematik

Mit dieser Feststellung, die eine genauere Untersuchung dieser Vorschriften als unerlässlich erscheinen lässt, wird man der gesamten Problematik nicht hinreichend gerecht, wie folgende Ausführungen verdeutlichen sollen. Zwar konnte bereits festgestellt werden, dass es die Regelungen des nationalen Strafanwendungsrechts sind, die letztlich zur Strafbarkeit der grenzüberschreitend tätig werdenden Forscher und ihrer Mitarbeiter führen. Damit ist jedoch noch keine Aussage über den tatsächlichen Ursprung des Strafbarkeitsrisikos getroffen.

I. Ursache des Strafbarkeitsrisikos

Nehmen mehrere Forscher verschiedener Nationen ihre Forschungstätigkeit im Rahmen eines gemeinschaftlich organisierten Projekts auf und reisen dazu ins Ausland, wo das Forschungsvorhaben im Einklang mit dem dortigen Recht steht, so erscheint der Gedanke, dass sie sich dennoch nach ihrem Heimat- oder gar dem Recht, dem ein ausländischer Beteiligter unterliegt, strafbar machen könnten, nicht gerade naheliegend.

So kann sich ein finnischer Forscher, der im eigenen Land eine von Gesetzeswegen erlaubte[48] Forschung an Embryonen vornimmt, grundsätzlich der Straffreiheit seines Handelns sicher sein. Dies mag sich jedoch, wie gesehen, dann ändern, wenn ein deutscher Forscher – in strafrechtlich relevanter Beteiligungsform – an dem Vorhaben teilnimmt. Die strafanwendungsrechtlichen Regelungen der §§ 3 ff. StGB können dazu führen, dass auch der eigentlich im Einklang mit seinem Heimatrecht handelnde finnische Forscher der deutschen Strafgewalt unterliegt.

Schreibt das deutsche Recht restriktivere Regelungen vor als die Rechtsordnungen anderer am Projekt beteiligter Forscher, so kollidieren unterschiedliche nationale Anschauungen und Rechtssätze. Für die Beteiligten an grenzüberschreitenden

---

48 Vgl. Chapter 3 des finnischen Gesetzes zur medizinischen Forschung, No. 488/1999, abrufbar unter http://www.finlex.fi/en/laki/kaannokset/1999/en19990488.pdf [Stand 18.11.2013].

Verbundprojekten wird eine Einschätzung des Strafbarkeitsrisikos so teilweise schwer kalkulierbar, wenn sich daneben Forscher aus unterschiedlichen Ländern mit unterschiedlichen ethischen und rechtlichen Anschauungen beteiligen.

Wer im Rahmen eines grenzüberschreitenden Projekts nach seinem eigenen Recht rechtskonform handelt, rechnet nicht damit, dass die Beteiligung eines anderen am Projekt Einfluss auf seine eigene Strafbarkeit haben kann. Für den o.g. finnischen Forscher ist es somit schwer vorhersehbar, dass ein Handeln, das immerhin nicht nur in seinem, sondern auch in etlichen anderen Ländern erlaubt ist[49],

---

49 Zwar ist die Embryonenforschung in einigen Mitgliedstaaten der Europäischen Union erlaubt, jedoch zeichnet sich hier kein einheitliches Bild ab. Die Bedingungen, Voraussetzungen und Auflagen, an denen eine Forschung mit embryonalen Stammzellen geknüpft ist, divergieren sehr stark. Zu den liberalsten Gesetzgebungen zählen hier die der Länder Belgien, Großbritannien und Schweden: In **Belgien** ist es unter bestimmten Voraussetzungen, die in Art. 3 f. der „loi relative à la recherche sur les embryos in vitro" vom 11.05.2003 geregelt sind, erlaubt, an Embryonen innerhalb von 14 Tagen nach der Befruchtung zu forschen. Die Herstellung von Embryonen eigens zu Forschungszwecken ist zwar generell verboten. Eine Ausnahme besteht jedoch dann, wenn die vorhandenen überzähligen Embryonen nicht mehr den Bedarf des Forschungsvorhabens decken können. Auch in **Großbritannien** und **Schweden** dürfen nach dem Human Fertilisation and Embryology Act von 1990 und 2008 (GB) sowie dem *schwedischen in-vitro*-Fertilisationsgesetz Nr. 1991:115 vom 14.03.1991 (Act concerning Measures for Purposes of Research or Treatment involving Fertilised Human Ova) und dem Gesetz 2006:351 (Genetic Integrity Act) aus dem Jahr 2006 Embryonen unter bestimmten Voraussetzungen für Forschungszwecke verwendet werden, und das therapeutische Klonen ist zulässig. In **Norwegen** regelt der „Act Relating to the Application of Biotechnology in Human Medicine" aus dem Jahr 2003 die Embryonenforschung. Hiernach ist zwar die Erzeugung von Embryonen zu Forschungszwecken verboten, die Forschung an überzähligen Embryonen indes ist zulässig. Ähnlich verhält es sich in den **Niederlanden**, **Spanien**, **Dänemark**, **Griechenland** und der **Schweiz**, wo für die Forschung ebenfalls nur solche Embryonen aus überzähligen Embryonen verwendet werden dürfen.

In **Deutschland** und **Italien** ist die Herstellung embryonaler Stammzellen verboten, erlaubt ist nur die Einfuhr und Verwendung von vor dem 01.05.2007 bestehenden Stammzelllinien. Ähnliche Regelungen finden sich in **Österreich**: Dort regelt das FMedG, dass es in Österreich verboten sein soll, Embryos herzustellen und zu Forschungszwecken zu zerstören. Der Import von embryonalen Stammzellen-Linien ist erlaubt, aber gesetzlich nicht geregelt. **Polen** und die **Slowakei** untersagen die Stammzellforschung insgesamt. Der polnische Gesetzgeber stellt jeglichen Eingriff der zur Zerstörung eines Embryos in vitro führt, rechtlich der Abtreibung gleich und bedroht ihn mit Freiheitsstrafe bis zu drei Jahren. Quelle: *Spielberg*, Dt. Ärzteblatt 2012, Heft 3, S. 2 und Übersicht DRZE.

in anderen Ländern verboten und teilweise sogar unter Strafe gestellt ist[50] und er sich aus diesem Grund strafbar machen kann.

Auch wer zur Teilnahme an einem Forschungsprojekt ins Ausland reist, um dort in Einklang mit dem dortigen Recht ein Forschungsvorhaben zu verwirklichen, wird sich in der Regel nicht weiter seinem Heimatrecht und dessen Strafbarkeit unterworfen sehen.

Dieses sog. Strafbarkeitsrisiko wird größtenteils als in der Eigenart der Regelungen der §§ 3 ff. StGB wurzelnd gesehen[51]. So stellen die national unterschiedlichen spezialgesetzlichen (Sanktions-)Vorschriften, die über die Strafanwendungsregelungen der §§ 3 ff. StGB auf den Auslandssachverhalt Anwendung finden, sowie die Tatsache, dass diese im europäischen und internationalen Vergleich extrem divergieren, letztlich die Ursache für das Strafbarkeitsrisiko der Forscher dar. Die Regelungen der §§ 3 ff. StGB sind daher näher zu beleuchten. Hierbei gilt es zu untersuchen, welche Vorschriften im Rahmen der vorliegend interessierenden Konstellationen einschlägig sein können und ob die genannten Anknüpfungspunkte tatsächlich eine hinreichende Legitimationsgrundlage bilden. Fragwürdig erscheint, ob die Auslegung, wie sie beispielsweise im Falle des Handlungsortes für die mittäterschaftliche Tatbegehung vertreten wird, tatsächlich vertretbar ist. Da die Erstreckung der eigenen Strafgewalt auf Auslandstaten mit dem völkerrechtlichen Nichteinmischungsgebot kollidieren kann, sind die §§ 3 ff. StGB insbesondere unter völkerrechtlichen Aspekten zu untersuchen.

Als Folge des starken Konkurrenzdrucks, unter dem die Forscher innerhalb der EU stehen und den sie an die Politik weitergeben, kann wohl die Gesetzesänderung in **Frankreich** aus dem Juli 2013 gesehen werden: Die Loi no. 94–654 Art. L. 152–3 vom 29.07.1994 sah die Erzeugung eines Embryos in vitro nur im Rahmen der medizinisch assistierten Fortpflanzung vor. Die Forschung an embryonalen Stammzellen war demnach in Frankreich verboten. Zwar kam es in den Jahren 2004 und 2011 zu Gesetzesänderungen, die unter bestimmten Bedingungen Ausnahmen vom Verbot der Embryonenforschung vorsahen. Die hiernach bestehenden Ausnahmemöglichkeiten wurden von den Forschern jedoch als völlig ungenügend bewertet und daher als großer Nachteil für den Forschungsstandort Frankreich gesehen, vgl. Dt. Ärzteblatt, Nachrichten vom 17.07.2013. Der Gesetzgeber sah sich daher nun wohl gezwungen, die Forschung an Embryonen und menschlichen embryonalen Stammzellen zuzulassen.

50 Z.B. in **Österreich**, Art. 9 I, 22 I Nr. 3 FMedG und der **Schweiz**, Art. 5 III, 29 FMedG.

51 Vgl. dazu im Rahmen der Diskussion um die Änderung des StZG, insbesondere den Ausschluss des § 9 II 2 StGB: *Renesse* in Plenarprotokoll des BT, 14/233, S. 23211, sowie BT-Drucks. 16/7984, S. 1, 4; 16/7981, S. 6.

II. Strafberechtigung des deutschen Staates – das *ius puniendi*

Doch abgesehen von den strafanwendungsrechtlichen Regelungen der §§ 3 ff. StGB stellt sich die Frage, ob dem deutschen Staat überhaupt die Berechtigung zukommt, einen derartigen Sachverhalt seinem Strafrecht zu unterstellen und nach seinen Anschauungen zu beurteilen.

Indem das deutsche Recht über §§ 3 ff. StGB Auslandssachverhalte dem nationalen Strafrecht unterstellt, Sachverhalte seiner Bewertung unterzieht und mit dem Stempel des Unrechts versieht, übergeht es die Frage, ob es hierzu überhaupt berechtigt sein kann. Diese Frage ist mit derjenigen, ob sich ein Anknüpfungspunkt in den §§ 3 ff. StGB finden lässt und dieser auch hinreichend ist, keineswegs identisch. Vielmehr geht es hier darum, ob und insbesondere inwiefern der deutsche Staat die Strafbarkeit des jeweiligen Handelns nach den seiner Rechtsordnung zugrunde liegenden Wertvorstellungen und Anschauungen beurteilen darf. Diese Problematik stellt sich daher als die Frage nach der „Strafberechtigung“[52] dar.

Die Erstreckung der Strafgewalt kann nur dann verfassungs- und völkerrechtlich legitimiert sein, wenn sie sich mit diesen Vorgaben vereinbar zeigt. Daran bestehen gerade deshalb Zweifel, weil bei der Bestimmung der Anwendbarkeit deutschen Strafrechts nach einigen Vorschriften der §§ 3 ff. StGB[53] die Tatsache, dass sich die nationalen Rechtsordnungen der verschiedenen Beteiligten nicht nur nicht decken, sondern eine enorme Divergenz aufweisen, so dass einige Rechtsordnungen Verhaltensweisen bestrafen, die andere Rechtsordnungen als legitim erachten, keinerlei Beachtung findet. Gerade diese Vorschriften, bei denen auf das Erfordernis der doppelten Strafbarkeit verzichtet wird, sind deshalb Gegenstand der vorliegenden Untersuchung.

III. Das *ius puniendi* als strafbarkeitsbegrenzender Gesichtspunkt

Die überwiegende Ansicht in der Literatur lässt der Frage nach der Strafberechtigung bei grenzüberschreitenden Sachverhalten indes nur wenig eigenständige

52 Vgl. *Satzger*, Int. StR., § 3, Rn. 2.

53 Ausgeschlossen sind diejenigen Vorschriften, die das Vorliegen der doppelten Strafbarkeit fordern.

Bedeutung zukommen. So wird zwar durchaus betont, dass die Tatsache, dass die §§ 3 ff. StGB weitestgehend als Strafrechtsanwendungsrecht[54] oder Strafanwendungsrecht[55] verstanden werden, nicht darüber hinwegtäuschen darf, dass sie auch die entscheidende Frage beantworten, ob die deutsche Strafgewalt überhaupt gegeben ist[56]. Die §§ 3 ff. StGB sind demnach auch als Strafgewaltsregelung zu sehen[57], die den Geltungsbereich der deutschen Strafgewalt bestimmen. Erst wenn nach den §§ 3 ff. StGB das Vorliegen der eigenen Strafgewalt geklärt ist, kann sich die Frage nach dem anwendbaren Recht stellen.

Dieser Feststellung wird im Übrigen jedoch (zu) wenig Bedeutung beigemessen, wenn festgehalten wird, dass das Vorliegen der deutschen Strafgewalt mit der Anwendung des deutschen Strafrechts stets einhergehe, da die Regelungen der §§ 3 ff. StGB eben gerade nicht auf andere Rechtsordnungen verweisen und deren Geltung anordnen[58]. Deutsche Gerichte wenden vielmehr stets deutsches Recht an[59]. Der Geltungsbereich, für den die deutsche Strafgewalt Anspruch erhebt, ist demnach stets deckungsgleich mit dem Anwendungsbereich des deutschen Strafrechts.

Von diesem Verständnis der „Strafgewalt" will die vorliegende Arbeit gezielt abweichen.

---

54 *Hoyer* in SK, 6. Aufl., Vor §§ 3 ff., Rn. 4; *Jescheck/Weigend*, StR AT, § 18 I 1; *Schlüchter* in FS Oehler, S. 307, 310; *Weber* in Baumann/Weber/Mitsch, StR AT, § 7, Rn. 33.

55 So *Lackner/Kühl*, Vor §§ 3 ff., Rn. 1, *Maurach/Zipf*, StR AT, Tb. I, § 11 Rn. 2; *Werle/Jeßberger* in LK, 12. Aufl., Vor §§ 3 ff., Rn. 1.

56 *Jescheck* in FS Maurach, S. 579, 579 f; ders. in *Jescheck/Weigend*, StR AT, § 18 I 1; *Roggemann*, Strafrechtsanwendung und Rechtshilfe zwischen beiden deutschen Staaten, S. 12; *Vogler* in FS Maurach, S, 595, 595; *ders.* in FS Grützner, S. 149, 149; *Ambos*, Int. StR, § 1, Rn.5;

57 Vgl. *Ambos*, Int. StR, § 1, Rn. 5; *ders.* in MüKo, Vor §§ 3 ff., Rn. 2; *Gribbohm* in LK, 11. Aufl., Vor §§ 3 ff., Rn. 3; *Jescheck/Weigend*, StR AT, § 18 I 1; *Lemke* in NK, 2. Aufl., Vor §§ 3 ff., Rn.1;; *Satzger*, Int. StR, § 3, Rn. 2; *Werle/Jeßberger* in LK, 12. Aufl., Vor §§ 3 ff., Rn. 3.

58 Dennoch ist es theoretisch denkbar, dass der die Strafgewalt ausübende Staat die Anwendung ausländischen Rechts anordnet, vgl. *Ambos*, Int. StR, § 1, Rn. 5; *ders.* in MüKo, Vor §§ 3 ff., Rn. 2; vgl. dazu § 4 Abs. 3 Nr. 2 der GeltungsbereichsVO von 1940, die die Anwendung des milderen ausländischen Strafgesetzes vorsah, bzw. Art. 5 I des (früheren) schweizerischen StGB.

59 *Ambos* in MüKo, Vor §§ 3 ff., Rn. 2; *ders.* in Int. StR, § 1, Rn. 5; *Gribbohm* in LK, 11. Aufl., Vor §§ 3 ff., Rn. 3; *Jescheck/Weigend*, StR AT, § 18 I 1; *Werle/Jeßberger* in LK, 12. Auflage, Vor §§ 3 ff., Rn. 8.

Das *ius puniendi* soll als eigenständiger, vollwertiger und der Prüfung des Strafanwendungsrechts vorgelagerter Gesichtspunkt verstanden werden.

Dieser Gedanke ist keineswegs neu: Bereits bei *Schultz* findet sich dieser Gedanke in einer Art Zweistufentheorie verankert, wenn er darauf hinweist, dass in einem ersten Schritt den Regeln über den räumlichen Geltungsbereich zu entnehmen ist, welche Gesetzgebungshoheit ein Staat sich für welche Handlungen zulegen möchte, während in einem zweiten Schritt die Frage nach dem dabei anzuwendenden (in- oder ausländischen) Recht zu beantworten ist[60]. Auch *Jescheck* betont die Bedeutung der Strafberechtigung. Erst wenn diese feststeht und der Staat einen bestimmten Sachverhalt seiner Strafgewalt unterziehen darf, stellt sich die Frage nach der Anwendbarkeit des eigenen materiellen Rechts[61]. Die Frage nach dem Umfang der nationalen Strafgewalt betrifft erst in zweiter Linie tatsächlich strafanwendungsrechtliche Aspekte[62]. Wonach sich die Strafberechtigung jedoch konkret bemessen soll, bleibt offen.

Im Rahmen der vorliegenden Problematik und der Feststellung, dass diese allein durch eine Analyse der strafanwendungsrechtlichen Regelungen nicht zufriedenstellend aufgelöst werden kann, ist der Frage nach der Strafberechtigung, dem Recht zu strafen als *ius puniendi*, losgelöst von den §§ 3 ff. StGB, eigenständige Bedeutung beizumessen. Ihre Untersuchung soll Klärung darüber bringen, inwiefern sich der deutsche Staat berechtigt sehen kann, den jeweiligen Sachverhalt seiner Beurteilung zu unterziehen, ohne mit anderen Rechtsordnungen, dem Gemeinschaftsrecht und dem Völkerrecht in Konflikt zu treten.

IV. Zwischenergebnis

Wie gesehen stellt sich neben der Untersuchung, ob sich die Anwendung nationalen Strafrechts auf den jeweiligen Sachverhalt aus den §§ 3 ff. StGB ergibt und sich die dort genannten Anknüpfungspunkte unter völkerrechtlichen Aspekten legitimieren lassen, die Frage nach dem Vorliegen der Strafberechtigung. Hierbei gilt es zu beantworten, inwieweit es sich aus materiell-rechtlicher Sicht rechtfertigen lässt, dass der deutsche Staat das jeweilige Verhalten seiner

60 *Schultz*, GA 1966, S. 193, 194.

61 *Jescheck/Weigend*, StR AT, § 18 I. Ob insofern schon davon zu sprechen ist, dass dem Strafanwendungsrecht in gewissem Maße kollisionslösende Funktion beizumessen ist, scheint jedoch fraglich, vgl. dazu *Eser* in FS Jescheck, S. 1353, 1359.

62 *Jescheck/Weigend*, StR AT, § 18 I 1.

nationalen Bewertung unterzieht und mit dem Stempel des nationalen Unrechts versieht.

Daneben ist ebenfalls von zentraler Bedeutung, ob das durch die Forschung konkret betroffene Rechtsgut vom staatlichen Rechtsgüterschutz überhaupt umfasst ist und das entsprechende Verhalten strafbar sein kann[63]. Dazu muss sich der Schutzbereich des nationalen Straftatbestandes auf das betroffene Rechtsgut erstrecken und die Tat von seinem Schutzzweck umfasst sein[64]. Die Anwendbarkeit deutschen Strafrechts kann demnach bereits tatbestandlich ausscheiden[65], was es zu untersuchen gilt.

C. Untersuchungsgegenstand der vorliegenden Arbeit

Anders als die bis zur Änderung des Stammzellengesetzes ständig präsente Diskussion der Strafbarkeitsrisiken bei Beteiligung an grenzüberschreitenden Forschungsprojekten auf dem Gebiet des Stammzellenforschung anzunehmen verleitet, ist die Problematik nicht nur auf diesen Forschungsbereich begrenzt, sondern besteht auch in anderen Bereichen.

Letztlich führen divergierende nationale Anschauungen dazu, dass Forschungsprojekte in diesen Bereichen oftmals ein erhöhtes Strafbarkeitsrisiko bergen.

I. Betroffene Forschungsgegenstände

Gerade in Bereichen der biowissenschaftlichen Forschung, die den Umgang mit lebenden Organismen, gleich welchen Entwicklungsstadiums, betreffen, bestehen teilweise stark unterschiedliche Anschauungen innerhalb der Mitgliedstaaten der Europäischen Union. Als Forschungsgebiete, in denen der Umgang mit lebenden Organismen eine zentrale Rolle spielt und deren Zulässigkeit rechtlich besonders umstritten ist, gelten die Biotechnologie und die Biomedizin.

---

63 Vgl. dazu den 4. Teil dieser Arbeit.

64 Vgl. *Ambos*, Int. StR, § 1, Rn. 31; *Böse* in NK, 4. Aufl., Vor §§ 3 ff., Rn. 55; *Eser* in Schönke/Schröder, Vor §§ 3 ff., Rn. 31; *Satzger*, Int. StR, § 3, Rn. 12; *Werle/Jeßberger* in LK, 12. Aufl., Vor §§ 3 ff., Rn. 271.

65 *Werle/Jeßberger* in LK, 12. Aufl., Vor §§ 3 ff., Rn. 271.

1. Biotechnologie

Die Biotechnologie zeichnet sich durch ihre relativ junge Erscheinungsform[66] und ihre hohe Aktualität in Ländern rund um den Globus aus. Ihre genaue Definition ist jedoch umstritten.

So kann Biotechnologie die Umsetzung von Erkenntnissen der Humanbiologie, „also einer auf den Menschen bezogenen Biologie mit den wichtigen Teilbereichen der Humangenetik, der Biochemie und vor allem der Molekularbiologie“ in technische Produkte und Prozesse bedeuten[67].

Nach der Definition der OECD[68] umschreibt die Biotechnologie „die Anwendung von Wissenschaft und Technologie auf lebende Organismen, Teile von ihnen, ihre Produkte und Modelle von ihnen zwecks Veränderung von lebender oder nichtlebender Materie zur Erweiterung des Wissensstandes, zur Herstellung von Gütern und zur Bereitstellung von Dienstleistungen“[69]. Sie betont dabei weder nur die Ergebnisse der biotechnologischen Forschung und die zugrunde liegende Materie, noch beschränkt sie die Biotechnologie auf die Humanbiologie, sondern spricht allgemein von „lebenden Organismen“, so dass darunter auch Pflanzen und Tiere verstanden werden können. Auch die Informationsplattform „Biotechnologie“, die Anfang 2006 auf Initiative des Bundesministeriums für Bildung und Forschung eingerichtet wurde[70], sieht den Kern der biotechnologischen Forschung in der Anwendung von Wissenschaft und Technik auf lebende Organismen[71].

Folgt man dieser Auffassung, so wäre vom Begriff der Biotechnologie auch die sog. „Grüne Gentechnologie“ umfasst, während nach ersterer Ansicht dies eine unzulässig weite Verknüpfung mit der Gentechnologie bedeutet und nur die Forschungsergebnisse der Humanbiologie, nicht aber die Erkenntnisse aus Landwirtschaft und Tierzucht der Biotechnologie zugrunde liegen[72].

---

66 So konnte zwar bereits 1865 der Augustinermönch Gregor Mendel die Grundlagen der Vererbungstechnik beschreiben. Jedoch konnten erst naturwissenschaftliche Erkenntnisse insbesondere der letzten Jahrzehnte die rasante Entwicklung der Biotechnologie, wie wir sie heute erleben, ermöglichen. Im Bereich der Embryonenforschung (speziell: In-vitro-Fertilisation) kann die Geburt von Louise Brown am 25. 07. 1978 als durchschlagendes Ereignis und Beginn umfassender Forschungsvorhaben gesehen werden; vgl. Bundesministerium für Bildung und Forschung, BIOTechnikum.

67 *Zuck*, MedR 2008, S. 57, 58.

68 Abrufbar unter http://stats.oecd.org/glossary/detail.asp?ID=219 [Stand 18.11.2013].

69 Vgl. Bundesministerium für Bildung und Forschung, Biotechnologie.

70 Bundesministerium für Bildung und Forschung, Biotechnologie.

71 Bundesministerium für Bildung und Forschung, Biotechnologie, Hintergrund, Basiswissen.

72 Vgl. *Zuck*, MedR 2008, S. 57, 59.

2. Biomedizin

Auf der Grundlage der Biotechnologie entwickelte sich die biomedizinische Forschung.

Zwar taucht der Begriff der Biomedizin im Übereinkommen des Europarates zum Schutz der Menschenrechte und der Menschenwürde im Hinblick auf die Anwendung von Biologie und Medizin vom 4. April 1997[73] auf; eine konkrete Definition sucht man dort jedoch vergebens[74].

Geht man vom Wortlaut aus, so steht die Bezeichnung „bios“ in ihrer ursprünglichen Bedeutung für das menschliche Leben[75]. Nach diesem Verständnis darf jedoch auch die Medizin um das Ende des Lebens, den Tod des Menschen, nicht ausgeblendet werden. Vielmehr soll die Biomedizin neben der Medizin bis zur Geburt auch den gesamten Bereich des menschlichen Lebens bis zu seinem Tode und die Transplantationsmedizin umfassen[76]. Die Forschung in diesem Bereich konfrontiert den Menschen mit Fragen des sittlichen Dürfens im Rahmen des technischen Könnens, weshalb die Verwandtschaft zur Bioethik nicht von der Hand zu weisen ist[77]. Geprägt ist dieser gesamte Bereich aber auch durch die Humangenetik sowie durch Methoden und Erkenntnisse um die Molekular- und Zellbiologie, die sich als Grundlage der biomedizinischen Forschung ausmachen lassen[78]. Die Biomedizin ist demnach als Anwendung therapeutischer Konzepte und Behandlungsmethoden auf den Menschen zu verstehen, die sich u.a. aus der Forschung im Bereich der Biotechnologie ergeben und entwickelt haben[79].

Hier lassen sich Forschungsgegenstände wie klinische Prüfungen an Menschen, seien sie einwilligungsfähig oder nicht, die Verabreichung schmerzlindernder,

---

73 Abrufbar unter http://www.conventions.coe.int/Treaty/ger/Treaties/Html/164.htm [Stand 18.11.2013]. Im Folgenden: Biomedizinkonvention des Europarates bzw. BMK 1997.

74 Eine genauere Untersuchung des Begriffs kann hier im Übrigen auch nicht stattfinden. Zu verweisen ist daher auf *Zuck*, MedR 2008, S. 57 ff.; sowie *Müller-Terpitz*, Recht der Biomedizin, S. 4 f.; *ders.* in Schutz des pränatalen Lebens, S. 11 f.

75 *Quaas/Zuck*, Medizinrecht, § 66, Rn.1.

76 *Quaas/Zuck*, Medizinrecht, § 66, Rn.1.

77 *Zuck*, MedR 2008, S. 57, 61.

78 *Schulz*, Biomedizin, S. 10; *Müller-Terpitz*, Recht der Biomedizin, S. 4; *ders.* in Schutz des pränatalen Lebens, S. 11; sowie die Definition der Universität Würzburg, die im Rahmen der Vorstellung ihres Studienganges der Biomedizin eine Definition des Begriffs wagt, vgl. unter http://www.uni-wuerzburg.de/fuer/studierende/angebot/faecher/biomedizin/[Stand 18.11.2013].

79 Vgl. *Zuck*, MedR 2008, S. 57, 61.

letztlich zu einem ruhigen Tode führender Arznei, Organtransplantationen, Embryonen- und Stammzellenforschung einordnen.

II. Aktualität und Brisanz der Problematik

Die Entwicklung auf dem Gebiet der biotechnologischen und –medizinischen Forschung verläuft dank neuer technischer Errungenschaften in den letzten Jahren rasanter denn je[80] und führt dabei zu neuartigen und revolutionären Möglichkeiten der Therapie schwerer Krankheiten. Die Zusammenarbeit mit Wissenschaftlern und Ärzten aus dem Ausland und der gegenseitige Erfahrungs- und Wissensaustausch spielen dabei eine zentrale Rolle und sind ein wichtiger Motor bei der fortwährenden Entwicklung neuer Technologien und Methoden.

Insbesondere an die Stammzellenforschung knüpft man in Wissenschaft und Medizin sehr hohe Erwartungen. Gerade im Bereich degenerativer Erkrankungen wie Alzheimer, Diabetes und Parkinson erhofft man sich durch sie bessere Heilungschancen und verzeichnet fortlaufend neue Forschungserfolge.

Auch die Humangenetik, namentlich die Reproduktionsmedizin, profitiert von neuen Erkenntnissen und der gentechnischen Forschung. So ermöglicht es der aktuelle Forschungsstand nicht nur Paaren, mithilfe der In-vitro-Fertilisation ihren Kinderwunsch zu erfüllen. Die tatsächlichen Möglichkeiten reichen von der Genomanalyse über die Gentherapie bis hin zur Keimbahnintervention und Klonierung eines Lebewesens.

Und nicht nur die Medizin erlebt aufgrund neuartiger Entwicklungen und Methoden einen geradezu revolutionären Fortschritt[81]. Neben der „roten Gentechnologie“, der biomedizinischen Anwendung der Gentechnologie am Menschen[82], kommt es auch in der Landwirtschaft immer öfter zur Anwendung biotechnologischer Methoden[83]. So haben z.B. die gentechnische Veränderung

80 So konnte 2003 nach 13 Jahren Forschungsarbeit die Entschlüsselung des menschlichen Gens zu 99,9 % als weltweiter Erfolg gefeiert werden; in Deutschland werden heutzutage jedes Jahr etwa 70.000 In-vitro- Fertilisations- Behandlungen durchgeführt und ca. 11.000 Kinder werden jedes Jahr nach künstlicher Befruchtung geboren, vgl. Bundesministerium für Bildung und Forschung, BIOTechnikum, sowie a.a.O. Biotechnologie, Förderbeispiele.

81 Vgl. *Schulz*, Biomedizin, S. 9.

82 Vgl. Bundesministerium für Bildung und Forschung, Biotechnologie, Hintergrund, Basiswissen.

83 Sog. „Grüne Gentechnologie“.

von Kulturpflanzen wie Mais, Soja und Baumwolle das Ziel die Resistenz gegen Herbizide, Kälte und Insekten zu erhöhen, um so das Ertragspotenzial zu stärken und die Produktqualität zu erhöhen und daneben durch den Einsatz von Vitaminen oder anderen Inhaltsstoffen die Qualität und Verträglichkeit der Lebensmittel zu verbessern[84].

III. Eingrenzung des Untersuchungsgegenstands

Die Definitions- und Einordnungsschwierigkeiten der Begrifflichkeiten Biotechnologie und –medizin lassen das Konfliktpotential dieser Bereiche bereits erahnen. Gerade, weil bei der Forschung auf diesem Gebiet lebende Organismen, im strittigsten Fall gar menschliche Organismen, im Mittelpunkt stehen, verwundert es nicht, dass sie derart kontrovers diskutiert wird.

Nicht nur unter unseren Nachbarn in der Europäischen Union, auch in Nicht-EU-Staaten werden zu diesen Fragen die unterschiedlichsten ethischen und juristischen Ansätze vertreten. Allein die unzähligen Kontroversen zu dieser Problematik im eigenen Land, sei es bzgl. des Stammzellengesetzes[85] oder hinsichtlich des Gendiagnostikgesetzes[86], zeigen das hohe Konfliktpotenzial dieser Themen auf.

Als besonders prekär und rechtlich sowie ethisch höchst kontrovers gilt die Embryonenforschung mit Problembereichen wie dem therapeutischen und dem reproduktiven Klonen, der Stammzellenforschung sowie der Keimbahntherapie und der Reproduktionsmedizin. Zeigt sich im Wege der vorliegenden Problematik eine eingehende Untersuchung anhand eines konkreten Forschungsgegenstandes als erforderlich, so soll diese anhand eben dieser Schwerpunkte stattfinden, da eine tiefergehende Auseinandersetzung mit allen genannten Teilbereichen nicht in einem wünschenswerten Umfang zu leisten ist.

---

84 Vgl. Bundesministerium für Bildung und Forschung, Biotechnologie, Hintergrund, Basiswissen.

85 Vgl. hierzu u.a. Plenarprotokoll des BT 14/233, S. 23209 ff.; BT-Drucks.16/7981; 16/7982; 16/7983, 16/7984.

86 Das GenDiagnostikG vom 31.07.2009 wurde am 24.04.2009 im Bundestag beschlossen und trat in seinem Hauptteil am 01.02.2010 in Kraft. Eine jahrelange Diskussion, die bereits im Laufe der 14. Legislaturperiode begonnen hatte, (vgl. BT-Drucks. 14/9020, insbes. S. 101 ff.; sowie BT-Drucks. 14/6640) findet damit ihr vorläufiges Ende. Für vorliegende Thematik ist das GendiagnostikG von untergeordneter Bedeutung, da es bei Genanalysen zu Forschungszwecken nach § 2 Abs. 2 Nr. 1 GenDG nicht zur Anwendung kommt.

2. Teil: Die Frage nach der Strafberechtigung des Staates

Stehen die nationalen Einschätzungen der Schutzbedürftigkeit der durch die Forschung betroffenen Rechtsgüter und der Strafwürdigkeit des jeweiligen Verhaltens nicht im Einklang mit den Anschauungen des Rechts am Forschungsort, so bietet sich eine Konfliktlage: Das deutsche Strafrecht möchte seinem Rechtsgüterschutz gerecht werden und die Strafbarkeit des betreffenden Verhalten anordnen, wohingegen das fremde Recht keine Strafbarkeit kennt; das Verhalten ist nach diesem Recht vielmehr legal. Die Anordnung deutschen Strafrechts setzt sich somit in Widerspruch zur dortigen Rechts- und insbesondere Berufsordnung, die das entsprechende Verhalten erlaubt.

Die Rechtsprechung stellt daher teilweise darauf ab, dass es sich um ein allgemein anerkanntes Rechtsgut handeln muss, um nicht dem ausländischen Strafgesetzgeber vorzugreifen[87]. Dieser Ansatzpunkt zeigt sich jedoch als wenig geeignet, das Problem aufzulösen, da eine für das betroffene Rechtsgut konstituierende Wertung erst durch den Bezug zu einer bestimmten Rechtsordnung hergestellt werden kann[88]. Diesen Bezug herzustellen ist Aufgabe der §§ 3 ff. StGB. Die Heranziehung der §§ 3 ff. StGB und der ihnen immanenten Anknüpfungspunkte übergeht dabei jedoch, wie gesehen, die Frage, ob der deutsche Strafgesetzgeber seinen Bewertungsanspruch aus rein materiell-rechtlicher Sicht überhaupt zugrunde legen darf. Gerade in einer Fallkonstellation, bei der sich die „Rechtsgutsverletzung" komplett im Ausland abspielt, erscheint dies fragwürdig.

A. Einordnung des *ius puniendi*: Besteht eine originäre Strafberechtigung und woraus ergibt sich eine solche?

Zentrale Fragestellungen sind demnach, ob dem deutschen Staat überhaupt die Berechtigung zukommen kann, einen Auslandssachverhalt zu beurteilen, und woher sich eine solche ergeben mag.

---

87 Vgl. BGH NJW 1979, S. 2482, 2482; BGH NJW 1967, S. 2069, 2070; vgl. hierzu *Nowakowski*, JZ 1971, S. 633, 636.

88 Vgl. dazu die Ausführungen zur unrechtskonstituierenden Wirkung des Strafanwendungsrechts oben im 1. Teil unter A, II, 2.

Daran schließt sich die Frage an (unter B.), worin diese Berechtigung ihre Grenzen findet.

I. Lässt sich eine umfassende Strafbefugnis für Auslandssachverhalte aus der Aufgabe und dem Zweck des Strafrechts herleiten?

Möglicherweise können die Aufgabe oder der Zweck des Strafrechts die Erstrekkung der Strafgewalt auf grenzüberschreitende Sachverhalte legitimieren.

1. Aufgabe des Strafrechts

Das Strafrecht hat in erster Linie den Rechtsgüterschutz[89] im Blick und dient so der Verwirklichung des Gemeinwohls und des friedlichen Zusammenlebens der Bürger[90].

Unter Zuhilfenahme der Sanktionsvorschriften des nationalen Strafrechts hat der Staat die „Gesellschaft vor sozialschädlichem Verhalten zu bewahren und die elementaren Werte des geregelten Zusammenlebens zu schützen“[91]. Daneben soll eine Institution zur Verfügung stehen, die dann eingreift, wenn andere Mittel staatlicher Problemlösung wie die polizeirechtliche Anordnung oder die zivilrechtliche Klage versagen[92].

---

89 Die Frage, welche Rechtsgüter so hochrangig sind, dass sie strafrechtlichen Schutz verdienen, lässt sich in erster Linie aus der Werteordnung der Verfassung beantworten. Demnach sind Individualrechtsgüter wie das Leben, die körperliche Unversehrtheit, persönliche Freiheit, das Eigentum und die Ehre schützenswert; daneben aber auch Universalrechtgüter wie der Bestand des Staates und seiner freiheitlich-demokratischen Grundordnung, die Rechtspflege, die Wahrung von Staatsgeheimnissen, usw. besonders schützenswert, vgl. *Weber* in Baumann/Weber/Mitsch, StR AT, § 3, Rn. 12 f.. Zum Streit um den Rechtsgutsbegriff vgl. *Roxin*, StR AT, Bd. I, § 2, Rn. 2 ff. m.w.N.

90 BVerfGE 96, 249, NJW 1998, S. 443, 443; *Jescheck/Weigend*, StR AT, § 1 III 1, *Pawlik* in FS Schröder, S. 357, 360; *Radtke* in MüKo, Vor §§ 38 ff., Rn. 1; *Stree/Kinzig* in Schönke/Schröder, Vor §§ 38 ff., Rn. 1; *Weber* in Baumann/Weber/Mitsch, StR AT, § 3, Rn.10; *Wessels/Beulke*, StR AT, Rn. 6; vgl. dazu auch *Ambos/Steiner*, JuS 2001, S. 9, 9 ff.

91 *Stree/Kinzig* in Schönke/Schröder, Vor §§ 38 ff., Rn. 1.

92 *Ambos/Steiner*, JuS 2001, S. 9, 10.

Die Mittel des Strafrechts dienen daher nur als „ultima ratio der Ordnungsinstrumente"[93], weshalb auch von der Subsidiarität des Strafrechts gesprochen wird[94]. Die Frage, welche Verhaltensweise der Staat unter Strafe zu stellen hat und welche nicht, wurzelt in der jeweils vorherrschenden sozialethischen Werteanschauung der jeweiligen Rechtsgemeinschaft[95] und ist daher in gewisser Weise „relativ"[96]. Sieht sich der deutsche Staat zum Schutz der durch die Forschung betroffenen Embryonen berufen, so entspricht dies seinen in der Verfassung verbrieften Wertevorstellungen. Er verfolgt mit der Durchsetzung der strafbewehrten Verhaltensregelungen im ESchG die Wahrung der inländischen Ordnungsnormen, um ein geregeltes Zusammenleben sicherzustellen[97]. Dabei sind grundsätzlich auch Taten im Ausland geeignet, die inländischen Ordnungsnormen und somit den inneren Frieden des Staates zu stören.

Der Erstreckung der Strafgewalt durch die §§ 3 ff. StGB auf ausländische Sachverhalte liegt demnach die Überlegung zugrunde, die Nichtverfolgung der dort aufgeführten Straftaten könnte die Geltung der für die Wahrung des inländischen Sozialgefüges wesentlichen Normen in Frage stellen[98].

Im Grundsatz gilt daher, dass das Strafrecht nur und erst dann eingreift, wenn es in seiner Ordnungsfunktion zur Aufrechterhaltung des Rechtsfriedens auf den Plan gerufen wird. Dies ist der Fall bei einem Verhalten, das strafwürdig und strafbedürftig ist[99].

a. Strafwürdigkeit und –bedürftigkeit

Die Strafberechtigung könnte demnach dort gegeben sein, wo strafwürdiges und –bedürftiges Handeln im Raum steht, da das Vorliegen dieser „das materielle Unrecht bestimmenden Faktoren"[100] als Grundvoraussetzung für die Bestrafung gilt.

Die Strafwürdigkeit einer Verhaltensweise bestimmt sich danach, ob sie sozialethisch missbilligenswert ist, weil sie „die sozialen Beziehungen innerhalb der Rechtsgesellschaft erheblich zu gefährden oder zu schädigen" geeignet ist[101]. Lässt

93 *Ambos/Steiner*, JuS 2001, S. 9, 10.
94 *Ambos/Steiner*, JuS 2001, S. 9, 10; *Roxin*, StR AT, Bd. I, § 2, Rn. 1.
95 *Wessels/Beulke*, StR AT, Rn. 9.
96 Vgl. *Ambos/Steiner* Jus 2001, S. 9, 9; vgl. dazu auch die Frage um den materiellen Rechtsbegriff bei *Roxin*, StR AT, Bd.I, § 2, Rn. 1 ff.
97 Vgl. dazu *Schmitz*, Das aktive Personalitätsprinzip im Internationalen Strafrecht, S. 97; *Scholten*, NStZ 1994, S. 26, 268.
98 Vgl. *Scholten*, NStZ 1994, S. 266, 268.
99 Vgl. *Dannecker/Hagemeier* in Leitner (Hrsg.), Finanzstrafrecht 2008, S. 63, 83.
100 *Dannecker*, Steuerhinterziehung im internationalen Wirtschaftsverkehr, S. 142.
101 *Otto* in GS Schröder, 1978, S. 53, 54.

sich für eine bestimmte Verhaltensweise ein Unrechtsurteil der Gesellschaft darüber ausmachen, dass sie dieses Verhalten als sozial schwer erträglich erachtet und daher nicht billigen kann, so ist eine Aussage über die Wertigkeit des Verhaltens getroffen, die eine Bestrafung dieses Verhaltens angemessen erscheinen lässt. Dabei ist stets der Verhältnismäßigkeitsgrundsatz zu beachten: Ein Verhalten soll nur dann der Strafe unterliegen, wenn diese als Sanktion unerlässlich ist, um den Rechtsfrieden zu garantieren[102]. Deutlich wird an dieser Stelle, dass es sich dabei um eine Wertungsfrage gemessen an einem bestimmten Personenkreis oder einer Bevölkerungsgruppe handelt.

Während bei der Frage nach der Strafwürdigkeit ein Wertungsmoment im Vordergrund steht, stellt sich bei dem Kriterium der Strafbedürftigkeit die Frage nach dem Zweck des staatlichen Strafens[103]. Die Strafe muss sich als unerlässliche Sanktion darstellen, die geeignet ist, die Gesellschaft „vor strafwürdigen Rechtsgutsbedrohungen oder–verletzungen zu schützen und die Rechtsordnung zu bewähren“[104]. Mit dem Kriterium der Strafbedürftigkeit wird demnach festgelegt, ob eine Verhaltensweise innerhalb einer Werteordnung anerkannte Werte derart gefährdet oder verletzt, dass die Strafe letztes und einziges Mittel ist, die gemeinsame Werteordnung zu bewahren[105]. Nach Ansicht von *Sax*, der diese beiden Begriffe entscheidend geprägt hat[106], bestimmt das Kriterium der Strafbedürftigkeit auch entscheidend darüber, inwiefern bereits bloße Rechtsgutsgefährdungen die Werteordnung derart erschüttern können, dass auch sie bereits eine Sanktion durch Strafe legitimieren[107]. Indem somit die Frage in den Mittelpunkt rückt, ob für ein jeweiliges Verhalten die Strafe die einzig angemessene Sanktion und der einzig wirksame Schutzmechanismus zum Schutz der Gemeinschaftsordnung darstellt, ist die Idee des Verhältnismäßigkeitsgrundsatzes im Strafrecht angesprochen[108]. Der Frage nach dem Bestehen der Strafberechtigung könnte demnach über eine Abwägung begegnet werden: Ließe sich für den zugrunde Sachverhalt eine Verhaltensweise feststellen, die sozialethisch missbilligenswert ist und die geeignet ist, die Gemeinschaftsordnung derart zu erschüttern, dass die Strafe als unerlässliches Mittel zum Schutz der gemeinsamen

102 *Otto* in GS Schröder, 1978, S. 53, 54.

103 *Otto* in GS Schröder,1978, S. 53, 56 f.; *Bloy*, Die dogmatische Begründung der Strafausschließungs- und Strafaufhebungsgründe, S. 243.

104 *Otto* in GS Schröder,1978, S. 53, 56.

105 *Sax*, Die Grundrechte- Handbuch der Theorie und Praxis, III/2, S. 925.

106 Vgl. *Sax*, Die Grundrechte- Handbuch der Theorie und Praxis, III/2, S. 923 ff., wobei er jedoch den Begriff der Strafwürdigkeit als Oberbegriff für die Begriffe des „Strafe verdienens“ und „Strafe bedürfens“ auffasst.

107 *Sax*, Die Grundrechte- Handbuch der Theorie und Praxis, III/2, S. 925.

108 Vgl. *Hamann*, Grundgesetz und Strafgesetzgebung, S. 28.

Werteordung erscheint, so ließe sich eine Berechtigung diesen Sachverhalt zu erfassen und ihn seiner Strafgewalt zu unterstellen, unschwer begründen. Eine solche Beurteilung lässt sich jedoch gerade bei grenzüberschreitenden Sachverhalten nicht ohne weiteres vornehmen. Die Tatsache, dass hier nicht nur verschiedene Werteordnungen aufeinander treffen und die Frage nach der Strafwürdigkeit und –bedürftigkeit unterschiedlich bewertet wird, sondern auch unterschiedliche Rechtsordnungen tangiert sind, die eine Verhaltensweise teilweise unter Strafe stellen, teilweise als zulässig erachten, zeigt, dass die Kriterien der Strafwürdigeit und –bedürftigkeit demnach nicht geeignet sind, die aufgeworfenen Fragestellungen zufriedenstellend zu beantworten. Es handelt sich dabei nicht um allgemeinverbindliche Kriterien, die zur Beurteilung der Strafbarkeit eines grenzüberschreitenden Sachverhalts herangezogen werden können, da ihnen nur im Bezug zu einer bestimmten Werteordnung inhaltliche Aussagen entnommen werden können. Dies bedeutet jedoch einen Zirkelschluss, denn indem man eine bestimmte Werteordnung der Beurteilung, ob das Verhalten strafbar sein soll oder nicht, zugrunde legt, hat man die Frage nach der Strafberechtigung bereits beantwortet und sich diese zugestanden.

Gerade im Bereich der biomedizinischen Forschung sind die Strafwürdigkeit und –bedürftigkeit der einschlägigen Handlungsweisen nicht allgemein anerkannt, sondern divergieren teilweise auch innerhalb Europas stark, so dass hierin keine verlässlichen Kriterien zu sehen sind, um die Strafberechtigung bei grenzüberschreitenden Sachverhalten zu bestimmen.

b. Ergebnis

Das Interesse des Staates mit den ihm durch das Strafrecht zur Verfügung stehenden Sanktionsmitteln die Rechtsordnung mit den ihr immanenten Werten zu schützen und Selbstjustiz zu verhindern, ist zur Wahrung der staatlichen und gesellschaftlichen Ordnung nachvollziehbar und legitim. Alleine aus diesem Interesse lässt sich jedoch die Berechtigung sich den Mitteln des Strafrechts zur Durchsetzung dieser Interessen auch bei grenzüberschreitenden Sachverhalten zu bedienen, nicht ableiten.

2. Untersuchung der Strafzwecke

Daneben ist jeder Verhängung von Strafe grundsätzlich die Frage nach den damit verfolgten Strafzwecken immanent[109]. Das gilt auch und besonders für die Bestrafung von Auslandstaten.

---

109 Vgl. *Böse* in NK, 4. Aufl., Vor §§ 3 ff., Rn. 40; *Gärditz*, Weltrechtspflege, S. 316 ff.

Das Interesse des Staates an der extraterritorialen Erstreckung der Strafgewalt könnte sich demnach unter straftheoretischen Erwägungen begründen lassen[110]. Nach der Theorie der positiven Generalprävention soll das Normbewusstsein gestärkt und das Vertrauen der Allgemeinheit in die Bestands- und Durchsetzungskraft der eigenen Normordnung gefestigt werden[111]. Die Normen des nationalen Strafrechts geben Verhaltensmuster vor, deren Nichteinhaltung Sanktionen nach sich ziehen. So sollen nicht nur andere Straftäter, die Gefahr laufen, ähnliche Straftaten zu begehen, abgeschreckt werden[112], sondern vielmehr soll auch die Erwartung verdeutlicht werden, dass nach diesen Verhaltensmustern gehandelt wird, um die Normgeltung nicht zu enttäuschen[113]. Im Bewusstsein der Allgemeinheit soll so die „Unverbrüchlichkeit der Rechtsordnung" erwiesen und die Rechtstreue der Bevölkerung gestärkt werden[114].

Die Erstreckung der Strafgewalt über die eigenen Landesgrenzen hinaus soll verhindern, dass die Glaubwürdigkeit des deutschen Strafrechts Einbußen erleidet, wenn Taten mit Auslandsbezug nicht bestraft würden[115]. Ob diese Einschätzung es jedoch rechtfertigen kann, zur Wahrung des eigenen Rechtsfriedens die Strafgewalt auf das Ausland zu erstrecken und damit Taten zu erfassen, die nach dortigem Recht nicht strafbar sind, erscheint insbesondere dann fraglich, wenn man sich verdeutlicht, dass die Integrität des deutschen Strafrechts nur dann Schaden nehmen kann, wenn es überhaupt als anwendbar erklärt und ihm die Zuständigkeit zur Verfolgung der entsprechenden Taten zugesprochen werden kann[116]. Die Strafberechtigung muss aber gerade erst geklärt werden. Ein Rekurs auf die Straftheorien ist zur Klärung der Frage nach dem Bestehen der Strafgewalt daher nicht geeignet.

---

110 Vgl. *Scholten*, NStZ 1994, S. 266, 268 zum Interesse an der Strafverfolgung von Ausländern; zur Erstreckung des Geltungsbereichs des deutschen Strafrechts *Schmitz*, Das aktive Personalitätsprinzip im Internationalen Strafrecht, S. 92 ff..

111 *Roxin*, StR AT, Bd. I, § 3, Rn, 26; *Wessels/Beulke*, StR AT, Rn. 12 a.

112 Negative Generalprävention, vgl. *Roxin*, StR AT, Bd. I, § 3, Rn. 25; *Wessels/Beulke*, StR AT, Rn. 12 a.

113 *Scholten*, NStZ 1994, S. 266, 268.

114 *Roxin*, StR AT, Bd. I, § 3, Rn. 26; *Stree/Kinzig* in Schönke/Schröder, Vor §§ 38 ff., Rn. 3.

115 Vgl. zu § 9: *Böse* in NK, 4. Aufl., § 9, Rn. 21; *Jung*, JZ 1979, S. 325, 329; *Samson* in SK, 2. Aufl., § 9, Rn. 5.

116 Vgl. *Pawlik* in FS Schröder, S. 357, 364, Fn. 38.

II. Woraus ergibt sich die Strafberechtigung als solche?

Das Strafrecht als Recht zu strafen, als *ius puniendi*, wird weitgehend mit dem Begriff der Strafgewalt gleichgesetzt[117]. Unter Strafgewalt ist die Befugnis des Strafgesetzgebers zu verstehen, ein bestimmtes Verhalten seiner strafrechtlichen Bewertung zu unterziehen[118]. Nur wenn diese gegeben ist, hat der Staat die Berechtigung, gegen bestimmte Personen bezüglich einer bestimmten Handlung vorzugehen[119]. Doch wann ist diese Berechtigung gegeben und woher leitet der Staat eine solche her?

Allein der Hinweis auf das Strafgesetzbuch greift hier freilich zu kurz. Dieser beantwortet nicht die Frage, woraus sich dieses Recht ergibt, sondern setzt das Recht zu strafen bereits voraus und gestaltet es aus[120]. Das StGB kann demnach das *ius puniendi* nicht begründen.

So selbstverständlich die Annahme ist, dass dem Staat zur Bewahrung seiner Ordnung die Sanktionen des Strafrechts zur Verfügung stehen müssen, so verwunderlich ist es, dass sich die Literatur mit der Frage, woraus sich eine solche Berechtigung für den Staat ergeben kann, wenig beschäftigt.

Zumeist beschränken sich die Darstellungen hierzu auf die schlichte Aussage, dass die Strafberechtigung im Grundgesetz anerkannt und schlichtweg voraus gesetzt werde[121]. Das Bestehen der Strafgewalt sei demnach grundlegendes Recht eines jedes Staates, das sich aus der Verfassung ergibt, durch diese aber auch begrenzt werde[122]. Das Recht des Staates zu strafen sei demnach aus der Verfassung „ableitbar"[123].

---

117 *Ambos*, Int. StR, § 1, Rn. 5; *ders./Steiner*, JuS 2001, S. 9, 10; *Jescheck/Weigend*, StR AT, § 2 I 2; *Katzorke*, Die Verwirkung des staatlichen Strafanspruchs, S. 96; vgl. auch Schlussantrag des Generalanwalts vom 03.05.2007 – C-62/06, Beck RS 2008, S. 70091, Rn. 36.

118 *Jescheck/Weigend*, StR AT, § 18 I 1; *Zieher*, Das sog. Internationale Strafrecht nach der Reform, S. 29.

119 *Satzger*, Int. StR, § 3, Rn. 2; *Jescheck/Weigend*, StR AT, § 18 I 1.

120 Vgl. *Klose*, ZStW 86, 1974, S. 33, 48.

121 *Appel*, Verfassung und Strafe, S. 73; *Hill* in Isensee/Kirchhof, HdB StR, Bd.VI, 2. Aufl., § 156, Rn. 3 f.; *Jescheck/Weigend*, StR AT, § 2, I, Fn. 3; *Paeffgen* in NK, 4. Aufl., Vor §§ 32 ff., Rn. 11; *Roxin*, StR AT, Bd. I, § 2, Rn. 1; vgl. auch *Katzorke*, Die Verwirkung des staatlichen Strafanspruchs, S. 96.

122 *Appel*, Verfassung und Strafe, S. 73; vgl. auch *Hill* in Isensee/Kirchhof, HdB StR, Bd. VI, 2. Aufl., § 156, Rn. 4; ähnlich *Stern*, Staatsrecht der BRD, Bd. III/2, IV, 4.

123 Vgl. *Walder*, ZStW 95, 1983, S. 862, 862.

Woraus sich das Recht jedoch konkret ergebe, wird meist nicht hinreichend klar verdeutlicht: Wenn beispielsweise *Hill* anführt, dass die staatliche Strafgewalt teilweise im Grundgesetz auch konstituiert sei, so bleibt er in den folgenden Ausführungen eine nähere Auseinandersetzung mit der Frage, wo diese Konstituierung zu verorten ist, schuldig[124].

Teilweise wird vertreten, dass das staatliche *ius puniendi* Art. 74 Nr. 1 GG zu entnehmen sei. Dies erscheint bei erstem Hinsehen durchaus nachvollziehbar. Die dort erfolgte Zuweisung des Strafrechts zum Gebiet der konkurrierenden Gesetzgebung lasse demnach erkennen, „dass der Verfassungsgesetzgeber das Bestehen eines staatlichen Bestrafungsrechts voraussetzt"[125]. Dem mag insoweit beizupflichten sein, als festgestellt wird, dass der Verfassungsgesetzgeber das Strafrecht dort zum Gegenstand der konkurrierenden Gesetzgebung macht und das Recht des Staates zu bestrafen schlicht voraussetzt, so dass man sich zu der Annahme verleiten lassen könnte, dass hier die Berechtigung zu strafen tatsächlich konstituiert ist. Zu beachten ist jedoch, dass sich Art. 74 Nr. 1 GG, der dem Bund unter den Voraussetzungen des Art. 72 Abs. 2 GG die Gesetzgebungskompetenz einräumt und daher mit diesem in Verbindung zu verstehen ist, sich bei den Regelungen zur Gesetzgebungszuständigkeit der Art. 70 ff GG findet. Ihm ist daher nicht mehr als ein formaler Kompetenzregelungscharakter zuzusprechen[126]. Eine darüber hinausgehende materiell- rechtliche Bedeutung für die Frage nach dem *ius puniendi* kann Art. 74 Nr. 1 GG nicht haben[127]. Er beantwortet demnach lediglich die Frage nach der Zuständigkeit von Bund und Ländern und stellt nicht die Grundlage der Strafkompetenz dar. Demnach kann Art. 74 Nr. 1 GG nicht als Ermächtigung genügen[128].

Weiter finden sich Stimmen, die das *ius puniendi* aus dem Rechtsstaatsprinzip abgeleitet wissen wollen[129]. Demnach sei dem Rechtsstaatsprinzip die Befugnis des Staates zu strafen zu entnehmen. Aus der Tatsache, dass das Grundgesetz das Strafrecht mehrfach erwähne, werde die Strafgewalt zumindest „implizit eindeutig

---

124 *Hill* in Isensee/Kirchhof, HdB StR, Bd. VI, 2. Aufl., § 156, Rn. 3.

125 Vgl. *Paeffgen* in NK, 4. Aufl., Vor §§ 32, Rn. 11; *Roxin*, StR AT, Bd. I, § 2, Rn. 1; vgl. auch *Appel*, Verfassung und Strafe, S. 73; *Katzorke*, Die Verwirkung des staatlichen Strafanspruchs, S. 96.

126 *Klose*, ZStW 86, 1974, S. 33, 59; vgl. auch *Paeffgen* in NK, 4. Aufl., Vor §§ 32, Rn. 11, der das *ius puniendi* zwar in Art. 74 Nr. 1 GG als gegeben vorausgesetzt sieht, aber nicht durch diese Kompetenzverteilungsnorm eingeräumt sieht. In diese Richtung auch *Degenhart* in Sachs, Grundgesetz, Art. 70, Rn. 63.

127 *Klose*, ZStW 86, 1974, S. 33, 60.

128 *Klose*, ZStW 86, 1974, S. 33, 60; so auch *Paeffgen* in NK, 4. Aufl., Vor §§ 32, Rn. 11.

129 So *Hamann*, Grundgesetz und Strafgesetzgebung, S. 14 f..

bejaht“[130]. Weiter nennt *Hamann* die Regelung des Art. 26 Abs. 1 S. 2 GG als gewichtiges Argument für diese Auffassung: So ergebe sich aus der staatlichen „Pflichtaufgabe“ des Art. 26 Abs. 1 S. 2 GG friedenstörende Handlungen zu bestrafen, zwingend der Schluss, dass die Schaffung des Strafrechts eine „Pflicht des Staates“ darstelle. Dies entspreche der bei *Hamann* vertretenen Ableitung der staatlichen Strafgewalt aus dem Rechtsstaatsprinzip.

Das Rechtsstaatsprinzip hat jedoch zum Inhalt, dass der Staat und alle Ausübung seiner Gewalten an Recht und Gesetz gebunden sind. Damit soll dieses Prinzip mit seinen Elementen wie der Gewährleistung der Grundrechte, der Gesetzesmäßigkeit von Justiz und Verwaltung, der Rechtssicherheit und des Grundsatzes der Verhältnismäßigkeit[131] in erster Linie die Vertrauenswürdigkeit des Staates garantieren und damit dem Schutz des Bürgers dienen. Es setzt damit den Staatsgewalten gerade Grenzen[132] und setzt das Bestehen der Strafgewalten voraus. Der Versuch, aus dem Rechtsstaatsprinzip die Strafgewalt herzuleiten, kann demnach nicht gelingen[133], sondern stellt sich vielmehr als Zirkelschluss dar[134]. Das Rechtsstaatsprinzip wird geradezu in sein Gegenteil verkehrt, wenn man zulässt, dass in einem Grundsatz, der dem Schutz des Beschuldigten dienen soll, nun die Strafgewalt als solche ihre Entstehung und ihre Berechtigung finden soll[135]. Das Rechtsstaatsprinzip ist daher nicht geeignet, die Strafberechtigung als solche zu konstituieren[136].

Die Strafberechtigung lässt sich daher zwar als in der Verfassung verwurzelt und vorausgesetzt ansehen. Die Frage nach einer konstitutiven Ermächtigungsnorm lässt sich jedoch mit Blick auf das Grundgesetz alleine nicht beantworten[137].

Festzuhalten bleibt, dass die Strafberechtigung zwar nicht durch eine entsprechende Kompetenznorm im Grundgesetz konstituiert sein mag. Angesichts der elementaren Aufgaben des Staates, die dieser zu erfüllen hat, insbesondere die Sicherstellung des menschlichen Zusammenlebens, kann ihm diese Kompetenz jedoch nicht abgesprochen werden.

Der Auffassung *Hamann*s ist insofern beizupflichten, als er anführt, dass dem Staat die Erfüllung von „Pflichtaufgaben“ im Grundgesetz zugeschrieben wird,

---

130 *Hamann*, Grundgesetz und Strafgesetzgebung, S. 14.

131 Vgl. *Grzeszick* in Maunz/Dürig, GG, Art. 20, VII, Rn. 22 ff., 49 ff.

132 Vgl. *Grünwald*, JZ 1976, S. 767, 773.

133 So auch *Grünwald*, JZ 1976, S. 767, 773; vgl. auch *Walder*, ZStW 95, 1983, S. 862, Fn. 1, der weiter von einer aus der Verfassung ableitbaren Aufgabe des Staates spricht.

134 Vgl. *Klose* in ZStW 86, 1974, S. 33, 50, 51.

135 *Grünwald*, JZ 1976, S. 767, 773.

136 Vgl. *Klose*, ZStW 86, 1974, S. 33, 50.

137 Insofern ist *Klose* in ZStW 86, 1974, S. 33, 66 f. Recht zu geben.

die er nur durch Schaffung eines ausreichenden Strafrechts erfüllen kann. Die staatlichen Aufgaben lassen sich für ihn nur umsetzen, indem er auf die Sanktionsmöglichkeiten des Strafrechts zurückgreift. Es muss ihm daher als Ausfluss seiner Staatsgewalt möglich sein[138], seiner fundamentalen, seine Existenz rechtfertigenden Aufgabe nachzukommen, nämlich zwischen den Bürgern in seinem Staatswesen Ordnung zu schaffen und zu wahren[139].

Die Strafgewalt kann sich letztlich nur aus der Staatsgewalt herleiten, die jedem Staat originär zukommen muss, um ein friedliches Zusammenleben schaffen zu können und damit letztlich „aus der aufklärerisch verstandenen Urfunktion aller staatlichen Verfasstheit“[140]. Die Strafgewalt ist demnach Teil der Staatsgewalt[141], die der Staat haben muss, um der Erfüllung seiner Aufgaben, allen voran eine funktionierende Rechtsordnung zu schaffen und durchzusetzen, nachkommen zu können[142]. Die Strafberechtigung ist zur Wahrnehmung der ordnungsrechtlichen Aufgaben in einem Staat zwingende Voraussetzung. Fraglich bleibt, wie sie auszugestalten ist und in welchem Umfang sie besteht.

III. Ausgestaltung der Strafberechtigung

Es entspricht der (inneren) Souveränität eines jeden Staates, ein eigenes gesellschaftliches und politisches System zu wählen[143] und sich eine eigene dementsprechende Rechtsordnung zu geben[144]. Dabei hat der Staat grundsätzlich das Recht, seiner (Straf-)Gesetzgebung seine nationalen ethischen und kulturellen Anschauungen zugrunde zu legen und Sanktionen zum Schutz dieser Werte anzudrohen. So soll es jedem Staat selbst obliegen, seine nationalen, kulturellen und gesellschaftspolitischen Wertvorstellungen in seiner Gesetzgebung zu berücksichtigen und damit seinem Schutzbedürfnis und seinen Interessen gerecht zu werden[145].

---

138 Vgl. *Ambos/Steiner*, JuS 2001, S. 9, 10; *Jescheck/Weigend*, StR AT, § 2, I, 2.

139 *Paeffgen* in NK, 4. Aufl., Vor §§ 32 ff., Rn. 11.

140 *Paeffgen* in NK, 4. Aufl., Vor §§ 32 ff., Rn. 11.

141 Vgl. *Ambos/Steiner*, JuS 2001, S. 9, 10; *Jescheck/Weigend*, StR AT, § 2, I, 2.

142 Vgl. *Jescheck/Weigend*, StR AT, § 2, I, 2.

143 *Epping* in Ipsen, Völkerrecht, § 26, Rn. 11; *Verdross/Simma*, Völkerrecht, § 454.

144 *Stein/von Buttlar*, Völkerrecht, Rn. 536; ähnlich auch *Herdegen*, Völkerrecht, § 23, Rn. 1.

145 Vgl. *Zieher*, Das sog. Internationale Strafrecht nach der Reform, S. 36 (zur Frage nach der Weltgeltung des deutschen Strafrechts).

Daher bringen alle strafrechtlich sanktionierten Verhaltensweisen gesetzgeberische Entscheidungen zum Ausdruck, „die auf einer höchst subjektiv-relativen Wertebasis beruhen“[146]. Der Gesetzgeber bringt durch seine Rechtsordnung die seinem Rechtssystem zugrunde liegenden Vorstellungen von Moral, Ethik und Werteeinschätzung zum Ausdruck, die sich „am Schutzbedürfnis, den konkreten Interessen und Wertvorstellungen einer bestimmten Gemeinschaft“ orientieren[147], und er entscheidet, welche Verhaltensweisen er missbilligt und verbietet. Dabei kommen naturgemäß nationale kulturelle und ethische Anschauungen zum Ausdruck und bleiben divergierende Ansichten anderer Rechtsordnungen außer Acht. Die staatlichen (Straf-)Rechtsordnungen sind demnach subjektive Rechtsmaterien, die nationale Ansichten und Werte zum Ausdruck bringen und die keinen universellen Geltungsanspruch erheben können.

Entscheidet sich der deutsche Gesetzgeber dafür, in den Bereichen der Biotechnologie und Biomedizin eine restriktive Linie zu verfolgen und Verstöße gegen die nationalen Vorschriften mit Strafe zu ahnden[148], so erscheint das grundsätzlich legitim, denn es entspricht seinen nationalen ethischen und kulturellen Anschauungen und allein seine nationalen Wertungen liegen dieser Einschätzung zugrunde.

Der deutsche Gesetzgeber verfolgt in den einschlägigen Regelungswerken wie dem ESchG insbesondere den Schutz des Individuums, seiner Gesundheit und körperlichen Unversehrtheit und den Schutz seiner menschlichen Würde. Diese Werte sind für ihn letztlich von so hoher Bedeutung, dass sie die Forschungsfreiheit des Art. 5 Abs. 3 GG zu überwiegen geeignet und deshalb besondere Verfahren, Untersuchungen und Versuche zum Schutz der dahinter stehenden Individuen untersagt sein sollen.

Diese nationalen Anschauungen gerade im Bereich der Embryonenforschung teilen Gesetzgebungsorgane anderer Staaten teilweise nicht[149]. Anders als bei Tatbeständen des Totschlags, des Mordes oder der Körperverletzung sehen sie nicht bei den betreffenden Vorgehensweisen das menschliche Individuum als so gefährdet, dass es den Schutz durch strafrechtliche Sanktionsnormen bedürfte.

Die Tatsache, dass in einer internationalen Rechtsgemeinschaft unterschiedliche Anschauungen vorzufinden sind, kann jedoch nicht ohne Weiteres dazu führen, dass der deutsche Staat nationale Grundwerte preisgibt. Andererseits darf mit

---

146 *Zieher*, Das sog. Internationale Strafrecht nach der Reform, S. 36.

147 *Zieher*, Das sog. Internationale Strafrecht nach der Reform, S. 36; vgl. zum Ganzen *Gallas*, Beiträge zur Verbrechenslehre, S. 1 ff..

148 Vgl. §§ 40, 41 MPG; §§ 95, 96 AMG;§ 39 GenTG; §§ 1 ff ESchG; § 13 StZG.

149 Vgl. *Böse* in FS Maiwald, S. 61, 71.

dieser Einschätzung keine unbedingte Ausdehnung nationaler Wertevorstellungen im Sinne einer Weltgeltung und eine absolute Befriedungsfunktion des nationalen Strafrechts einhergehen[150].

IV. Ergebnis

Nach alledem kommt dem Staat die grundsätzliche Berechtigung zu, Taten auch mit grenzüberschreitendem Bezug zu bestrafen. Dieses *ius puniendi* kann jedoch nicht grenzenlos gelten. In den Mittelpunkt der Untersuchung rückt daher die Frage, *wann* dem deutschen Staat dieses Recht zukommt und inwiefern er zur Beantwortung dieser Frage lediglich seine eigene Rechtsanschauung zugrunde legen darf.

B. Grenzen des *ius puniendi*

Die Grenzen der Strafberechtigung bei grenzüberschreitenden Sachverhalten ergeben sich in erster Linie aus dem Verfassungsrecht. Zentrale Bedeutung hat hier das Rechtsstaatsprinzip des Art. 103 Abs. 2. Lässt die Beurteilung eines bestimmten Auslandssachverhalts die Annahme der Strafberechtigung des deutschen Staates nicht zu, so muss der „nullum-crimen"-Grundsatz zum Tragen kommen: Es besteht dann kein Gesetz, nach dem sich die beteiligten Forscher strafbar machen können. Das deutsche Strafrecht kann daher nicht zur Anwendung kommen.

Weiter gilt nach dem Bestimmtheitsgebot, das sich aus dem Rechtsstaatsprinzip ableitet, dass die Tragweite und der Anwendungsbereich der Straftatbestände erkennbar sein und sich durch Auslegung ermitteln lassen müssen[151]. Jeder Bürger soll demnach die Möglichkeit haben, den durch die Strafnorm geschützten Wert sowie das Verbot bestimmter Verhaltensweisen zu erkennen und die staatliche Reaktion vorauszusehen[152].

Dabei verfolgt diese Verpflichtung einen doppelten Zweck[153]: Einerseits soll sichergestellt werden, dass der Normadressat vorhersehen kann, welche Verhaltensweise verboten und mit Strafe geahndet wird. In Grenzfällen muss es dem Bürger möglich

---

150 Vgl. *Zieher*, Das sog. Internationale Strafrecht nach der Reform, S. 37.

151 BVerfGE 55, 144, 152; 73, 206, 234 f.; 87, 209, 223 f.; 92, 1, 12.

152 BVerfGE 45, 363, 372; ähnlich 92, 1, 12.

153 BVerfGE 92, 1, 12; St. Rspr.; *Degenhart* in Sachs, Art. 103, Rn. 67; *Nolte* in von Mangoldt/Klein/Starck, Bd.III, Art. 103 II, Rn. 140; *Schulze-Fielitz* in Dreier, 2. Aufl., Art. 103 II, Rn. 38.

sein, in größtmöglichem Umfang zumindest das Risiko einer Strafbarkeit seines Handelns einschätzen zu können[154].

Andererseits muss gewährleistet sein, dass bereits der Gesetzgeber und nicht erst die Strafverfolgungsbehörden oder die Gerichte über die Strafbarkeit des Verhaltens entscheiden[155].

So entstehen unter Zugrundelegung des Bestimmtheitsgrundsatzes des Art. 103 Abs. 2 GG jedoch Zweifel, ob der deutsche Staat seine Strafberechtigung für entsprechende Auslandssachverhalte tatsächlich annehmen darf: Wie kann es für den im Ausland tätigen ausländischen Forscher erkennbar und vorhersehbar sein, dass er mit seinem Handeln, das vollständig im Ausland stattfindet und nach dortigem Recht gestattet ist, inländische Interessen bzw. Rechtsgüter, die dem inländischen Rechtsgüterschutz unterstehen sollen, verletzt, wenn er mit einem Deutschen zusammenarbeitet? Ebenso erscheint fragwürdig, inwiefern die diffusen Auswirkungen der jeweiligen Tat auf die Integrität der Verwaltung eine Ausdehnung der Strafgewalt in diesen Fällen rechtfertigen können sollen[156]. Für den grenzüberschreitend tätig werdenden Forscher bedeutet die Strafandrohung letztlich eine hohe rechtliche Unsicherheit, da für ihn nicht hinreichend vorhersehbar ist, ob er sich auf die Straflosigkeit seines Vorhabens am Handlungsort im Ausland insofern verlassen kann, als dass sein Handeln dort nicht möglicherweise von deutschem Strafrecht erfasst wird. Allein die Vereinbarkeit des Vorhabens mit dem Recht am Handlungsort kann ihn noch nicht darauf vertrauen lassen, auch nach deutschem Recht straffrei zu handeln.

Diese unsichere Rechtslage steht im Widerspruch zu dem Bestimmtheitsgebot des Art. 103 Abs. 2 GG. Gerade das Kriterium der Vorhersehbarkeit ist bei der Beteiligung an grenzüberschreitenden Forschungsprojekten im Bereich der Embryonenforschung nicht hinreichend erfüllt.

Für den betroffenen Forscher bei seinem Handeln komplett im Ausland in Einklang mit dortigem Recht ist es nur schwer vorhersehbar, dass er damit Rechtsgüter verletzt, die dem inländischen Rechtsgüterschutz unterstehen und sein Verhalten daher nach deutschem Recht strafbar ist. Damit die entsprechenden Strafnormen überhaupt ihre Orientierungsfunktion entfalten können, muss die Anwendbarkeit des deutschen Strafrechts für die Betroffenen hinreichend vorhersehbar sein. Ist dies nicht der Fall

---

154 BVerfGE 47, 109, 121; 71, 108, 115; 87, 209, 224; 92, 1, 12, vgl. auch S. 18 f.

155 BVerfGE 73, 206, 234 f.; 87, 209, 224; 399, 411; 92, 1, 12; *Degenhart* in Sachs, Art. 103, Rn. 67; *Nolte* in von Mangoldt/Klein/Starck, Bd.III, Art. 103 II, Rn.140.

156 *Böse* in NK, 4. Aufl., § 5, Rn. 16; vgl. auch *Jakobs*, StR AT, 5. Abschn., Rn. 16; *Samson* in SK, 2. Aufl., § 5, Rn. 20; vgl. dazu die Ausführungen im 2. Teil unter C, II, 3, b.

und lassen die strafanwendungsrechtlichen Regelungen nicht klar die Grenzen der Strafbarkeit bei Forschungstätigkeit im Ausland erkennbar werden, können sie den Anforderungen des Bestimmtheitsgrundsatzes nicht hinreichend genügen.

I. Urteil des Bundesverfassungsgerichts zum Europäischen Haftbefehl: Gebot der Beachtung des ausländischen Rechts?

Daneben stellt sich die Frage, ob und, wenn ja, inwiefern es Art. 103 Abs. 2 GG gebietet, die Strafrechtsordnung des Tatortstaates zu berücksichtigen[157]. Das BVerfG[158] hat hierzu die Auffassung vertreten, dass dem Grundsatz „nullum crimen, nulla poena sine lege" bereits Genüge getan sei, wenn die Strafbarkeit nach deutschem Recht gesetzlich bestimmt ist, jedoch könne das Rechtsstaatsprinzip der Erstreckung des deutschen Strafrechts Grenzen setzen[159]. Demnach verlangt Art. 103 Abs. 2 GG zwar nicht, dass die Tat auch am Tatort strafbar sein muss; die Strafbarkeit nach dem Recht des Staates, an dem die Tat begangen wurde, kann jedoch zu berücksichtigen sein[160].

In seiner Entscheidung zum Europäischen Haftbefehlsgesetz aus dem Jahre 2005[161] hat das BVerfG nunmehr als spezielle Ausprägung des Rechtsstaatsgebots ein Vertrauen des Bürgers in die Verlässlichkeit der inländischen Rechtsordnung herausgearbeitet, die als Orientierungshilfe für das eigene Handeln dient[162].

Der dem Urteil zugrunde liegende Sachverhalt lässt zwar prima vista keinen Bezug zur vorliegenden Problematik erkennen[163]. Rekurriert man jedoch auf die zentralen Erwägungen des Urteils, so wird deutlich, dass die Entscheidung Grundaussagen beinhaltet, die sich auch für die vorliegende Problematik fruchtbar machen lassen.

---

157 Vgl. *Böse* in NK, 4. Aufl., Vor §§ 3 ff., Rn. 47.

158 Vgl. zur Berücksichtigung der Straflosigkeit nach dem Tatortrecht, BVerfGE 92, S. 277, 324 f.; sowie zur Beachtung der Strafbarkeit nach dem Völkerrecht, BVerfGE, NJW 2001, S. 1848, 1850.

159 Vgl. dazu auch *Böse* in NK, 4. Aufl., Vor §§ 3 ff., Rn. 47.

160 *Böse* in NK, 4. Aufl., Vor §§ 3 ff., Rn. 47.

161 BVerfGE 113, S. 273, 273 ff.

162 *Böse* in NK, 4. Aufl., Vor §§ 3 ff., Rn. 47.

163 Der Entscheidung lag eine Verfassungsbeschwerde eines die deutsche und syrische Staatsbürgerschaft inne habenden Beschwerdeführers zugrunde, welcher aufgrund eines Europäischen Haftbefehls wegen des Vorwurfs der Beteiligung an einer kriminellen Vereinigung und des Terrorismus an das Königreich Spanien ausgeliefert werden sollte.

So stellt eine zentrale Aussage des Urteils die Feststellung dar, dass der deutschen Staatsangehörigkeit als Freiheitsrecht ein besonders schutzwürdiger Status zugemessen wird[164]. Weist die dem Auslieferungsersuchen zu Grunde liegende Tat einen maßgeblichen Inlandsbezug auf, so ist der deutsche Staatsangehörige auf besondere Weise durch die eigene Rechtsordnung geschützt. Wer sich demnach auf deutschem Hoheitsgebiet aufhält, kann sich nur schwer auf ein fremdes Rechtssystem einstellen und muss daher auf den Schutz durch „seine" Rechtsordnung vertrauen dürfen, um sich nicht einer fremden Rechtsordnung gegenüber verantworten zu müssen[165]. Deutschen Staatsangehörigen kommt demnach ein besonderer Schutz vor Auslieferung an einen ausländischen Staat zugute. Liegt der Tat demnach ein wesentlicher Inlandsbezug[166] zugrunde, so sollen die tatverdächtigen deutschen Staatsbürger im Inland nur von deutschen Strafermittlungsbehörden verfolgt werden[167].

Für die Erstreckung der Strafgewalt lassen sich diese Grundsätze im Bezug auf das Territorialitätsprinzip problemlos übertragen. Der hinreichende Inlandsbezug besteht hier bereits darin, dass die Tat im Inland und somit auf deutschem Boden verwirklicht wird.

Schwieriger stellt sich dies bei der Erstreckung der Strafgewalt nach dem aktiven Personalitätsprinzip und dem Schutzprinzip dar.

Das BVerfG[168] nimmt in seiner Entscheidung eine Eingrenzung des Schutzes der deutschen Staatsangehörigen vor: Wer deutsches Hoheitsgebiet verlässt, um in einer anderen Rechtsordnung zu handeln, müsse damit rechnen, sich nach dortigem Recht verantworten zu müssen. Ein solcher maßgeblicher Auslandsbezug ist regelmäßig dann anzunehmen, wenn „die Tathandlung vollständig oder in wesentlichen Teilen auf dem Territorium eines anderen Mitgliedstaates der Europäischen Union begangen wurde und der Erfolg dort eingetreten ist".

Zentraler Aspekt ist demnach der Schwerpunkt des nach deutschem Strafrecht relevanten Verhaltens. Liegt dieser im Inland, gebieten es die Grundsätze der Rechtssicherheit und des Vertrauensschutzes, ihn seiner eigenen Rechtsordnung zu unterstellen. Besteht hingegen ein maßgeblicher Auslandsbezug, muss der im Ausland Agierende nach dortigem Recht zur Verantwortung gezogen werden, was

---

164 *Böhm*, NJW 2005, S. 2588, 2589; vgl. BVerfGE 113, S. 273, 293 ff..

165 *Böhm*, NJW 2005, S. 2588, 2589; BVerfGE 113, S. 273, 293 ff.; 302 f..

166 Nach den Ausführungen des BVerfGE 113, S. 273, 302 ist dies jedenfalls dann der Fall, wenn „wesentliche Teile des Handlungs-und Erfolgsortes auf deutschem Staatsgebiet liegen".

167 BVerfGE 113, S. 273, 302.

168 BVerfGE 113, S. 273, 303.

für ihn bedeuten muss, dass er darauf vertrauen können muss, nicht mehr weiterhin dem deutschen Recht zu unterliegen.

Diese Grundaussage lässt sich auch für die vorliegende Frage, wie weit die Strafgewalt des deutschen Staates reichen kann und wo sie ihre Grenzen finden muss, entsprechend heranziehen. So lässt sich aus dem Rechtsstaatsprinzip einerseits eine Schutzposition für deutsche Staatsangehörige, deren Tat einen wesentlichen Bezug zum Inland aufweisen, dahingehend herleiten, dass sie darauf vertrauen dürfen, dass ihre Tat nach deutschem Recht beurteilt wird. Andererseits muss sich aus dieser Schutzposition gerade auch ergeben, dass die Strafbarkeit nach deutschem Recht nur so weit reichen kann, wie dieser wesentliche Inlandsbezug auch tatsächlich besteht. Bei Taten, die einen bedeutenden Bezug zum Ausland aufweisen, kann daher eine Strafberechtigung nach der individualschützenden Funktion des Rechtsstaatsprinzips nicht mehr ohne Weiteres gegeben sein, wenn die Tat am Handlungsort gerade nicht unter Strafe steht. Der Handelnde muss beim Handeln im Ausland darauf vertrauen können, dem deutschen Strafrecht nicht mehr unbeschränkt zu unterliegen. Art. 103 Abs. 2 GG muss daher einer Bestrafung nach deutschem Recht dort entgegenstehen, wo ein berechtigtes Interesse daran besteht, dass für die entsprechende Tat allein das Tatortrecht maßgebend sein kann und die Tat daher straflos sein muss[169].

II. Ergebnis

Demnach muss sich aus dem Rechtsstaatsprinzip des Art. 103 Abs. 2 GG auch das Vertrauen darauf ergeben, grundsätzlich an die Rechtsordnung gebunden zu sein, die am Handlungsort vorherrscht, um die Auslandsstrafbarkeit klar erkennen zu können. Lässt sich ein berechtigtes Vertrauen ausmachen, dass für die Tat allein das Tatortrecht maßgeblich sein soll und kennt dieses eine Strafbarkeit des betreffenden Verhaltens nicht, so steht die individualschützende Funktion des Art. 103 Abs. 2 GG einer Erstreckung der Strafgewalt auf diesen Sachverhalt entgegen[170].

Besteht für den Forscher eine wesentliche Inlandsverbindung, so ist eine Bestrafung nach deutschem Recht vorhersehbar. Handelt er jedoch vollständig im Ausland, ist für ihn nur schwer erkennbar, dass sich sein Verhalten nach deutschem Strafrecht beurteilen soll. Die besondere Verbindung des deutschen Staatsangehörigen zu der von ihm getragenen Rechtsordnung kann nur dann eine Strafbarkeit nach deutschem Recht bei Handeln im Ausland nach sich ziehen, wenn ein hinreichender Bezug zum

169 *Böse* in NK, 4. Aufl., Vor §§ 3 ff., Rn. 47.
170 *Böse* in NK, 4. Aufl., Vor §§ 3 ff., Rn. 47.

deutschen Staat besteht, wobei sich das Erfordernis dieses hinreichenden Bezugs in diesem Fall nicht aus dem Völkerrecht, sondern aus Art. 103 Abs. 2 GG ergibt.

C. Begrenzung der Strafberechtigung über Art. 103 Abs. 2 GG in Verbindung mit nationalen Grundrechten bzw. Europarecht

Fraglich bleibt nach dem soeben Festgestellten, wann von einem solchen durch Art. 103 Abs. 2 GG zum Ausdruck kommenden berechtigten Interesse daran, dass für die entsprechende Tat allein das Tatortrecht maßgebend sein kann, auszugehen ist. Zur Beantwortung dieser Frage lassen sich zuerst die nationalen und sodann die europäischen Grundrechte und -freiheiten heranziehen.

I. Vereinbarkeit der Strafandrohung mit den nationalen Grundrechten der beteiligten deutschen Forscher

Ein berechtigtes Vertrauen auf die Straffreiheit kann sich dort ergeben, wo die Strafandrohung der Taten mit Auslandsschwerpunkt mit den nationalen Grundrechten der Forschungs- und Berufsfreiheit der Art. 5 Abs. 3 und Art. 12 GG in Konflikt gerät.

Ein Handeln, das durch Grundrechte geschützt ist und am Handlungsort nicht mit Strafe bedroht ist, kann nach den soeben genannten Grundsätzen vom Vertrauensschutz nach Art. 103 Abs. 2 GG erfasst sein, so dass dies einer Strafberechtigung des deutschen Staates entgegenstehen muss.

1. Wissenschaftsfreiheit

Den hohen Stellenwert, den die Wissenschaftsfreiheit des Art. 5 Abs. 3 GG[171] genießt, bringt das Grundgesetz selbst deutlich zum Ausdruck, indem es die Wissenschaftsfreiheit nicht unter einen „Gesetzesvorbehalt“ stellt, sondern dem Wortlaut nach schrankenlos und uneinschränkbar gewährt[172].

171 Die als Oberbegriff die Forschung und die Lehre einschließt, vgl. *Bethge* in Sachs, Art. 5, Rn. 200; *Pernice* in Dreier, 2. Aufl., Bd. I, Art. 5 III, Rn. 24.

172 Vgl. *Taupitz*, FS Hausheer, S. 733, 737 f., der im Folgenden jedoch verdeutlicht, dass allein die Tatsache, dass ein ausdrücklicher Gesetzesvorbehalt fehlt, nicht bedeutet,

a. Schutzbereichseröffnung

Art. 5 Abs. 3 GG gewährleistet als Abwehrrecht den Schutz wissenschaftlicher Betätigung vor staatlichen Eingriffen und steht jedem zu, der wissenschaftlich tätig ist oder werden will[173].

Als Erscheinungsform der Wissenschaftsfreiheit des Art. 5 Abs. 3 GG[174] gewährt die Forschungsfreiheit im Kern die wissenschaftliche Erkenntnissuche und Erkenntnisgewinnung[175]. Ihr Schutzbereich erstreckt sich dabei grundsätzlich auf jede wissenschaftliche Tätigkeit, d.h. auf alles, was nach Inhalt und Form als ernsthafter planmäßiger Versuch zur Ermittlung der Wahrheit anzusehen ist[176]. Darauf, eine bestimmte Auffassung oder Wissenschaftstheorie zu schützen[177], kommt es dabei ebenso wenig an wie auf die Richtigkeit der eingesetzten Methoden oder die Stichhaltigkeit der Argumentation und Beweisführung[178]. Selbst wenn die wissenschaftliche Reflexion sich im Nachhinein als irrig oder gar fehlerhaft erweist, ändert sich nichts daran, dass sie dem Schutz des Art. 5 Abs. 3 GG unterfällt[179].

Damit legt das BVerfG seiner Rechtsprechung einen entwicklungsoffenen und sehr weiten Wissenschaftsbegriff zu Grunde[180], der es dem Staat von vorherein verwehrt, über den richtigen oder falschen Gebrauch der Forschung zu urteilen[181] bzw. den ethisch-moralischen Charakter der Freiheitsausübung zu definieren[182].

---

dass das betreffende Grundrecht schrankenlos garantiert wird, vgl. *ders.*, S. 738; sowie *Bethge* in Sachs, Art. 5, Rn. 222; *Pernice* in Dreier, 2. Aufl., Bd. I, Art.5 III, Rn. 39, *Starck* in von Mangoldt/Starck/Klein, Art. 5 Abs. 3, Rn. 414.

173 BVerfGE 15, 256, 263; 35, 79, 112.

174 Vgl. *Bethge* in Sachs, Art. 5, Rn. 200; *Pernice* in Dreier, 2. Aufl., Bd. I, Art. 5 III, Rn. 24.

175 *Losch/Radau*, NVwZ 2003, S. 390, 390; vgl. auch BVerfGE 35, 79, 112 f., Bundesbericht Forschung, BT-Drucks. V/4335, S. 4.

176 BVerfGE 35, 79, 113; 47, 327, 367; womit sich das BVerfG der Definition, die bereits Rudolf Smend im Jahre 1927 hervorbrachte, vgl. VVDStRL 4, 1928, S. 44, 67, anschloss.

177 BVerfGE 35, 79, 113; 47, 327, 367; 90, 1, 12.

178 Vgl. BVerfGE 5, 85, 145; 90, 1, 12.

179 Vgl. BVerfGE 90, 1, 12.; ähnlich 5, 85, 145.

180 *Losch/Radau*, NVwZ 2003, S. 390, 390; *Pernice* in Dreier, 2. Aufl., Bd. I, Art. 5 III, Rn. 29.

181 Vgl. *Iliadou*, Forschungsfreiheit und Embryonenschutz, S. 77 f.; *Losch/Radau*, NVwZ 2003, S. 390, 391 unter Verweis auf BVerfGE 5, 85, 145, wonach über gute und schlechte Wissenschaft nur wissenschaftlich geurteilt werden kann.

182 *Vitzthum* in Braun/Mieth/Steigleder (Hrsg.), Ethische und rechtliche Fragen, S. 263, 275.

Es findet demnach kein Ausschluss bestimmter Forschungsvorhaben bereits auf Schutzbereichsebene statt, solange die Tätigkeit die Strukturmerkmale des dargelegten Forschungsbegriffs aufweist.

Für die vorliegende Problematik bedeutet dies, dass die konkrete Forschungsmaßnahme nicht bereits deshalb vom Schutzbereich des Art. 5 Abs. 3 GG ausgeschlossen ist, weil sie Rechte Dritter tangiert[183]. Zwar sprechen sich vereinzelt Stimmen in der Literatur dafür aus, dass in bestimmten Fällen – gerade im Bereich der biomedizinischen bzw. gentechnischen Forschungsvorhaben – bereits der Schutzbereich der Wissenschaftsfreiheit nicht eröffnet sein kann[184]. Damit würde jedoch bereits im Schutzbereich die konkrete Forschungshandlung einer normativen Bewertung unterzogen und auf ihre ethische Vertretbarkeit hin überprüft. Die ethische Vertretbarkeit kann jedoch nur unter Abwägung der wissenschaftlichen Reflexion einerseits und der dadurch tangierten Rechtsgüter andererseits eruiert werden – eine Frage, die grundsätzlich im Rahmen der Verhältnismäßigkeit zu verorten ist. Letztlich stellt sich diese Problematik somit als Frage nach den gesetzlich gezogenen Grenzen der Forschungsfreiheit aufgrund kollidierender Verfassungswerte dar[185]. Die Embryonenforschung[186] ist daher grundsätzlich vom Tatbestand der Forschungsfreiheit erfasst[187].

---

183 Vgl. *Brewe*, Embryonenschutz und Stammzellengesetz, S. 66; *Haßmann*, Embryonenschutz im Spannungsfeld, S. 108 f.; *Ossenbühl*, FS Schiedermair, S. 505, 514 f.; *Pernice* in Dreier, 2. Aufl., Bd. I, Art. 5 III, Rn. 30, *Losch/Radau*, NVwZ 2003, S. 390, 391; *Taupitz* in FS Hausheer, S. 733, 737, vgl. dazu auch *Trute*, Die Forschung zwischen grundrechtlicher Freiheit und staatlicher Institutionalisierung, S. 150 ff., 154.

184 Vgl. insbesondere *Lerche* in Lukes/Scholz, 1986, 88, 91; ähnlich *Klein*, DVBl. 1994, S. 489, 491; *Lorenz* in FS Lerche, 1993, S. 267, 269 ff..

185 *Brewe*, Embryonenschutz und Stammzellengesetz, S. 66; *Iliadou*, Forschungsfreiheit und Embryonenschutz, S. 79; *Pernice* in Dreier, 2. Aufl., Bd. I, Art. 5 III, Rn. 30; *Taupitz* in FS Hausheer, S. 733, 737; *Trute*, Die Forschung zwischen grundrechtlicher Freiheit und staatlicher Institutionalisierung, S. 154; vgl. zu dieser Problematik auch *Haßmann*, Embryonenschutz im Spannungsfeld, S. 107 ff.; *Ossenbühl* in FS Schiedermair, S. 505, 513 ff.; *Schwarz*, MedR 2003, S. 158, 160 f.; *Vitzthum*, in Braun/Mieth/Steigleder (Hrsg.), Ethische und rechtliche Fragen, S. 263, 275.

186 Vgl. dazu *Iliadou*, Forschungsfreiheit und Embryonenschutz; sowie zur Forschungsfreiheit bei der Präimplantationsdiagnostik *Böckenförde-Wunderlich*, Präimplantationsdiagnostik als Rechtsproblem, S. 216 f; *Kluth* in Dierks/Wienke/Eisenmenger (Hrsg.), Rechtsfragen der Präimplantationsdiagnostik, S. 83, 110.

187 *Bethge* in Sachs, Art. 5, Rn. 206 a; *Haßmann*, Embryonenschutz im Spannungsfeld, S. 109; *Iliadou*, Forschungsfreiheit und Embryonenschutz, S. 79; ähnlich *Taupitz* in FS Hausheer, S. 733, 737.

Auch der Grenzübertritt und die Tatsache, dass die Forschung im Ausland stattfindet, können nicht dazu führen, dass sie vom Schutzbereich des Art. 5 Abs. 3 GG ausgenommen ist.

Forschung ist heutzutage keine bloß nationale Angelegenheit mehr[188]. Forschungsarbeit und -fortschritt finden vielmehr in grenzüberschreitenden Projekten statt und gerade diese und die durch sie hervorgebrachten Ergebnisse stellen einen wichtigen Antriebsmotor in der Entwicklung neuer wissenschaftlicher und medizinischer Therapien und Forschungsmethoden dar. Innovativer Fortschritt und der Erhalt der Wettbewerbsfähigkeit sind vom grenzüberschreitenden Wissensaustausch abhängig. Nicht selten lassen sich die dabei gefundenen Resultate nicht mehr nur einem Staat zuordnen[189]. Daher kommt auch auf europäischer Ebene der Forschungspolitik immer größere Bedeutung zu, vgl. Art. 179 ff. AEUV sowie Art. 13 der EGRC[190]. Die grenzüberschreitende Forschungstätigkeit muss insofern vom materiellen Geltungs- und Gewährleistungsbereich der Wissenschaftsfreiheit erfasst sein[191]. Art. 1 Abs. 3 GG bindet den Gesetzgeber an die Grundrechte und damit auch daran, die Forschungsfreiheit in ihrem gewährleisteten Umfang und mitsamt ihrer internationalen Dimension zu wahren.

Indem über die Regelungen der §§ 3 ff. StGB die Strafbarkeit der bezeichneten Personen nach dem ESchG auch im Ausland angeordnet wird, wird die Aufnahme von grenzüberschreitender Forschungstätigkeit im Bereich der Embryonenforschung erheblich erschwert und damit in die, auch im internationalen Kontext gewährte, grundrechtliche Freiheit der Forschung eingegriffen.

b. Grenzen der Wissenschaftsfreiheit

Ein ausdrücklicher Gesetzesvorbehalt findet sich für die Forschungsfreiheit nicht.

Dennoch ergibt sich aus dem Menschenbild des Grundgesetzes, das von einem Menschen als eigenverantwortlicher Persönlichkeit ausgeht[192], und unter Berücksichtigung der gemeinschaftsgebundenen Verantwortung der

188 Vgl. *Blankenagel*, AöR 105, 1980, S. 37, 62 mit dem treffenden Zitat von Pasteur in Fn. 135: „Der Gelehrte hat ein Vaterland, die Wissenschaft hat keines"; *Isensee* in Höffe/Honnefelder/Isensee/Kirchhof (Hrsg.), Gentechnik und Menschenwürde, S. 37, 45 f.; *Schulze-Fielitz* in Benda/Maihofer/Vogel, HdB VerfR, § 27, Rn. 19 f.

189 *Schwarz*, MedR 2003, S. 158, 161.

190 *Pernice* in Dreier, 2. Aufl., Bd. I, Art. 5 III, Rn. 23.

191 *Pernice* in Dreier, 2. Aufl., Bd. I, Art. 5 III, Rn. 23; *Schwarz*, MedR 2003, S. 158, 161.

192 Vgl. BVerfGE 30, 173, 193; 47, 327, 369.

Forschungsfreiheit, dass eine vorbehaltlose Freiheitsverbürgung nicht schrankenlos gewährleistet sein kann[193]. Auch der Forscher, dessen Tätigkeit innerhalb einer sozialen Gesellschaft stattfindet und dort zwangsläufig mit der Freiheitsausübung anderer kollidiert, unterliegt Grenzen[194]. Diese sind letztlich, aufgrund des Fehlens eines ausdrücklichen Vorbehalts, aus der Verfassung selbst herzuleiten[195]. Nur kollidierende Grundrechte Dritter und andere mit Verfassungsrang ausgestattete Rechtswerte sind in der Lage, eine verfassungskonforme Grenzziehung der Freiheitsgewährleistung zu ermöglichen[196]. Das Spannungsverhältnis der konkurrierenden Rechtsgüter ist „nach Maßgabe der grundrechtlichen Werteordnung und unter Berücksichtigung der Einheit des Wertesystems" aufzulösen, indem sowohl die Forschungsfreiheit als auch die damit kollidierenden Verfassungsgüter in sorgfältiger Abwägung Beachtung finden[197] und im Wege einer praktischen Konkordanz in einen schonenden Ausgleich zueinander gebracht werden[198].

Vorliegend kommen als solche mit der Forschungsfreiheit kollidierenden Verfassungsgüter die geschützten Rechtsgüter des Embryos, insbesondere, da der Embryonenschutz im Grundgesetz nicht ausdrücklich normiert ist, die Menschenwürde (Art. 1 Abs. 1 GG) und der Schutz des Lebens (Art. 2 Abs. 2 S. 1 GG) in Betracht.

---

193 Vgl. *Bethge* in Sachs, Art. 5, Rn. 222; *Brewe*, Embryonenschutz und Stammzellengesetz, S. 65; *Haßmann*, Embryonenschutz im Spannungsfeld, S. 109; *Ossenbühl*, FS Schiedermair, S. 505, 512; *Pernice* in Dreier, 2. Aufl., Bd.I, Art. 5 III, Rn. 39; *Taupitz* in FS Hausheer, S. 733, 739; vgl. auch BVerfGE 47, 327, 369.

194 Vgl. *Ossenbühl* in FS Schiedermair, S. 505, 515.

195 BVerfGE 30, 173, 193; siehe auch *Brewe*, Embryonenschutz und Stammzellengesetz, S. 65; *Haßmann*, Embryonenschutz im Spannungsfeld, S. 110; *Iliadou*, Forschungsfreiheit und Embryonenschutz, S. 84; *Lungstras*, Der Umgang mit dem Embryo in vitro, S. 71; *Pernice* in Dreier, 2. Aufl., Bd. I, Art. 5 III, Rn. 39; *Taupitz/Brewe/Schelling* in Taupitz (Hrsg.), Menschenrechtsübereinkommen zur Biomedizin, S. 409, 449. Eine Heranziehung der Schranken des Art. 5 Abs. 2 GG kommt ebenso wenig in Betracht wie ein Rückgriff auf die Schrankentrias des Art. 2 Abs. 1 bzw. Art. 4 GG.

196 BVerfGE 28, 243, 261 (zum Konflikt der Wehrpflicht mit der ebenfalls vorbehaltlos gewährten Gewissensfreiheit); seither stetige Rechtsprechung vgl. auch BVerfGE 47, 327, 369 f.; 81, 278, 291 ff.

197 Vgl. BVerfGE 47, 327, 369 f.; vgl. auch BVerfGE 28, 243, 261; *Iliadou*, Forschungsfreiheit und Embryonenschutz, S. 85.

198 *Ossenbühl* in FS Schiedermair, S. 505, 516; *Schulze-Fielitz* in Benda/Maihofer/Vogel, HdB VerfR, § 27, Rn. 10.

aa. Rechtfertigung durch kollidierendes Verfassungsgut? – Staatliche Schutzpflicht zugunsten ausländischer Rechtsgüter?

Mit den strafanwendungsrechtlichen Regelungen und den Straftatbeständen des ESchG versucht der Gesetzgeber, die durch die Forschung betroffenen Embryonen möglichst weitreichend zu schützen. Da die Forschung und damit die eventuelle Rechtsgutsverletzung im Rahmen der vorliegenden Konstellation gerade nicht im eigenen Staatsgebiet, sondern im Ausland stattfinden, erstreckt sich der verfassungsrechtliche Schutz auf menschliche Embryonen im Ausland. Für die Rechtfertigung ist demnach entscheidend, wie weit der räumliche Geltungsbereich der Grundrechte und der staatlichen Schutzpflicht reichen kann[199].

(1) Besteht ein verfassungsrechtliches Gebot zum Schutz ausländischer Rechtsgüter

Ein verfassungsrechtliches Gebot zum Schutz ausländischer Rechtsgüter kommt jedoch nur dann in Betracht, wenn sich der räumliche Geltungsbereich des Grundgesetzes über die eigenen Staatsgrenzen hinaus erstreckt.

(a) Räumlicher Geltungsbereich der Grundrechte

Eine ausdrückliche Aussage zum räumlichen Geltungsbereich der Grundrechtsbestimmungen lässt sich dem Grundgesetz nicht entnehmen[200]. Rückschlüsse zu ziehen erlaubt die Präambel, wonach das Grundgesetz und damit auch die Grundrechte[201] für das gesamte deutsche Volk gelten sollen[202]. Durch die Aufzählung der Bundesländer wird das Bundesgebiet umrissen[203] und der Geltungsbereich auf das gesamte deutsche Staatsgebiet erstreckt[204].

---

199 Vgl. zu dieser Frage eingehend *Hofmann*, Grundrechte und grenzüberschreitende Sachverhalte, S. 12 ff.

200 Bis zur Wiedervereinigung war der räumliche Geltungsbereich des Grundgesetzes in Art. 23 S. 1 a.F. GG geregelt.

201 Vgl. *Jarass* in ders./Pieroth, Art.1, Rn. 44; *Merten* in FS Schiedermair, S. 331, 334; *Taupitz* in FS Hausheer, S. 733, 740.

202 Vgl. *Brewe*, Embryonenschutz und Stammzellengesetz, S. 99; *Taupitz* in FS Hausheer, S. 733, 740; vgl. auch *Jarass* in ders./Pieroth, Präambel, Rn. 8, wonach mit dieser Kennzeichnung mehr der räumliche als der personelle Geltungsbereich gemeint ist.

203 *Jarass* in ders./Pieroth, Präambel, Rn. 8; *Merten* in FS Schiedermair, S. 331, 334 f..

204 *Dreier* in Dreier, 2. Aufl., Bd. I, Präambel, Rn. 78; *Sachs* in Sachs, Einf., Rn. 28.; *Taupitz* in FS Hausheer, S. 733, 740, vgl. zum Ganzen auch *Klein* in FS Schiedermair, S. 125 ff.

Die Bindung der deutschen Staatgewalt und damit der Schutz durch die nationalen Grundrechte gilt damit insbesondere im Inland, ist jedoch nicht ausdrücklich darauf beschränkt. In Einzelfällen kann der Schutz auch über die Staatsgrenzen hinaus reichen, etwa bei Handlungen der deutschen Staatsgewalt im Ausland bzw. im Inland mit Wirkung auf das Ausland[205].

Vielfach wird eine solche, über die eigenen Staatsgrenzen hinausgehende Grundrechtsbindung aus Art. 1 Abs. 3 GG hergeleitet. Aus der umfassenden Bindung der drei Gewalten an die Grundrechte ergebe sich demnach die Rechtfertigung, gar das Gebot, den räumlichen Geltungsbereich nicht zu beschränken und ihn auch auf solche extraterritoriale Sachverhalte zu erstrecken, die – wären sie im Inland verwirklicht – zur Anwendung der Grundrechte führen würden[206]. Dem kann nicht gefolgt werden. Zwar sieht Art. 1 Abs. 3 GG eine intensive und lückenlose Bindung aller Staatsgewalt an die Grundrechtsbestimmungen vor. Die Frage, woran konkret die Staatsgewalt gebunden ist, beantwortet diese Vorschrift jedoch nicht[207]. Art. 1 Abs. 3 GG lässt sich demnach nur ein prinzipielles Gebot der Bindung, nicht aber eine Aussage über deren Reichweite entnehmen[208].

Für eine über die eigenen Staatsgrenzen hinausgehende Grundrechtsgeltung entscheidend ist deshalb nicht die Bindungsklausel des Art. 1 Abs. 3 GG, sondern dass der Schutzbereich des jeweiligen Grundrechts diese Bindung zulässt[209]. Die Bindungsklausel des Art. 1 Abs. 3 GG enthält daher keine tatbestandserweiternde, sondern eine tatbestandsakzessorische Bindung[210].

(b) Reichweite der staatlichen Schutzpflicht

Wie weit die Schutzwirkung der nationalen Verfassungsnorm sich auf Rechtsträger und Rechtsgüter im Ausland erstreckt, ist daher durch Auslegung der jeweiligen Grundrechtsbestimmung zu bestimmen[211].

---

205 Vgl. *Sachs* in Sachs, Einf., Rn. 28 f.; *Taupitz* in FS Hausheer, S. 733, 740 f..

206 *Rudolf* in Habscheid/Rudolf, Territoriale Grenzen der staatlichen Rechtssetzung, S. 7, 13.

207 *Brewe*, Embryonenschutz und Stammzellengesetz, S. 101; *Schwarz*, MedR 2003, S. 158, 162.

208 *Merten* in FS Schiedermair, S. 331, 340; *Schwarz*, MedR 2003, S. 158, 162; vgl. auch *Brewe*, Embryonenschutz und Stammzellengesetz, S. 100 f.

209 Vgl. *Merten* in FS Schiedermair, S. 331, 340 f.; *Quaritsch* in Isensee/Kirchhof, HdB StR, Bd. V, 2. Aufl., § 120, Rn. 74 ff.; *Schröder* in FS Schlochauer, S. 137, 144; *Stern*, Staatsrecht der BRD, Bd. III, § 72, V, 4..

210 *Merten* in FS Schiedermair, S. 331, 340.

211 *Brewe*, Embryonenschutz und Stammzellengesetz, S. 101; *Schröder* in FS Schlochauer, S. 137, 139 f.; *Stern*, Staatsrecht der BRD, Bd. III/1, § 72, V, 5, a, δ.

Bei den sog. „Jedermann-Grundrechten“, zu denen das Recht auf Leben (Art. 2 Abs. 2 S. 1 GG) und die Menschenwürde (Art. 1 Abs. 1 GG[212]) gehören, handelt es sich um Grundrechte, die keinerlei Eingrenzung der Berechtigung in persönlicher Hinsicht vorsehen[213]. Die Schutzpflicht aus diesen Grundrechten erstreckt sich unabhängig von Nationalität und Herkunft auf jeden Menschen und damit auch auf ausländische Staatsangehörige[214]. Eine Differenzierung zwischen dem Schutz „inländischer“ und „ausländischer“ Embryonen kann sich daher grundsätzlich nicht ergeben[215].

Was auf den ersten Blick nach einer globalen Schutzpflicht für diese Rechtsgüter und einer unbegrenzten Steuerungskraft nationaler Grundrechtsbestimmungen im Ausland aussehen mag, relativiert sich jedoch, wenn man beachtet, dass Verpflichtungsadressat des Grundgesetzes ausschließlich der deutsche Staat ist[216]. Das deutsche Grundgesetz kann nur den deutschen Staat, nicht jedoch ausländische Staaten verpflichten[217].

Wird in Art. 1 Abs. 3 GG von der Bindung der staatlichen Gewalt gesprochen, so ist damit nur die deutsche staatliche Gewalt gemeint[218]. Eine Verpflichtung, auch im Ausland die deutschen Grundrechtsstandards durchzusetzen, findet sich im Grundgesetz gerade nicht[219]. Vielmehr ist zu beachten, dass ausländische Staaten ihre eigenen Rechtsordnungen und Verfassungen besitzen und Rechtsakte nur an diesen sowie an völkerrechtlichen Vorgaben gemessen werden können[220].

---

212 Auf die Frage, ob die Menschenwürde nach Art. 1 Abs. 1 GG ein eigenständiges Grundrecht darstellt oder aber ein Prinzip, das die Wirkkraft anderer Grundrechte verstärkt, soll hier nicht näher eingegangen werden, vgl. dazu *Höfling* in Sachs, Art. 1 GG, Rn. 5 ff.; *Jarass* in ders./Pieroth, Art. 1, Rn. 3 GG, sowie *Taupitz*, JZ 1992, S. 1089 f..

213 *Pieroth/Schlink*, Grundrechte, Rn. 121; wohingegen die sog. „Deutschen-Grundrechte“ der Art. 8 I, 9 I, 11 I, 12 I 16 II, 20 IV, 33 I und II GG besondere personelle Anforderungen aufstellen und an die „Deutscheneigenschaft“ anknüpfen, vgl. *Sachs* in ders., vor Art. 1, Rn. 71 m.w.N..

214 Vgl. *Taupitz* in FS Hausheer, S. 733, 741.

215 Vgl. *Brewe*, Embryonenschutz und Stammzellengesetz, S. 99.

216 *Klöpfer*, JZ 2002, S. 417, 426; *Schwarz*, MedR 2003, S. 158, 162; *Taupitz* in FS Hausheer, S. 733, 741.

217 *Isensee* in ders./Kirchhof, HdB StR, Bd. V, 2. Aufl., § 115, Rn. 62; *Klöpfer*, JZ 2002, S. 417, 426.

218 *Höfling* in Sachs, Art. 1, Rn. 86; *Merten* in FS Schiedermair, S. 331, 338.

219 *Klöpfer*, JZ 2002, S. 417, 426; *Schwarz*, MedR 2003, S. 158, 162, jew. m.w.N.; *Taupitz* in FS Hausheer, S. 733, 741.

220 *Klöpfer*, JZ 2002, S. 417, 426; *Taupitz* in FS Hausheer, S. 733, 741.

Im Übrigen greifen die staatlichen Schutzpflichten bei privaten Eingriffen (um welche es sich bei Forschungseingriffen in der Regel handeln wird) weitaus weniger stark, als dies bei staatlichen Eingriffen der Fall ist[221].

(2) Ergebnis

Ein verfassungsrechtliches Gebot, im Ausland begangene Grundrechtsbeeinträchtigungen im Inland zu sanktionieren, kann der Schutzpflicht des Staates für das Recht auf Leben bzw. die Achtung der Menschenwürde nicht entnommen werden[222].

bb. Verfassungsrechtliche Zulässigkeit der Erstreckung nationaler Schutzpflichten im Lichte der Achtung der Souveränität anderer Staaten

Zwar bedeutet ein fehlendes verfassungsrechtliches Gebot nicht zugleich eine Negierung der Zulässigkeit der Sorge um ausländische Rechtsgüter und Rechtsträger[223]. Der Erstreckung der staatlichen Schutzpflichten könnte jedoch die Völkerrechtsfreundlichkeit des Grundgesetzes nach Art. 25 S. 1 GG, wonach die Achtung fremder Rechtsordnungen eine zurückhaltende und flexible Anwendung eigener Grundrechtsbestimmungen gebietet[224], entgegenstehen.

(1) Keine Verabsolutierung eigener Wertanschauungen

Die Annahme staatlicher Schutzpflichten in diesen Konstellationen widersetzt sich den Bestimmungen anderer Staaten, die das Vorgehen nach ihrem Recht als nicht strafbar erachten.

Indem sich die Strafbarkeit der jeweiligen Forscher allein aus deutschem Recht herleitet und das ausländische Recht am Handlungsort weder die Schutzbedürftigkeit des betroffenen Rechtsguts noch ein strafbewehrtes Verbot der betreffenden Forschungshandlung kennt, bedeutet die Wahrnehmung verfassungsrechtlicher Schutzpflichten im Ausland für die ausländischen Rechtsordnungen eine Oktroyierung nationaler Vorstellungen durch den deutschen Staat[225]. Eine damit einhergehende Verabsolutierung nationaler Werte darf aus Rücksicht auf die Souveränität

---

221 *Brewe*, Embryonenschutz und Stammzellengesetz, S. 80; *Klöpfer*, JZ 2002, S. 417, 426 f.; *Taupitz* in FS Hausheer, S. 733, 741;

222 Vgl. *Müller-Terpitz*, WissR 2001, S. 271, 279 ff.; *Klöpfer*, JZ 2002, S. 417, 426; *Schwarz*, MedR 2003, S. 158, 162; *Taupitz* in FS Hausheer, S. 733, 741.

223 Vgl. dazu die Ausführungen bei *Klöpfer*, JZ 2002, S. 417, 427 f.; *Taupitz* in FS Hausheer, S. 733, 742 ff..

224 Vgl. *Merten* in FS Schiedermair, S. 331, 341.

225 *Schwarz*, MedR 2003, S. 158, 160.

anderer Staaten und ihre Rechtsetzungsgewalt ohne Grenzen nicht stattfinden[226]. Die völkerrechtsfreundliche Grundhaltung des Grundgesetzes gebietet es, ausländischen Rechtsordnungen Respekt zu zollen und bei der Anwendung eigener Rechtsgrundsätze im Ausland Zurückhaltung zu üben[227].

Eine umfassende Schutzpflicht im Ausland anzunehmen, erscheint umso zweifelhafter, wenn man berücksichtigt, dass die Frage, ob der Embryo in vitro überhaupt Rechtsträger von Grundrechten sein kann oder ihm nur der Schutz der objektiven Rechtsordnung zukommt, noch immer umstritten ist[228].

(2) Bestehen einer hinreichenden sachlich-persönlichen oder räumlichen Beziehung zum deutschen Staat?

Trotz des weiten personalen Anwendungsbereichs der „Jedermann- Grundrechte" und der gesetzgeberischen Prärogative hinsichtlich staatlicher Schutzmaßnahmen, kann es zu einer extraterritorialen Wirkung der nationalen Grundrechtsbestimmung letztlich nur kommen, wenn eine sachlich-persönliche oder räumliche Beziehung zum deutschen Staat besteht, etwa bei Handlungen der deutschen Staatsgewalt im Ausland oder mit Wirkung im Ausland[229]. Auch eine grundrechtliche Schutzpflicht kann nur dann angenommen werden, wenn eine hinreichende Verbindung zum deutschen Hoheitsgebiet festgestellt werden kann oder sich Vorgaben im Völker- oder Unionsrecht finden lassen, die eine solche Erstreckung legitimieren.

Fehlt es an einem solchen Bezug zum deutschen Hoheitsgebiet oder zur deutschen Staatsgewalt, so kann, bildlich gesprochen, eine Brücke zwischen deutschem Staatsgebiet und Auslandssachverhalt nicht geschlagen[230] und eine Schutzpflicht des deutschen Staates zugunsten ausländischer Rechtsträger und Rechtsgüter nicht angenommen werden. Der grundsätzlich weite personale Anwendungsbereich der Jedermann-Grundrechte zieht demnach nicht gleichlaufend eine umfassende Schutzpflicht der deutschen Staatsgewalt für extraterritoriale Sachverhalte nach sich. Eine unbegrenzte Ausdehnung der nationalen Schutzpflichten könnte sich

---

226 Vgl. zur Frage nach der Rechtfertigung eines Ausschlusses der Forschung mit legal im Ausland hergestellten embryonalen Stammzellen Ziff. 7 der Empfehlungen der Deutschen Forschungsmeinschaft 2001.

227 Vgl. dazu die Ausführungen im 3. Teil.

228 Vgl. dazu u.a *Ipsen*, JZ 2001, S. 989, 991 f.; *Taupitz* in FS Hausheer, S. 733, 741; ausführlich dazu *Iliadou*, Forschungsfreiheit und Embryonenschutz, S. 137 ff.; vgl. dazu auch die Ausführungen im 4. Teil unter B.

229 *Brewe*, Embryonenschutz und Stammzellengesetz, S. 101; *Taupitz* in FS Hausheer, S. 733, 740 f.

230 *Merten* in FS Schiedermair, S. 331, 341.

als Einmischung in fremde Hoheitsgewalt darstellen und müsste sich daher unter völkerrechtlichen Gesichtspunkten legitimieren lassen[231]. Voraussetzung dafür ist stets eine hinreichend enge Bindung zum Inland[232]. Diese ließe sich vorliegend jedoch schwerlich annehmen, wenn für solche Schutzmaßnahmen durch den deutschen Staat keinerlei Bedürfnis besteht[233].

cc. Besteht ein Schutzbedürfnis?

Wenn ein Forschungsprojekt komplett im Ausland stattfindet, erscheint die Schaffung eines eigenen Schutzniveaus durch das Recht am ausländischen Handlungsort gerade möglich und die Erstreckung der nationalen Schutzpflichten nicht notwendig. Vielmehr müssen die Gegebenheiten und auch die Rechtslage am Handlungsort Beachtung finden und die Handlungen an den dort geltenden Rechtsvorstellungen gemessen werden: Die zur Rede stehende Forschungsmaßnahme ist dort gerade erlaubt.

Dieses Ergebnis entspricht zwar nicht dem nationalen Schutzstandard, es muss jedoch aus Respekt vor der Souveränität fremder Staaten Beachtung finden[234]. Allein die Tatsache, dass deutsche Staatsangehörige bzw. besonders Verpflichtete nach § 11 Abs. 1 Nrn. 2 und 4 StGB an dem Projekt teilnehmen und das embryonale Leben im Ausland gefährden, kann nicht bereits den nationalen Gesetzgeber und seine Schutzpflichten auf den Plan rufen.

Dieses Ergebnis ist verfassungsrechtlich nicht unbedenklich. Wie noch zu zeigen sein wird, verengt sich der Entscheidungsspielraum des Gesetzgebers zwar für die Frage nach der Intensität der Schutzpflicht des Staates, je größer die Gefahr für Leben oder Gesundheit des betroffenen Rechtsguts ist[235]. Dies kann jedoch für menschliche Embryonen im In- und Ausland nicht gleichermaßen gelten[236].

So hat auch das BVerfG im Grundsatz anerkannt, dass an Sachverhalte mit Auslandsberührung nicht die gleichen Grundrechtsmaßstäbe anzulegen sind wie

231 Vgl. dazu die Ausführungen im 3. Teil.

232 Vgl. *Quaritsch* in Isensee/Kirchhof, HdB StR, Bd. V, 2. Aufl., § 120, Rn. 74.

233 Vgl. dazu *Brewe*, Embryonenschutz und Stammzellengesetz, S. 103 f., die das Bedürfnis nach staatlichen Schutzmaßnahmen u.a. davon abhängig macht, inwieweit das betroffene Rechtsgut vom Schutz der ausländischen Rechtsordnung erreicht wird.

234 Vgl. Ziff. 7 der Empfehlungen der Deutschen Forschungsgemeinschaft 2001 zur Forschung mit menschlichen Stammzellen (zur Frage nach der Rechtfertigung eines Ausschlusses der Forschung mit legal im Ausland hergestellten embryonalen Stammzellen).

235 Vgl. BVerfG 39, 1, 42; vgl. dazu die Ausführungen im 4. Teil unter B, I, 1.

236 Vgl. *Brewe*, Embryonenschutz und Stammzellengesetz, S. 103.

an inländische Sachverhalte[237]. Eine Abstufung des Grundrechtsschutzes und der Reichweite der staatlichen Schutzpflichten kann demnach je nach Konstellation und Gefahrenlage durchaus in Betracht kommen[238]. Eine solche Vorgehensweise ist gerade auch angezeigt, um Konflikten, die aufgrund unterschiedlicher rechtlicher Anschauungen und Wertevorstellungen entstehen, zu begegnen und der Tatsache, dass eine grenzüberschreitende gleichgerichtete Grundüberzeugung zu diesen kontroversen Fragen nicht ausgemacht werden konnte, gerecht zu werden.

Damit lässt sich ein Bedürfnis für die Erstreckung der staatlichen Schutzpflichten über die eigenen Staatsgrenzen hinaus nicht zwingend ausmachen, da die ausländischen Rechtsordnungen den entsprechenden Sachverhalt gerade erfassen und auf die betroffenen Rechtsgüter Einfluss nehmen können.

dd. Extraterritoriale Wirkung der staatlichen Schutzpflichten bei international anerkannten Rechtsgütern

Denkbar bleibt eine extraterritoriale Erstreckung der nationalen Schutzpflicht bei Nichtvorliegen eines hinreichend engen Bezugs zum deutschen Hoheitsgebiet jedenfalls dann, wenn es sich bei den menschlichen Embryonen um international geschützte Rechtsgüter handelt, um deren Schutz sich nach dem sog. Weltrechtsprinzip auch das deutsche Strafrecht annehmen darf[239].

Fehlt es an einer international einheitlichen Einschätzung, kann nicht ohne Weiteres die nationale Rechtsvorstellung zugrunde gelegt werden und eine Schutzpflicht des deutschen Staates ohne Rücksicht auf die ausländische Rechtsordnung begründet werden[240].

2. Vereinbarkeit mit der Berufsfreiheit

Art. 12 Abs. 1 GG gewährleistet allen Deutschen das Recht zur freien Wahl und Ausübung eines Berufs[241]. Definiert als jede auf Dauer angelegte, der Schaffung

---

237 BVerfGE 92, 26, 41 f.; *Müller-Terpitz*, WissR 2001, S. 271, 280; *Taupitz* in FS Hausheer, S. 733, 741.

238 Vgl. *Brewe*, Embryonenschutz und Stammzellengesetz, S. 103.

239 Vgl. dazu die Ausführungen im 3. Teil unter B, III, 2, sowie bei *Klöpfer*, JZ 2002, S. 417, 427.

240 *Brewe*, Embryonenschutz und Stammzellengesetz, S. 108.

241 Damit ist Art. 12 GG zwar ein sog. „Deutschen-Grundrecht"; in Verbindung mit dem allgemeinen Diskriminierungsverbot des Art. 18 AEUV ist jedoch anerkannt, dass sich auch EU-Bürger anderer Mitgliedstaaten darauf bzw. hilfsweise über Art. 2

und Erhaltung einer Lebensgrundlage dienende Tätigkeit[242], kann auch die Forschung Beruf sein, wenn sie zur Existenzsicherung geeignet ist und nicht lediglich im privaten Bereich praktiziert wird[243].

Da das ESchG sich nicht wie das allgemeine Strafrecht des StGB an jedermann richtet, sondern nur eine bestimmte Berufsgruppe, nämlich Mediziner und Forscher, betrifft, entfaltet es besondere berufsrechtliche Bedeutung. Indem es Forschern nach den einschlägigen Vorschriften des Sonderstrafrechts in Verbindung mit den jeweiligen strafanwendungsrechtlichen Vorschriften mit Strafe bedroht und es ihnen damit erheblich erschwert wird, grenzüberschreitende Forschungstätigkeit aufzunehmen, kommt dies einer Anordnung berufsspezifische Verhaltensweisen zu unterlassen gleich und bedeutet so eine enorme Einschränkung der verfassungsrechtlich garantierten Berufsfreiheit. Dabei steht Art. 12 GG jedoch – anders als Art. 5 Abs. 3 GG – nicht jedermann, sondern nur Deutschen im Sinne des Art. 116 GG zu[244]. Ein Ausländer nach § 5 Nr. 13 i.V.m. § 11 Abs. 1 Nrn. 2 und 4 StGB kann sich demnach nicht auf Art. 12 GG, sondern nur auf den Schutz durch Art. 2 Abs. 1 GG berufen[245].

Anders als die Wissenschaftsfreiheit steht die Berufsfreiheit unter einem einfachen Gesetzesvorbehalt. Nach Maßgabe der Drei-Stufen-Theorie, nach der sich die Rechtfertigung einer Grundrechtsbeeinträchtigung mit steigender Intensität an entsprechend höherwertigen Gemeinwohlinteressen zu orientieren hat, ließe sich ein Eingriff wie der vorliegende bereits durch eine vernünftige Erwägung des Gemeinwohls legitimieren.

Ordnet man die mit der Berufsausübung verbundenen Aspekte der Forschung jedoch allein dem Berufsrecht des Art. 12 GG zu, liefe der grundsätzlich vorbehaltlose Schutz des Art. 5 Abs. 3 GG weitgehend leer[246]. Die Forschungsfreiheit stellt sich jedoch als verfassungsrechtlich besonders ausgegliederter Aspekt der Berufsfreiheit dar[247], so dass Beschränkungen von speziellen forschungs- oder

---

Abs. 1 GG auf das entsprechende Recht berufen können, vgl. *Hilf* in Grabitz/Hilf, Das Recht der Europäischen Union, Art. 17, Rn. 52.

242 Zu weiteren – umstrittenen – Merkmalen vgl. *Mann* in Sachs, Art. 12, Rn. 50 ff..

243 *Brewe*, Embryonenschutz und Stammzellengesetz, S. 67.

244 Vgl. *Mann* in Sachs, Art. 12, Rn. 33.

245 *Mann* in Sachs Art. 12, Rn. 33. Auf die Frage, inwiefern dies auch für EU-Bürger zu gelten hat oder ob diese aufgrund des Diskriminierungsverbotes des Art. 18 AEUV Deutschen gleichgestellt werden müssen, ist hier nicht näher einzugehen, vgl. dazu *Mann*, ebenda.

246 *Brewe*, Embryonenschutz und Stammzellengesetz, S. 67.

247 *Pernice* in Dreier, 2. Aufl., Bd. I, Art. 5 III, Rn. 64.

wissenschaftsrelevanten Tätigkeiten, die berufsmäßig ausgeübt werden, in erster Linie am Maßstab des Art. 5 Abs. 3 GG zu messen sind. Art. 5 Abs. 3 GG ist daher im Rahmen der vorliegenden Konstellation lex specialis gegenüber Art. 12 GG.

3. Allgemeine Handlungsfreiheit nach Art. 2 Abs. 1 GG

Auch bezüglich der allgemeinen Handlungsfreiheit des Art. 2 Abs. 1 GG gilt, dass diese nur dann Schutz vor staatlichen Freiheitsbeschränkungen bietet, wenn das Verhalten nicht bereits in den Schutzbereich eines Spezialfreiheitsrechts fällt[248]. Vorliegend kommt der Forschungsfreiheit des Art. 5 Abs. 3 GG, die gerade eine spezielle Verhaltensweise schützt, der Vorrang zu und ein Berufen auf Art. 2 Abs. 1 GG scheidet insofern aus.

4. Zwischenfazit

Die nationalen Grundrechte sind geeignet, die Frage nach den Grenzen der Ausdehnung der Strafgewalt zu beeinflussen. Von zentraler Bedeutung sind hier insbesondere die durch die Wissenschaftsfreiheit des Art. 5 Abs. 3 GG geschützen Tätigkeiten, die im Rahmen einer sorgfältigen Abwägung gegenüber den hinter den Forschungsprojekten stehenden Rechtsgütern abgewogen werden müssen. Hierbei steht die Frage nach dem Bestehen der staatlichen Schutzpflicht im Mittelpunkt. Der seine Strafgewalt ausdehnende Staat muss sich des räumlichen Geltungsbereichs seiner Grundrechte bewusst sein und darf seine Schutzpflicht auf im Ausland befindliche Rechtsgüter nur mit der gebotenen Zurückhaltung erstrecken. Trifft der Staat, in dem die Forschung stattfindet, eine von seinen Schutz- und Wertevorstellungen abweichende Beurteilung hinsichtlich des betroffenen Rechtsguts, so sollte der deutsche Staat diese respektieren.

II. Vereinbarkeit mit europarechtlichen Vorgaben

Im Zuge der Europäisierung des Strafrechts lassen sich europarechtliche Gesichtspunkte bei der Frage, ob dem deutschen Staat bei grenzüberschreitenden Sachverhalten die Strafberechtigung zukommen kann, nicht ausblenden. Die Mitgliedstaaten haben es sich vielmehr zur Aufgabe gemacht, für die Ziele der Union gemeinsam einzustehen, Art. 3 f. EUV. Dem könnte die Erstreckung der

248 *Murswiek* in Sachs, Art. 2, Rn. 10.

nationalen Strafgewalt auf Verhaltensweisen, die möglicherweise europarechtlich geschützt sind, entgegenstehen.

Zwar darf jeder Staat mithilfe seines Strafrechts Verhaltensweisen sanktionieren, die unter seinem Schutz stehende Rechtsgüter verletzen und so das friedliche Miteinander gefährden. Dabei darf er grundsätzlich nationale Wertungen und innerstaatliche Beurteilungen zugrunde legen und sich auch berufen sehen, Verhaltensweisen im Ausland zu erfassen. Auf der anderen Seite stehen die wachsende Europäisierung und Globalisierung, zunehmende grenzüberschreitende Verbrechensbekämpfung und gemeinschaftliches europäisches und transnationales Agieren. Innerstaatliche Wertungen und Anschauungen lassen sich daher, noch dazu verbunden mit einem Strafbarkeitsrisiko, nicht ohne weiteres über die Landesgrenzen hinaus übertragen. Stattdessen trifft jeden Mitgliedstaat eine besondere Verantwortung, nach der er so handeln muss, dass das institutionelle System der EU weiterhin handlungsfähig bleibt.

Für die Frage nach der Strafgewaltserstreckung kann dies als Aufruf an die nationale Strafrechtsordnung verstanden werden, ihre Strafberechtigung für einen grenzüberschreitenden Sachverhalt sorgfältig zu prüfen.

An dieser Stelle wird deutlich, wie sehr die Problematik, insbesondere in der Konstellation des „deutschen Forschers im Ausland“, in einem zwischenstaatlichen, vor allem europäischen Gefüge verhaftet ist.

Es stellt sich die Frage, ob die Erstreckung der nationalen Strafgewalt auf grenzüberschreitende Sachverhalte unter Zugrundelegung der bloß nationalen Wertevorstellungen mit den hochaktuellen, jedoch bereits vor Jahren einsetzenden Entwicklungen vereinbar ist[249]. In diesem Zusammenhang tritt insbesondere die Frage nach der Vereinbarkeit eines solchen Vorgehens mit den europäischen Grundfreiheiten sowie den europäischen Grundrechten der beteiligten deutschen und ausländischen Forscher zutage.

Der Bedeutungswandel der Europäischen Grundfreiheiten von ursprünglich bloßen Diskriminierungsverboten hin zu Freiheitsrechten angenäherten Beschränkungsverboten tangiert dabei besonders das nationale Strafrecht und ist in der Lage, den Anwendungsbereich des nationalen Strafrechts erheblich einzuschränken[250]. Auch die Geltung der Europäischen Grundrechte führt zu einer Europäisierung der Rechtslage, wenn sich künftig auch nationales Strafrecht an diesen messen lassen muss.

---

249 Vgl. *Dannecker*, ZStW 117, 2005, S. 697, 699.

250 *Dannecker*, ZStW 117, 2005, S. 697, 703.

Im Rahmen der vorliegenden Problematik wird dies bei der Strafbarkeit im Zusammenhang mit der Berufsausübung relevant. In erster Linie gehen die Forscher, die grenzüberschreitend tätig werden, ihrem Beruf, der Forschung und Wissenschaft nach. Die strafrechtlichen Sanktionen, die diese Vorgehensweisen nach nationalem Recht nach sich ziehen können, könnten dabei in Widerspruch zu den europäischen Grundfreiheiten der Niederlassungs- und Dienstleistungsfreiheit sowie den europäischen Grundrechten der Wissenschafts- (Art. 13 EGRC) und Berufsfreiheit (Art. 15 EGRC) stehen.

Die nationale Strafgewalt, die, wie gesehen[251], dem Wortlaut nach grundsätzlich einen weltweiten Geltungsanspruch erhebt, wird demnach nicht nur durch Völkerrecht, insbesondere den Nichteinmischungsgrundsatz begrenzt, sondern muss sich auch am Europarecht messen lassen und mit diesem vereinbar sein.

Europarechtliche Aspekte gewinnen damit im Rahmen der Frage nach der Strafberechtigung eine entscheidende und im Verhältnis zu der Frage nach den strafanwendungsrechtlichen Anknüpfungspunkten der §§ 3 ff. StGB eigenständige Bedeutung.

1. Anwendbarkeit des Europarechts

Relevanz für die Frage nach der Strafberechtigung kann das Unionsrecht nur haben, wenn es anwendbar ist. In erster Linie sind die Mitgliedstaaten bei ihrem Handeln ihrer eigenen Verfassung und den dort garantierten Grundrechten gegenüber verpflichtet[252]. Werden durch einen Sachverhalt jedoch unionsrechtsrelevante Felder betroffen[253], so ist wegen des Vorrang des Unionsrechts i.V.m. dem Grundsatz des *effet utile* in Art. 4 Abs. 3 UAbs. 2 EUV zwingend das Gemeinschaftsrecht zu beachten. Unterscheiden sich die Norminhalte der jeweiligen Rechtssysteme und liegt ein Kollisionsfall vor, so kommt es zu einem Anwendungsvorrang des EU-Rechts[254].

---

251 Vgl. dazu die Ausführungen im 1. Teil unter A, II, 2.

252 *Kingreen* in Calliess/Ruffert, EGV/AEUV, Art. 51 EGRC, Rn. 7; *Lindner*, EuR 2008, S. 786, 791.

253 Beispielsweise, wenn die Mitgliedstaaten Unionsrecht umsetzen oder dieses vollziehen.

254 Vgl. u.a. *Ambos*, Int. StR, § 11, Rn. 37; *Dannecker/Hagemeier* in Leitner (Hrsg.), Finanzstrafrecht 2008, S. 63, 94 f.; *Ehlers* in Ehlers, Europäische Grundrechte und Grundfreiheiten, § 14, Rn. 17 ff; *Lindner*, EuR 2008, S. 786, 791; ausführlich *Hecker*, Europ. StR, § 9, Rn.1 ff.; *Streinz*, Europarecht, Rn. 194 ff.; dazu auch *Lutter*, JZ 1992, S. 593, 596.

Auch das nationale Strafrecht kann sich dieser Einflussnahme des Unionsrechts nicht entziehen und so müssen sich nationale Strafnormen auf ihre Vereinbarkeit mit unmittelbar geltendem Unionsrecht überprüfen lassen[255]. So können die nach deutschem Recht strafbewehrten Verbotsregelungen aufgrund unionsrechtlicher Regelungen unanwendbar sein, mit der Folge, dass deutsches Strafrecht nicht greift[256].

Zum unmittelbar geltenden Unionsrecht und damit zu denjenigen Regelungen, die einen Anwendungsvorrang vor den nationalen Strafvorschriften genießen, zählen neben den Grundfreiheiten der Art. 28 ff. des AEUV auch die nach In-Kraft-Treten des Vertrages von Lissabon gem. Art. 6 EUV verbindlichen europäischen Grundrechte. Weist die Konstellation der Strafbarkeit bei Forschungsaktivitäten im Ausland also einen hinreichenden Unionsrechtsbezug auf, so müsste sie einer Überprüfung der Vereinbarkeit mit europäischen Grundfreiheiten und -rechten stand halten.

2. Schutzbereich der Grundfreiheiten[257]

Die Anordnung der Strafbarkeit der im Ausland tätigen Forscher kollidiert mit europäischen Grundfreiheiten, da sie bewirkt, dass deutsche bzw. ausländische Amtsträger nicht im gleichen Umfang wie Ausländer eine Leistung erbringen können[258]. In Betracht kommen – je nach Fallkonstellation – insbesondere Beschränkungen der Niederlassungsfreiheit nach Art. 49, der Dienstleistungsfreiheit nach Art. 56 und der Arbeitnehmerfreizügigkeit nach Art. 45 AEUV[259].

---

255 Vgl. *Hecker*, Europ. StR, § 9, Rn.10; ähnlich *Ambos*, Int. StR, § 11, Rn. 37; *Dannekker*, ZStW 117,2005, S. 697, 697; *Eser/Hecker* in Schönke/Schröder, Vor § 1, Rn. 28.

256 Vgl. *Ambos*, Int. StR., § 11, Rn. 37 f.; *Hecker*, Europ. StR, § 9, Rn.10.

257 Die folgenden Darstellungen und Ausführungen sollen einen Überblick vermitteln und Kernaspekte der Grundfreiheiten benennen.

258 Vgl. zu dieser Frage im Rahmen der Strafbarkeiten des StZG bzw. des ESchG und deren Vereinbarkeit mit insbesondere der Warenverkehrs- und Dienstleistungsfreiheit auch *Brewe*, Embryonenschutz und Stammzellengesetz S. 270 ff.; *Müller-Terpitz*, Pränatales Leben, S. 474 ff.; *Vöneky/Petersen*, EuR 2006, 340, 363 ff. (nur zur Warenverkehrsfreiheit).

259 Zur Vereinbarkeit der Stichtagsregelung des § 4 II lit. a StZG und des Verbots der Einfuhr und der Verwendung von Stammzellen, die nach diesem Stichtag hergestellt worden sind mit der Warenverkehrsfreiheit nach Art. 34 ff. AEUV vgl. *Brewe*, Embryonenschutz und Stammzellengesetz, S. 270 ff.

a. Schutzbereich der Niederlassungsfreiheit, Art. 49 ff. AEUV und der Dienstleistungsfreiheit, Art. 56 ff. AEUV

Sowohl die Niederlassungs- als auch die Dienstleistungsfreiheit schützen grenzüberschreitende erwerbswirtschaftliche Tätigkeiten[260].

Dienstleistung im Sinne der Art. 56 ff. AEUV ist dabei nicht im volkswirtschaftlichen, sondern im unionsrechtlichen Sinne zu verstehen[261] und meint Leistungen, die in der Regel gegen Entgelt, also einer wirtschaftlichen Gegenleistung für die betreffende Tätigkeit[262], erbracht werden. Die Aufzählung in Art. 57 Abs. 2 AEUV ist dabei beispielhaft und nicht abschließend[263].

Daneben versteht sich der Niederlassungsbegriff des Art. 49 AEUV weit[264] und umfasst nach der Rechtsprechung des Europäischen Gerichtshofs[265] „die tatsächliche Ausübung einer wirtschaftlichen Tätigkeit mittels einer festen Einrichtung in einem anderen Mitgliedstaat auf unbestimmte Zeit"[266]. Natürlichen wie juristischen Personen soll das Recht zustehen, in einem anderen Mitgliedstaat dauerhafte selbstständige Erwerbstätigkeiten unter den gleichen Voraussetzungen, wie dieser Staat es für seine eigenen Staatsbürger vorschreibt, aufzunehmen und auszuüben.

Während die Dienstleistungsfreiheit nach Art. 56 ff. AEUV den freien Dienstleistungsverkehr ohne dauerhafte Niederlassung regelt und dabei auch solche Tätigkeiten umfasst, bei denen es nur vorübergehend zu einem grenzüberschreitenden Leistungsaustausch kommt[267], zielt die Niederlassungsfreiheit in Abgrenzung

260 Vgl. u.a. *Streinz*, Europarecht, Rn. 912.

261 Vgl. *Randelzhofer/Forsthoff* in Grabitz/Hilf, Das Recht der Europäischen Union, Art. 49, 50, Rn. 6; *Kluth* in Calliess/Ruffert, EGV/AEUV, Art. 57 AEUV, Rn. 7.

262 Vgl. EuGH Rs. 263/86, Slg. 1988, S. 5365, Rn. 17- *Humbel*; EuGH, Rs. C-422/01, Slg. 2003, S. I-6817, Rn. 23-*Skandia u. Ramstedt.*

263 *Hans Georg Fischer*, Europarecht, Rn. 565; *Classen* in Oppermann/Classen/Nettesheim, Europarecht, § 26, Rn. 5; *Hobe*, Europarecht, § 18, Rn. 203; *Streinz*, Europarecht, Rn. 912.

264 Vgl. *Hans Georg Fischer*, Europarecht, Rn. 537; *Haratsch/Koenig/Pechstein*, Europarecht, Rn. 902; vgl. auch EuGH Rs. C-55/94, Slg. 1995, S. I-4165, Rn. 25 – *Gebhard.*

265 Im Folgenden: EuGH.

266 Vgl. EuGH Rs. C-221/89, Slg. 1991, S. I-3905, Rn. 20 – *Factortame.*

267 Vgl. Art. 57 III AEUV, wo von einer „vorübergehenden" Leistungserbringung die Rede ist. Im Übrigen können die Art. 56 ff. AEUV nur zur Anwendung kommen, wenn die Tätigkeit nicht bereits von den Vorschriften über den freien Waren- und Kapitalverkehr und über die Freizügigkeit der Personen erfasst wird. Die Art. 56 ff. AEUV sind demnach gegenüber diesen Vorschriften subsidiär und dienten ursprünglich als

dazu auf eine dauerhafte und rechtliche Eingliederung in das Wirtschaftsleben eines anderen Mitgliedstaates ab[268].

b. Geltung des Herkunftslandprinzips

Jedoch könnte das aus den Grundfreiheiten entwickelte Herkunftslandprinzip ergeben, dass vorliegend ein Berufen auf die Grundfreiheiten erfolglos bleibt, da nach diesem Prinzip gerade das nationale Strafrecht maßgeblich sein muss.

Nach dem Herkunftslandprinzip muss jeder Anbieter sein Handeln grundsätzlich an den Vorschriften des Mitgliedstaates ausrichten, in dem er seine Niederlassung hat[269]. Es dient so der Sicherung der Dienstleistungsfreiheit und der Schaffung von Rechtssicherheit und -klarheit[270].

Das Herkunftslandprinzip hat neben der Richtlinie 2000/31/EG[271] auch in der Richtlinie 2006/123/EG über Dienstleistungen im Binnenmarkt[272] Niederschlag gefunden. Ob es im Bereich des Strafrechts jedoch überhaupt zum Tragen kommen kann, wurde bereits im Rahmen der „e-commerce-Richtlinie" kontrovers diskutiert[273]. Art. 1 Abs. 5 der Dienstleistungsrichtlinie enthält nun einen grundsätzlichen Ausschluss des Strafrechts, untersagt es den Mitgliedstaaten jedoch zugleich, die Dienstleistungsfreiheit unter Umgehung der Richtlinie durch die Anwendung von Strafvorschriften zu beschränken.

Ließe man zu, dass die Geltung des Herkunftslandprinzips im Bereich des Strafanwendungsrechts dazu führt, dass für den Forscher im Inland ein Berufen auf die Dienstleistungsfreiheit ausscheidet, widerspräche dies dem europäischen

---

Auffangtatbestand, haben jedoch mittlerweile erhebliche selbstständige Bedeutung erlangt, vgl. *Pache* in Ehlers, Europäische Grundrechte und Grundfreiheiten, §11, Rn. 2 f.; *Haratsch/Koenig/Pechstein*, Europarecht, Rn. 939.

268 Vgl. *Tietje* in Ehlers, Europäische Grundrechte und Grundfreiheiten, § 10, Rn. 30; *Hans Georg Fischer*, Europarecht, Rn. 537; *Haratsch/Koenig/Pechstein*, Europarecht, Rn. 902; *Hobe*, Europarecht, § 17, Rn. 175; *Streinz*, EUV/EGV, Art. 43 EGV, Rn. 16; *Troberg/Tiedje* in von der Groeben/Schwarze, Band I, Art. 43 EGV, Rn. 13; vgl. dazu die Rechtsprechung des EuGH in Rs. C-55/94, Slg. 1995, S. I-4165, Rn. 25 ff. – *Gebhard*; sowie Rs. C-70/95, Slg. 1997, S. I-3395, Rn. 24 – *Sodemare*.

269 *Dannecker*, ZStW 117, 2005, S. 697, 715; vgl. auch *Satzger*, Int. StR, § 5, Rn. 53.

270 Vgl. *Ambos*, Int. StR, § 1, Rn. 20; *Dannecker*, ZStW 117, 2005, S. 397, 715; *Satzger*, Int. StR, § 5, Rn. 53.

271 Abl. der EG vom 17.07.2000, Nr. L 178/1.

272 Abl. der EU vom 27.12.2006, Nr. L 376/36.

273 Vgl. hierzu *Dannecker*, ZStW 117, 2005, S. 397, 714; *Kudlich*, HRRS 2004, S. 278, 278 ff.; *Satzger*, Int. StR, § 5, Rn. 53.

Gesamtziel der Schaffung eines einheitlichen Raums der Freiheit, der Sicherheit und des Rechts und der Verwirklichung des Binnenmarktes[274] und liefe praktisch den Grundgedanken der Grundfreiheiten zuwider, wollen diese doch den grenzüberschreitenden Wirtschaftsverkehr gerade erleichtern.

Dem Herkunftslandprinzip kann demnach nicht die Deutung entnommen werden, es schließe ein Berufen auf die Dienstleistungsfreiheit vorliegend aus.

c. Schutzbereich der Arbeitnehmerfreizügigkeit

Denkbar ist in einer entsprechenden Konstellation auch ein Berufen auf die Arbeitnehmerfreizügigkeit nach Art. 45 AEUV. Unter Arbeitnehmern versteht der EuGH „Personen, die während einer bestimmten Zeit für einen anderen nach dessen Weisung Leistungen erbringen, für die sie als Gegenleistung eine Vergütung erhalten"[275], wobei grundsätzlich auch ein Amtsträger unter diesen gemeinschaftsrechtlichen Arbeitnehmerbegriff zu fassen ist[276]. Im Unterschied zur Niederlassungs- und Dienstleistungsfreiheit zeichnet sich die wirtschaftliche Tätigkeit im Rahmen der Arbeitnehmerfreizügigkeit dadurch aus, dass sie unselbstständig und weisungsgebunden erbracht wird[277]. Abgrenzungskriterien für die Frage, ob ein Arbeitsverhältnis oder eine selbstständige Tätigkeit vorliegt, sind etwa „die Beteiligung an den geschäftlichen Risiken des Unternehmens, die freie Gestaltung der Arbeitszeit und der freie Einsatz eigener Hilfskräfte"[278]. Der Arbeitnehmer kann hinsichtlich Art und Weise, Inhalt, Ort und Zeit der Tätigkeit nicht frei disponieren, trägt aber dafür im Gegensatz zu den selbstständig Erwerbstätigen auch keinerlei unternehmerisches Risiko[279]. Auch hier ist die Bereichsausnahme des Art. 45 Abs. 4 AEUV nicht einschlägig. Trotz der sprachlichen Weite der Formulierung hat der EuGH schon früh klargestellt, dass Art. 45 Abs.4 AEUV als Ausnahmevorschrift eng auszulegen ist. Es geht darum, nur die Stellen zu erfassen, „die eine unmittelbare oder mittelbare Teilnahme an der

---

274 Vgl. dazu die Erwägungsgründe 1 ff. der RL 2006/123/EG.

275 EuGH, Rs. 66/85, Slg. 1986, S. 2121, Rn. 17. – *Lawrie-Blum.*

276 Vgl. zum Beamten *Brechmann* in Calliess/Ruffert, EGV/AEUV, Art. 45 AEUV, Rn. 12; *Randelzhofer/Forsthoff* in Grabitz/Hilf, Das Recht der Europäischen Union, Art. 39, Rn. 25; ähnlich *Streinz*, Europarecht, Rn. 902; außerdem EuGH Rs. C-71/93, Slg. 1994, S. I-1101, Rn. 17 – *Van Poucke.*

277 Vgl. u.a. *Brechmann* in Calliess/Ruffert, EGV/AEUV, Art. 45 AEUV, Rn. 13; *Becker* in Ehlers, Europäische Grundrechte und Grundfreiheiten, § 9, Rn. 9; *Randelzhofer/Forsthoff* in Grabitz/Hilf, Das Recht der Europäischen Union, Art. 39, Rn. 11.

278 EuGH, Rs. 3/87, Slg. 1989, S. 4459, Rn. 36 – *Agegate.*

279 Vgl. *Hans Georg Fischer*, Europarecht, Rn. 538.

Ausübung hoheitlicher Befugnisse und an der Wahrnehmung solcher Aufgaben mit sich bringen, die auf die Wahrung von allgemeinen Belangen des Staates oder anderer öffentlicher Körperschaften gerichtet sind" und ein besonderes Treueverhältnis zum Staat erfordern[280].

d. Ergebnis

Weist die Vornahme der Forschungstätigkeit einen hinreichend wirtschaftlichen Charakter auf, bzw. wird sie gegen Entgelt erbracht, so ist ein Berufen auf die Grundfreiheiten in der Regel möglich und verdrängt dabei die Anwendbarkeit des allgemeinen Freizügigkeitsrechts des Art. 21 AEUV. Anhand der genannten Kriterien ist im Einzelfall zu bestimmen, welche der Grundfreiheiten konkret einschlägig ist. Entscheidend für die Zuordnung zu den verschiedenen Grundfreiheiten ist demnach, wie die Forschungstätigkeit ausgestaltet ist und welche Umstände dem Grenzübertritt zugrunde liegen[281]. Will ein nach deutschem Recht zum Amtsträger bestellter Forscher in einem anderen Mitgliedstaat als angestellter Wissenschaftler arbeiten und wird er daran gehindert, so ist die Arbeitnehmerfreizügigkeit einschlägig. Will er die Forschung stattdessen dauerhaft und ständig in einem anderen Mitgliedstaat erbringen, so ist die Niederlassungsfreiheit tangiert. Die Dienstleistungsfreiheit ist heranzuziehen, wenn er nur gelegentlich entgeltliche Leistungen im Ausland erbringt[282]. Bei Teilnahme an einem grenzüberschreitenden Forschungsprojekt ist in erster Linie die Dienstleistungsfreiheit einschlägig.

3. Rechtfertigung

Nicht vereinbar mit geltendem Unionsrecht und damit europarechtswidrig sind die Beeinträchtigungen, die nicht aus Gründen der öffentlichen Ordnung, Sicherheit oder Gesundheit nach Art. 45 Abs. 3 bzw. Art. 52 (ggf. in Verbindung mit Art. 58) AEUV oder aus zwingenden Gründen des Allgemeininteresses[283] gerechtfertigt

280 Vgl. EuGH Rs. 149/79, Slg. 1980, S. 3881, Rn. 10 – *Kommission/Belgien*; Rs. C-290/94, Slg. 1996, S. I-3285, Rn. 2 – *Kommission/Griechenland.*

281 *Randelzhofer/Forsthoff* in Grabitz/Hilf, Das Recht der Europäischen Union, Art. 49, Rn. 6.

282 Vgl. hierzu *Randelzhofer/Forsthoff* in Grabitz/Hilf, Das Recht der Europäischen Union, Art. 49, Rn. 6.

283 Vgl. die Leitentscheidung *Rewe-Zentral-AG („Cassis-de Dijon"*) des EuGH, 120/78, Slg. 1979, S. 649, Rn. 8, in der der Gerichtshof diesen – über die geschriebenen

sind. Eine sekundärrechtliche Regelung, die eine Rechtfertigungsmöglichkeit ausschließen könnte[284], besteht jedoch nicht.

a. Rechtfertigung durch die öffentliche Ordnung

Der Vorbehalt der öffentlichen Ordnung unter dem sowohl die Arbeitnehmerfreizügigkeit als auch die Niederlassungs- und Dienstleistungsfreiheit nach Art. 45 Abs. 3, 52, 58 i.V.m. 52 AEUV stehen, ist als „ordre- public“-Klausel und damit als „letzte Bastion“[285] der nationalen Souveränität zu verstehen[286]. Neben den Bereichsausnahmen der Art. 45 Abs. 3, 51, 62 i.V.m. 51 AEUV stellen sie das einzige „Sicherheitsventil“ für nationale Interessen dar[287]. Als Ausnahmegrundsätze sind diese Öffnungsklauseln daher eng auszulegen[288]. Voraussetzung für den Rückgriff auf die Ausnahmeklausel ist nach Ansicht des EuGH, dass eine tatsächliche und hinreichend schwere Gefährdung der Schutzgüter vorliegt, die ein Grundinteresse

---

Rechtfertigungsgründe hinausgehenden – Rechtfertigungsgrundsatz entwickelt hat, um der Tatsache gerecht zu werden, dass es in einigen Bereichen an einer gemeinschaftlichen Regelung fehlt, bzw. die Union keine Kompetenz zur Regelung dieser Bereiche besitzt. Die dogmatische Einordnung der „*Cassis-de-Dijon-Formel*“ ist streitig, vgl. *Ehlers* in Ehlers, Europäische Grundrechte und Grundfreiheiten, § 7, Rn. 71; *Hobe*, Europarecht, § 15, Rn. 102, 579; *Schroeder* in Streinz, EUV/EGV, Art. 28 EGV, Rn. 71 ff., Art. 30 EGV, Rn. 33. Teilweise wird sie als tatbestandsimmanente Schranke des Art. 34 AEUV angesehen, vgl. *Herdegen*, Europarecht, § 15, Rn. 14 ff., teilweise wird in ihr ein zusätzlicher Rechtfertigungsrund gesehen, so ausdrücklich *Ehlers* in Ehlers, Europäische Grundrechte und Grundfreiheiten, § 7, Rn. 84; *Fremuth*, EuR 2006, S. 866, 871 ff.; *Haratsch/Koenig/Pechstein*, Europarecht, Rn. 843; *Jarass*, EuR 2000, S. 705, 718 f.. Der ursprünglich für den freien Warenverkehr entwickelte ungeschriebene Rechtfertigungsgrund wurde im Rahmen der Rechtsprechung auf die anderen Grundfreiheiten übertragen und findet auch auf diese Anwendung, vgl. insb. EuGH Rs. C-55/94, Slg. 1995, S. I-4165, Rn. 37- *Gebhard.*

284 Vgl. *Ehlers* in Ehlers, Europäische Grundrechte und Grundfreiheiten, § 7, Rn. 91; *Hans Georg Fischer*, Europarecht, Rn. 417; *Hobe*, Europarecht, § 15, Rn. 91.

285 *Wölker/Grill* in von der Groeben/Schwarze, Band I, Art. 39, Rn. 121.

286 Vgl. *Brechmann* in Calliess/Ruffert, EGV/AEUV, Art. 45 AEUV, Rn. 95 f.; *Wölker/Grill* in von der Groeben/Schwarze, Band I, Art. 39, Rn. 121.

287 Vgl. *Wölker/Grill* in von der Groeben/Schwarze, Band I, Art. 39, Rn. 121.

288 *Ehlers* in Ehlers, Europäische Grundrechte und Grundfreiheiten, § 7, Rn. 96; *Haratsch/Koenig/Pechstein*, Europarecht, Rn. 927; *Schlag* in Schwarze, EU-Kommentar, Art. 46 EGV, Rn. 6; *Tiedje/Troberg* in von der Groeben/Schwarze, Band I, Art. 46, Rn. 14.

der Gesellschaft berührt[289]. Es muss sich demnach um staatliche Interessen von fundamentaler Bedeutung handeln[290].

Auch wenn es sich bei den Begriffen der „öffentlichen Sicherheit und Ordnung" um autonome Begriffe des Unionsrechts handelt, steht den Mitgliedstaaten ein Beurteilungsspielraum bei der näheren Bestimmung der Kriterien, anhand derer eine Gefährdung der genannten Schutzgüter festgestellt werden kann, zu. Dieser darf grundsätzlich auf ihre nationalen Bedürfnisse gestützt werden[291].

Ob eine Rechtfertigung über Art. 45 Abs. 3 bzw. 52 AEUV nach der ratio der Norm überhaupt in Betracht zu ziehen ist, erscheint jedoch bereits fragwürdig, da es sich vorliegend weder um eine ausländerrechtliche[292] noch um eine diskriminierende[293] Maßnahme handelt.

---

289 EuGH Rs. 36/75, Slg. 1975, S. 1219, Rn. 26/28 – *Rutili*; EuGH Rs. 30/77, Slg. 1977, S. 1999, Rn. 33/35 – *Bouchereau*; EuGH verb. Rs 115/81 und 116/81, Slg. 1982, S. 1665, Rn. 8 – *Adoui u. Cornuaille*; Rs. C-348/96, Slg. 1999, S. I-11, Rn. 21 – *Calfa*; Rs. C-54/99, Slg. 2000, S. I-1335, Rn. 17 – *Scientology*.

290 *Ehlers* in Ehlers, Europäische Grundrechte und Grundfreiheiten, § 7, Rn. 96; *Müller-Terpitz*, Pränatales Leben, S. 478; *Becker* in Schwarze, EU-Kommentar, Art. 30, Rn. 11.

291 Vgl. EuGH. 41/74, Slg. 1974, S. 1337, Rn. 18/19 – *Van Duyn*; Rs. 36/75, Slg. 1975, S. 1219, Rn. 26/28 – *Rutili*; i.Ü. *Hans Georg Fischer*, Europarecht, Rn. 459; *Randelzhofer/Forsthoff* in Grabitz/Hilf, Das Recht der Europäischen Union, Art. 46, Rn. 19; ähnlich *Bröhmer* in Calliess/Ruffert, EGV/AEUV, Art. 52 AEUV, Rn. 4; *Schlag* in Schwarze, EU-Kommentar, Art. 46 EGV, Rn. 7; *Franzen* in Streinz, EUV/EGV, Art. 39, Rn. 128; *Tiedje/Troberg* in von der Groeben/Schwarze, Band I, Art. 46, Rn. 18.

292 So ist umstritten, ob Art. 45 Abs. 3 und 52 AEUV nur ausländerrechtliche Maßnahmen erfassen, vgl. dazu insb. *Randelzhofer/Forsthoff* in Grabitz/Hilf, Das Recht der Europäischen Union, Art. 39 EGV, Rn. 209, Art. 46 EGV, Rn. 7 ff., sowie *Forsthoff*, EWS 2001, S. 59, 60, der sich gegen eine Rechtfertigung durch Art. 52 AEUV bei anderen als ausländerrechtlichen Vorschriften ausspricht. Eine ähnliche Richtung verfolgt auch *Tietje* in Ehlers, Europäische Grundrechte und Grundfreiheiten, § 10, Rn. 63, wenn er eine Rechtfertigung nach Art. 52 AEUV ausschließt, da es sich nicht um eine ausländerrechtliche Maßnahme handelt sowie *Ehlers* in ders. § 7, Rn. 94.

293 Auch wenn die Schrankenregelungen der Grundfreiheiten in erster Linie entwickelt worden sind, um diskriminierende Maßnahmen zu rechtfertigen, sollen sie nach überwiegender Ansicht (erst recht) auch auf unterschiedslose Maßnahmen, die die Grundfreiheiten weniger beeinträchtigen, angewendet werden sollen, vgl. *Ehlers* in Ehlers, Europäische Grundrechte und Grundfreiheiten, § 7, Rn. 94; *Haratsch/Koenig/Pechstein*, Europarecht, Rn. 927, *Streinz*, Europarecht, Rn. 804 f.; krit. im Rahmen der Dienstleistungsfreiheit *Pache* in Ehlers, Europäische Grundrechte und

Nach Ansicht des EuGH erlauben die „ordre- public-Öffnungsklauseln" den Mitgliedstaaten, gegenüber Staatsangehörigen anderer Mitgliedstaaten aus Gründen der öffentlichen Ordnung Maßnahmen zu ergreifen, die sie insofern bei ihren eigenen Staatsangehörigen nicht anwenden könnten, als sie nicht die Befugnis haben, diese auszuweisen oder ihnen die Einreise in das nationale Hoheitsgebiet zu untersagen[294]. Diese dem Verfassungsrecht[295] und Völkerrecht[296] entspringende Idee lässt sich auf den vorliegenden Fall jedoch nicht übertragen, da es vorliegend um eine allgemein auf Inländer und Ausländer anwendbare Regelung[297] geht, die die Grundfreiheiten beschränkt[298].

b. Rechtfertigung durch zwingende Allgemeininteressen

Neben den im AEUV verankerten geschriebenen Rechtfertigungsgründen bestehen weitere ungeschriebene Schranken der Grundfreiheiten[299]. So können nach ständiger Rechtsprechung des EuGH nationale Maßnahmen, die die Ausübung der Grundfreiheiten behindern oder weniger attraktiv machen, aus zwingenden Gründen des Allgemeinwohls gerechtfertigt sein, wenn diese geeignet sind, die Verwirklichung des mit ihnen verfolgten Zieles zu

---

Grundfreiheiten, § 11, Rn. 69, der eine Rechtfertigung durch Art. 52 AEUV nur dort sehen mag, wo eine offene Diskriminierung vorliegt.

294 Vgl. EuGH Rs. C-348/96, Slg. 1999, S. I-11, Rn. 20 – *Calfa*; Rs. 41/74, Slg. 1974, S. 1337, Rn. 21/23 – *Van Duyn*; verb. Rs. 115, 116/81, Slg. 1982, S. 1655, Rn.7 – *Adoui u. Cornuaille*.

295 Vgl. Art. 16 Abs. 2 S. 1 GG.

296 Vgl. Art. 3 Abs. 1 des Protokolls Nr. 4 zur Europäischen Menschenrechtskonvention (BGBl. 1968 II S. 423).

297 Zwar knüpfen § 5 Nrn. 12 und 13 StGB jeweils an die deutsche bzw. ausländische Staatsangehörigkeit an, jedoch kommt es zu keiner Ungleichbehandlung aufgrund der Staatsangehörigkeit im Sinne einer Besserstellung der Inländer, da diese, wie auch die ausländischen Amtsträger und dem öffentlichen Dienst besonders Verpflichtete das Strafbarkeitsrisiko nahezu gleich tragen und so über den Gleichlauf der Regelungen in Nrn. 12 und 13 eine unterschiedslos wirkende Regelung besteht.

298 Vgl. *Schlag* in Schwarze, EU-Kommentar, Art. 46, Rn. 3; *Müller-Graff* in Streinz, EUV/EGV, Art. 46, Rn. 4.

299 Der EuGH hat diese in der sog. „Cassis de Dijon"-Entscheidung, EuGH Rs. 120/78, Slg. 1979, S. 649, Rn. 8 erstmals benannt, um einer uferlosen Ausdehnung der Grundfreiheiten entgegenzuhalten.

gewährleisten und nicht über das hinausgehen, was zur Erreichung des Zieles erforderlich ist[300].

Die Formel der „zwingenden Gründe des Allgemeininteresses“ eröffnet den Mitgliedstaaten dabei einen Spielraum für die Definition nationaler schützenswerter Belange[301]. In der Vergangenheit hat der Gerichtshof bereits eine Reihe von unterschiedlichen öffentlichen Interessen als solche dem Gemeinwohl dienende zwingende Gründe anerkannt[302]. Eine Gelegenheit, sich zu der Frage zu äußern, ob die Strafandrohung deutscher oder ausländischer Forscher durch ein zwingendes Allgemeininteresse gerechtfertigt sein kann, hatte der EuGH bislang jedoch noch nicht. Die ständige Erweiterung der Liste der zwingenden Erfordernisse seit der „Cassis“-Entscheidung[303] lässt den Schluss zu, dass der bisherige Katalog nicht abschließend ist[304] und sich darüber hinaus für die vorliegende Problematik um bisher nicht genannte Gründe erweitern ließe.

Die Absicht des Gesetzgebers, wie sie in der Gesetzesbegründung zum Ausdruck kommt, kann dabei einen Anhaltspunkt für das mit diesem Gesetz verfolgte Ziel darstellen, muss aber nicht entscheidend ausschlaggebend sein[305]. So nannte der deutsche Reformgesetzgeber im Rahmen des § 5 Nr. 12 StGB als ein

---

300 EuGH Rs. C-55/94, Slg. 1995, S. I-4165, Rn. 37 – *Gebhard* (zur Niederlassungsfreiheit); Rs. C-19/92, Slg. 1993, S. I-1163, Rn. 32 – *Kraus* (zur Arbeitnehmerfreizügigkeit); Rs. 33/74, Slg. 1974, S. 1299, Rn. 10 ff. – *Van Binsbergen* (zur Dienstleistungsfreiheit).

301 *Hans Georg Fischer*, Europarecht, Rn. 550; *Randelzhofer/Forsthoff* in Grabitz/Hilf, Das Recht der Europäischen Union, Art. 39, Rn. 210; *diess.*, a.a.O., Vor Art. 39–55, Rn. 160; ähnlich *Skouris*, DÖV 2006, S. 89, 94.

302 Bisher hat der EuGH das Vorliegen eines zwingenden Grundes im Allgemeininteresses u.a. bejaht für den Schutz der Arbeitnehmer, EuGH Rs. 279/80, Slg. 1981, 3305, Rn. 19 – *Webb*; Rs. C-79/01, Slg. 2002, S. I-8923, Rn. 31 – *Payroll*; den Verbraucherschutz, Rs. 205/84, Slg. 1986, S. 3755, Rn. 30 ff. – *Kommission/Deutschland*; kulturpolitische Belange (Art. 167 AEUV) wie die Erhaltung des nationalen historischen und künstlerischen Erbes, Rs. C-180/89, Slg. 1991, S. I-709, Rn. 15 – *Kommission/Italien*; die Funktionsfähigkeit der Rechtspflege, Rs. C-3/95, Slg. 1996, S. I-6511, Rn. 31 – *Reisebüro Broede*; ein Überblick über weitere anerkannte Allgemeininteressen findet sich u.a. bei *Randelzhofer/Forsthoff* in Grabitz/Hilf, Das Recht der Europäischen Union, Vor Art. 39–55 EGV, Rn. 161.

303 EuGH Rs. 120/78, Slg. 1979, S. 649 – *Rewe-Zentral-AG („Cassis-de Dijon“).*

304 Vgl. *Pache* in Ehlers, Europäische Grundrechte und Grundfreiheiten, § 11, Rn. 70; *Bieber/Epiney/Haag*, Die Europäische Union, § 11, Rn. 55.

305 Vgl. EuGH verb. Rs. C-49/98, C-50/98, C-52/98 bis C-54/98 und C-68/98 bis C-71/98, Slg. 2001, S. I-7831, Rn. 40 – *Finalarte*; Rs. C-164/99, Slg. 2002, S. I-787, Rn. 27 – *Portugaia*.

besonderes Interesse die Wahrung des Ansehens des deutschen Staates[306] bzw. das Vertrauen in die Integrität der nationalen Verwaltung[307].

Zwar müssen die legitimen Belange eines Mitgliedstaates nicht primärrechtlich vorgegeben sein[308]. Dennoch zeigt sich anhand der bisher anerkannten zwingenden Erfordernisse, dass sie in der Regel durch Vertragsbestimmungen legitimiert[309] und gemeinschaftsrechtlich anerkannt sind[310]. Dem Gemeinschaftsrecht lässt sich jedoch weder im AEUV noch im sonstigen Primär-oder Sekundärrecht ein Hinweis auf die Schutzbedürftigkeit dieser staatlichen (Eigen-) Interessen entnehmen.

Auch ein Vergleich mit anderen, auf den ersten Blick vergleichbar erscheinenden anerkannten Allgemeininteressen wie dem Schutz des Ansehens des Kapitalmarktes[311] oder der Funktionsfähigkeit der Rechtspflege[312] lässt sich nicht ziehen. Während es dabei um Interessen geht, die das Vertrauen der Wirtschaftsteilnehmer in einen funktionierenden Finanzmarkt schützen bzw. zumindest mittelbar dem Verbraucher und damit dem Allgemeininteresse zu Gute kommen, kann das „Ansehen des Staates" einen solchen Beitrag für das gemeine Wohl nicht leisten. Auch die steuerliche Kontrolle[313] hält einem direkten Vergleich nicht stand, da mit dem Ansehen des Staates als bloßes Prestigeinteresse – anders als bei der steuerlichen Kontrolle – nicht die grundlegende Funktionsfähigkeit oder wesentliche Funktionen des Staates tangiert sind.

Ähnliches gilt für die Intaktheit der Verwaltung. Auch diese ist nicht insofern gefährdet, als ihre Funktionsfähigkeit tatsächlich in Gefahr wäre. Insbesondere

---

306 Zu § 5 Nr. 12 StGB vgl. BR-Drucks. 200/62, E 1962, S. 112; dazu *Schmitz*, Das aktive Personalitätsprinzip im Internationalen Strafrecht, S. 204 ff.; krit. dazu *Werle/Jeßberger* in LK, 12. Aufl., § 5, Rn. 188; *Jakobs*, StR AT, 5. Abschn., Rn. 16; *Böse*, in NK, 4. Aufl., § 5, Rn 16; zu Nr.13: *Schmitz*, Das aktive Personalitätsprinzip im Internationalen Strafrecht, S. 207.

307 Zu § 5 Nr. 12 StGB vgl. BT-Drucks. V/4095, S. 6, ähnlich auch BR-Drucks. 200/62, E 1962, S. 112, sowie zu § 5 Nr. 13 StGB *Ambos*, Int., StR. § 3, Rn. 87; vgl. dazu im Übrigen ausführlich unten im 5.Teil unter A, III, 1, b bei der näheren Untersuchung der Regelungen des § 5 Nr. 12, 13 StGB.

308 Vgl. *Hans Georg Fischer*, Europarecht, Rn. 550; *Müller-Graff* in Streinz, EUV/EGV, Art. 49 EGV, Rn. 106.

309 Z.B. den Umweltschutz, Art. 191 ff. AEUV, die Verfolgung kulturpolitischer Ziele, Art. 167 AEUV oder der Verbraucherschutz, Art. 169 AEUV.

310 Vgl. *Brewe*, Embryonenschutz und Stammzellengesetz, S. 274; *Hecker*, Europ. StR, § 9, Rn. 34.

311 Vgl. EuGH Rs. C-384/93, Slg. 1995, S. I-1141, Rn. 44 – *Alpine Investments*.

312 Vgl. EuGH Rs. C-3/95, Slg. 1996, S. I-6511, Rn. 31 – *Reisebüro Broede*.

313 EuGH Rs. 13/77, Slg. 1977, S. 2115, Rn. 17 f. – *GB-Inno*.

bei Taten, die nicht in unmittelbarem Zusammenhang mit der Amtsausführung stehen – wie bei § 5 Nr. 12 1. Var. StGB – wird die Redlichkeit der Amtsträger nicht gefährdet und es besteht keine Gefahr für deren Integrität.

Etwas anderes kann sich auch nicht daraus ergeben, dass genau diese Interessen bei der Frage nach einem völkerrechtlichen Anknüpfungspunkt im Rahmen der §§ 3 ff. StGB als hinreichend erachtet werden. Während bei der Ausdehnung der Strafgewalt die Wahrung des völkerrechtlichen Nichteinmischungsgebots entscheidend ist[314] und diese Interessen möglicherweise geeignet sind[315], die Anwendung des deutschen Strafrechts auf Auslandstaten völkerrechtlich zu legitimieren[316], verfolgen Grundfreiheiten und Unionsgrundrecht ganz unterschiedliche Stoßrichtungen. Hier stehen die Verwirklichung des europäischen Binnenmarktes (vgl. Art. 26 AEUV) und die Gewährung von individuellem Schutz vor den Organen und Einrichtungen der EU (Art. 51 Abs. 1 EGRC) im Vordergrund. Gerade deshalb wird auch an dieser Stelle wieder deutlich, dass die Frage nach der Erstreckung der Strafgewalt auf Auslandstaten nicht mehr länger nur eine völkerrechtliche sein kann, sondern auch unter europarechtlichen Aspekten zu untersuchen ist.

Hinzu kommt, dass auch der EuGH sich einer Rechtfertigung durch Belange, die auf staatliche Interessen fixiert waren, wie etwa aus rein wirtschaftlichen[317] oder administrativen[318] Gründen, in seiner Rechtsprechung stets verschlossen hat. Der Rückgriff auf die ungeschriebenen Rechtfertigungsgründe soll es vielmehr ermöglichen, dass nationale Allgemeininteressen wie der Umweltschutz[319] oder die Aufrechterhaltung der Medienvielfalt[320] gewahrt werden. Ein Vergleich dieser Gemeinwohlinteresen mit dem Schutz des Ansehens des deutschen Staates lässt

---

314 Vgl. die Ausführungen im 3. Teil unter A.

315 Vgl. zu § 5 Nr.12 StGB *Schmitz*, Das aktive Personalitätsprinzip im Internationalen Strafrecht, S. 206; *Zieher*, Das sog. Internationale Strafrecht nach der Reform, S. 123; krit. dazu *Werle/Jeßberger* in LK, 12. Aufl., § 5, Rn. 188; *Jakobs*, StR AT, 5. Abschn., Rn. 16; *Böse* in NK, 4. Aufl., § 5, Rn. 16.

316 Vgl. hierzu die Ausführungen im 5. Teil unter A, III, 2.

317 vgl. EuGH Rs. 158/96, C- Slg. 1998, S. I-1931, Rn. 41 – *Kohll*; Rs. C-120/95, Slg. 1998, S. 1831, Rn. 39 – *Decker*; Rs. C-203/96, Slg. 1998, S. I-4075, Rn. 44 – *Dusseldorp*; Rs. C-254/98, Slg. 2000, S. I-151, Rn. 33 – *TK-Heimdienst*.

318 EuGH Rs. 205/84, Slg. 1986, S. 3755, Rn. 54 – *Kommission/Deutschland*; Rs. C-18/95, Slg. 1999, S. I-345, Rn. 44 f. – *Terhoeve*.

319 EuGH Rs.C-379/98, Slg. 2001, S. I-2099, Rn. 72 f. – *PreussenEletra*.

320 EuGH Rs. 368/95, Slg. 1997, S. I-3689, Rn. 18 – *Familiapress*.

sich nur schwer ziehen[321]. Auch der Schutz der Integrität der Verwaltung[322] stellt ein Eigeninteresse des Staates dar, das kaum als ein dem Gemeinwohl dienender Belang zu qualifizieren sein wird.

Allein die Ziele der Gesetzesbegründung stellen demnach kein rechtfertigendes Allgemeininteresse dar. Aufgabe des EuGH ist es jedoch, die gesamte in Rede stehende, die Ausübung der Grundfreiheiten einschränkende Regelung zu betrachten und zu untersuchen, welche innerstaatlichen Regelungsziele verfolgt werden und welche zwingenden Allgemeininteressen sie zu gewährleisten in der Lage ist. Die zentrale Frage nach dem Vorliegen eines zwingenden Grundes für die Strafandrohung kann nicht völlig losgelöst von der eigentlichen Strafnorm, vorliegend des entsprechenden Straftatbestands des ESchG, beantwortet werden. Dazu ist im Rahmen der vorliegenden Problematik die die Strafbarkeit der Forscher anordnende Vorschrift als Ganze zu betrachten. Hinter der Anordnung der Geltung des deutschen Strafrechts steht nicht nur das Interesse, dass etwa die eigenen Amtsträger den deutschen Staat im Ausland nicht durch die Begehung von Straftaten in Verruf bringen, vielmehr steht speziell hinter den konkreten Straftatbeständen der Schutz der tangierten Rechtsgüter, den diese in erster Linie bezwecken. Im Mittelpunkt der Betrachtung steht daher das Rechtsgut, dessen Schutz mit der Strafandrohung verfolgt wird.

c. Rechtfertigung durch Grundrechte der EGRC

Zu den zwingenden Allgemeininteressen zählen auch die Unionsgrundrechte, die eine eigenständige Kategorie von Rechtfertigungsgründen darstellen und in der Lage sind, Beeinträchtigungen der Grundfreiheiten zu legitimieren[323].

---

321 Ob sich die Regelung darüber hinaus überhaupt dazu eignet, das Ansehen des deutschen Staates im Ausland aufrecht zu erhalten, erscheint hinsichtlich der Tatsache, dass andere Mitgliedstaaten das jeweilige Verhalten bereits von vornherein nicht als strafwürdig erachten, bereits fraglich, vgl. dazu *Werle/Jeßberger* in LK, 12. Aufl., § 5, Rn. 187; *Böse* in NK, 4. Aufl., § 5, Rn. 16 f.; ähnlich *Jakobs*, StR AT, 5. Abschn., Rn. 16; *Zieher*, Das sog. Internationale Strafrecht nach der Reform, S. 123; sowie im Übrigen unten im 5. Teil unter A, III, 1, b, aa, (1).

322 Vgl. *Schmitz*, Das aktive Personalitätsprinzip im Internationalen Strafrecht, S. 206; *Zieher*, Das sog. Internationale Strafrecht nach der Reform, S. 123.

323 Vgl. *Bieber/Epiney/Haag*, Die Europäische Union, § 10, Rn. 17; *Streinz*, Europarecht, Rn. 844; ähnlich *Ehlers* in Ehlers, Europäische Grundrechte und Grundfreiheiten, § 7, Rn. 98; *Frenz*, HdB EuR, Bd. 1, Rn. 505 ff; *Holoubek* in Schwarze, EU-Kommentar, Art. 49/50 EGV, Rn.108; vgl. dazu die Ausführungen sogleich.

Mit der Erlangung rechtlicher Verbindlichkeit der Grundrechtecharta durch das In-Kraft-Treten des Vertrages von Lissabon drängt sich jedoch mehr denn je die Frage auf, in welchem Verhältnis die Grundfreiten zu den europäischen Grundrechten stehen, und ob die Grundrechte auf das vorliegend zu untersuchende Verhalten überhaupt anwendbar sind.

aa. Verhältnis der Grundfreiheiten zu den europäischen Grundrechten

Die Grundfreiheiten dienen seit jeher dem Ziel der Konstituierung des europäischen Binnenmarktes, in dem der freie Verkehr von Waren, Personen, Dienstleistungen und Kapital gewährleistet werden soll[324]. So sollen der gemeinschaftsrechtliche Wirtschaftsverkehr erleichtert und in erster Linie vor sachlich ungerechtfertigter Diskriminierung geschützt werden[325].

Ein Blick auf die Rechtsprechung des EuGH zeigt, dass sich die Grundfreiheiten in der Entwicklung stark verändert haben: Indem der Gerichtshof sie von ursprünglichen Diskriminierungsverboten hin zu Beschränkungsverboten entwickelt[326] und gefordert hat, dass auch allgemeine, nicht diskriminierende Beschränkungen des zwischenstaatlichen Verkehrs, die die Wahrnehmung der Grundfreiheiten beeinträchtigen, prinzipiell verboten sind und sich am Maßstab des Verhältnismäßigkeitsprinzips messen lassen müssen[327], haben sich die Grundfreiheiten von ursprünglichen Gleichheitsrechten immer mehr der Natur echter Freiheitsrechte angenähert[328].

---

324 Vgl. Art. 26 Abs. 2 AEUV.

325 Vgl. u.a. *Ehlers* in Ehlers, Europäische Grundrechte und Grundfreiheiten, § 7, Rn. 22 ff.; ähnlich auch *Frenz*, HdB EuR Bd.1, Rn. 20 f., 22 ff..

326 Diese Ausweitung erfolgte zuerst im Rahmen der Waren- und Dienstleistungsfreiheit mit der Leitentscheidung „*Dassonville*", EuGH, Rs. 8/74, Slg. 1974, S. 837, Rn. 5 – *Dassonville*; Rs. 120/78, Slg.1979, S. 649, Rn. 14 f., – *Rewe-Zentral-AG („Cassis-de Dijon")*, und Rs. 33/74, Slg. 1974, S. 1299, Rn. 10 ff. – *van Binsbergen*; darauf folgten Rs. C-415/93, Slg. 1995, S. I-4921, Rn. 96, 98 f., 103 – *Bosman* für die Arbeitnehmerfreizügigkeit und Rs. C-340/89; Slg. 1991, S. I-2357, Rn. 15 ff. – *Vlassopoulou/ Baden-Württemberg*; Rs. C-79/01, Slg. 2002, S. I-8923, Rn. 26 f. – *Payroll* und Rs. C-208/00, Slg. 2002, S. I-9919 – Überseering für die Niederlassungsfreiheit.

327 *Behrens*, EuR 1992, S. 145, 148 ff.; *Dannecker*, ZStW 117, 2005, S. 697, 702; *Ehlers* in Ehlers, Europäische Grundrechte und Grundfreiheiten, § 7, Rn. 22 ff..

328 *Behrens*, EuR 1992, S. 145, 148 ff.; *Dannecker*, ZStW 117, 2005, S. 697, 703; *Ehlers* in Ehlers, Europäische Grundrechte und Grundfreiheiten, § 7, Rn. 22 ff.; *Frenz*, HdB EuR, Bd.1, Rn. 141 ff.; vgl. auch *Bleckmann/Pieper* in Dauses, HdB des EU-Wirtschaftsrechts, B, Rn. 109 ff.; *Jarass*, EU-Grundrechte, § 2, Rn. 10; die Grundfreiheiten hingegen (nur) als Gleichheitsrechte verstehend, die aufgrund ihrer

Dies führt letztlich dazu, dass die Mitgliedstaaten die Anwendbarkeit nationalen Rechts bei grenzüberschreitendem Handeln stets an den Grundfreiheiten zu messen haben und sich der Einfluss, den das Gemeinschaftsrecht auf nationales Recht auszuüben fähig ist, erheblich erhöht hat[329]. Auch unterschiedslos geltende mitgliedstaatliche Regelungen, die In- und Ausländer gleichermaßen betreffen, können sich demnach als unvereinbar mit dem Gemeinschaftsrecht erweisen und europarechtswidrig sein.

Damit ähneln sich Grundfreiheiten und klassische (europäische) Grundrechte zwar stark, weshalb auch die gelegentlich auftauchende Bezeichnung der Grundfreiheiten als „Unionsgrundrechte im weiteren Sinne“[330] nicht verwundert. Dennoch besitzen die Grundfreiheiten weiter einen eigenständigen Charakter gegenüber den Grundrechten[331]. So setzt die Anwendbarkeit der europäischen Grundfreiheiten – anders als es bei den europäischen Grundrechten der Fall ist[332] – das Vorliegen eines grenzüberschreitenden Sachverhalts voraus[333]. Aufgabe der Grundfreiheiten ist es, als Ordnungsinstrumente des Binnenmarktes vor Benachteiligungen infolge von Grenzen und Divergenzen im innereuropäischen Verkehr

---

funktionalen Unterschiede keine Schnittmenge aufweisen: *Kingreen* in Calliess/Ruffert, EGV/AEUV, Art. 36 AEUV, Rn. 66 ff.; *ders.* in EuGRZ 2004, S. 570, 575; eine klare Trennung von Grundrechten und Grundfreiheiten befürwortet auch *Gebauer*, Die Grundfreiheiten des EG-Vertrages als Gemeinschaftsgrundrechte, S. 346 ff.

329 *Ehlers* in Ehlers, Europäische Grundrechte und Grundfreiheiten, § 7, Rn. 29; ähnlich *Dannecker*, ZStW 117, 2005, S. 697, 703; krit. daher *Kingreen*, EuGRZ 2004, S. 570, 575.

330 Vgl. *Ehlers* in Ehlers, Europäische Grundrechte und Grundfreiheiten, § 14, Rn. 13; ähnlich *Bleckmann/Pieper* in Dauses, HdB des EU-Wirtschaftsrechts, B, Rn. 114; *Nettesheim*, NVwZ 1996, S. 342, 342; vgl. selbst der EuGH, der aufgrund der ähnlichen Wirkungen die Grundfreiheiten vereinzelt als Grundrechte bezeichnet, etwa in Rs. 222/86, Slg. 1987, S. 4097, Rn. 14 – *Heylens*; Rs. 415/93, Slg. 1995, S. I-4921, Rn. 129 – *Bosman*.

331 *Ehlers* in Ehlers, Europäische Grundrechte und Grundfreiheiten, § 14, Rn. 13; *Jarass*, EU-Grundrechte, § 2, Rn. 9.

332 Vgl. *Ehlers* in Ehlers, Europäische Grundrechte und Grundfreiheiten, § 14, Rn. 13; *Frenz*, EuR 2002, S. 603, 608; *Gebauer*, Die Grundfreiheiten des EG-Vertrages als Gemeinschaftsgrundrechte, S. 166 ff.

333 *Dannecker*, ZStW 117, 2005, S. 697, 699; *Ehlers* in Ehlers, Europäische Grundrechte und Grundfreiheiten, § 14, Rn. 13; ähnlich *ders.*, a.a.O., § 7, Rn. 23 ff., 29; *Frenz*, EuR 2002, S. 603, 608; *ders.* in HdB EuR, Bd. 1, Rn. 262 f.; *Jarass*, EuR 2000, S. 705, 707; a.A. *Lackhoff*, Die Niederlassungsfreiheit des EGV, S. 55 f.; *Epiney*, Umgekehrte Diskriminierungen, S. 201, 203 ff., 209 ff..

zu schützen[334]. Besteht die Benachteiligung aufgrund der Grenzüberschreitung und liegt hierin die Beeinträchtigung, so sind die Grundfreiheiten, nicht die europäischen Grundrechte anwendbar[335].

In erster Linie begründen die Grundfreiheiten demnach Pflichten der Mitgliedstaaten und führen erst sekundär zu subjektiven Rechten für Private, während die Grundrechte vordergründig die Einhaltung von Rechten Privater vor Augen haben[336]. Daher wenden sich die Grundfreiheiten – das Ziel der Verwirklichung des Binnenmarktes vor Augen – primär an die Mitgliedstaaten[337], während nach Art. 51 Abs. 1 S. 1 EGRC die Grundrechte den Schutz individueller Freiheitsbereiche und damit eine grundrechtliche Absicherung der Unionsbürger vorrangig gegenüber der Gemeinschaft und ihren Organen gewährleisten sollen[338]. Diese Feststellung ist es, die ein Berufen auf sie vorliegend fraglich erscheinen lässt[339].

Da sowohl die Grundfreiheiten als auch die Grundrechte primärrechtlichen Rang (vgl. für die Grundrechte Art. 6 Abs. 1 S. 1 EUV) genießen, stehen sie grundsätzlich gleichrangig nebeneinander[340]. Schützen sie beide jedoch das gleiche Gut, so gehen die Grundfreiheiten als in den Gemeinschaftsverträgen begründete Rechte nach Art. 52 Abs. 2 EGRC den Grundrechten als leges speciales vor[341]. Die Feststellung der Spezialität der Grundfreiheiten führt jedoch nicht ohne Weiteres dazu, dass eine Anwendung der Schutzgehalte der unterschiedlichen Freiheitsgarantien nebeneinander ausgeschlossen ist[342]. So betont der EuGH in seiner Rechtsprechung, dass eine die Ausübung der Grundfreiheiten beschränkende Maßnahme – gleichgültig,

---

334 *Ehlers* in Ehlers, Europäische Grundrechte und Grundfreiheiten, § 7, Rn. 1; *Hobe*, Europarecht, § 13, Rn. 9; *Frenz*, EuR 2002, S. 603, 608.

335 *Frenz*, EUR 2002, S. 603, 608; ähnlich auch *Ehlers* in Ehlers, Europäische Grundrechte und Grundfreiheiten, § 7, Rn. 1.

336 *Jarass*, EU-Grundrechte, § 2, Rn. 9.

337 *Bleckmann/Pieper* in Dauses, HdB des EU-Wirtschaftsrechts, B, Rn. 109; *Ehlers* in Ehlers, Europäische Grundrechte und Grundfreiheiten, § 14, Rn. 13; *Streinz*, Europarecht, Rn. 849.

338 *Ehlers* in Ehlers, Europäische Grundrechte und Grundfreiheiten, § 14, Rn. 3, 13, Rn. 47; *Frenz*, HdB EuR, Bd. 4, Rn. 143; *Gellermann*, DVBl. 2000, S. 509, 517; *Nowak* in Heselhaus/Nowak, HdB Europäische Grundrechte, § 6, Rn. 28; *Borowsky* in Meyer, EGRC, Art. 51, Rn. 16; *Ladenburger* in Tettinger/Stern, EGRC, Art. 51, Rn. 5.

339 Vgl. dazu sogleich unter bb.

340 Vgl. *Ehlers* in Ehlers, Europäische Grundrechte und Grundfreiheiten, § 14, Rn. 13.

341 Vgl. *Bleckmann/Pieper* in Dauses, HdB des EU-Wirtschaftsrechts, B, Rn. 114; *Ehlers* in Ehlers, Europäische Grundrechte und Grundfreiheiten, § 14, Rn. 13; *Jarass*, EU-Grundrechte § 2, Rn. 10; a.A. *Kingreen* in EuGRZ 2004, S. 570, 574 f.

342 *Ehlers* in Ehlers, Europäische Grundrechte und Grundfreiheiten, § 14, Rn. 13.

ob sich der Mitgliedstaat dabei auf (geschriebene) Schrankenregelungen[343] oder zwingende Erfordernisse[344] beruft – stets „im Lichte der allgemeinen Rechtsgrundsätze und insbesondere der Grundrechte“ auszulegen ist[345].

Die Grundrechte können demnach in ihrer Funktion als Schranken- Schranke die Garantien der Grundfreiheiten noch intensivieren, wenn das durch die Grundfreiheit geschützte Verhalten gleichzeitig auch vom Schutzbereich eines Grundrechts erfasst wird[346].

Daneben können die Grundrechte aber auch mit den Grundfreiheiten kollidieren. Schützen beide unterschiedliche Rechtsgüter, so können die Grundrechte geeignet sein, die Garantie der Grundfreiheiten zu beschränken[347]. Das entsprechende Grundrecht kann dann ein die Beeinträchtigung der Grundfreiheit legitimierender Rechtfertigungsgrund sein und somit eine Schranke der Grundfreiheit darstellen[348]. Dem Normenkonflikt in diesem Fall ist im Wege der praktischen Konkordanz zu begegnen. Demnach bilden die Grundrechte nicht nur selbst Rechtfertigungsgründe, sondern können zudem als Schranken-Schranke die Garantien der Grundfreiheiten noch verstärken[349].

bb. Bindung der Mitgliedstaaten an die europäischen Grundrechte

Die Grundrechte sollen, um die Unionsbürger nicht schutzlos gegenüber der weitreichenden Gemeinschaftsgewalt[350] zu stellen, in erster Linie dem Einzelnen

---

343 Vgl. EuGH Rs. C-260/89, Slg. 1991, S. I-2925, Rn. 43 – *Elleniki Radiophonia Tileorassi (kurz: ERT).*

344 Vgl. EuGH Rs. C-368/95, Slg. 1997, S. I-3689, Rn. 24 – *Familiapress.*

345 Vgl. *Bieber/Epiney/Haag*, Die Europäische Union, § 10, Rn. 17; *Ehlers* in Ehlers, Europäische Grundrechte und Grundfreiheiten, § 7, Rn. 105.

346 Näher dazu unten im 5. Teil unter A, II, 3, d, bb.

347 EuGH Rs. C-112, Slg. 2003, S. I-5659, Rn. 65 ff. – *Schmidberger/Republik* Österreich.

348 Vgl. dazu *Bieber/Epiney/Haag*, Die Europäische Union, § 10, Rn. 17; *Ehlers* in Ehlers, Europäische Grundrechte und Grundfreiheiten, § 7, Rn. 98; *Streinz*, Europarecht, Rn. 844; *Frenz* in HdB EuR, Bd. 1, Rn. 505 ff.; *Holoubek* in Schwarze, EU-Kommentar, Art. 49/50 EGV, Rn. 108.

349 Vgl. u.a. *Bieber/Epiney/Haag*, Die Europäische Union, § 10, Rn.17; *Ehlers* in Ehlers, Europäische Grundrechte und Grundfreiheiten, § 14, Rn. 13; *Frenz*, HdB EuR, Bd. 1, Rn. 1718; *ders.* in Bd. 4, Rn. 263 ff.; *Nowak* in Heselhaus/Nowak, HdB Europäische Grundrechte, § 6, Rn. 42; *Pünder* in Ehlers, Europäische Grundrechte und Grundfreiheiten, § 16. 2, Rn. 2 f.; krit. dazu *Kingreen*, EuGRZ 2004, S. 570, 576.

350 So wenden sich die Verträge der Union nicht nur an die Mitgliedstaaten, sondern auch unmittelbar an Privatpersonen. Daneben wurden der Gemeinschaft in weitem Umfang Kompetenzen eingeräumt, die es ihr erlaubten, verbindliches Recht zu setzen.

Schutz vor der Gemeinschaft und ihren Organen bieten[351]. Da es vorliegend um eine rein mitgliedstaatliche Maßnahme – die Anordnung der Strafbarkeit erfolgt durch den deutschen Staat und sein Strafrecht – geht, erscheint ein Berufen auf die europäischen Grundrechte fraglich.

Wären nicht auch die Mitgliedstaaten zur Wahrung der europäischen Grundrechte verpflichtet, könnte auf eine Überprüfung der Vereinbarkeit der nationalen Strafandrohung mit den europäischen Grundrechten an dieser Stelle verzichtet werden. Angesichts der Tatsache, dass die Mitgliedstaaten das Unionsrecht im Wesentlichen vollziehen[352] und hierbei gerade als „verlängerter Arm" der Gemeinschaft tätig werden, ist dies nur schwer vorstellbar. Vielmehr bestätigt der EuGH in stetiger Rechtsprechung, dass in Fällen der Durchführung des Unionsrechts in Gestalt der Umsetzung von Richtlinien oder des Vollzugs von Verordnungen (sog. „agency-situation"[353]), die Mitgliedstaaten umfassend an die europäischen Grundrechte gebunden sind[354]. Diese Rechtsprechung und die damit einhergehende Grundrechtsbindung der Mitgliedstaaten stößt in der Literatur weitgehend auf Zustimmung[355].

Virulent geworden ist – gerade durch das In-Kraft-Treten der EGRC – dagegen die Frage, ob auch in sonstigen Konstellationen eine Grundrechtsbindung der Mitgliedstaaten anzunehmen ist, insbesondere ob die Einschränkung der Grundfreiheiten noch als „Durchführung des Rechts der Union"[356] gesehen werden kann[357].

---

351 Vgl. *Borowsky* in Meyer, EGRC, Art. 51, Rn. 16; *Ehlers* in Ehlers, Europäische Grundrechte und Grundfreiheiten, § 14, Rn. 3, 13, Rn.47; *Frenz*, HdB EuR, Bd. 4, Rn. 143; *Gellermann*, DVBl. 2000, S. 509, 517; *Ladenburger* in Tettinger/Stern, EGRC, Art. 51, Rn. 5; *Nowak* in Heselhaus/Nowak, HdB Europäische Grundrechte, § 6, Rn. 28.

352 Vgl. *Ruffert*, EuGRZ 1995, S. 518, 523.

353 Vgl. *Ehlers* in Ehlers, Europäische Grundrechte und Grundfreiheiten, § 14, Rn. 51; *Gellermann*, DVBl. 2000, S. 509, 517; *Nowak* in Heselhaus/Nowak, HdB Europäische Grundrechte, § 6, Rn. 31.

354 EuGH, Rs. 5/88, Slg. 1989, S. 2609, Rn. 19 – *Wachauf*; Rs. C-2/92, Slg. 1994, S. I-955, Rn. 16 – *Bostock*; Rs. C-63/93, Slg. 1996, S. I-569, Rn. 29 – *Duff*; Rs. C-292/97, Slg. 2000, S. I-2737, Rn. 37 – *Karlsson*; Rs. C-20/00 und C-64/00, Slg. 2003, S. I-7411, Rn. 46 – *Booker Aquacultur*.

355 Vgl. *Kingreen* in Calliess/Ruffert, EGV/AEUV, Art. 51 EGRC, Rn. 8 ff.; *Frenz*, HdB EuR, Bd. 4, Rn. 222 ff.; *Nowak* in Heselhaus/Nowak, HdB Europäische Grundrechte, § 6, Rn. 31 ff.; *Ladenburger* in Tettinger/Stern, EGRC, Art. 51, Rn. 20.

356 Vgl. Art. 51 Abs. 1 S. 1 EGRC.

357 Vgl. dazu u.a. *Bleckmann/Pieper* in Dauses, HdB des EU-Wirtschaftsrechts, B, Rn. 115 f.; *Borowsky* in Meyer, EGRC, Art. 51, Rn. 24 ff.; *Cremer*, NVwZ 2003, S. 1452 ff.; *Ehlers* in Ehlers, Europäische Grundrechte und Grundfreiheiten, § 14,

So sieht der EuGH einen hinreichend engen Gemeinschaftsrechtsbezug und damit eine Bindung der Mitgliedstaaten nicht nur bei der „Durchführung des Gemeinschaftsrechts“, sondern auch, wenn die Mitgliedstaaten „im Anwendungsbereich des Gemeinschaftsrechts handeln“, als gegeben an[358].

Gestützt auf diese Rechtsprechung liegen auch nach Ansicht der (noch[359]) herrschenden Meinung Fälle, in denen die Mitgliedstaaten die Grundfreiheiten unter Berufung auf geschriebene oder ungeschriebene Schrankenvorbehalte einschränken, im „Anwendungsbereich des Unionsrechts“; entsprechend sind die Mitgliedstaaten an die europäischen Grundrechte gebunden[360]. Daneben lässt sich

---

Rn. 48 ff.; *Gellermann*, DVBl. 2000, S. 509 ff.; *Huber*, EUR 2008, S. 190 ff.; *Kingreen* in Callies/Ruffert, Art. 51, Rn. 7; *Lindner*, EuR 2008, S. 786 ff.; *Nowak* in Heselhaus/Nowak, HdB Europäische Grundrechte, § 6, Rn. 27; 30 ff.; *Scheuing*, EuR 2005, S. 162 ff.; *Streinz/Ohler/Herrmann*, Der Vertrag von Lissabon zur Reform der EU, § 14, V, 3; *Ladenburger* in Tettinger/Stern, EGRC, Art. 51, Rn. 20 ff..

358 So die in der EuGH-Rechtsprechung seit EuGH, Rs. C-260/89, Slg. 1991, S. I-2925, Rn. 42 – *ERT* regelmäßig verwendete Formel; vgl. u.a. Rs.C-159/90, Slg. 1991, S. I-4685, Rn. 31 – *Society for the Protection of Unborn Children Ireland*; Rs. C-2/92, Slg. 1994, S, I-955 Rn. 16 – *Bostock*; Rs. C-15/95, Slg. 1997, S. I-1961 Rn. 36 – *Earl de Kerlast*; Rs. C-299/95, Slg. 1997, S. 2629 ff., Rn. 15 – *Kremzow*; bereits zuvor in diese Richtung weisend, aber vorsichtiger: Rs. 60/84 und 61/84, Slg. 1985, S. 2605, Rn. 26 – *Cinéthèque*; Rs. 12/86, Slg. 1987, S. 3719, Rn. 28 – *Demirel*.

359 Diesbezüglich mehren sich die Stimmen, die einer Bindung der Mitgliedstaaten an die Grundrechte in diesem Fall kritisch gegenüber stehen, vgl.: *Gellermann*, DVBl. 2000, S. 509, 516 f.; *Kanitz/Steinberg*, EuR 2003, S. 1013, 1025 ff.; *Kingreen/Störner*, EuR 1998, S. 263, 281 ff.; *Ritgen*, ZRP 2000, S. 371, 373 f.; *Schorkopf*, ZaörV 64, 2004, S. 125, 138; *Störner*, AöR 123, 1998, S. 541, 567. In neueren Veröffentlichungen sieht sich diese Ansicht durch die Formulierung des Art. 51 Abs. 1 S. 1 EGRC gestützt, vgl. *Borowsky* in Meyer, EGRC, Art. 51, Rn. 24 ff.; *Kingreen* in Calliess/Ruffert, EGV/AEUV, Art. 51 EGRC, Rn. 16; *Cremer*, NVwZ 2003, S. 1452 ff., nach dessen Ansicht der auf eine Beschränkung der bisherigen Rechtsprechung hindeutende Wortlaut des Art. 51 I 1 EGRC einen Verfassungskonflikt heraufbeschwört, da nicht damit zu rechnen ist, dass der EuGH seine Rechtsprechung tatsächlich korrigiert und nationale Verfassungsgerichte dies als einen „unionsrechtswidrigen Kompetenzübergriff“ werten könnten, vgl. *Huber*, EuR 2008, S. 190, 190 ff., insb. 194 ff.; *Lindner*, EuR 2008, S. 786, 791 ff.; *Nowak* in Heselhaus/Nowak, HdB Europäische Grundrechte, § 6, Rn. 45; ähnlich auch *Streinz* in Streinz, EUV/EGV, Art. 51 GR-Charta, Rn. 9; ders. in *Streinz/Ohler/Herrmann*, Der Vertrag von Lissabon zur Reform der EU, § 14, V, 3.

360 Vgl. *Bleckmann/Pieper* in Dauses, HdB des EU-Wirtschaftsrechts, B, Rn. 116 f.; *Dreier* in Dreier, 2. Aufl., Bd. I, Art. 1 III GG, Rn. 12; *Frenz*, HdB EuR, Bd. 4, Rn. 262; *Gundel*, EuZW 2009, S. 833, 833; *Nowak* in Heselhaus/Nowak, HdB Europäische

der Rechtsprechung des EuGH[361] die darüber hinausgehende Tendenz entnehmen, auch in weiteren Fällen außerhalb der genannten Konstellationen eine Grundrechtsbindung der Mitgliedstaaten anzunehmen[362].

Diese Tendenz und die weite Auslegung des „Anwendungsbereichs des Unionsrechts" stoßen jedoch auf ernst zu nehmende Kritik. Diese wurzelt im Wortlaut des Art. 51 Abs. 1 S. 1 EGRC und dessen Entstehungsgeschichte, die scheinbar eindeutig und unwiderlegbar eine solche Auslegung nicht zulassen[363]. Die Verwendung des Terminus „Durchführung" mache deutlich, dass eine restriktive Auslegung gewollt gewesen sei und mitgliedstaatliche Eingriffe in Grundfreiheiten nicht darunter zu fassen seien. Dieses Ergebnis werde gestützt durch einen Blick auf die Entstehungsgeschichte[364], der zeige, dass der Formulierungsvorschlag „im Anwendungsbereich des Gemeinschaftsrechts"[365] als zu „schwammig" abgelehnt worden sei[366] und es stattdessen zur Verankerung der Formulierung „Durchführung" gekommen sei. Dies, unterstützt durch die Verwendung des Adverbs „ausschließlich", wird als richtungsweisende Weichenstellung für eine restriktive Auslegung gesehen, wonach die Mitgliedstaaten nur in einem eng begrenzten Umfang an die EGRC gebunden waren[367]. Dem EuGH sei damit nicht nur ein deutliches Signal zum „judicial self restraint" gegeben worden; vielmehr handele es sich weiter um eine rechtlich verpflichtende Abkehr von darüber hinausgehenden

Grundrechte, § 6, Rn. 40 ff., 44 ff.; *Jarass*, EU-Grundrechte, § 4, Rn. 15; *Scheuing*, EuR 2005, S. 162, 163 f.

361 Vgl. dazu EuGH, Rs. C-85/96, Slg.1998, S. I-2691, Rn. 61 ff. – *Martínez Sala*; Rs. C-274/96, Slg. 1998, S. I-7637, Rn.15 ff. – *Bickel und Franz*; Rs. C-60/00, Slg. 2002, S. I-6279, Rn. 38 ff. – *Carpenter*; Rs. C-276/01, Slg. 2003, S. I-3735, Rn. 69 ff. – *Steffensen*; verbundene Rs. C-465/00, C-138/01 und C-139/01, Slg. 2003, S. I-4989, Rn. 68 ff. – *ORF*; Rs. C-71/02, Slg. 2004, S. I-3025, Rn. 73 ff. – *Karner*.

362 Vgl. dazu *Brosius-Gersdorf*, Bindung der Mitgliedstaaten an die Gemeinschaftsgrundrechte, S. 33 ff., die eine solche Fortentwicklung der Bindung der Mitgliedstaaten an die Gemeinschaftsgrundrechte bei Maßnahmen zu den Grundfreiheiten durchaus für erforderlich hält; *Scheuing*, EuR 2005, S. 162 ff..

363 Vgl. insb. *Borowsky* in Meyer, EGRC, Art. 51, Rn. 24 ff.; *Kingreen* in Calliess/Ruffert, EGV/AEUV, Art. 51 EGRC, Rn. 16; *Cremer*, NVwZ 2003, S. 1452, 1455; *Huber*, EuR 2008, S. 190, 190 ff., insb. S. 194 ff.; *Lindner*, EuR 2008, S. 786, 791 ff.

364 Vgl. hierzu *Borowsky* in Meyer, EGRC, Art. 51, Rn. 2 ff.

365 Angelehnt an die Formulierung des EuGH Rs. C-260/89, Slg. 1991, S. I-2925, Rn. 42 – *ERT*.

366 Vgl. *Ladenburger* in Tettinger/Stern, EGRC, Art. 51, Rn. 22.

367 Vgl. *Ladenburger* in Tettinger/Stern, EGRC, Art. 51, Rn. 22.

Fallgruppen, wie sie der EuGH in den vergangenen Jahren in seiner Rechtsprechung immer wieder formuliert habe[368].

Weiterhin wird kritisiert, dass mit dieser Auslegung eine Verwischung der grundlegenden Unterschiede zwischen den Grundfreiheiten und den europäischen Grundrechten einhergehe[369]. So seien die Grundfreiheiten in erster Linie an die Mitgliedstaaten gerichtet und wirkten wie ein Gleichheitsgebot darauf hin, dass mitgliedstaatliche Regelungen nicht den grenzüberschreitenden Wirtschaftsverkehr behindern[370]. Solle nun jede Maßnahme, die den Anwendungsbereich der Grundfreiheiten berührt, sich auch am Maßstab der europäischen Grundrechte messen lassen, selbst wenn sie in erster Linie nicht gemeinschaftsrechtlich bestimmt ist, würde dieser Unterschied mehr und mehr eingeebnet[371]. Es käme so zu einer umfassenden Grundrechtsbindung der Mitgliedstaaten. Angesichts der Intention, die Grundrechte insbesondere zum Schutz der Gemeinschaftsbürger vor Akten der Unionsgewalt anzuerkennen[372], könne dies nicht gewollt sein. Im Übrigen könne in der Einschränkung der Grundfreiheiten nur schwerlich die „Durchsetzung von Gemeinschaftsrecht" gesehen werden, da der Mitgliedstaat vielmehr zum Schutz seiner eigenen Interessen handle[373] und dabei aus dem Anwendungsbereich des Unionsrechts entlassen sei[374]. Eine umfassende Bindung der Mitgliedstaaten an die Gemeinschaftsgrundrechte führe daher letztlich zu einer Einebnung ihres Gestaltungsspielraums[375].

Dem ist nicht beizupflichten: Zwar scheint das Wortlautargument beachtlich, jedoch ist es nicht unwiderlegbar[376]. Eine Auslegung, wie sie der EuGH derzeit zur Grundrechtsbindung der Mitgliedstaaten vornimmt, lässt sich vielmehr auch mit dem scheinbar für eine restriktivere Auslegung sprechenden Wortlaut des Art. 51

---

368 *Borowsky* in Meyer, EGRC, Art. 51, Rn. 24.

369 *Kanitz/Steinberg*, EuR 2003, S. 1013, 1026 f.

370 *Ehlers* in Ehlers, Europäische Grundrechte und Grundfreiheiten, § 7, Rn.1, § 14, Rn.13; *Kanitz/Steinberg*, EuR 2003, S. 1013, 1027.

371 *Kanitz/Steinberg*, EuR 2003, S. 1013, 1027.

372 Vgl. *Gellermann*, DVBl. 2000, S. 509, 517; *Ruffert*, EuGRZ 1995, S. 518, 519.

373 *Gellermann*, DVBl. 2000, S. 509, 517; *Ladenburger* in Tettinger/Stern, EGRC, Art. 51, Rn. 27; ähnlich *Kanitz/Steinberg*, EuR 2003, S. 1013, 1025 ff..

374 *Ehlers* in Ehlers, Europäische Grundrechte und Grundfreiheiten, § 14, Rn. 53; *Gellermann*, DVBl. 2000, 509, 516 f.; *Kingreen* in Calliess/Ruffert, EGV/AEUV, Art. 51 EGRC, Rn. 17; *der.*, EuGRZ 2004, S. 570, 576; ähnlich *Cremer*, NVwZ 2003, S. 1452, 1455; *Kanitz/Steinberg*, EuR 2003, S. 1013, 1025 ff.; *Störmer*, AöR 123, 1998, S. 541, 567; *Schorkopf*, ZaörV 64, 2004, S. 125, 138.

375 *Huber*, EuR 2008, S. 190, 194; ähnlich *Cremer*, NVwZ 2003, S. 1452, 1457.

376 Vgl. *Nowak in* Heselhaus/Nowak, HdB Europäische Grundrechte, § 6, Rn. 44.

Abs. 1 S. 1 EGRC noch vereinen[377]. So zeigt eine grammatikalische Untersuchung des Begriffs, dass es rein sprachlich keineswegs ausgeschlossen ist, bei der Beschränkung von Grundfreiheiten noch von Durchführung zu sprechen[378]. Dieses Ergebnis stützt auch der Blick auf die sprachlich weiter gefassten Versionen anderer europäischer Mitgliedstaaten[379].

Rekurriert man auf die Erläuterungen des Präsidiums des Verfassungskonvents zu Art. 51[380] EGRC, so wird dabei keineswegs ersichtlich, dass eine Änderung der Rechtsprechung gewollt war[381]. Vielmehr findet sich hier gerade der Hinweis auf das über die „agency-situation" hinausgehende, die Grundrechtsbindung bejahende „ERT-Urteil"[382] zur Grundrechtsbindung bei der Einschränkung der Grundfreiheiten. Dagegen wird vorgebracht, dass es zweifelhaft erschiene, ob diese unverbindlichen Erläuterungen geeignet sein können, den recht eindeutigen Wortlaut des Art. 51 Abs. 1 S. 1 EGRC zu widerlegen[383]. Diese Zweifel lassen sich nicht komplett aus dem Weg räumen; für eine Entkräftung lässt sich jedoch die Regelung des Art. 6 Abs. 1 S. 3 des EUV fruchtbar machen, der gerade die Pflicht festlegt, die in der Charta angeführten Erläuterungen gebührend zu berücksichtigen[384], und somit sogar im normativen Teil des EUV auf die Erläuterungen des Verfassungskonvents Bezug nimmt und diese damit aufwertet[385].

---

377 Vgl. *Brosius-Gersdorf*, Bindung der Mitgliedstaaten an die Gemeinschaftsgrundrechte, S. 42ff.; *Ehlers* in Ehlers, Europäische Grundrechte und Grundfreiheiten, § 14, Rn. 53; *Ladenburger* in Tettinger/Stern, EGRC, Art. 51, Rn. 23 ff.; *Nowak in* Heselhaus/Nowak, HdB Europäische Grundrechte, § 6, Rn. 45 ff..

378 Vgl. hierzu *Brosius-Gersdorf*, Bindung der Mitgliedstaaten an die Gemeinschaftsgrundrechte, S. 42 ff..

379 Vgl. dazu im Französischen, wo es „lorsqu'ils mettent en oeuvre" heißt, das sich mit „anwenden" oder „Gebrauch machen" übersetzen lässt; sowie im Englischen „when they are implementing", wobei sich „implementation" mit „Durchführung", „Ausführung", „Umsetzung" oder „Anwendung" übersetzen lässt.

380 Abl. der EU vom 16.12.2004, Nr. C 310/435.

381 So auch *Cremer*, NVwZ 2003, S. 1452, 1454; *Ehlers* in Ehlers, Europäische Grundrechte und Grundfreiheiten, § 14, Rn. 53; *Frenz*, HdB EuR, Bd. 4, Rn. 276; *Kober*, Grundrechtsschutz in der Europäischen Union, S. 176; *Ladenburger* in Tettinger/Stern, EGRC, Art. 51, Rn. 23; *Nowak* in Heselhaus/Nowak, HdB Europäische Grundrechte, § 6, Rn. 48; *Scheuing*, EuR 2003, S. 162, 183 f..

382 EuGH, Rs. C-260/89, Slg. 1991, I-2925, Rn. 42 – *ERT*.

383 *Cremer*, NVwZ 2003, S. 1452, 1455 f.; *Ruffert*; EuR 2004, S. 165, 177.

384 Vgl. *Lindner*, EuR 2008, S. 786, 791; *Nowak* in Heselhaus/Nowak, HdB Europäische Grundrechte, § 6, Rn. 48; *Scheuing*, EuR 2005, S. 162, 185.

385 Vgl. *Nowak* in Heselhaus/Nowak, HdB Europäische Grundrechte, § 6, Rn. 48.

Wird dagegen vorgebracht, dass eine Restriktion nur auf die „Durchführungskonstellation“ bewusst vorgenommen wurde[386] und eine Änderung der Rechtsprechung erzielt werden sollte, so bleibt dem zu entgegnen, dass sich dies gerade nicht eindeutig feststellen lässt[387]. Vielmehr spricht auch Art. 6 Abs. 3 EUV dafür, dass eine Beschränkung nicht gewollt war, wenn auf die „allgemeinen Grundsätze“ für die Grundrechte Bezug genommen wird[388].

Auch mit einem befürchteten Verfassungskonflikt[389] ist demnach nicht zu rechnen, da der EuGH zu einer Beibehaltung seiner Rechtsprechung selbst nach dem jetzigen Wortlaut berechtigt wäre[390].

Wie die aktuelle Rechtsprechung zeigt, weicht der EuGH auch nach In-Kraft-treten des Lissabonner Vertrages nicht von seiner bisherigen Rechtsprechung ab, sondern entwickelt diese stattdessen weiter.

So erkannte der EuGH in der Entscheidung „Fransson“ vom 26. Februar 2013[391] die Pflicht des schwedischen Gerichts an, ein nationales Strafverfahren und nationale Strafnormen – es ging hier um das Verbot der Doppelbestrafung *ne bis in idem* – an der europäischen Grundrechtecharta (Art. 50 EGRC) zu messen. Der entgegenstehenden Ansicht von acht Mitgliedstaaten – darunter auch Deutschland –, die der Meinung waren, dass diesem Sachverhalt nationales Verfassungsrecht zugrunde zu legen und gegebenenfalls die EMRK heranzuziehen sei, schloss sich der EuGH nicht an, sondern führte seine bisherige Rechtsprechung zur Bindung der Mitgliedstaaten an die Unionsgrundrechte fort und bestätigte seine weite Auslegung.

In dem zugrunde liegenden Fall ging es um die Verhängung eines Steuerzuschlags und die gleichzeitige Bestrafung eines Fischers wegen Verstoßes gegen steuerliche Pflichten. Weil der Fischer unrichtige Angaben zur Mehrwertsteuer machte, forderte die Steuerbehörde Steuerzuschläge. Die Staatsanwaltschaft erhob wegen desselben Sachverhalts Anklage wegen Steuerhinterziehung. Das

---

386 Vgl. *Borowsky* in Meyer, EGRC, Art. 51, Rn. 24; *Kingreen*, EuGRZ 2004, S. 570, 576.

387 Da weder das Konventsplenum noch das Präsidium über die Berechtigung der EuGH-Rechtsprechung beraten, sondern vielmehr ausdrücklich auf das „ERT-Urteil“ Bezug genommen wird, was gegen einen Ausschluss der Grundrechtsbindung der Mitgliedstaaten bei der Einschränkung von Grundfreiheiten spricht; vgl. *Ladenburger* in Tettinger/Stern, EGRC, Art. 51, Rn. 23.

388 *Ehlers* in Ehlers, Europäische Grundrechte und Grundfreiheiten, § 14, Rn. 53; *Frenz*, Hdb EuR, Bd. 4, Rn. 276.

389 *Cremer*, NVwZ 2003, S. 1452, 1457.

390 Vgl. *Gundel*, EuZW 2009, 833; *Nowak* in Heselhaus/Nowak, HdB Europäische Grundrechte, § 6, Rn. 45.

391 EuGH, Rs. C-617/10 – *Fransson*; noch nicht in amtlicher Sammlung veröffentlicht.

schwedische Strafgericht stand nach eingetretener Bestandskraft des Bescheids vor der Frage, ob noch ein Verfahren wegen schwerer Steuerhinterziehung durchgeführt werden könne, oder ob diesem das in Art. 50 EGRC garantierte Doppelbestrafungsverbot entgegen stehe.

Der Bezug zum Unionsrecht liegt vorliegend lediglich nur noch darin, dass die steuerlichen und strafrechtlichen Sanktionen dazu dienen, die schwedische Umsatzbesteuerung, die maßgeblich durch EU-Richtlinien bestimmt ist, durchzusetzen und zu regeln. Demnach zeigt sich, dass nach Ansicht des EuGH auch in Fällen, in denen nationales Straf- oder Strafverfahrensrecht zur Anwendung kommt, ein Handeln „im Anwendungsbereich des Gemeinschaftsrechts" bereits vorliegt, wenn dieses nationale Recht lediglich inhaltlich durch das Unionsrecht determiniert ist[392]. Finden demnach Vorgaben aus europäischen Richtlinien oder Verordnungen Niederschlag im nationalen Recht, so soll sich die Anwendung von nationalen Straf- und Strafverfahrensvorschriften[393] auf Sachverhalte, die durch die entsprechenden europäischen Vorgaben in irgendeiner Weise bestimmt sind, an den Unionsgrundrechten messen lassen.

Zwar mag der EuGH noch nicht so weit gehen, dass bereits das bloße Bestehen einer Kompetenz der Europäischen Union, Vorgaben in Form von Richtlinien und Verordnungen machen zu dürfen, genügen kann. Dann jedoch, wenn die Union von ihren Befugnissen durch Umsetzung in materiell-rechtliche Vorschriften Gebrauch gemacht hat und die Mitgliedstaaten in einem solchen Sachverhalt ihr nationales Strafrecht zur Anwendung kommen lassen, liegt ein Sachverhalt „im Anwendungsbereich des Gemeinschaftsrechts" vor und die Mitgliedstaaten sind an die Unionsgrundrechte gebunden[394].

So bleibt festzustellen, dass es nach dieser Lesart des Art. 51 Abs. 1 EGRC durch den EuGH zu einer erheblichen Erstreckung der Bindungswirkung der Grundrechtecharta für die Mitgliedstaaten kommt, der das BVerfG nicht bedenkenlos entgegen sieht. So weist das Gericht in seinem Urteil vom 24. April 2013[395] darauf hin, dass dem „Fransson-Urteil" des EuGH keinesfalls die Lesart unterlegt werden dürfe „nach der diese offensichtlich als Ultra-vires-Akt zu beurteilen wäre oder Schutz und Durchsetzung der mitgliedstaatlichen Grundrechte in einer

392 *Dannecker*, JZ 2013, S. 616, 617.

393 Vgl. hierzu die Entscheidung des EuGH, Rs. C-276/01, Slg. 2003, S. I-3735, Rn. 71 – *Steffensen*, in der der EuGH die Geltung der EGRC auch auf das Strafverfahrensrecht ausgedehnt hat.

394 *Dannecker* in JZ 2013, S. 616, 620.

395 Urteil des BVerfG vom 24.04.2013–1 BvR 1215/07 in NJW 2013, S. 1499 ff., 1501.

Weise gefährdete (Art. 23 Abs. 1 Satz 1 GG), dass dies die Identität der durch das Grundgesetz errichteten Verfassungsordnung in Frage stellte (…). Insofern darf die Entscheidung nicht in einer Weise verstanden und angewendet werden, nach der für eine Bindung der Mitgliedstaaten durch die in der Grundrechtecharta niedergelegten Grundrechte der Europäischen Union jeder sachliche Bezug einer Regelung zum bloß abstrakten Anwendungsbereichs des Unionsrechts oder rein tatsächliche Auswirkungen auf dieses ausreiche. Vielmehr führt der Europäische Gerichtshof auch in dieser Entscheidung ausdrücklich aus, dass die Europäischen Grundrechte der Charta nur in „unionsrechtlich geregelten Fallgestaltungen, aber nicht außerhalb derselben Anwendung finden"".

So bleibt zwar weiter abzuwarten, ob der EuGH auch die Fälle, in denen die Mitgliedstaaten die Grundfreiheiten unter Berufung auf geschriebene oder ungeschriebene Schrankenvorbehalte durch nationales Recht einschränken, an den Unionsgrundrechten messen lassen will. Unter Zugrundelegung der aktuellen Rechtsprechung und dem zuletzt genannten Hinweis des EuGH, dass die Europäischen Grundrechte der Charta nur in „unionsrechtlich geregelten Fallgestaltungen, aber nicht außerhalb derselben Anwendung finden" sollen, scheint dies jedoch äußerst wahrscheinlich, da unter Bezug auf die durch die „ERT-Entscheidung"[396] und das „Fransson- Urteil" geleistete „Vorarbeit" es geradezu auf der Hand liegt, die „unionsrechtlich geregelte Fallgestaltung" darin zu begründen, dass es zu einer Beschränkung der Grundfreiheiten kommt.

Auf eine Prüfung der Vereinbarkeit mit den europäischen Grundrechten kann daher im vorliegenden Zusammenhang nicht verzichtet werden. Dennoch sollte der Gerichtshof unter Achtung der Souveränität der Mitgliedstaaten und deren Verfassungen restriktiv vorgehen und eine darüber hinausgehende Grundrechtsbindung nicht nach Belieben weiter entwickeln[397]. Ein hinreichend enger Bezug zu einer durch Unionsrecht geregelten Situation ist daher auch bei der Konstellation der Beschränkung von Grundfreiheiten zu fordern; die bloße rein hypothetische Aussicht auf die Ausübung des Rechts genügt insoweit nicht[398].

---

396 EuGH, Rs. C-260/89, Slg. 1991, S. I-2925 – *ERT*; Rs. C-617/10 – *Fransson*; noch nicht in amtlicher Sammlung veröffentlicht.

397 Vgl. *Scheuing*, EuR 2005, S. 162, 191; *Kober*, Grundrechtsschutz in der Europäischen Union, S. 176; ähnlich *Ladenburger* in Tettinger/Stern, EGRC, Art. 51, Rn. 25, 37. Zu weit gehen daher die Schlussfolgerungen des EuGH in den Rs. C-60/00, Slg. 2002, S. I-6279 – *Carpenter*; Rs. C-71/02, Slg. 2004, S. I-3025 – *Karner*.

398 Vgl. EuGH Rs. 180/83, Slg. 1984, S. 2539, Rn. 18 – *Moser*; Rs. C-299/95, Slg. 1997, S. I-2629, Rn. 16 – *Kremzow*. Vgl. auch *Kober*, Grundrechtsschutz in der Europäischen Union, S. 176.

Im Falle einer Beschränkung der Grundfreiheiten sind die Mitgliedstaaten somit nach hier vertretener Ansicht an die Unionsgrundrechte gebunden. Die Untersuchung der Vereinbarkeit der Strafandrohung der Forscher im Ausland mit den europäischen Grundrechten kann daher nicht unterbleiben. Dabei können die Grundrechte als Rechtfertigungsgrund oder Schranken- Schranke der Grundfreiheiten relevant werden.

cc. Rechtfertigung durch Grundrechte?

Für den der vorliegenden Untersuchung zugrunde liegenden genauer definierten Bereich der Embryonenforschung lässt sich für Forschungsmaßnahmen, bei denen mithilfe bestimmter Klonierungstechniken Embryonen erzeugt (und ausgetragen) werden sollen, die genetisch identisch sind mit dem Genom eines lebenden oder bereits verstorbenen Menschen, ein klares Ergebnis formulieren: Die Ausübung der Grundfreiheiten auf diesem Gebiet muss sich an Art. 3 Abs. 2 Spiegelstrich 4 EGRC und dem Recht auf körperliche Unversehrtheit messen lassen: Das reproduktive Klonen von Menschen ist hiernach verboten.

Auch auf europäischer Ebene möchte man solche Vorgehensweisen nicht tolerieren und stellt sie daher unter Verbot. Die Strafandrohung gegen solche Forschungsmaßnahmen im Ausland stellt sich somit als durch europäische Grundrechte gerechtfertigt dar, da nach Art. 3 Abs. 2 EGRC ein gemeinschaftsrechtlich anerkanntes Interesse daran besteht, Forschungsmaßnahmen auf diesen Gebieten zu verbieten.

Grundsätzlich gilt das auch für alle anderen durch Forschungsvorhaben tangierten und unter dem Schutz der EGRC stehenden Rechtsgüter[399]. Abgesehen von den vorliegend näher zu untersuchenden Forschungsgegenständen der Embryonenforschung und des Klonens erscheint damit ein Überwiegen zwingender Allgemeininteressen bei zahlreichen anderen Forschungsmaßnahmen im Bereich der Biomedizin denkbar. Werden durch geplante Forschungsprojekte die Gesundheit oder gar das Leben eines Menschen beeinträchtigt, steht die durch die EGRC geschützte körperliche Unversehrtheit in Gefahr.

Den Grundfreiheiten und –rechten kann demnach keine Garantie für etwas entnommen werden, das das Unionsrecht selbst als verwerflich erachtet. Mit einer Strafandrohung solcher Verhaltensweisen nach deutschem Recht geht keine einseitige Erstreckung nationaler Werte auf europäische Sachverhalte einher.

---

399 Vgl. dazu die Ausführungen im 3. Teil unter B, III, 2, a, aa.

Die Tatsache, dass sich hierbei der deutsche Staat auf Interessen beruft, die sich nicht in seinem eigenen Hoheitsgebiet, sondern in einem anderen Mitgliedstaat befinden, stört in *diesem* Falle nicht, da er damit einen Beitrag zur Gesamtverantwortung der Gemeinschaft leistet[400], die diese Schutzzwecke in ihrer Grundrechtecharta übergreifend anerkennt.

d. Rechtfertigung durch sonstige zwingende Allgemeininteressen: Schutz des pränatalen Lebens

Problematisch ist jedoch, dass sich die Reichweite der einzelnen europäischen Grundrechte nicht eindeutig verbindlich bestimmen lässt. So bereitet die Beurteilung von Verhaltensweisen, die nicht klar unter dem Schutz der EGRC stehen bzw. über deren konkrete Schutzbedürftigkeit der betroffenen Rechtsgüter kein Konsens auszumachen ist, z.B. bei Forschungsmaßnahmen, die sich auf die Herstellung von Embryonen zu Forschungszwecken, insbesondere durch therapeutisches Klonen konzentrieren, Schwierigkeiten. Der EGRC lässt sich hierzu keine eindeutige Aussage entnehmen[401]. Auch andere konkretere Regelungen zur Embryonenforschung finden sich in der Charta nicht.

Da die Anordnung der Strafbarkeit des deutschen ESchG jedoch über die in der Charta genannten Tatbestände weit hinaus geht, bleibt für deren Rechtfertigung nur der Rückgriff auf ein sonstiges zwingendes Allgemeinerfordernis. Bei der Embryonenforschung im Ausland könnte dies nach nationaler Ansicht der Schutz des pränatalen Lebens sein[402]. Den Mitgliedstaaten wird ein weiter Einschätzungsspielraum bei der Beurteilung des Schutzniveaus ihrer schutzwürdigen Interessen und damit die Möglichkeit eingeräumt, über nationale Interessen von fundamentaler Bedeutung („öffentliche Ordnung“) bzw. „zwingende

400 Vgl. *Müller-Graff* in von der Groeben/Schwarze, Band I, Art. 30, Rn. 37 ff.

401 Vgl. dazu die Ausführungen im 3. Teil unter B, III, 2, a, aa insbesondere zum Urteil des EuGH vom 18.10.2011 zur Patentierbarkeit von Erfindungen unter Verwendung embryonaler Stammzellen.

402 Vgl. dazu die Ausführungen im 4. Teil unter B, I, sowie *Müller-Terpitz*, Pränatales Leben, S. 478, 480 f.; ähnlich *Brewe* Embryonenschutz und Stammzellengesetz S. 277, 281; im Rahmen der Rechtfertigung über Art. 36 AEUV *Vöneky/Petersen*, EuR 2006, S. 340, 366 f.. Vgl. auch § 1 StZG, wonach es Zweck dieses Gesetzes ist, im Hinblick auf die staatliche Verpflichtung, die Menschenwürde und das Recht auf Leben zu achten und zu schützen und die Freiheit der Forschung zu gewährleisten (...).

Erfordernisse des Gemeininteresses“ Beeinträchtigungen der Grundfreiheiten rechtfertigen zu können[403].

Vor dem Hintergrund, dass sich bisher keinerlei Konsens über die Schutzwürdigkeit des Embryos in vitro unter den Mitgliedstaaten abzeichnen ließ und es nicht zuletzt wegen einer fehlenden Gesetzgebungskompetenz der Union[404] an einer unionsrechtlichen Regelung fehlt, erscheint dieses Zugeständnis an die Mitgliedstaaten auch legitim.

Mit der restriktiven Haltung und den Strafandrohungen im ESchG will der nationale Gesetzgeber den in seiner nationalen Verfassung verankerten Grundwerten Rechnung tragen, indem er die Schutzwirkungen der Menschenwürde und des Lebensrechts auf das pränatale Leben vorverlagert[405]. Der Schutz des ungeborenen Lebens nicht nur in vivo, sondern auch und gerade in vitro stellt dabei ein elementares innerstaatliches Interesse des deutschen Staates dar, das er mit den Strafandrohungen des ESchG abgesichert sehen will. Diese nationale ethisch-moralische wie auch rechtliche Wertung darf dem Staat nicht versagt werden, nur weil andere Mitgliedstaaten die Schutzbedürftigkeit der betroffenen Rechtsgüter liberaler bewerten[406]. Angesichts der Tatsache, dass sich das Gemeinschaftsrecht stets zurückhaltend gezeigt hat in Bereichen, in denen moralische und ethische Vorstellungen stark divergieren[407], sollen diese Grundinteressen der Mitgliedstaaten nicht zugunsten der Grundfreiheiten der Schutzlosigkeit ausgeliefert

403 Vgl. *Bieber/Epiney/Haag*, Die Europäische Union, § 11, Rn. 63; *Haratsch/Koenig/Pechstein*, Europarecht, Rn. 792; *Müller-Terpitz*, Pränatales Leben, S. 481; ähnlich zur „öffentlichen Ordnung“ auch *Vöneky/Petersen*, EuR 2006, S. 340, 366.

404 Daran hat sich auch nach dem Vertrag von Lissabon nichts Wesentliches geändert, vgl. *Dannecker* in Hilgendorf/Beck (Hrsg.), Biomedizinische Forschung in Europa, S. 153, 188 ff..

405 Vgl. dazu die Ausführungen im 4. Teil unter B.

406 Vgl. auch EuGH in Rs. C-37/02, Slg. 2004, S. 9609, Rn. 31 ff. – *Omega*, in der er unter Verweis auf die konkreten Umstände, die von Land zu Land und im zeitlichen Wechsel verschieden sein können, eine Rechtfertigung über die Menschenwürde im Rahmen der „öffentlichen Ordnung“ zulässt.

407 Vgl. dazu den bisherigen Verzicht auf eine nähere Definition der Begrifflichkeiten „Mensch“ und „Person“ in der EGRC. Auch die Gewebe-und-Zell-Richtlinie 2004/23/EG will das nationale Verständnis von Begrifflichkeiten wie „Individuum“ oder „Person“ nicht präjudizieren, vgl. EWG 12. Ähnlich verhält es sich mit der Biopatentrichtlinie 98/44/EG, die Begriffe wie „menschliches Lebewesen“ oder „menschlicher Embryo“ alleine durch die Mitgliedstaaten definiert sehen will. Umso überraschender erscheint daher die Definition des „menschlichen Embryos“ durch den EuGH in seinem Urteil vom 18.10.2011 zur Patentierbarkeit von Erfindungen

werden[408]. Es darf den Mitgliedstaaten nicht völlig verwehrt sein, ihren eigenen grundlegenden Werteentscheidungen umfassend Rechnung tragen zu können. Wie gesehen, besteht eine solche Schutzpflicht des Staates für Rechtsgüter im Ausland allerdings nicht ohne Weiteres. Die betroffenen, nach nationaler Ansicht schutzwürdigen Rechtsgüter sind daher nicht unbesehen geeignet, die Grundfreiheiten zu überwiegen.

Weiter verdient daher die Untersuchung der Verhältnismäßigkeit bzw. insbesondere der Frage, wie sich die europäischen Grundrechte der Berufs- und Wissenschaftsfreiheit auf die vorliegende Konstellation auswirken, Beachtung. Diese soll jedoch unter besonderer Berücksichtigung der jeweiligen Fallkonstellation im Rahmen der im Fünften Teil folgenden Untersuchung der einzelnen Beteiligungskonstellationen erfolgen[409].

III. Zwischenergebnis

Nach den §§ 3 ff. StGB mag zwar ein Anknüpfungspunkt für die Anwendung des deutschen Strafrechts gegeben sein. Die Frage, ob dem deutschen Staat tatsächlich die Berechtigung zukommt, die Strafbarkeit des Verhaltens bei einem solch grenzüberschreitenden Sachverhalt zu beurteilen, findet in dieser Beurteilung jedoch keine hinreichende Berücksichtigung.

Konnte bislang festgestellt werden, dass der Anwendungsbereich der nationalen Verhaltensnormen schon insoweit beschränkt werden muss, dass sie nur in dem durch die §§ 3 ff. StGB geregelten Bereich gelten können und nicht weltweit[410], lässt sich die Überlegung anstellen, ob sich dieser Gedanke nicht auch für die Frage nach der Reichweite der Strafberechtigung fruchtbar machen lässt. Wenn bereits die Verhaltensnormen des nationalen Rechts nicht universell gelten können, fragt sich auch, inwiefern es legitim erscheinen kann, dass ein Staat seinen eigenen Bewertungsanspruch einer Verhaltensweise zugrunde legt, die nach dem Recht des Staates, auf dessen Staatsgebiet es zur Vornahme der entsprechenden Handlung kommt, nicht strafbar, sondern gestattet ist.

---

unter Verwendung embryonaler Stammzellen; näher dazu die Ausführungen im 3. Teil unter B, III, 2, a, aa.

408 Vgl. *Müller-Terpitz*, Pränatales Leben, S. 481.

409 Vgl. dazu die Ausführungen im 5. Teil unter A, II, 3, d.

410 Vgl. dazu die Ausführungen im 1. Teil unter A, II, 2.

Auch wenn der Wortlaut der einschlägigen Gesetze die Erfassung von Auslandstaten durch die Verwendung abstrakter Personifizierungen wie „wer“[411] zulässt, darf dies weder im Sinne eines universellen Geltungsanspruchs seiner Rechtsordnung verstanden werden, noch darf es ohne Weiteres zu einer Strafgewaltserstreckung im hier verstandenen Sinn kommen[412]. Eine Beschränkung des Bewertungsanspruchs des Gesetzgebers muss sich demnach nicht nur hinsichtlich der Frage ergeben, inwieweit die §§ 3 ff. StGB bestimmen, dass das nationale Gesetz nicht Weltgesetz sei[413], sondern muss bereits bei der Beurteilung nach dem Bestehen der eigenen Kompetenz Beachtung finden.

In Fällen der grenzüberschreitenden Forschungstätigkeit, bei der unterschiedliche Wertevorstellungen und somit auch unterschiedliche (Straf-) Rechtsordnung aufeinander treffen, kann demnach alleine die (nationale) Ansicht, eine Kompetenz zur Beurteilung dieses Verhaltens bestünde aufgrund der §§ 3 ff. StGB, schwerlich genügen, die nationale Strafgewalt tatsächlich auf den Plan zu rufen.

Vielmehr hat die Untersuchung gezeigt, dass die Frage nach dem Bestehen der Strafgewalt nicht allein unter nationalen Gesichtspunkten zu beantworten ist. So lässt sich zwar unbestritten festhalten, *dass* dem deutschen Staat die Strafberechtigung zukommen muss und diese sich nach hier vertretener Ansicht aus der Staatsgewalt ergibt.

Die daran anschließende Frage, in welchem Umfang diese bestehen kann und wo sie ihre Grenzen finden muss, zeigte sich als eine im verfassungsrechtlichen und europäischen Gefüge verankerte Frage. Vermittelt durch das Rechtstaatsgebot des Art. 103 Abs. 2 GG kommt es zu einer Kompetenzbegrenzung, wonach der deutsche Staat bei der Erstreckung seiner Strafgewalt Vorgaben des nationalen Verfassungsrechts zu beachten hat. Allein mit der Beachtung nationalen Verfassungsrechts ist es jedoch noch nicht getan. Die Frage nach der Strafberechtigung hat sich daneben an europäischen Vorgaben zu messen und diesen Rechnung zu tragen. Ein Blick auf die Rechtsprechung der EuGH zur Frage nach der Bindung

---

411 Vgl. dazu §§1 ff. ESchG, § 13 StZG; i.Ü. vgl. auch die Verwendung der Begrifflichkeiten „Mensch“ oder „beteiligte Person i.R.d. klinischen Prüfung bei §§ 40 ff. AMG bzw. §§ 20 ff. MPG.

412 Vgl. dazu die Ausführungen im 1. Teil unter A, II, 2; sowie zur Frage der „Weltgeltung des deutschen Strafrechts“ und der Frage, ob die Regelungen der §§ 3 ff. StGB geltungsbeschränkend oder erst geltungsbegründend wirken sollen, u.a. *Schmitz*, Das aktive Personalitätsprinzip im Internationalen Strafrecht, S. 82 ff., 84; *Zieher*, Das sog. Internationale Strafrecht nach der Reform, S. 35 ff. dazu auch *Pawlik* in FS Schröder, S. 357, 361; *Vogler* in FS Grützner, S. 149, 155.

413 Vgl. dazu die Ausführungen im 1. Teil unter A, II, 2.

der Mitgliedstaaten an die europäischen Grundrechte hat gezeigt, dass er seine bisherige Rechtsprechung hierzu fortgeführt und weiterentwickelt hat.

Zwar hat das BVerfG darauf hingewiesen, diese Rechtsprechung nicht dahingehend zu verstehen, dass bereits „jeder sachliche Bezug einer Regelung zum bloß abstrakten Anwendungsbereich des Unionsrechts oder rein tatsächliche Auswirkungen auf dieses ausreiche“[414]. Die Bedeutung der nationalen Verfassungswerte schwinden sehend ist diese Klarstellung des BVerfG zwar nachvollziehbar, wird aber der tatsächlichen Intention des EuGH wohl kaum mehr gerecht[415].

Die Rechtsprechung des EuGH macht deutlich, wie sehr die Rechtsordnungen der Mitgliedstaaten bereits im europäischen Gefüge verhaftet sind. Nationale Grenzen verlieren nicht nur im Rahmen der Verfolgung des Ziels des einheitlichen europäischen Binnenmarktes immer mehr ihre Bedeutung, auch die nationale Souveränität muss zugunsten des „einheitlichen Europas“ Einbußen hinnehmen. Bestimmt sich die staatliche Souveränität darin, auf eigenem Hoheitsgebiet Hoheitsakte vornehmen zu dürfen, so fällt dieses Recht eines souveränen Nationalstaates nach und nach der „Europäisierung“ zum Opfer, wenn beispielsweise seit dem Schengener Übereinkommen von 1995 innerhalb des Europäischen Wirtschaftsraums und der Schweiz die Durchsetzung hoheitlicher Rechte durch die Verfolgung von Flüchtenden über die eigenen Staatsgrenzen hinaus möglich ist. Vor diesem Hintergrund zeigt sich, dass die Frage nach dem Bestehen des staatlichen *ius puniendi* schwerlich allein nach nationalen Gesichtspunkten beurteilt werden kann. Wie gesehen, müssen in die Frage nach der Strafberechtigung europarechtliche Aspekte einfließen und unionsrechtliche Vorgaben und Grenzen Beachtung finden.

---

414 Vgl. BVerfG, Urteil vom 24.04.2013–1 BvR 1215/07, NJW 2013, S. 1499 ff., 1501.

415 *Dannecker* in JZ 2013, S. 616, 620; vgl. auch die Ausführungen im 2. Teil unter C, II, 3, c, bb.

3. Teil: Das Strafanwendungsrecht

Die §§ 3 ff. StGB regeln, ob das deutsche Strafrecht auf einen Auslandssachverhalt zur Anwendung kommt. Dabei wird diese Frage – auch wenn sich daraus nur eine schwer auszumachende äußerste Grenze für das nationale Strafanwendungsrecht herleiten lässt[416] – insbesondere durch das Völker- und Staatsrecht bestimmt.

A. Völkerrechtliche Schranken der Ausdehnung nationaler Strafgewalt

Unter völkerrechtlichen Aspekten ist eine unkontrollierte Erstreckung der eigenen Strafgewalt über die Landesgrenzen hinaus nicht unproblematisch. Die Befugnis, die Staatsgewalt auf eigenem Hoheitsgebiet ausüben zu dürfen, stellt sich zwar grundsätzlich als Ausfluss der Gebietshoheit dar[417]. Ein Berufen auf diese scheidet bei Auslandssachverhalten jedoch oftmals gerade aus. Daneben mag eine solche Expansion der eigenen Strafgewalt im zwischenstaatlichen Gefüge nicht spannungsfrei verlaufen, wenn andere Staaten das betreffende Verhalten gerade abweichend beurteilen.

I. Kompetenz zur Regelung des Anwendungsbereichs des Strafrechts

Sieht sich ein Staat zur Regelung eines Sachverhalts berufen, so muss diese Inanspruchnahme der eigenen Rechtsetzungsgewalt durch entsprechende Kompetenzen legitimiert sein.

---

416 *Dannecker*, ZStW 117, 2005, S. 697, 718; *Ders./Hagemeier* in Leitner (Hrsg.), Finanzstrafrecht 2008, S. 63, 98; *Gribbohm* in LK, 11. Aufl., Vor §§ 3 ff., Rn. 146; *Oehler*, Int. StR, Rn. 111.

417 Vgl. *Gloria/Epping* in Ipsen, Völkerrecht, § 23, Rn. 66; *Stein/von Buttlar*, Völkerrecht, Rn. 534; *Herdegen*, Völkerrecht, § 23, Rn. 1; ähnlich auch *Hailbronner* in Vitzthum, Völkerrecht, 3. Abschn., Rn. 122; sowie *Vitzthum* in Vitzthum, Völkerrecht, 5. Abschn., Rn. 7.

Nach älterer, vor allem von *Binding* vertretener Ansicht[418] leitet sich das unbeschränkte Recht, sein Strafrecht auch auf Auslandssachverhalte zu erstrecken, aus der Souveränität der Staaten ab. Der Staat werde dabei durch kein Recht gehindert, seinen Strafanspruch wahr zu nehmen und sei in der Erstreckung der Strafgewalt völlig frei.

Auch heute findet sich teilweise noch die Ansicht, dass sich die Kompetenz, den Geltungsbereich seines nationalen Rechts zu regeln, grundsätzlich aus der Souveränität eines jeden Staates ableiten lässt[419] und es jedem Staat in erster Linie selbst überlassen ist, zu bestimmen, wann sein Strafrecht Anwendung finden soll[420] (sog. Kompetenz-Kompetenz der Staaten). Diese Ansicht liegt letztlich auch der Lotus- Entscheidung des Ständigen Internationalen Gerichtshofs[421] aus dem Jahre 1927[422] zugrunde[423]. Diese Kompetenz gilt jedoch – und das ist der entscheidende Unterschied zu *Bindings* Ansicht – nicht absolut und berechtigt deshalb nicht unbegrenzt zur Ausdehnung der eigenen Strafgewalt. Den Staaten steht eine Erstreckung ihrer Strafgewalt auf extraterritoriale Fälle grundsätzlich zu, sie sind dabei jedoch an völkerrechtliche Regeln gebunden[424]. So stellt das Verbot der Einmischung in innere Angelegenheiten anderer Staaten[425] die Grenze der extraterritorialen Anwendung der Strafgewalt dar, die dann überschritten ist, wenn sich keine hinreichend enge Verknüpfung zwischen normierendem Staat und normiertem Sachverhalt mehr ausmachen lässt[426].

---

418 *Binding*, Hdb des StR, S. 370, 372, 374; ähnlich auch *Mendelssohn- Bartholdy*, Vergleichende Darstellung des Deutschen und Ausländischen Strafrechts, AT Bd. VI, S. 106, 316., zit. nach *Oehler*, Int. StR, Rn. 111, Fn. 6.

419 *Dahm/Dellbrück/Wolfrum*, Völkerrecht I/1, S. 318 f..

420 *Gribbohm* in LK, 11. Aufl., Vor §§ 3 ff., Rn. 145; *Jescheck/Weigend*, StR AT, § 18 I 2; *Jescheck* in FS Maurach, S. 579, 580; *Satzger*, Int. StR, § 4, Rn. 2; *Walter* JuS 2006, S. 870, 870 f.; *Werle/Jeßberger* in LK, 12. Aufl., Vor §§ 3 ff., Rn. 27; a.A. *Ambos*, Int. StR, § 2, Rn. 4; *ders.* in MüKo, Vor §§ 3 ff., Rn. 20.

421 Im Folgenden: StIGH.

422 Lotus Entscheidung des StIGH, PCIJ Series A No. 10 (1927), S. 18, 19.

423 Die jedoch bereits von einigen Richtern, die die nachfolgende Ansicht vertraten, bestritten wurde.

424 *Böse* in NK, 4. Aufl., Vor §§ 3 ff., Rn. 13; *Epping/Gloria* in Ipsen, Völkerrecht, § 23, Rn. 87 f.; *Gribbohm* in LK, 11. Aufl., Vor §§ 3 ff., Rn. 146; *Jescheck/Weigend*, StR AT, § 18 I 2; *ders.* in FS Maurach, S. 579, 580; in diese Richtung auch *Eser* in Schönke/Schröder, Vor §§ 3 ff., Rn. 9.

425 Vgl. dazu sogleich unter II.

426 *Dahm/Dellbrück/Wolfrum*, Völkerrecht I/1, S. 320 f.; *Verdross/Simma*, Universelles Völkerrecht, § 1183.

Dieser Ansicht widerspricht eine im Vordringen befindliche Gegenmeinung dahingehend, dass eine Erstreckung der Strafgewalt auf Auslandssachverhalte nur zulässig ist, wenn sich eine ausdrückliche Erlaubnisnorm im Völkerrecht finden lässt[427]. Jede Erstreckung der eigenen Strafgewalt über die nationalen Grenzen ist demnach rechtfertigungsbedürftig[428].

Die praktischen Auswirkungen dieses Streits sind für die vorliegende Problematik nur von untergeordneter Bedeutung, denn letztlich richtet sich die Frage, ob die Geltungserstreckung durch ein völkerrechtliches Verbot zu versagen ist, oder ob sich erst Erlaubnissätze finden lassen, die diese zulassen, nach denselben Kriterien[429]. Lässt sich ein hinreichender Bezug nicht feststellen, liegt nach beiden Ansichten im Ergebnis eine völkerrechtswidrige Einmischung vor.

II. Grenzen des Regelungsbereichs – Völkerrechtlicher Nichteinmischungsgrundsatz

Die Frage nach der Anwendung des eigenen Strafrechts auf Auslandstaten ist stets am Gebot der Völkerrechtsfreundlichkeit des Art. 25 GG zu messen. Als „allgemeine Regeln" im Sinne des Art. 25 GG sind u a. das Prinzip der territorialen Souveränität und das völkerrechtliche Interventionsverbot zu benennen[430].

Während der Geltungsbereich der eigenen nationalen Rechtssätze grundsätzlich auf das eigene Hoheitsgebiet beschränkt ist[431], ist dieser Grundsatz völkerrechtlich nicht verpflichtend. So stellt es sich zwar als völkerrechtlich unzulässig dar, auf dem Gebiet eines anderen Staates Hoheitsakte ohne dessen Zustimmung

---

427 *Kreß*, ZStW 114, 2002, 830 ff. (zur Weltrechtspflege); *Roggemann*, Strafrechtsanwendung und Rechtshilfe zwischen beiden deutschen Staaten, S. 13 f.; so auch die abweichende Meinung von Lord Finlay in der Lotus-Entscheidung, PCIJ Series A No. 10 (1927), S. 52; vgl. auch *Herdegen*, Völkerrecht, § 26, Rn. 6; in diese Richtung auch *Pottmeyer*, NStZ 1992, S. 57, 58 f.; *Stein/von Buttlar*, Völkerrecht, Rn. 606; vgl. zum gesamten Streitstand *Werle/Jeßberger* in LK, 12. Aufl., Vor §§ 3 ff., Rn. 24 ff..

428 *Herdegen*, Völkerrecht, § 26, Rn. 6; *Roggemann*, Strafrechtsanwendung und Rechtshilfe zwischen beiden deutschen Staaten, S. 14.

429 Vgl. *Ambos* in MüKo, Vor §§ 3 ff., Rn. 18; *Werle/Jeßberger* in LK, 12. Aufl., Vor §§ 3 ff., Rn. 26.

430 Vgl. *Epping* in Ipsen, Völkerrecht, § 26, Rn. 1 ff.; *ders.* in RIW 1991, S. 461, 465; *Herdegen*, Völkerrecht, §§ 33, 35; *Pottmeyer*, NStZ 1992, S. 57, 58; *Stein/von Buttlar*, Völkerrecht, Rn. 507.

431 Vgl. *Epping/Gloria* in Ipsen, Völkerrecht, § 23, Rn. 66, 85; *Stein/von Buttlar*, Völkerrecht, Rn. 601; so auch *Doehring*, Völkerrecht, § 2, Rn. 88 ff.

zu erlassen[432]. Davon zu unterscheiden ist jedoch die Frage, inwiefern eine nationale Rechtsordnung nur inländische Sachverhalte regeln darf[433]. Während der räumliche Geltungsbereich deckungsgleich ist mit dem Hoheitsgebiet, in dem der nationalen Rechtsordnung Geltung verschafft wird, kann der sachliche Anwendungsbereich darüber hinausgehend auch Sachverhalte mit Auslandsbezug erfassen[434].

Ein völkerrechtliches Gebot, die nationale Strafgewalt auf das eigene Hoheitsgebiet zu beschränken, gibt es demnach gerade nicht[435]. Somit ist es einem Staat unter völkerrechtlichen Aspekten grundsätzlich nicht verwehrt, auch exterritoriale Sachverhalte zu regeln[436]. So geht auch der Internationale Gerichtshof in der Lotus-Entscheidung[437] von einer grundsätzlich zwar territorial begrenzten Strafgewalt aus, die jedoch „innerhalb der Grenzen des Völkerrechts überschritten werden darf“[438].

Mag die grenzüberschreitende Anwendung nationalen Rechts zwar grundsätzlich möglich sein, muss sie sich jedoch stets in durch das Völkerrecht vorgegebenen Grenzen bewegen. So gebietet es der seit 1945 in Art. 2 Nr. 1 der UN-Charta über das Prinzip der souveränen Gleichheit verankerte, völkerrechtlich anerkannte Nichteinmischungsgrundsatz, nach dem fremde Souveränität, insbesondere fremde Gebietshoheiten zu achten sind, um ein friedliches Nebeneinander der Staaten zu sichern[439]. Die Anwendung der eigenen Strafgewalt ist daher – um eine friedliche Koexistenz gleichberechtigter Staaten zu garantieren – stets in Einklang mit der Rechtsetzungsgewalt der anderen Staaten zu bringen[440]. Kann es einerseits also völkerrechtlich durchaus erlaubt sein, extraterritoriale Sachverhalte zu erfassen, ist es dabei andererseits geboten, völkerrechtliche Grundsätze, wie die Wahrung

---

432 *Epping/Gloria* in Ipsen, Völkerrecht, § 23, Rn. 85; *Herdegen*, Völkerrecht,§ 23, Rn. 3; *Stein/von Buttlar*, Völkerrecht, Rn. 601.

433 Vgl. *Gloria/Epping* in Ipsen, Völkerecht, § 23, Rn. 85; *Stein/von Buttlar*, Völkerrecht, Rn. 601.

434 *Epping/Gloria* in Ipsen, Völkerrecht, § 23, Rn. 87; *Stein/von Buttlar*, Völkerrecht, Rn. 601; so auch *Holthausen*, NJW 1992, S. 214, 214.

435 *Doehring*, Völkerrecht, Rn. 1154; so auch *Epping/Gloria* in Ipsen, Völkerrecht, § 23, Rn. 87.

436 *Epping/Gloria* in Ipsen, Völkerrecht, § 23, Rn. 87; *Stein/von Buttlar*, Völkerrecht, Rn. 602.

437 vgl. Lotus Entscheidung des IGH, PCIJ Series A No. 10 (1927), 18 f..

438 *Ambos*, Int. StR., § 2, Rn. 2; *ders.* in MüKo, Vor §§ 3 ff., Rn. 17.

439 Vgl. *Werle/Jeßberger* in LK, 12.Aufl., Vor §§ 3 ff., Rn. 21.

440 *Stein/von Buttlar*, Völkerrecht, Rn. 606.

der staatlichen Souveränität, die sich als „Grundlage für die zwischenstaatlichen Beziehungen" der Staaten darstellt[441], zu beachten.

Verbindliche Abgrenzungskriterien, wann eine unzulässige Einmischung vorliegt, lassen sich bislang nicht ausmachen, und so stellt sich die Abgrenzung zwischen erlaubter Einmischung und völkerrechtswidriger Intervention mitunter als schwierig dar[442]. Auch wird schnell deutlich, dass zwischen der legitimen Ausübung der eigenen staatlichen Souveränität und einer völkerrechtswidrigen Intervention ein nur sehr schmaler Grat verläuft. Die Anwendung der eigenen Strafgewalt kann leicht eine Einmischung in nationale Angelegenheiten eines anderen Staates bedeuten, „denn sie bestreitet dessen ausschließliche Zuständigkeit zur Ausübung von Strafgewalt auf seinem eigenen Hoheitsgebiet und zwingt ihn, die „fremde" Ausübung von Strafgewalt zu dulden"[443]. Mag die Anmaßung der nationalen Strafgewalt eines Staates auf einen Auslandssachverhalt von seiner Souveränität gedeckt sein, so stellt sich dies für den anderen Staat als Einmischung in seine nationalen Angelegenheiten dar[444]. Liegt eine gewisse Eingriffsintensität vor, wird die Erfassung des Sachverhalts durch die eigene Strafgewalt[445] schnell zur völkerrechtswidrigen Intervention. Dies zu verhindern stellt sich als anspruchsvolle Aufgabe des Völkerrechts dar.

Lassen sich hierzu keine speziellen völkerrechtlichen Abkommen – wie sie im Bereich des internationalen Steuerrechts oder der Rechtshilfe bestehen – finden, ist auf Völkergewohnheitsrecht zurückzugreifen[446]. So besteht heute Einigkeit darüber, dass es das allgemein anerkannte völkerrechtliche Nichteinmischungsgebot erfordert, dass bei jeder Erstreckung der eigenen Strafhoheit auf Fälle mit Auslandsberührung ein hinreichend legitimierender Anknüpfungspunkt an den normierenden Staat gegeben sein muss[447]. Ohne einen sinnvollen Anknüpfungspunkt – einen „genuine link" – zwischen dem normierendem Staat und dem normierten Sachverhalt führt die Ausdehnung der eigenen Strafgewalt zu einer Verletzung fremder Souveränität und stellt einen Verstoß gegen Völkerrecht

441 *Hailbronner* in Vitzthum, Völkerrecht, 3. Abschn., Rn. 83.

442 *Fischer* in Ipsen, Völkerrecht, § 59, Rn. 57; *Herdegen*, Völkerrecht, § 35, Rn. 3; *Stein/von Buttlar*, Völkerrecht, Rn. 642 ff..

443 *Ambos*, Int. StR, § 2, Rn. 3; *ders.* in MüKo, Vor §§ 3 ff., Rn. 20.

444 *Ambos*, Int. StR, § 3, Rn. 4.

445 Mag sie auch durch die Souveränität des Staates gedeckt sein.

446 *Stein/von Buttlar*, Völkerrecht, Rn. 608; so auch *Herdegen*, Völkerrecht, § 26, Rn. 1.

447 Vgl. *Ambos*, Int. StR, § 2, Rn. 2; *ders.* in MüKo, Vor §§ 3 ff., Rn. 17; *Eser* in Schönke/Schröder, Vor §§ 3 ff., Rn.9; *Oehler*, Int. StR, Rn. 120; *Satzger*, Int. StR, § 4, Rn. 2.

dar[448]. Ob und unter welchen Voraussetzungen ein solcher Anknüpfungspunkt gegeben ist, bestimmt sich nach völkerrechtlichen Kriterien.

III. Völkerrechtlich legitimierte Anknüpfungsprinzipien

Wie gesehen, darf das nationale Strafrecht nur unter bestimmten Voraussetzungen auf eine Tat, die sich außerhalb des eigenen Hoheitsgebietes abspielt, Anwendung finden. So erfordert jeder Sachverhalt einen die Ausdehnung auf extraterritoriale Sachverhalte legitimierenden, hinreichenden Inlandsbezug. Ein solcher besteht unproblematisch, wenn sich der Sachverhalt auf eigenem Territorium zuträgt oder sich das Handeln im Ausland auf nationalem Hoheitsgebiet auswirkt. Neben dem Begehungsort (Territorialitätsprinzip), der im internationalen Vergleich den grundlegendsten Anknüpfungsmoment darstellt[449], kommen der Schutz inländischer Rechtsgüter (Schutzprinzip) und die Staatsangehörigkeit des Täters oder Opfers (aktives oder passives Personalitätsprinzip) als völkerrechtlich legitimierte Anknüpfungspunkte in Betracht. Dagegen verzichten das Prinzip stellvertretender Strafrechtspflege[450] und das Weltrechtsprinzip auf einen Anknüpfungspunkt. Sie erfahren ihre völkerrechtliche Legitimation dadurch, dass sie nach dem Gedanken der Solidarität andere Staaten bei der Verbrechensbekämpfung unterstützen bzw. den Schutz von Interessen universalen Charakters zu wahren versuchen[451].

Dem deutschen Strafanwendungsrecht liegt im Wesentlichen nach Abkehr vom aktiven Personalitätsprinzip im Jahre 1975 das Territorialitätsprinzip zugrunde.

Danach beurteilen sich alle diejenigen Taten nach deutschem Strafrecht, die auf deutschem Staatsgebiet begangen wurden[452]. Es weist somit die Strafgewalt über alle in seinem Hoheitsgebiet begangenen Taten demjenigen Staat zu, der die Gebietshoheit darüber ausübt[453]. Das Territorialitätsprinzip entspricht den

448 *Epping/Gloria* in Ipsen, Völkerrecht, § 23, Rn. 88; *Satzger*, Int. StR, § 4, Rn. 2; so auch *Roggemann*, Strafrechtsanwendung und Rechtshilfe zwischen beiden deutschen Staaten, S. 14.

449 Dies vor allem deshalb, da er die Souveränität eines jeden Staates am besten gewährleisten kann, vgl. hierzu *Oehler*, Int. StR, Rn. 125, 152 ff..

450 Wonach ein Staat für einen anderen stellvertretend und mit dessen Einverständnis dessen Strafgerichtsbarkeit ausübt.

451 Vgl. dazu sogleich im 3. Teil unter A, IV.

452 *Ambos* in MüKo, § 9, Rn. 1; *Eser* Schönke/Schröder, Vor §§ 3 ff., Rn. 12; *Satzger*, Int. StR, § 4, Rn. 5; *Werle/Jeßberger* in LK, 12. Aufl., § 3, Rn. 3.

453 *Ambos*, Int. StR, § 3, Rn. 4.

völkerrechtlichen Grundsätzen der Gebietshoheit, der Unabhängigkeit und der Souveränität der Staaten[454].

Demnach ist deutsches Strafrecht unstreitig dann anwendbar, wenn der Tatort eines Sachverhalts mit Auslandsbezug im Inland liegt. Der Tatort bestimmt sich dabei nach § 9 StGB.

Daneben ergibt sich die Anwendbarkeit deutschen Rechts aus dem passiven Personalitätsprinzip, wenn das Opfer ein deutscher Staatsangehöriger ist[455].

Geht es um den Schutz inländischer Rechtsgüter von hoher Bedeutung, kann sich die Anwendung nationalen Strafrechts auch aus dem Schutzprinzip ergeben, das in einigen Regelungen des § 5 StGB seinen Niederschlag findet.

Auch die Staatsangehörigkeit des Täters kann nach dem aktiven Personalitätsprinzip entscheidend bei der Frage nach der Anwendbarkeit deutschen Strafrechts sein. Demnach beurteilt sich das Verhalten eines Menschen stets nach seinem Heimatrecht, also dem Recht des Landes, dessen Staatsangehöriger er ist[456]. Dem Nichteinmischungsgrundsatz trägt dabei in der Regel das Erfordernis einer doppelten Strafbarkeit Rechnung[457].

IV. Materiell-rechtliche Gesichtspunkte hinter den Regelungen des Strafanwendungsrechts

Die Anknüpfungspunkte tragen aus materiell-rechtlicher Sicht dem Verlangen des Staates nach der Wahrung seiner Interessen Rechnung, denn grundsätzlich sind auch Verhaltensweisen im Ausland geeignet, den Rechtsfrieden und die Normenordnung, deren Wahrung sich das Strafrecht zur Aufgabe gemacht hat, zu stören. Dem Staat muss es möglich sein, auf solche Rechtsgutsangriffe zu reagieren und seine nationalen Interessen durchzusetzen. Da bei der Frage nach der legitimen Begründung von Strafgewalt neben dem Gedanken der internationalen Solidarität zwischen den Staaten gerade auch der Aspekt des Selbstschutzes des Staates zum Tragen kommt[458], ist es schließlich die Verfolgung dieser materiell-rechtlichen

---

454 *Jescheck/Weigend*, StR AT, § 18 II 1; *Oehler*, Int. StR, Rn. 152 ff.; *Lemke* in NK, 2. Aufl., Vor §§ 3 ff., Rn. 9.

455 Vgl. *Ambos* in MüKo, Vor §§ 3–7, Rn. 39, 42 ff.; *Hecker*, Europ. StR, § 2, Rn. 45; *Satzger*, Int. StR., § 4, Rn. 11.

456 *Satzger*, Int. StR, § 4, Rn. 7; *Werle/Jeßberger* in LK, 12. Aufl., Vor §§ 3 ff, Rn. 232.

457 Dazu sowie zu den Ausnahmen vgl. *Ambos*, Int. StR, § 3, Rn. 44, 56 ff., 80 ff.

458 *Böse* in NK, 4. Aufl., Vor §§ 3 ff., Rn. 15; *Oehler*, Int. StR, Rn. 130 ff.; *ders.* in FS Grützner, S. 110, 115; vgl. auch *Schlüchter* in FS Oehler, S. 307, 309.

Interessen, die die Anwendung des nationalen Strafrechts auf Auslandssachverhalte und die damit einhergehende Erstreckung der Strafgewalt völkerrechtlich legitimieren kann.

Lässt sich die Erstreckung der Strafgewalt auf den Gedanken der internationalen Solidarität stützen, können die Voraussetzungen an eine enge Verbindung des Sachverhalts zu dem die Strafgewalt beanspruchenden Staat ausnahmsweise gelockert werden. Anders als bei den traditionellen Anknüpfungspunkten, die dem Selbstschutz des Staates dienen sollen, steht hier demnach nicht (nur) das eigene Interesse des Verfolgerstaates im Vordergrund; vielmehr geschieht die Strafverfolgung im Interesse eines anderen Staates (stellvertretende Strafrechtspflege)[459] bzw. der internationalen Staatengemeinschaft (Weltrechtsprinzip)[460].

Die extraterritoriale Ausdehnung der nationalen Strafgewalt ist im Rahmen des Weltrechtsprinzips legitim, weil die Verfolgung der Tat im gemeinsamen Interesse der gesamten Staatengemeinschaft liegt[461].

Kommt der Aspekt des Selbstschutzes des Staates zum Tragen, so verfolgt der Staat dagegen eigene Interessen: Neben herausgehobenen Rechtsgütern (vgl. § 5 StGB) sind dies der Schutz seines eigenen Territoriums und seines Staatsvolks[462]. Zur Wahrung der staatlichen Integrität ist ein solches Schutzinteresse des Staates auch völkerrechtlich anerkannt. Da die Tat Bezüge zur eigenen Rechtsordnung herstellt, soll die Begründung der Strafgewalt der Durchsetzung des eigenen materiellen Rechts[463] und damit dem inländischen Rechtsgüterschutz dienen. Gerät durch die jeweilige Tat ein Rechtsgut in Gefahr, das der Gesetzgeber durch das nationale Strafrecht geschützt sehen will, weil es ein herausragendes staatliches Interesse bzw. ein inländisches Rechtsgut tangiert, sollen die §§ 3 ff. StGB nicht nur die Anwendbarkeit des nationalen Strafrechts bloß anordnen, sondern die Anwendung der Strafgewalt aus materiell-rechtlichen Gründen auch völkerrechtlich legitimiert sein.

---

459 Vgl. dazu u.a. *Ambos* in Int. StR, § 3, Rn. 115 ff.; *Böse* in NK, 4. Aufl., Vor §§ 3 ff., Rn. 28; *Eser* in Schönke/Schröder, Vor §§ 3 ff., Rn. 21; *Oehler* in FS Grützner, S. 110, 124 f.; *Satzger*, Int. StR, § 4, Rn. 15.

460 Näher dazu u.a. *Ambos* in Int. StR, § 3, Rn. 91 ff.; *Böse* in NK, 4. Aufl., Vor §§ 3 ff., Rn. 21 ff.; *Eser* in Schönke/Schröder, Vor §§ 3 ff., Rn.19 f.; *Oehler* in FS Grützner, S. 110, 125 ff.; *Zieher*, Das sog. Internationale Strafrecht nach der Reform, S. 79 ff.

461 Vgl. *Ambos*, Int. StR, § 3, Rn. 93; *Satzger*, Int. StR, § 4, Rn. 12; *Stein/von Buttlar*, Völkerrecht, Rn. 623; *Werle/Jeßberger* in LK, 12. Aufl., Vor §§ 3 ff., Rn. 237.

462 Vgl. *Schlüchter* in FS Oehler, S. 306, 308.

463 *Böse* in NK, 4. Aufl., Vor §§ 3 ff., Rn. 15.

V. Zwischenergebnis

Eine völkerrechtskonforme Anwendung des nationalen Strafrechts kann nur vorliegen, wenn eine hinreichend enge Verbindung des jeweiligen Staates zu dem Auslandssachverhalt besteht. Hierbei gelten die Anknüpfungspunkte der §§ 3 ff. StGB weitestgehend als anerkannt; ob sie jedoch tatsächlich auch im Einzelfall im Rahmen vorliegender Problematik hinreichend völkerrechtlich legitimiert sind, gilt es zu untersuchen. Dies soll im Rahmen der einzelnen Konstellationen anhand der zugrunde liegenden Prinzipien stattfinden.

B. Relevante strafanwendungsrechtliche Regelungen im Rahmen vorliegender Untersuchung

Im Rahmen der vorliegenden Untersuchung der Strafbarkeitsrisiken bei grenzüberschreitender Forschung sind es, wie gesehen, insbesondere die Regelungen der §§ 5 und 9 StGB, die zur Anwendung des nationalen Strafrechts führen. Vorab soll daher im Folgenden die aus völkerrechtlicher Sicht zentrale Problematik aufgezeigt sowie der Regelungsinhalt der Vorschriften näher beleuchtet werden, bevor im Rahmen des Fünften Teils die Vereinbarkeit der einzelnen Regelungen mit dem Völkerrecht untersucht wird.

I. Wie kommt es zur Geltung deutschen Strafrechts im Ausland?– „Durchbrechung“ des Territorialitätsprinzips

Grundsätzlich findet nach dem Territorialitätsgrundsatz deutsches Strafrecht nur auf Taten Anwendung, die im Inland begangen worden sind. Wie bereits dargelegt[464], beansprucht dieser Grundsatz jedoch nicht bedingungs- und ausnahmslose Geltung im deutschen Strafanwendungsrecht. So werden über die §§ 5 ff. StGB auch bestimmte Auslandstaten, die sich nicht auf deutschem Hoheitsgebiet ereignet haben, dem deutschen Strafrecht unterworfen.

Durch Anknüpfung an das sog. „aktive Personalitätsprinzip“[465] im Rahmen des § 7 Abs. 2 Nr. 1 StGB ergibt sich, dass deutsches Strafrecht auf Auslandstaten

---

464 Vgl. oben im 1.Teil unter A, III.

465 So die überwiegende Ansicht, vgl. *Ambos* in MüKo, § 7, Rn. 1; *Eser* in Schönke/Schröder, § 7, Rn. 1; *Lackner/Kühl*, § 7, Rn. 1; *Oehler*, Int. StR, Rn. 814; *Satzger*,

Anwendung findet, wenn der Täter zur Tatzeit Deutscher war. Daneben ergibt sich aus dem „passiven Personalitätsprinzip“[466] gem. § 7 Abs. 1 StGB, dass deutsches Strafrecht auch bei einer gegen einen Deutschen gerichteten Auslandstat zur Anwendsung kommen kann. Auch im Fall der „stellvertretenden Strafrechtspflege“ kann nach § 7 Abs. 2 Nr. 2 StGB die Auslandstat der deutschen Strafgewalt unterworfen sein, wenn der ausländische Täter nach seiner Auslandstat nach Deutschland kommt und aus bestimmten Gründen nicht ausgeliefert werden kann[467]. Damit zeichnet sich § 7 StGB – mit Ausnahme der Konstellation, dass der Tatort keiner Strafgewalt unterliegt – jedoch durch die Voraussetzung der doppelten Strafbarkeit aus, so dass eine Strafbarkeit nach deutschem Recht nur in Betracht kommt, wenn die Tat auch nach dem Recht des Tatorts mit Strafe bedroht ist.

Anders ist dies im Rahmen der §§ 5 und 6 StGB: Sie nehmen keinerlei Rücksicht auf die Tatortsstrafbarkeit.

So erklären die §§ 5 und 6 StGB, dass gewisse Auslandstaten – über das Territorialitätsprinzip hinausgehend – der Beurteilung durch deutsches Strafrecht unterfallen sollen, ohne dass es auf eine Strafbarkeit am Handlungsort ankäme. Deutsches Strafrecht findet selbst dann Anwendung, wenn das Verhalten nach dem Recht am Begehungsort explizit gestattet ist[468].

Ähnliches ergibt sich aus der Regelung des § 9 StGB. Die speziellen Regelungen für die Teilnahme an einer Auslandstat nach § 9 Abs. 2 StGB sowie die Auslegung des § 9 Abs. 1 StGB im Rahmen der mittäterschaftlichen Tatbegehung führen dazu, dass sich letztlich die Beteiligung an Handlungen, die schwerpunktmäßig oder komplett im Ausland vorgenommen werden, nach nationalem Strafrecht richtet, ohne dass es auf eine identische Tatortnorm ankäme.

In den Fällen der § 5 und § 9 StGB wird demnach auf das Erfordernis der doppelten Strafbarkeit verzichtet und für eine Tat die Anwendbarkeit deutschen Strafrechts bestimmt, die nach dem Recht am Tatort nicht mit Strafe bedroht ist. Diese Vorgehensweise bringt ein gewisses Misstrauen gegenüber der

---

Int. StR, § 5, Rn. 84; *Scholten*, NStZ 1994, 266, 267; demgegenüber sieht ein Teil der Literatur auch in § 7 II Nr.1 und I das Prinzip der stellvertretenen Strafrechtspflege verwurzelt, vgl. *Hoyer* in SK, 6. Aufl., § 7, Rn.3; *Jescheck/Weigend*, StR AT, § 18 III 5, ähnlich auch *Jakobs*, StR AT, 5. Abschn., Rn. 18 f.

466 So die überwiegende Ansicht, vgl. hierzu die vorangehende Fußnote.

467 Vgl. *Eser/Koch*, Gutachten, S. 63.

468 *Werle/Jeßberger* in LK, 12. Aufl., § 5, Rn. 2.

Tatortrechtsordnung zum Ausdruck und ruft daher völkerrechtliche Bedenken hervor[469]. Als allgemeine Regel des Völkerrechts, das nach Art. 25 GG verfassungsrechtlich zu beachten ist, gilt, wie gesehen, das Prinzip der souveränen Gleichheit der Staaten, aus dem sich das völkerrechtliche Interventionsverbot ableitet[470]. Diesem kann jedoch bei der Anwendung nationalen Strafrechts auf Auslandstaten, die nach dem Recht am Tatort als legal angesehen werden, nur noch begrenzt Genüge getan werden[471]. Das aktive Personalitätsprinzip ist zwar allgemein als Anknüpfungspunkt für die Erstreckung der Strafgewalt anerkannt und gilt weitgehend als völkerrechtlich legitimiert[472]. Dabei wird jedoch der Tatsache, dass mit der Anwendung des deutschen Strafrechts die im Tatortstaat erbrachte souveräne Entscheidung, das Verhalten nicht zu bestrafen, völlig missachtet wird, keine Beachtung geschenkt.

So lassen sich im Rahmen des § 7 Abs. 2 Nr. 1 StGB, der auf den Vorbehalt der identischen Tatortnorm verweist, die völkerrechtlichen Bedenken gegen die Erstreckung der Strafgewalt weitestgehend entkräften[473]. Um die Konsequenz des zwischenstaatlichen Auslieferungsverbots nach Art. 16 Abs. 2 S. 1 GG zu tragen, bestraft der deutsche Staat die Taten seiner eigenen Bürger selbst[474], richtet sich

---

469 *Ambos*, Int. StR, § 3, Rn. 57.

470 Vgl. *Ambos* in Int. StR, § 2, Rn. 3; *Epping* in Ipsen, Völkerrecht, § 26, 1 ff.; *Fischer* in Ipsen, Völkerrecht, § 59, Rn. 51; *Stein/von Buttlar*, Völkerrecht, Rn. 635; *Taupitz* in FS Hausheer, S. 733, 742; wohingegen *Herdegen*, Völkerrecht in § 35, Rn. 1 auf Art. 2 Nr. 7 UN-Charta abstellt, der jedoch an die Vereinten Nationen und ihre Organe direkt gerichtet ist und kein ausdrückliches zwischenstaatliches Interventionsverbot enthält, vgl. *Fischer* in Ipsen, Völkerrecht, § 59, Rn. 51; *Verdross/Simma*, Universelles Völkerrecht, § 491.

471 Vgl. *Ambos* in MüKo, § 5, Rn. 11; *ders.* in Int. StR., § 3, Rn. 57; krit. zur Vereinbarkeit (insb.) des § 5 mit dem Völkerrecht auch *Hoyer* in SK, 6. Aufl., § 5, Rn. 1.

472 Vgl. *Böse* in NK, 4. Aufl., Vor §§ 3 ff., Rn. 18; *Doehring*, Völkerrecht, Rn. 1156; *Oehler*, Int. StR, Rn. 751; *ders.* in FS Mezger, S. 83, 95 f.; *Schröder*, JZ 1968, S. 241, 241; *Werle/Jeßberger* in LK, 12. Aufl., Vor §§ 3 ff., Rn. 232; a.A. nur *Ambos*, Int. StR, § 3, Rn. 40; *ders.* in MüKo, Vor §§ 3 ff., Rn. 36 f.; *Pottmeyer*, NStZ 1992, S. 57, 60, *Wagner*, UBWV 2008, S. 441, 448 f..

473 Zwar kommt es auch im Rahmen des § 7 II 1. HS 2. Alt. zum Verzicht auf die identische Tatortnorm; dies jedoch nur, wenn der Tatort keiner Strafgewalt unterliegt. In diesem Fall kann es zu einer völkerrechtlich bedenklichen Übergewichtung eigener nationaler Wertungen bereits begrifflich nicht kommen, da es sich in diesen Fällen um hoheitsfreies Gebiet oder „Niemandsland" handelt, das keine eigenen strafrechtlichen Bewertungen zu treffen fähig ist. Vgl. zum „Tatort im Niemandsland" *Ambos* in MüKo, § 7, Rn. 17; *Werle/Jeßberger* in LK, 12. Aufl., § 7, Rn. 51 ff.

474 Vgl. dazu *Eser* in Schönke/Schröder, § 7, Rn. 16.

dabei jedoch an der Strafbarkeit am Tatort aus und verfolgt somit den Gedanken der internationalen Solidarität.

Dieser Gedanke liegt den Regelungen der §§ 5 und 9 StGB jedoch gerade nicht zugrunde.

Hier wird vielmehr die eigene strafrechtliche Beurteilung in den Vordergrund gestellt und dem eventuell entgegenstehenden ausländischen Recht keine Beachtung beigemessen.

II. Anwendung des deutschen Strafrechts auf Auslandssachverhalte ohne Beachtung des Tatortstrafrechts – Verstoß gegen Völkerrecht

Legt der deutsche Staat bei der Beurteilung des Sachverhalts mit Auslandsbezug seine nationalen Bewertungen zugrunde, so darf es dabei nicht durch eine unbedingte Anwendung der eigenen Rechtsordnung zu einer unangemessenen Verdrängung oder Überlagerung anderer Rechtsordnungen kommen. Auch hier müssen allgemeine Völkerrechtsgrundsätze beachtet werden. So steht hinter dem Interventionsverbot der Grundgedanke, die staatliche Souveränität zu schützen und die Autonomie der Staaten, ihre eigenen innerstaatlichen Grundordnungen auszugestalten, zu wahren. Dementsprechend gebietet es die gegenseitige Rücksichtnahme, nicht die eigenen Anschauungen zur unbedingten Anwendung zu bringen, ohne dabei auf die Entscheidungsfreiheit und das Selbstbestimmungsrecht anderer Staaten Rücksicht zu nehmen.

Indem der deutsche Staat jedoch die Strafbarkeit bestimmter Verhaltensweisen im grenzüberschreitenden Forschungsbereich anordnet, ohne die Rechtsordnung am Handlungsort zu beachten, dehnt er seine eigenen Wertevorstellungen über die Landesgrenzen hinaus aus und spricht ihnen umfassende Geltung zu. Er ignoriert dabei die Anschauungen anderer Staaten und deren Entscheidung, das betreffende Verhalten nicht mit Strafe zu bedrohen. Wieso dem deutschen Staat eine solche weltumfassende Einschätzungs- und Beurteilungsprärogative zustehen soll, erscheint fraglich.

Lässt sich eine international vereinheitlichte Wertentscheidung bzgl. der betroffenen Forschungsgegenstände nicht ausmachen[475], so darf der deutsche Staat nicht ohne Weiteres eine „rechtsstaatlich-sittliche Superiorität“ in Anspruch nehmen und durch die Anwendung seiner Rechtsordnung die fremde Rechtsordnung

475 Vgl. dazu die Untersuchung sogleich unter B, III, 2.

verdrängen[476]. Nach einem modernen Völkerrechtsverständnis und unter dem Aspekt der zusammenwachsenden und immer kleiner werdenden Weltgemeinschaft, in der verschiedene Rechtskulturen und Rechtsordnungen gleichberechtigt nebeneinander bestehen dürfen, ist eine solche Vorgehensweise, die die eigene Wertanschauung über die anderen stellt, nicht mehr haltbar. Regelt die ausländische Rechtsordnung den Schutz der durch die Forschung betroffenen Rechtsgüter abweichend von der nationalen Anschauung und kennt sie keine Strafbarkeit, so hat der deutsche Staat diese Entscheidung im Sinne seiner völkerrechtsfreundlichen Grundhaltung zu respektieren. Indem er die Anwendung des eigenen Strafrechts auf diese Sachverhalte anordnet, bringt er sein Misstrauen gegenüber dem Tatortstaat zum Ausdruck.

Die Oktroyierung der eigenen nationalen Anschauungen, die sich mit dem Grundsatz der souveränen Gleichheit der Staaten in Konflikt setzt, stellt sich daher möglicherweise als unzulässige Einmischung in fremde Angelegenheiten dar[477].

III. Untersuchung der Regelung des § 5 StGB

1. Grundgedanke und Systematik der §§ 5 und 6 StGB

Den Regelungen des §§ 5 und 6 StGB ist in erster Linie gemein, dass sie Taten dem deutschen Strafrecht unterstellen, die außerhalb der eigenen Landesgrenzen begangen worden sind, wobei das Recht am Tatort dabei unbeachtlich sein soll.

Nach § 5 StGB findet demnach deutsches Strafrecht punktuell auf Auslandstaten Anwendung, die nicht auf deutschem Hoheitsgebiet begangen worden sind, so dass eine Legitimation über das Territorialitätsprinzip ausscheidet. Wie bereits der Überschrift des Gesetzes zu entnehmen ist, liegt den Regelungen hier insbesondere das Schutzprinzip, vor allem (vgl. hierzu Nrn. 1–5 und 10–14) das Staatsschutzprinzip zugrunde[478]. Daneben beruhen sie aber auch auf weiteren Geltungsprinzipien, wie dem aktiven (Nrn. 9, 11 a, 12, 15,[479] wohl auch die Nrn. 8 und

---

476 BVerfGE 18, 112, 118; vgl. auch *Brewe*, Embryonenschutz und Stammzellengesetz S. 108 zur Frage nach der räumlichen Dimension von staatlichen Schutzpflichten.

477 Vgl. dazu die nähere Untersuchung unten im Rahmen des 5. Teils.

478 Vgl. Übersicht *Satzger*, Int. StR, § 5, Rn. 66.

479 *Ambos*, Int. StR, § 3, Rn. 58 ff.; Übersicht *Satzger*, Int. StR, § 5, Rn. 66.

13[480], sowie Nr. 14a[481]) und passiven (Nrn. 6, 7, 14)[482] Personalitätsprinzip oder gar mehreren Prinzipien zugleich[483]. Da über die Anwendung des Territorialitätsprinzips nur Taten erfasst werden können, die tatsächlich auf deutschem Boden stattgefunden haben, soll der Regelung des § 5 StGB eine Ergänzungsfunktion zukommen[484].

Über die von § 5 StGB erfassten Tatbestände sollen Strafbarkeitslücken bei Auslandstaten (z.B. Sextourismus, Spätabtreibung) geschlossen werden, die sich daraus ergeben, dass sich die Geltung nationalen Strafrechts mangels Strafbarkeit am Tatort nicht aus § 7 StGB ergibt und so das deutsche Strafrecht durch Verlegung des Handlungsortes in das Ausland unterlaufen wird[485]. Der Gesetzgeber hat hier erkannt, dass die ausnahmslose Anknüpfung an das Territorialitätsprinzip keinen hinreichenden Schutzstandard für den Schutz des Staates und seiner Institutionen sowie wichtige Rechtsgüter der Allgemeinheit bzw. einzelner Staatsangehöriger gewährleisten kann[486].

Im Gegensatz zu § 5 StGB, der den Schutz inländischer Rechtsgüter im Blick hat, dienen die Regelungen des § 6 StGB im Wesentlichen ausweislich seiner amtlichen Überschrift dem Schutz „internationaler Rechtsgüter". Der Regelung liegt im Wesentlichen das Weltrechtsprinzip zugrunde[487]. Im Übrigen beruht die Ausdehnung der Strafgewalt bei den Nrn. 7 und 8 daneben[488] oder allein[489] auf dem Staatsschutzprinzip und bei Nr. 9 auf dem Vertragsprinzip[490].

---

480 *Werle/Jeßberger* in LK, 12. Aufl., § 5, Rn. 11; Vgl. *Eser* in Schönke/Schröder, § 5, Rn. 1; Übersicht *Satzger*, Int. StR, § 5, Rn. 66.

481 *Ambos*, Int. StR, § 3, Rn. 61; *Eser* in Schönke/Schröder, § 5, Rn.1; Übersicht *Satzger*, Int. StR, § 5, Rn. 66.

482 *Werle/Jeßberger* in LK, 12. Aufl., § 5, Rn. 11; Übersicht *Satzger*, Int. StR, § 5, Rn. 66.

483 *Gribbohm* in LK, 11. Aufl., § 5, Rn. 1; *Lemke* in NK, 2. Aufl., § 5, Rn. 2; Vgl. dazu die Übersicht *Satzger*, Int. StR, § 5, Rn. 66.

484 *Werle/Jeßberger* in LK, 12. Aufl., § 5, Rn. 8.

485 *Satzger* in SSW, § 5, Rn. 4; *Werle/Jeßberger* in LK, 12. Aufl., § 5, Rn. 8.

486 Vgl. Begr. zu E 1962, BR-Drucks. 200/62, S. 109; BT-Drucks. V/4095, S. 4 f.; *Eser* in FS Jescheck, S. 1353, 1369 ff.; *Lemke* in NK, 2. Aufl., § 5, Rn. 2; *Satzger*, Int. StR, § 5, Rn. 64; *ders.* in SSW, § 5, Rn. 4.

487 *Böse* in NK, 4. Aufl., § 6, Rn. 9; *Eser* in Schönke/Schröder, § 6, Rn. 1; *Werle/Jeßberger* in LK, 12. Aufl., § 6, Rn. 10.

488 Vgl. zu Nr. 7 *Ambos*, Int. StR, § 3, Rn. 109.

489 So wohl *Werle/Jeßberger* in LK, 12. Aufl., § 6, Rn. 14; zu Nr. 8 *Böse* in NK, 4. Aufl., § 6, Rn. 1, 9.

490 *Böse* in NK, 4. Aufl., § 6, Rn. 1, 9.

Der deutsche Staat übt dabei die Strafgewalt nicht derivativ für den Tatortstaat, sondern in eigenem Namen originär aus[491]. Dabei wird er nicht, wie im Rahmen des § 5 StGB, lediglich in eigenem, sondern in übergeordnetem Interesse der Staatengemeinschaft und damit in gewisser Weise treuhänderisch tätig[492].

Die völkerrechtliche Legitimation für die Ausdehnung der Strafgewalt ergibt sich dabei aus der Natur des gefährdeten bzw. verletzten Rechtsguts[493]. Demzufolge handelt es sich im Rahmen des § 6 StGB um Rechtsgüter, auf deren Schutz sich die Staatengemeinschaft gemeinsam verständigt hat[494]. Dies bedeutet weder, dass es sich dabei um ein originäres Interesse der Völkergemeinschaft als solcher handeln, noch, dass das Rechtsgut in allen Rechtsordnungen der Staatengemeinschaft übereinstimmend Schutz genießen muss[495].

Gerade der bloße Verweis auf die im Schrifttum verbreitete Formel, § 6 StGB schütze die „gemeinsamen, in allen Kulturstaaten anerkannten Rechtsgüter"[496], ist nicht in der Lage, das Weltrechtsprinzip als solches hinreichend zu legitimieren[497].

Neben der Frage, inwiefern der Begriff der „Kulturstaaten" überhaupt noch zeitgemäß erscheint[498], stellen die unterschiedlichen kulturellen und ethischen Auffassungen der verschiedenen Staaten der Völkerrechtsgemeinschaft nahezu unüberwindbare Schwierigkeiten bei der Bestimmung universell anerkannter Rechtsgüter dar. Darauf, dass das betroffene Rechtsgut universell anerkannt ist, kann daher nicht abgestellt werden; vielmehr ist entscheidend, dass aufgrund der besonderen Bedeutung des betroffenen Rechtsguts oder aufgrund der Eigenart der begangenen Straftat ein gemeinsames Interesse daran besteht, derartige Taten

---

491 *Ambos*, Int. StR, § 3, Rn. 93.

492 *Ambos*, Int. StR, § 3, Rn. 93; vgl. auch *Böse* in NK, 4. Aufl., Vor § 3, Rn. 21; vgl. auch *Kreß*, ZStW 114, 2002, S. 818, 837.

493 *Satzger*, Int. StR, § 5, Rn. 73.

494 *Satzger*, Int. StR, § 5, Rn. 73; *Werle/Jeßberger* in LK, 12. Aufl., § 6, Rn. 2; *diess.* in JuS 2001, S. 141, 141; ähnlich *Böse* in NK, 4. Aufl., § 6, Rn. 1; *Jescheck/Weigend*, StR AT, § 18, II, 5.

495 Vgl. *Werle/Jeßberger* in LK, 12. Aufl., Vor § 3, Rn. 238; *diess.*, aaO, § 6, Rn. 3; ähnlich *Böse* in NK, 4. Aufl., § 6, Fn. 7.

496 *Eser* in Schönke/Schröder, Vor §§ 3 ff., Rn. 19; *Gribbohm* in LK, 11. Aufl., Vor §§ 3ff., Rn. 135; *Hoyer* in SK, Stand 1997, Vor §§ 3 ff., Rn. 13; *Lemke* in NK, 2. Aufl., Vor §§ 3 ff., Rn. 12; vgl. dazu *Binding*, HdB des StR, S. 380.

497 Zur Kritik vgl. *Ambos* in MüKo, Vor §§ 3 ff., Rn. 49; *Böse* in NK, 4. Aufl., § 6, Rn. 7; *Werle/Jeßberger* in LK, 12. Aufl., Vor §§ 3 ff., Rn. 238.

498 Vgl. *Werle/Jeßberger* in LK, 12. Aufl., Vor §§ 3ff., Rn. 238; krit. auch *Ambos* in MüKo, Vor §§ 3 ff., Rn. 49.

strafrechtlich zu verfolgen[499]. Typischerweise sind hier Interessen betroffen, die den Weltfrieden und die internationale Sicherheit berühren[500]. Die konkrete Reichweite des Weltrechtsprinzips ist jedoch höchst umstritten[501].

Festhalten lässt sich jedoch, dass die Erstreckung der Strafgewalt auf Auslandstaten nach Maßgabe des Weltrechtsprinzips seine Grenzen im Verfassungs- und insbesondere im Völkerrecht findet[502]. So *können* völkerrechtliche Verträge als Grundlage für das Weltrechtsprinzip in Betracht kommen, sofern sie Bestandteil des Völkergewohnheitsrechts sind und sich so eine Wirkung erga omnes ausmachen lässt[503]. Ob dabei allein die Tatsache, dass sich eine Vielzahl von Staaten einer gemeinsamen vertraglichen Regelung verschrieben hat, einen Vertragsstaat bereits dazu legitimiert, eine Tat dem Weltrechtsprinzip zu unterstellen[504], oder ob die Ratifikation eines völkerrechtlichen Abkommens durch mehrere Staaten lediglich ein vorsichtiges Indiz für das Vorliegen von Völkergewohnheitsrecht sein kann[505], ist umstritten.

Im Rahmen der vorliegenden Untersuchung kann diese Frage nur dann von Bedeutung sein, wenn sich ergibt, dass ein völkerrechtliches Abkommen einen einheitlichen Willen über die Strafwürdigkeit bestimmter Verhaltensweisen auf dem Gebiet der biomedizinischen Forschung zum Ausdruck bringt[506].

2. Legitimation der Strafgewalterstreckung durch Anknüpfung an das Weltrechtsprinzip?

Demnach lässt sich festhalten, dass sich sowohl die Frage nach der völkerrechtlich legitimen Anwendung des deutschen Strafrechts als auch letztlich die Frage

499 *Böse* in NK, 4. Aufl., § 6, Rn. 1.

500 *Ambos* in MüKo, Vor §§ 3 ff., Rn. 49; *Werle/Jeßberger* in LK, 12. Aufl., Vor §§ 3 ff., Rn. 240. Demnach unterliegen die Völkerrechtsverbrechen des Völkermordes (§ 6 VStGB), der Verbrechen gegen die Menschlichkeit (§ 7 VStGB) und der Kriegsverbrechen (§§ 8–12 VStGB) unstreitig dem Weltrechtsprinzip.

501 Dies hat sich insbesondere im sog. „Haftbefehlsfall" vor dem IGH gezeigt, Urteil vom 14.02.2002, erschienen in EuGRZ 2003, S. 563; vgl. dazu *Kreß*, ZStW 114, 2002, S. 818, 818 ff.

502 *Böse* in NK, 4. Aufl., § 6, Rn. 2; *Werle/Jeßberger* in LK, 12. Aufl., Vor §§ 3 ff., Rn. 242.

503 *Böse* in NK, 4. Aufl., Vor §§ 3 ff., Rn. 22; *Werle/Jeßberger* in LK, 12. Aufl., Vor §§ 3 ff., Rn. 242.

504 So *Ambos* in MüKo, Vor §§ 3 ff., Rn. 51.

505 *Böse* in NK, 4. Aufl., Vor §§ 3 ff., Rn. 22; *Werle/Jeßberger* in LK, 12. Aufl., Vor §§ 3 ff., Rn. 243.

506 Vgl. dazu sogleich im 3. Teil unter B, III, 2.

nach der Strafberechtigung des deutschen Staates dann als unproblematisch darstellt, wenn das betroffene Rechtsgut dem Weltrechtsprinzip unterläge. Das Weltrechtsprinzip greift ein, soweit es um den Schutz übernationaler Rechtsgüter geht. So ist eine extraterritoriale Erstreckung der Strafgewalt ohne Rücksicht auf den Tatort bzw. die Nationalität des Täters oder Opfers zulässig, wenn sich die Tat gegen Rechtsgüter richtet, an deren Schutz ein allgemeines Interesse der Staatengemeinschaft besteht[507]. Die Einmischung in fremde Angelegenheiten ist deshalb legitim, weil der Staat tätig wird, um ein durch die Tat gefährdetes gemeinsames Sicherheitsinteresse (wie z.B. im Fall der Piraterie oder des Terrorismus) bzw. ein Rechtsgut von fundamentaler Bedeutung zu schützen und so zu verhindern, dass die gemeinsame Wertgrundlage erschüttert wird[508].

Da sich die Bestimmung der durch das Weltrechtsprinzip geschützten Rechtsgüter aufgrund der unterschiedlichen sozialen und kulturellen Grundlagen als äußerst schwieriges Unterfangen[509] darstellt und eine Erstreckung der Strafgewalt sich stets am Nichteinmischungsgrundsatz messen lassen muss, kann das Weltrechtsprinzip nur begrenzt zum Einsatz kommen[510].

Ließe sich für den Bereich der biomedizinischen Forschung feststellen, dass es sich bei den hierbei betroffenen Rechtsgütern um solche handelt, für die sich ein solches übergeordnetes Interesse ausmachen lässt, wäre eine Erstreckung der nationalen Strafgewalt auf solche Sachverhalte denkbar.

Ein solches Interesse ließe sich möglicherweise durch eine Untersuchung europäischer und völkerrechtlicher Regelwerke ausmachen. Auf europäischer Ebene sollen hierzu die Regelungen der Europäischen Grundrechtecharta sowie die Festsetzungen der Biomedizinkonvention des Europarates 1997 und seiner Zusatzprotokolle untersucht werden. International sind Regelungswerke der UN und der UNESCO heranzuziehen.

---

507 U.a. *Ambos*, Int. StR, § 3, Rn. 93; *ders.* in MüKo, Vor §§ 3 ff. Rn. 47; *Böse* in NK, 4. Aufl., Vor §§ 3 ff., Rn. 21; *Jescheck/Weigend*, StR AT, § 18 I 5; *Satzger*, Int. StR, § 4, Rn. 12; *Werle/Jeßberger* in LK, 12. Aufl., Vor §§ 3 ff., Rn. 237; *Zieher*, Das sog. Internationale Strafrecht nach der Reform, S. 79.

508 *Ambos* in Int. StR, § 3, Rn. 93.

509 Über die Reichweite des Weltrechtsprinzips herrscht bislang keine Einigkeit, vgl. *Ambos*, Int. StR, § 3, Rn. 95 ff.; *Böse* in NK, 4. Aufl., Vor §§ 3 ff., Rn. 21; *Werle/Jeßberger* in LK, 12. Aufl., Vor §§ 3 ff., Rn. 239 ff..

510 *Eser* in Schönke/Schröder, Vor §§ 3 ff., Rn. 19; für eine restriktive Anwendung des Weltrechtsprinzips *Werle/Jeßberger* in LK, 12. Aufl., Vor §§ 3 ff., Rn. 243; vgl. *Zieher*, Das sog. Internationale Strafrecht nach der Reform, S. 80 ff.

a. Vereinheitlichung auf gesamteuropäischer Ebene

Im Bestreben nach Vereinheitlichung und der Festlegung gemeinsamer Standpunkte im Bereich der Biotechnologie und insbesondere der Biomedizin hat es in den vergangenen Jahren zahlreiche Bemühungen gegeben, mithilfe von Konventionen, Entschließungen und ähnlichen Instrumenten die Harmonisierung voranzutreiben und für die innerhalb vieler Staaten juristisch wie politisch divergierenden Ansichten einen gemeinsamen Nenner zu finden. Im Folgenden sollen diese Versuche exemplarisch aufgezeigt werden, wobei der Schwerpunkt auf den Bereich der Embryonenforschung zu legen ist.

aa. Europäische Union

Die Förderung der Forschung im Bereich der Biotechnologie und Biowissenschaften um den Erhalt der Wettbewerbsfähigkeit im internationalen Vergleich und der Verwirklichung des Europäischen Forschungsraumes willen gilt als eines der zentralen Ziele der Europäischen Union[511]. Die Überwindung von Komplikationen und Hindernissen, die sich aus der Vielfalt von ethischen, religiösen, historischen und philosophischen Hintergründen der einzelnen Mitgliedstaaten ergeben, sollen zur Vereinfachung der Durchführung von grenzüberschreitenden Verbundprojekten und damit zur Erreichung neuer Forschungsziele beitragen.

Auf europäischer Ebene hat insbesondere das Europäische Parlament in der Vergangenheit zahlreiche Versuche unternommen, um bei ethisch kontroversen Fragen zu gemeinsamen Standpunkten zu gelangen[512]. Dabei stellt das Parlament vor allem die überragende Bedeutung der Menschenwürde gegenüber Gewinnstreben

---

511 Vgl. dazu die Mittteilung der Kommission an das Europäische Parlament, den Rat und den Europäischen Wirtschafts- und Sozialausschuss, „Biowissenschaften und Biotechnologie: Eine Strategie für Europa vom 05.03.2003“, S. 2 ff., die i.Ü. den ersten Fortschrittsbericht im Anschluss an die Mitteilung der Kommission an das Europäische Parlament, den Rat und den Europäischen Wirtschafts-und Sozialausschuss, „Biowissenschaften und Biotechnologie: Eine Strategie für Europa vom 23.01.2002“ darstellt, sowie in derselben, S. 4.ff.; zum Ganzen *Weiß*, MedR 2005, S. 458 ff.

512 Vgl. hierzu die unzähligen Entschließungen, in denen sich das Europäische Parlament seit 1989 zu Fragen der Biotechnologie und –medizin geäußert hat, Übersicht dazu (bis 2002) bei *Schulz*, Biomedizin, S. 26 f. sowie bei *Starck*, EuR 2006, S. 1, 9 ff. (zum Klonen von Menschen).

und dem Forschungsdrang heraus und weist auf einen bedachten Umgang mit Klonierungstechniken hin[513].

In seiner Entschließung zur Zukunft der Biotechnologieindustrie vom 15. März 2001 empfahl das Parlament der Kommission, die Biotechnologiepolitik der einzelnen Staaten auf europäischer Ebene zu koordinieren[514].

Daneben setzte es den „Nichtständigen Ausschuss für Humangenetik und andere neue Technologien in der modernen Medizin" ein, der sich gezielt mit medizinischen, ethischen und rechtlichen Fragestellungen der Biomedizin zu befassen hatte[515].

Auch über die Verteilung von Finanzmitteln, etwa im Rahmen der Forschungsrahmenprotokolle, ist es dem Europäischen Parlament möglich, Einfluss auf Forschungsvorhaben auszuüben und bestimmte Vorhaben auszuschließen, indem ihre finanzielle Unterstützung versagt wird.

Die Herstellung von Embryonen nur zu Forschungszwecken ist in einem Großteil der Mitgliedstaaten verboten. Die European Group on Ethics of Science and New Technologies (EGE), die als Beratergremium der Europäischen Kommission, des Rates und des Parlaments zu Fragen der Ethik im Bereich neuer Technologien eingesetzt wurde, hat in ihrem Bericht vom 20. Juni 2007 bezüglich der Frage der ethischen Überprüfung von Forschungsprojekten im Rahmen des 7. Rahmenprogramms darauf hingewiesen, dass Arbeiten zur Herstellung von Embryonen zu Forschungszwecken (was auch das sogenannte therapeutische Klonen umfasst) nicht unterstützt werden sollten. So sieht das 7. Forschungsrahmenprogramm[516] in seinem Art. 6 auch ein Verbot der Finanzierung von Projekten zur Herstellung von Embryonen zu Forschungszwecken vor.

Klar zum Ausdruck – sowohl in dem durch gemeinschaftliche Mittel der EU finanzierten 7. Forschungsrahmenprogramm[517] als auch in den Entschließungen – kommt, dass therapeutisches wie auch reproduktives Klonen[518] sowie die

---

513 Vgl. *Schulz*, Biomedizin, S. 26; sowie *Heyer/Dederer*, Präimplantationsdiagnostik, Embryonenforschung, Klonen, S. 105 f; *Starck*, EuR 2006, S. 1, 9 ff.

514 Siehe Entschließung des Europäischen Parlaments zur Zukunft der Biotechnologieindustrie vom 15.03.2009, Punkt 6.

515 Abrufbar unter http://www.europarl.europa.eu/comparl/tempcom/genetics/intro_de.htm [Stand 18.11.2013].

516 Abl. der EU vom 30.12.2006, Nr. L 412/1.

517 Vgl. Art. 6 des 7. Forschungsrahmenprogramms, Abl. der EU vom 30.12.2006, Nr. L 412/1.

518 Vgl. die Entschließung des Europäischen Parlaments zum Klonen von Menschen vom 07.09.2000.

Keimbahnintervention und die verbrauchende Embryonenforschung[519] in Europa abgelehnt werden.

Somit ist zwar eine Einflussnahme des Europäischen Parlaments auf EU-Ebene möglich, rechtliche Verbindlichkeit entfalten diese Entschließungen und ähnliche Bekenntnisse jedoch nicht.

Etwas anderes könnte sich daher aus den Richtlinien und Verordnungen betreffend die Biotechnologie und –medizin ergeben. Verordnungen entfalten gem. Art. 288 Abs. 2 AEUV unmittelbare Wirkung in den Mitgliedstaaten und sind für diese bindend, ohne eines Umsetzungsaktes zu bedürfen, während Richtlinien gem. Art. 288 Abs. 3 AEUV innerhalb einer gesetzten Frist in innerstaatliches Recht umgesetzt werden müssen. Somit entfalten sowohl die Vorgaben in Verordnungen als auch die in Richtlinien letztlich rechtliche Verbindlichkeit in den Mitgliedstaaten.

Von Bedeutung für diese Frage könnten im Bereich der biomedizinischen Forschung die sog. „Bio-Patent-Richtlinie“ 98/44/EG zum Schutz biotechnologischer Erfindungen[520], die Richtlinie 98/79/EG über In-Vitro-Diagnostika[521], die Richtlinie 2001/20/EG über die Anwendung der guten klinischen Praxis bei der Durchführung von klinischen Prüfungen mit Humanarzneimitteln[522] und die Gewebe-und-Zellrichtlinie 2004/23/EG[523] sein.

Daneben könnte der Verordnung Nr. 1394/2007 des Europäischen Parlaments und des Rates über Arzneimittel für neuartige Therapien und zur Änderung der Richtlinie 2001/83/EG und der Verordnung (EG) Nr. 726/2004[524] Bedeutung zuzumessen sein.

Lassen sich diesen Regelwerken Aussagen darüber entnehmen, dass bestimmte Verfahren, Therapien oder Untersuchungen auf europäischer Ebene ausgeschlossen werden sollen, so kann diese Festlegung die Beurteilung der Strafberechtigung beeinflussen. Was europaweit missbilligt wird, kann, auch wenn vereinzelt einige Mitgliedstaaten dies anders sehen, Einfluss auf die Beurteilung der nationalen Strafberechtigung ausüben.

---

519 Vgl. die Entschließung des Europäischen Parlaments bzgl. des am 08.09.1995 erteilten Patents Nr. EP 695 351 vom 08.12.2000.

520 Abl. der EG vom 30.07.1998, Nr. L 213/13.

521 Abl. der EG vom 07.12.1998, Nr. L 331/1.

522 Abl. der EG vom 01.05.2001, Nr. L 121/34.

523 Abl. der EG vom 07.04.2004, Nr. L 102/48.

524 Abl. der EG vom 10.12.2007, Nr. L 324/121.

Konsens besteht hiernach darüber, dass Eingriffe in die menschliche Keimbahn[525], das Klonen menschlicher Lebewesen[526] sowie die Verwendung von menschlichen Embryonen zu industriellen oder kommerziellen Zwecken[527] abzulehnen sind. Obwohl darüber sowie über die Ablehnung der Herstellung von hybriden Lebewesen, die aus Keimzellen oder totipotenten Zellen von Mensch und Tier entstehen, Einigkeit zu bestehen schien[528], konnte man sich trotz der heftigen Diskussion um den Erlass der Verordnung 1394/2007 hier auf eine Festschreibung ethischer Grundprinzipien zum Bedauern vieler Parlamentarier[529] nicht einigen. Zur Festsetzung der geforderten Verbote der Eingriffe in die menschliche Keimbahn, der Kommerzialisierung des menschlichen Körpers und seiner Teile und der Herstellung von Mensch-Tier-Mischlebewesen kam es letztlich nicht. Über die Herstellung von sogenannten „Hybridlebewesen" bzw. „Chimären", also Mischlebewesen aus Tier und Mensch ist derzeit noch keine verbindliche Aussage zu ihrer Zulässigkeit zu finden[530]. Auch über die Embryonenforschung allgemein lassen sich keine konkreten Regelungen finden.

Ähnlich vage verhält es sich mit den Aussagen, die in der EGRC zu finden sind: Zwar findet sich in Art. 3 Abs. 2 EGRC ein eigenständiger Absatz betreffend die körperliche Unversehrtheit im Rahmen der Medizin und Biologie. Eine hinreichend konkrete Aussage lässt sich jedoch nur dem 4. Spiegelstrich entnehmen, die deutlich macht, dass hinsichtlich des reproduktiven Klonens[531] insoweit europaweiter Konsens dahingehend besteht, dass dieses „gegen die öffentliche Ordnung

---

525 Vgl. Art. 9 Abs. 6 der RL 2001/20/EG; EWG 40, Art. 6 Abs. 2 lit.b) der RL 98/44/EG.

526 EWG 40, Art. 6 Abs. 2 lit.a) der RL 98/44/EG, Abl. der EG vom 30.07.1998, Nr. L 213/13; eine nähere Differenzierung zwischen reproduktivem und therapeutischem Klonen findet sich hier nicht.

527 Art. 6 Abs. 2 lit.c) der RL 98/44/EG, Abl. der EG vom 30.07.1998, Nr. L 213/13.

528 Vgl. EWG 38 der RL 98/44/EG, Abl. der EG vom 30.07.1998, Nr. L 213/13.

529 Vgl. u.a. Hiltrud Breyer, Offener Brief 2007.

530 In Deutschland ist diese Vorgehensweise durch § 7 ESchG ausgeschlossen und mit Strafe bedroht, während in Großbritannien die Herstellung von Hybriden und Chimären durch Klonen durch den Human Fertilisation and Embryology Act von 2008 ermöglicht worden ist.

531 Beim reproduktiven Klonen wird ein vollständiger, lebensfähiger Organismus geschaffen, während dagegen beim therapeutischen Klonen die Gewinnung von Embryonen zum Zwecke der Forschung im Mittelpunkt steht, bei der lediglich bestimmte Zelltypen mit spezifischen Funktionen geschaffen werden sollen, vgl. dazu *Quaas/Zuck*, Medizinrecht § 68, Rn. 104; *Taupitz*, NJW 2001, S. 3433, 3433 ff..

und die guten Sitten verstößt“[532] und daher verboten sein soll[533]. Das ausdrückliche Erwähnen nur des reproduktiven Klonens lässt zu der Annahme verleiten, dass die Vornahme von Forschungsmaßnahmen zu therapeutischem Klonen[534] nicht per se einen Verstoß gegen die auch auf der Gemeinschaftsebene garantierte Menschenwürde darstellen[535].

Geht man davon aus, dass sich aus der ausdrücklichen Nennung des Verbots des reproduktiven Klonens nicht im Umkehrschluss die Unmöglichkeit der Anwendbarkeit des Art. 1 EGRC ergibt, könnte sich ein Verbot des therapeutischen Klonens jedoch durchaus aus der allgemeinen Menschenwürde des Art. 1 EGRC herleiten lassen[536]. Allerdings sprechen historische Gründe dagegen: Eine nähere Beurteilung der rechtlichen Zulässigkeit des therapeutischen Klonens sollte bewusst offen bleiben, wie den Erläuterungen des Konvents zu Art. 3 zu entnehmen ist[537]. Die Grundrechtecharta möchte diesbezüglich nicht von der Biomedizinkonvention des Europarates und dem Zusatzprotokoll über Klonen abweichen.

Das Verbot eugenischer Praktiken in Art. 3 Abs. 2, 2. Spiegelstrich EGRC könnte dahingehend relevant werden, dass Forschungsmaßnahmen, bei denen es zu Keimbahninterventionen kommt, zu untersagen sind. Nach dem Wortsinn der „Eugenik“ in seiner spezifisch biologiegeschichtlichen Bedeutung umfasst dieser Begriff Strategien generationsübergreifender Optimierung des menschlichen

532 Vgl. Erwägungsgrund 40 der RL 98/44 EG, Abl. der EG vom 30.07.1998, Nr. L 213/13.

533 Die EGRC folgt insoweit den Grundsätzen der Biomedizinkonvention des Europarates bzw. deren Zusatzprotokollen, vgl. dazu sogleich unten. Auch der Biopatent-RL (vgl. Art. 6 Abs.2 lit. a) kann eine Vorläuferrolle zugeschrieben werden, vgl. *Rixen* in Heselhaus/Nowak, HdB Europäische Grundrechte, § 11, Rn. 33.

534 Hierbei geht es um die Gewinnung von Embryonen mittels Zellkerntransfermethode (Somatic Cell Nuclear Transfer = SCNT); daneben ist die Gewinnung von Embryonen mittels dem Verfahren der In-Vitro-Fertilisation möglich.

535 Vgl. *Heyer/Dederer*, Präimplantationsdiagnostik, Embryonenforschung, Klonen, S. 107; differenzierend *Frenz*, HdB EuR, Bd. 4, Rn. 969, 983 ff.. *Höfling* in Tettinger/Stern, EGRC, hingegen regt wegen des engen Bezugs zur allgemeinen Menschenwürdegarantie eine Erstreckung des Verbots auch auf das therapeutische Klonen an, vgl. Art. 1, Rn. 24. Gestützt wird jedoch das gegenteilige Ergebnis durch die Erläuterungen des Konvents zu Art. 3 EGRC, vgl. Abl. der EU vom 16.12.2004, Nr. C 310/435.

536 Vgl. *Höfling* in Tettinger/Stern, EGRC, Art. 1, Rn. 24; siehe dazu auch *Frenz*, HdB EuR, Bd. 4, Rn. 969 f.; *Michael* in Hilgendorf/Beck (Hrsg.), Biomedizinische Forschung in Europa, S. 47, 57 f.

537 Abl. der EU vom 16.12.2004, Nr. C 310/435.

Genpools[538]. Nimmt man den Begriff in seinem spezifischen Sinn also ernst, so lassen sich Praktiken zur Keimbahnintervention gerade nicht eindeutig ausschließen[539], da dieses Verfahren gezielt auf eine permanente Veränderung des Erbguts der Keimzellen hinwirkt[540]. Es scheint somit vom Verbot des Art. 3 Abs. 2, 2. Spiegelstrich EGRC erfasst zu sein[541].

Jedoch sprechen auch hier die Entstehungsgeschichte sowie die Erläuterungen zur Grundrechtecharta gegen eine solche Sichtweise.[542] Im Übrigen haben die in den Erläuterungen angeführten Taten mit dem Begriff „Eugenik" allenfalls am Rande etwas zu tun[543].

Ähnlich problematisch ist die Frage nach der Zulässigkeit von Forschungsmaßnahmen auf dem Gebiet der Präimplantationsdiagnostik[544]. Auch die Präimplantationsdiagnostik ist nicht ausdrücklich geregelt und scheint nach den Erläuterungen des Konvents vom Anwendungsbereich des Art. 3 Abs. 2, 2. Spiegelstrich EGRC nicht erfasst. Ihrem Wortlaut nach legt die Regelung jedoch die Vermutung nahe, dass auch Forschungsmaßnahmen auf diesem Gebiet verboten sein sollen, da sich solche Untersuchungen durchaus geeignet zeigen, zweckorientierte Selektion zu betreiben.

---

538 *Höfling* in Tettinger/Stern, EGRC, Art. 3, Rn. 19; *Rixen* in Heselhaus/Nowak, HdB Europäische Grundrechte § 11, Rn. 31.

539 *Höfling* in Tettinger/Stern, EGRC, Art. 3, Rn. 19.

540 Vgl. *Müller-Terpitz*, Pränatales Leben, S. 26; *Lege* in Schulte (Hrsg.), HdB Technikrecht, S. 668, 755, 757.

541 *Höfling* in Tettinger/Stern, EGRC, Art. 3, Rn. 19.

542 Die Erläuterungen benennen ausdrücklich, dass verhindert werden soll, dass Selektionsprogramme organisiert und durchgeführt werden, die „beispielsweise Sterilisierungskampagnen, erzwungene Schwangerschaften, die Pflicht, den Ehepartner in der gleichen Volksgruppe zu wählen, usw. umfassen", was die Annahme nahe legt, dass es sich bei den Praktiken um hoheitlich organisierte oder geduldete Zwangsmaßnahmen handeln muss. Außerdem deutet der Verweis auf Art. 7 Abs.1 lit. g) des am 17.07.1998 in Rom verabschiedeten Statuts des Internationalen Strafgerichtshofs darauf hin, dass die erfassten eugenischen Praktiken eine gewisse Schwere erreichen müssen, um vergleichbar mit den dort genannten schweren Delikten zu sein; vgl. dazu auch *Borowsky* in Meyer, EGRC, Art. 3, Rn. 44; *Müller-Terpitz*, Pränatales Leben, S. 472; diff.: *Weiß*, MedR 2005, S. 458, 463.

543 *Höfling* in Tettinger/Stern, EGRC, Art.3, Rn. 19; *Rixen* in Heselhaus/Nowak, HdB Europäische Grundrechte, § 11, Rn. 31.

544 Vgl. dazu *Höfling* in Tettinger/Stern, EGRC, Art. 3, Rn. 19; *Müller-Terpitz*, Pränatales Leben, S. 472; *Rixen* in Heselhaus/Nowak, HdB Europäische Grundrechte § 11, Rn. 31; *Weiß*, MedR 2005, S. 458, 463.

Ob Forschungsmaßnahmen zur Präimplantationsdiagnostik und Keimbahnintervention per se durch die Grundrechtecharta untersagt sind, lässt sich demnach nicht eindeutig annehmen.

Angesichts der Tatsache, dass sich die EGRC hierzu nicht konkret äußert und in den Mitgliedstaaten insbesondere zur Zulässigkeit der Präimplantationsdiagnostik unterschiedliche Ansichten vertreten werden, sollte einer Auslegung dahingehend, dass auch die o.g. Verfahren vom Verbot des 2. Spiegelstrichs erfasst sind, mit Zurückhaltung begegnet werden.

Fast revolutionär wirkt dagegen die Entscheidung des EuGH vom 18. Oktober 2011 über die Auslegung der Richtlinie 98/44/EG über den rechtlichen Schutz biotechnologischer Erfindungen[545]. Gegenstand dieses Verfahrens war eine Vorlagefrage des Bundesgerichtshofs[546] nach der Auslegung des in der Richtlinie verwendeten Begriffs des „menschlichen Embryos", der in der Richtlinie selbst nicht definiert wird. Dabei ging es insbesondere um die Frage, ob eine Patentierbarkeit des menschlichen Embryos in all seinen Entwicklungsstadien von der Befruchtung der Eizelle an ausgeschlossen ist, oder ob zusätzliche Voraussetzungen erfüllt sein müssen, z.B. das Erreichen einer bestimmten Entwicklungsstadiums. Unter Betonung der Achtung der Menschenwürde sprach sich der EuGH für eine weite Auslegung des Begriffs des menschlichen Embryos aus. Da bereits die Befruchtung der menschlichen Eizelle geeignet ist, den Prozess der Entwicklung eines Menschen in Gang zu setzen, liegt nach Ansicht des Gerichts bereits ab diesem Zeitpunkt ein menschlicher Embryo vor.

Wurden für die Gewinnung dieser Stammzellen Embryonen zerstört, so die Richter, so verstoße dies gegen den Schutz der Menschenwürde. Stammzellen, die aus menschlichen Embryonen gewonnen wurden, dürfen demnach nicht patentiert werden. Damit hat sich der EuGH für eine Definition des Embryos entschieden, die letztlich jedoch nicht den – auf den ersten Blick erhofften – Befreiungsschlag für die Embryonenforschung in der EU bedeutet. Zwar beziehen sich die Ausführungen des Gerichts originär ausschließlich auf die Frage des Patentrechts und es wird sich zeigen müssen, inwiefern sich diese auf andere Gebiete der biomedizinischen Forschung übertragen lassen, denn Stellung zu der Frage, wie man in Europa zur Embryonenforschung allgemein steht, hat das Gericht nicht bezogen. Mit Blick auf die unterschiedlichen rechtlichen Wertungen innerhalb der Europäischen

545 EuGH in Rs C-34/10 – *Brüstle* (Noch nicht in der amtlichen Sammlung veröffentlicht). Das Vorabentscheidungsersuchen war durch den BGH am 21.01.2010 beim EuGH eingereicht worden und betraf insbesondere die Auslegung des Art. 6 der Richtlinie.

546 Im Folgenden: BGH.

Union, in der in Ländern wie Schweden und Großbritannien die Herstellung von Stammzellen aus menschlichen Embryonen zu Forschungszwecken gerade erlaubt ist und bleibt, verwundert dies auch nicht. Dennoch ist es letztlich zu begrüßen, dass es zu einer verbindlichen Definition des menschlichen Embryos durch das höchste Gericht in der EU gekommen ist. Neben den vielen Diskussionen und die Debatte um die Zukunft der europäischen Forschungsrahmenprogramme[547] bleibt abzuwarten, welche konkreten Auswirkungen diese Entscheidung für zukünftige europäische Verbundprojekten haben wird.

bb. Europarat

Die Biomedizinkonvention des Europarates[548] stellt seit 1997 den weltweit ersten völkerrechtlich verbindlichen Vertrag zum Schutz der Menschenrechte auf dem Gebiet der biomedizinischen Forschung und zur Regelung der Embryonenforschung dar[549]. Vier Zusatzprotokolle, die ergänzende Regelungen und Konkretisierungen zu einzelnen Bereichen enthalten, sind bisher beschlossen worden[550].

Art. 18 der Konvention regelt den Bereich der Embryonenforschung und trägt in Abs. 1 den Signatarstaaten einen Mindeststandard hinsichtlich des Schutzes der in vitro hergestellten Embryonen auf[551]. Die Formulierung „angemessener Schutz" ist jedoch nur sehr unbestimmt und eröffnet weitreichende Interpretationsspielräume, so dass dieser Regelung keine konkrete Aussage hinsichtlich der Zulässigkeit oder eines Verbots der Embryonenforschung entnommen werden kann[552].

Art. 18 Abs. 2 der Konvention ist das recht deutliche Verbot der Erzeugung menschlicher Embryonen allein zu Forschungszwecken zu entnehmen. Die auf den ersten Blick eindeutig erscheinende Aussage darf jedoch nicht über ihre tatsächlichen Schwächen hinwegtäuschen. Die zentrale Frage, wann von einem „Embryo" im Sinne der Konvention auszugehen ist, bleibt die Konvention ebenso

---

547 Vgl. dazu die Ausführungen im 7. Teil unter B.

548 BMK 1997.

549 *Taupitz*, Rechtliche Regelungen, S. 3.

550 Zusatzprotokolle zur BMK 1997 – über das Verbot des Klonens von menschlichen Lebewesen; – bezüglich der Transplantation von menschlichen Organen und Gewebe; – betreffend der biomedizinischen Forschung und betreffend der Gentests zu gesundheitlichen Zwecken, alle abrufbar unter http://conventions.coe.int/Treaty/Commun/ListeTraites.asp?MA=9&CM=7&CL=GER [Stand 18.11.2013].

551 Vgl. *Heyer/Dederer*, Präimplantationsdiagnostik, Embryonenforschung, Klonen, S. 92.

552 Vgl. *Haßmann*, Embryonenschutz im Spannungsfeld, S. 10 ff.; ähnlich *Heyer/Dederer*, Präimplantationsdiagnostik, Embryonenforschung, Klonen, S. 92.

schuldig wie die Frage, ob unter das Verbot auch Verfahrensweisen des therapeutischen Klonens zu fassen sind. Vielmehr wird in Anbetracht der unterschiedlichen nationalen Wertevorstellungen auf eine konkrete Definition des Begriffs des „Embryos“ verzichtet, so dass es den einzelnen Staaten selbst überlassen bleibt zu entscheiden, ab welchem Entwicklungsstadium der von den jeweiligen Regelungswerken festgesetzte Schutz greift[553].

Auch das Zusatzprotokoll zum Übereinkommen zum Schutz der Menschenrechte und der Menschenwürde im Hinblick auf die Anwendung von Biologie und Medizin über das Verbot des Klonens von menschlichen Lebewesen[554], in dem ausdrücklich nur das Verbot des reproduktiven Klonens genannt ist, lässt diese Frage unbeantwortet. Entscheidend ist auch hiernach, wie sich „menschliches Wesen“ definiert bzw. ab welcher Entwicklungsstufe ein solches anzunehmen ist.

Von einem verbindlichen Verbot des therapeutischen Klonens ist angesichts des fehlenden Konsenses bezüglich dieser Frage in den Mitgliedstaaten und einer verbindlichen Definition, was unter einem „Embryo“[555] bzw. einem „menschlichen Wesen“[556] zu verstehen ist, daher nicht auszugehen. So lässt sich das eigentliche Verbot der Herstellung von Embryonen zu Forschungszwecken unschwer dadurch umgehen, dass auf die eigene innerstaatliche Auffassung zum rechtlichen Status des Embryos verwiesen wird, nach der die beim therapeutischen Klonen gewonnenen Zellen nicht als „Embryonen“ im Sinne der Biomedizinkonvention qualifiziert bzw. die Herstellung von Embryonen mit einer anderen Zielsetzung, beispielweise einer Therapie, verbunden werden.

Auch ein Verbot verbrauchender Embryonenforschung lässt sich aus dem Wortlaut des Art. 18 nicht ableiten[557]. Die Regelungen des Art. 18 und des Zusatzprotokolls entfalten demnach weniger tatsächlichen Schutz, als sie eher symbolischen Charakter aufweisen[558].

---

553 *Haßmann*, Embryonenschutz im Spannungsfeld, S. 10 ff.; vgl. dazu auch *Riedel* in Taupitz (Hrsg.), Menschenrechtsübereinkommen zur Biomedizin, S. 29, 34 ff..

554 Im Folgenden: Zusatzprotokoll zur BMK über das Verbot des Klonens menschlicher Lebewesen 1998, abrufbar unter http://conventions.coe.int/Treaty/Commun/ListeTraites.asp?MA=9&CM=7&CL=GER [Stand 18.11.2013]; Vgl. dazu *Taupitz*, Rechtliche Regelungen, S. 3 ff., 5.

555 Vgl. Art. 18 BMK.

556 Vgl. Art. 1 des Zusatzprotokolls zur BMK über das Verbot des Klonens menschlicher Lebewesen 1998.

557 Vgl. *Haßmann*, Embryonenschutz im Spannungsfeld, S. 10 ff.

558 Vgl. *Haßmann*, Embryonenschutz im Spannungsfeld, S. 13; *Riedel* in Taupitz (Hrsg.), Menschenrechtsübereinkommen zur Biomedizin, S. 30, 36 f..

Ebenfalls findet sich kein deutliches Verbot von Keimbahninterventionen. So sind Eingriffe in das menschliche Genom nach Art. 13 der Konvention zu präventiven, therapeutischen oder diagnostischen Zwecken grundsätzlich zulässig. Da sie nur dann untersagt sind, wenn sie gezielt eine Veränderung des Genoms von Nachkommen herbeiführen, wird kritisiert, dass dies leicht umgangen werden kann, indem eines der genannten Primärziele vorgeschoben und die Veränderung der Keimbahnzellen dabei lediglich billigend in Kauf genommen wird[559].

Bislang wurde die Konvention erst von 35 Mitgliedstaaten unterzeichnet und ist in 29 Mitgliedstaaten nach Ratifizierung in Kraft getreten[560]. Für die Staaten, die die Konvention weder unterzeichnet noch ratifiziert haben[561], können die enthaltenen Regelung keine (völker -) rechtliche Verbindlichkeit entfalten.

b. Vereinheitlichung auf internationaler Ebene

Das Verbot reproduktiven Klonens dürfte mittlerweile auch auf internationaler Ebene als Völkergewohnheitsrecht gelten[562]. So wird dieses Verbot neben dem Zusatzprotokoll zur BMK über das Verbot des Klonens menschlicher Lebewesen 1998[563] und der Grundrechtecharta[564] auch in der UNESCO-Deklaration zum menschlichen Genom und zu den Menschenrechten von 1997 (Art. 11)[565] sowie in der Resolution Cloning in Human Reproduction der WHO aus dem Jahre 1997[566] genannt. Übereinstimmend verbieten sie jedoch letztlich ausdrücklich alle nur das reproduktive[567], nicht auch das therapeutische Klonen.

---

559 Vgl. *Taupitz/Brewe/Schelling* in Taupitz (Hrsg.), Menschenrechtsübereinkommen zur Biomedizin, S. 409, 481.

560 Einzusehen auf der Seite des Europarates unter http://conventions.coe.int/Treaty/Commun/ChercheSig.asp?NT=164&CM=1&DF=&CL=GER [Stand 18.11.2013].

561 So z.B. Deutschland, Belgien, Großbritannien, Österreich oder die USA.

562 *Heyer/Dederer*, Präimplantationsdiagnostik, Embryonenforschung, Klonen, S. 129, 133.

563 Zusatzprotokoll zur BMK über das Verbot des Klonens menschlicher Lebewesen 1998.

564 Abl. der EU vom 30.03.2010, Nr. C 83/389.

565 UNESCO Deklaration menschliches Genom und Menschenrechte 1997.

566 WHO Resolution 1997.

567 In der UNESCO Deklaration menschliches Genom und Menschenrechte1997wird ausdrücklich zwar nur das reproduktive Klonen genannt, eine Auslegung könnte jedoch durchaus ergeben, dass auch das therapeutische Klonen als eine der Menschenwürde zu widerlaufende Praktik angesehen werden kann und somit nicht erlaubt sein soll, vgl. zum Ganzen *Heyer/Dederer*, Präimplantationsdiagnostik, Embryonenforschung, Klonen, S. 100.

Mit der Frage nach einem vollständigen Verbot des Klonens von Menschen, einschließlich des therapeutischen Klonens, hatte sich die Vollversammlung der Vereinten Nationen von 2001 an befasst. Das Ziel, eine für die Mitgliedstaaten rechtlich verbindliche Konvention mit einem völligen Klonverbot zu erlassen[568], konnte letztlich jedoch nicht erreicht werden[569]. Der langwierige Verhandlungsprozess, dem im Wesentlichen zwei Entwürfe zugrunde lagen[570], fand schließlich sein vorläufiges Ende im Erlass der rechtlich unverbindlichen Erklärung zum Klonen von Menschen der Vereinten Nationen von 2005[571]. Diese enthält den Aufruf an alle Mitgliedstaaten der Vereinten Nationen zu einem völligen Verbot des Klonens von Menschen, da sich jegliches Klonen von Menschen nach der Erklärung als unvereinbar mit dem Schutz der Menschenwürde und des menschlichen Lebens darstellt. Sie hat jedoch mangels rechtlicher Verbindlichkeit lediglich empfehlenden Charakter. So sehen sich deshalb auch Staaten wie Großbritannien oder Belgien unbeeindruckt von diesem Dokument und lassen das therapeutische Klonen zu Forschungszwecken zu[572].

Auch die allgemeine Erklärung der UNESCO zum menschlichen Genom und zu den Menschenrechten von 1997[573] sowie die Erklärung über Bioethik und Menschenrechte von 2005[574] stellen keine rechtlich verbindlichen Instrumente dar und

568 Die zum Erlass einer Konvention erforderliche Zwei-Drittel-Mehrheit fehlte und so konnte letztlich nur eine rechtlich nicht bindende Resolution verabschiedet werden, vgl. hierzu *Heyer/Dederer*, Präimplantationsdiagnostik, Embryonenforschung, Klonen, S. 103 f..

569 Eine detaillierte Übersicht über den Verlauf der Verhandlungen einschließlich der Entschließungsentwürfe findet sich unter http://www.un.org/law/cloning/[Stand 18.11.2013].

570 So enthielt ein Entwurf ein vollständiges und sofortiges Verbot des reproduktiven wie auch therapeutischen Klonens, vgl. A/C.6/59/L.2 während nach dem zweiten eingebrachten Entwurf lediglich ein sofortiges Verbot des reproduktiven Klonens gefordert wurde, vgl. A/C.6/59/L.8, abrufbar unter http://www.un.org/law/cloning/[Stand 18.11.2013].

571 Erklärung Vereinte Nationen 2005.

572 So verbietet in Großbritannien weder der Human Fertilisation and Embryology Act von 1990 oder 2008 noch der Human Reproductive Cloning Act von 2001 das therapeutische Klonen; In Belgien erlaubt Art. 4 § 1 des „loi relative à la recherche sur les embryos in vitro“ vom 11.05.2003 die ausnahmsweise Erzeugung von Embryonen zu Forschungszwecken, falls die Forschung an überzähligen Embryonen zur Zweckerreichung nicht ausreicht.

573 UNESCO Deklaration menschliches Genom und Menschenrechte 1997.

574 UNESCO Deklaration Bioethik und Menschenrechte 1997.

entfalten allenfalls richtunggebende Wirkung. Dennoch kann die Humangenomerklärung der UNESCO als Meilenstein in der internationalen Bioethik-Diskussion gesehen werden, da es erstmals gelang[575], dass sich alle Regierungen auf grundlegende bioethische Prinzipien einigten.

Die Deklaration verbietet nicht nur das reproduktive Klonen, sondern sieht auch Eingriffe in die menschliche Keimbahn als unvereinbar mit der Menschenwürde an, Art. 24. Dem Themengebiet der Embryonenforschung nimmt sich die Deklaration jedoch im Übrigen nicht weiter an[576].

c. *Zusammenfassung*

Vergleichsweise unumstritten lässt sich festhalten, dass über das Verbot des reproduktiven Klonens allgemeiner Konsens besteht. Ein gleichgerichtetes Interesse der Staatengemeinschaft ließe sich demnach für Vorhaben annehmen, die das Verfahren des reproduktiven Klonens zum Gegenstand haben.

Eine allgemein gültige Aussage zur Zulässigkeit der Keimbahnintervention zu treffen gestaltet sich bereits schwierig. Während die Humangenomdeklaration der UNESCO diese in Art. 24 als unvereinbar mit der Menschenwürde ansieht und auch die Richtlinien 98/79/EG sowie 2001/20/EG Methoden und Erfindungen, die auf einem solchen Eingriff in die menschliche Keimbahn beruhen, ausschließen, treffen die Biomedizinkonvention des Europarates in Art. 18 und die Grundrechtecharta keine hinreichend klare Aussage, so dass sie in Ausnahmefällen zulässig sein kann[577].

Hinsichtlich der übrigen Forschungsmaßnahmen an Embryonen lassen sich in den genannten Regelwerken nur wenige Ausführungen finden. So arbeitet das International Bioethics Committee der UNESCO[578] in seinem Bericht „zur

575 Andere sehr einflussreiche Dokumente wie die Helsinki Deklaration vom Juni 1964, zuletzt geändert im Jahr 2008, in der ebenfalls grundlegende Prinzipien der biomedizinischen Forschung am Menschen festgehalten werden, wurden von Nichtregierungsorganisationen (des Weltärtzebundes) angenommen und stellen daher eine Kodifikation von Standesregeln dar. Daneben sind auch die vom Council for International Organisation of Medical Sciences (CIOMS) (gegründet von der Weltgesundheitsorganisation WHO und der UNESCO 1949) erlassenen Richtlinien für biomedizinische Forschung an Menschen aus dem Jahre 1993 zu nennen.

576 Vgl. *Haßmann*, Embryonenschutz im Spannungsfeld, S. 44 f.

577 Vgl. oben, wo als Kritikpunkt dieser Regelung festgestellt werden konnte, dass die Keimbahnintervention nur bei absichtlich herbeigeführter Veränderung des Erbguts untersagt sein soll und dieses leicht umgangen werden kann.

578 Das International Bioethics Committee wurde 1993 ins Leben gerufen und befasst sich mit spezifischen Frage

Benutzung embryonaler Stammzellen in der therapeutischen Forschung“ 2001 im Wesentlichen drei unterschiedliche international ethisch vertretene Grundhaltungen zur Forschung an embryonalen Stammzellen heraus: Teilweise findet sich die Auffassung, die Nutzung von Embryonen zur Herstellung von Stammzellen sei ethisch nicht vertretbar. Daneben wird vertreten, dass die Nutzung für spezielle medizinische Zwecke unter Einhaltung strenger Kriterien ethisch akzeptabel sei, wenn sie zur Verfolgung hochrangiger therapeutischer Ziele eingesetzt wird. Zuletzt findet sich die Anschauung, dass die Forschung an embryonalen Stammzellen angesichts der Risiken bei der Forschung und der Gefahr eines ethischen Dammbruchs verboten sein soll[579]. Bei dieser Meinungsvielfalt fällt die Formulierung eines allgemeinverbindlichen Standards schwer. Lediglich die Biomedizinkonvention des Europarates weist in Art. 18 Abs. 2 darauf hin, dass die Erzeugung von Embryonen zum Zweck der Forschung ausgeschlossen sein soll. Die Frage, wann von einem Embryo auszugehen ist, lässt sie jedoch offen. Den konkreten Schutz der Embryonen überlässt auch sie den Einzelstaaten.

So zeigt sich, dass in den Regelwerken zwar unterschiedliche (Schutz-)Niveaus zum Ausdruck kommen. Dennoch ist all diesen Normen ein Grundgedanke gemein: Sie alle zielen darauf ab, durch die getroffenen Regelungen bestimmte Rechtsgüter zu schützen, die sie als schützenswert erachten. Auch wenn sowohl national[580] als auch im europäischen und internationalen Vergleich die Fragen nach dem Beginn des menschlichen Lebens und dem Schutz der Würde des Menschen hoch umstritten sind, so steht hinter all diesen Regelwerken die Idee, diese Werte, insbesondere die Menschenwürde zu schützen. Dieser Wert zählt sowohl national als auch international zu den ranghöchsten Rechtsgütern und gilt als unbedingt schützenswert. Zwar bestehen, wie gesehen, unterschiedliche Auffassungen in der Beurteilung, wann den in den Forschungsmaßnahmen betroffenen Forschungsgegenständen dieser Schutz zukommen soll; über die grundsätzliche Bedeutung und den Verfassungsrang dieses Wertes herrscht jedoch Einvernehmen.

Aufgrund dieser unterschiedlichen Ansichten und auch Ausgestaltungen der Menschenwürdegarantie in den Mitgliedstaaten erschien bislang zweifelhaft, dass sich der EuGH zu einer verbindlichen Klärung dieser Frage bewegen lässt und das

---

n der Bioethik, um die Probleme der praktischen Anwendbarkeit biomedizinischer Entwicklungen und damit verbundene ethische Herausforderungen einer globalen Lösung zuzuführen.

579 Vgl. *Schulz*, Biomedizin, S. 100; *Heyer/Dederer*, Präimplantationsdiagnostik, Embryonenforschung, Klonen, S. 101.

580 Vgl. hierzu die Ausführungen unter 4. Teil, B.

frühembryonale Leben als Mensch qualifizieren wird[581]. Genau dies hat er jedoch mit seiner Entscheidung vom 18.Oktober 2011 zur Auslegung der Bio-Patent-Richtlinie getan[582]: Mit seinen Aussagen hat der EuGH in dieser Entscheidung deutlich zur Frage nach dem geschützten Rechtsgut Stellung bezogen: Hinter den dort getroffenen Verbotsregelungen steht für ihn der Schutz der Menschenwürde.

Zwar hat der EuGH mit seiner klaren Aussage zur Schutzwürdigkeit des Embryos einen deutlichen Vorstoß geleistet, da er ihn unter bestimmten Voraussetzungen in den Schutzbereich der Menschenwürde einbezogen hat. Auch lässt sich festhalten, dass sich hinter all den genannten Regelwerken und den dort getroffenen Verboten und Auflagen letztlich zentral der Schutz der Menschenwürde und des menschlichen Lebens, beides Rechtsgüter von hohem Rang, verbirgt. Dennoch kann es schlussendlich nicht gelingen, ein übernational schützenswertes Rechtsgut zu benennen, das die Erstreckung der Strafgewalt auf Auslandssachverhalte durch Berufung auf das Weltrechtsprinzip legitimiert.

Die rechtliche Bewertung zur Zulässigkeit von Forschungsvorhaben an Embryonen innerhalb der einzelnen Staaten Europas sowie international ist alles andere als einheitlich. Es besteht nicht nur kein Konsens hinsichtlich des Status und der Schutzwürdigkeit des Embryos, vielmehr unterscheiden sich die einzelnen zugelassenen Forschungsverfahren und Möglichkeiten in den einzelnen Staaten enorm. Sie reichen von einem absoluten Verbot der Forschung mit Embryonen[583] über die einzelfallbezogene Genehmigungsfähigkeit[584] bis hin zur grundsätzlichen Zulässigkeit und der weitgehenden Freigabe von Forschungsmaßnahmen[585].

Ein gemeinsames Sicherheitsinteresse im Sinne des Weltrechtsprinzips kann daher bei der durch eine Forschungsmaßnahme möglicherweise betroffenen

---

581 *Müller-Terpitz*, Pränatales Leben, S. 469; *Borowsky* in Meyer, EGRC, Art.1, Rn. 37; *Vöneky/Petersen*, EuR 2006, S. 340, 345 ff.; ähnlich, aber ihm den objektiven Gehalt der Menschenwürde zubilligend, *Jarass*, EU-Grundrechte, § 8, Rn. 8; a.A. *Starck*, EuR 2006, S. 1, 12.

582 EuGH, Rs. C-34/10 – *Brüstle* (noch nicht in amtlicher Sammlung erschienen)

583 Wie es sich z.B. in Deutschland findet, §§ 1 ff. ESchG, sowie in Österreich in § 9 Abs. 1 FMedG und in Italien in Art. 13 des Norme in materia di procreazione medicalmente assistita.

584 Vgl. Großbritannien, Human Fertilisation and Embryology Act 1990 bzw. 2008.

585 Zu den weltweit liberalsten Gesetzgebungen auf dem Gebiet der Embryonenforschung zählt die schwedische, vgl. das Gesetz zur Forschung und medizinischen Behandlung mit befruchteten menschlichen Eizellen vom 14. 03. 1991, 1991:115 (Act concerning Measures for Purposes or Research or Treatment involving Fertilised Human Ova), und das Gesetz vom 01.07.2006, 2006:351 (Genetic Integrity Act).

Menschenwürde des Embryos aufgrund der divergierenden ethischen nationalen Auffassungen nicht allgemeingültig ausgemacht werden.

3. Anknüpfung an die Regelung des § 5 StGB

Eine Anwendung des deutschen Strafrechts auf grenzüberschreitende Sachverhalte lässt sich im Rahmen des vorliegenden Untersuchungsgegenstandes nicht auf § 6 StGB stützen. In Betracht kommt jedoch ein Anknüpfen an die Regelungen des § 5 StGB[586]. Im Rahmen der Frage nach der Strafbarkeit von internationalen Forschungsgruppen kommen vor allem den Regelungen des § 5 Nrn. 12 und 13 StGB besondere Relevanz zu[587]. So ergeben sich aus diesen Normen strafanwendungsrechtliche Besonderheiten für Taten, die ein Forscher als Amtsträger oder als für den öffentlichen Dienst Verpflichteter begeht. Auch die Vornahme eines späten (nach deutschem Recht nach § 218 StGB strafbaren) Schwangerschaftsabbruchs im Ausland bleibt trotz Handelns jenseits deutscher Grenzen gem. § 5 Nr. 9 StGB deutschem Strafrecht unterworfen, unabhängig von der Beurteilung der Strafbarkeit des Handelns am Handlungsort. Im Rahmen der Nrn. 9, 12, 13 des § 5 StGB kommt es also zugunsten anderer Prinzipien[588] zu einer Durchbrechung des Territorialitätsprinzips[589], da es auf eine Tatbegehung im Inland nicht ankommt[590].

---

586 Siehe dazu die Ausführungen unten im 5. Teil unter A.

587 Auf die nähere Untersuchung der weiteren Regelungen des § 5 StGB soll im Folgenden deshalb verzichtet werden. Es sei jedoch der Vollständigkeit halber auf die ausführlichen Darstellungen bei *Ambos* in MüKo, § 5, Rn.12 ff., *Eser* in Schönke/Schröder, § 5, Rn. 7 ff. sowie *Lemke* in NK, 2. Aufl., § 5, Rn. 6 und *Werle/Jeßberger* in LK, 12. Aufl., § 5 Rn. 74 ff. verwiesen.

588 Im Rahmen des § 5 Nr. 12 zugunsten des aktiven Personalitätsprinzips, teilweise kombiniert mit dem Schutzprinzip, wenn es um echte Amtsdelikte geht und ein staatliches Rechtsgut gegen Angriffe im und aus dem Ausland geschützt werden soll. Im Rahmen des § 5 Nr. 13 StGB ist es strittig, ob hier das aktive Personalitätsprinzip oder auch das Staatsschutzprinzip den hinreichenden völkerrechtlichen Anknüpfungspunkt darstellt. Vgl. dazu die Ausführungen unten im 5. Teil unter A, III, 1, b.

589 Diese „Durchbrechung" des Territorialitätsprinzips zugunsten des aktiven Personalitätsprinzips findet sich auch in anderen Regelungen des § 5. Hierzu sei jedoch auf die Ausführungen in den soeben genannten Kommentaren verwiesen.

590 Vgl. Schaubild bei *Satzger*, Int. StR, § 5, Rn. 66; *Ambos* in MüKo, § 5, Rn. 2, 34 f.; zu § 5 Nrn. 12, 13: *Dahs/Müssig*, Gutachten, S. 19; *Eser/Koch*, Gutachten, S. 69.

Relevanz dürften die Nrn. 12 und 13 vor allem für an der Universität verbeamtete sowie für angestellte Wissenschaftler haben[591]. Für Forscher, die im dienstlichen Zusammenhang – und sei es auch nur während eines kurzen dienstlichen Aufenthalts – im Ausland beispielsweise an strafbarer Embryonenforschung mitwirken, entsteht durch die Regelungen der § 5 Nrn. 12 und 13 StGB ein erhebliches Strafbarkeitsrisiko[592]. Ebenfalls gilt dies für den ausländischen Forscher, der aufgrund seiner Anstellung in Deutschland den Status eines Amtsträgers oder eines für den öffentlichen Dienst besonders Verpflichteten erhalten hat[593]. Dabei gilt im Gegensatz zu § 5 Nr. 12 StGB deutsches Strafrecht nach Nr. 13 nur bei Auslandstaten, die ein ausländischer Forscher in seiner Eigenschaft als Amtsträger oder für den öffentlichen Dienst besonders Verpflichteter begangen hat[594]. Dies werden in der Regel, aber nicht notwendig, Amtsdelikte sein[595], so dass auch ein ausländischer Wissenschaftler einer staatlichen deutschen Universität dem deutschen Strafrecht unterliegt, wenn er in Ausübung seiner dienstlichen Stellung nach deutschem Recht verbotene Forschungsmaßnahmen im Ausland vornimmt[596].

IV. Regelung des § 9 StGB

Nach dem Territorialitätsprinzip des § 3 StGB gilt deutsches Strafrecht für Taten, die im Inland begangen werden. Entscheidend für die Geltung des deutschen Strafrechts ist demnach der Tatort. Wo dieser liegt, bestimmt § 9 StGB. Danach kommt nach dem Ubiquitätsprinzip sowohl der Handlungsort als auch der Ort des Erfolgseintritts in Betracht[597]. Die Vorschrift führt zu einer nicht unerheblichen Ausdehnung der deutschen Strafgewalt über die Staatsgrenzen hinaus, wenn auch

---

591 *Dahs/Müssig*, Gutachten, S. 20, die die Problematik allerdings nur im Rahmen des § 5 Nr. 12 StGB sehen.

592 Vgl. *Eser/Koch*, Gutachten, S. 69; ebenso *Dahs/Müssig*, Gutachten, S. 20 in Bezug auf § 5 Nr. 12 StGB.

593 Vgl. *Eser/Koch*, Gutachten, S. 69.

594 Vgl. *Ambos* in MüKo, § 5, Rn. 36; *Eser* in Schönke/Schröder, § 5, Rn. 20; *Gribbohm* in LK, 11. Aufl., § 5, Rn. 90; *Werle/Jeßberger* in LK, 12. Aufl.§ 5, Rn. 197.

595 *Ambos* in MüKo, § 5, Rn. 36; *Eser* in Schönke/Schröder, § 5, Rn. 20; *Gribbohm* in LK, 11. Aufl., § 5, Rn. 90; *Hoyer* in SK, 6. Aufl., § 5, Rn. 29; *Lemke* in NK, 2. Aufl., § 5, Rn. 27; Vgl. dazu die Ausführungen unten im 5. Teil unter A, III, 1, b, bb.

596 Vgl. *Eser/Koch*, Gutachten, S. 108.

597 U.a. *Ambos*, Int. StR, § 1, Rn. 17; *Böse* in NK, 4. Aufl., § 9, Rn. 2; *Gribbohm* in LK, 11. Aufl., § 9, Rn.1; *Lemke* in NK, 2. Aufl., § 9, Rn. 4; *Satzger*, Int.StR, § 5, Rn. 12; *Werle/Jeßberger* in LK, 12. Aufl., § 9, Rn. 3.

Taten mit Auslandsbezug als im Inland begangen erachtet und so dem Gebietsgrundsatz des § 3 StGB unterstellt werden[598].

Problematisch ist hierbei die Bestimmung des Handlungsortes bei Mittäterschaft und mittelbarer Täterschaft. Auch die Regelung des § 9 Abs. 2 StGB zum Tatort bei der Teilnahme weist Schwierigkeiten auf.

V. Ergebnis

Durch die Erstreckung der deutschen Strafgewalt auf bestimmte Auslandstaten ohne Anknüpfung an den in § 3 StGB verankerten Gebietsgrundsatz kommt es zu einer erheblichen Ausdehnung des Anwendungsbereichs des deutschen Strafrechts auf Auslandsfälle[599].

Für den Bereich der grenzüberschreitenden Forschungstätigkeiten kommt, wie gesehen, eine Legitimation durch das Weltrechtsprinzip nicht in Betracht. Im Rahmen des Fünften Teils soll daher anhand der Untersuchung der einzelnen Konstellationen und der ihnen zugrunde liegenden strafanwendungsrechtlichen Regelungen überprüft werden, ob für die Erstreckung der Strafgewalt ein hinreichender Anknüpfungspunkt zur Verfügung steht.

598 *Ambos/Ruegenberg* in MüKo, § 9, Rn.1; *Werle/Jeßberger* in LK, 12. Aufl., § 9, Rn. 5; vgl. auch *Oehler*, Int. StR, Rn. 252; zur Problematik bei Auseinanderfallen von Handlungs- und Erfolgsort *Ambos/Ruegenberg* in MüKo, § 9, Rn. 26 ff.; *Werle/Jeßberger* in LK, 12. Aufl., § 9, Rn. 54 ff.; speziell zu Internetdelikten *Bremer*, MMR 2002, S. 147, 147 ff.; *Eser* in Schönke/Schröder, § 9, Rn. 7.

599 Vgl. auch *Werle/Jeßberger* in LK, 12. Aufl., § 5, Rn. 1.

4. Teil: Strafbarkeit der Tat – Tatbestandsmäßige Beschränkung des Anwendungsbereichs

Bei der Strafbarkeit von Auslandssachverhalten stellt sich außerdem stets die Frage, ob das durch die Tat betroffene Rechtsgut überhaupt vom Schutzbereich der nationalen Tatbestände erfasst wird. Ist der Schutzbereich für das betroffene Rechtsgut nicht eröffnet, weil sich die deutsche Strafrechtsordnung nicht dem Schutz des betroffenen Rechtsguts annehmen möchte, so scheidet eine Erstrekkung der Strafgewalt auf diesen Sachverhalt von vornherein aus und die Tat ist nicht nach deutschem Recht strafbar.

A. Eröffnung des Schutzbereichs für die Anwendung deutschen Strafrechts – Allgemeine Ausführungen

Ob sich der Schutzbereich des deutschen Straftatbestandes tatsächlich auf die Auslandstat erstreckt und das betroffene Rechtsgut am nationalen Rechtsgüterschutz teilhaben soll, fragt sich insbesondere bei Auslandstaten, bei denen die Verwirklichung des Tatbestandes ein Handeln oder einen Erfolgseintritt im Inland voraussetzt oder die sich ausschließlich gegen ein ausländisches Rechtsgut richten[600]. So wollen beispielsweise die speziellen Staatsschutzdelikte der §§ 80 ff. StGB Deutschland vor Angriffen auf die äußere oder innere Sicherheit schützen, nicht jedoch sollen bzw. können andere Staaten vor Angriffskriegen durch nationales Strafrecht geschützt werden[601].

Doch auch bei Taten, die schwerpunktmäßig oder völlig im Ausland stattfinden, steht die Frage im Mittelpunkt, ob eine Ausdehnung der nationalen Strafgewalt auf solche Sachverhalte angezeigt sein kann.

Die deutsche Strafgewalt kann grundsätzlich nur gegeben sein, wenn durch den grenzüberschreitenden Sachverhalt der Schutzbereich eines deutschen Straftatbestandes auch tatsächlich tangiert wird. So kann ein Verhalten objektiv einen

600 *Eser* in Schönke/Schröder, Vor §§ 3 ff., Rn. 31.
601 *Ambos*, Int. StR, § 1, Rn. 31.

Anknüpfungspunkt im Sinne der §§ 3 ff. StGB aufweisen und die Auslandstat grundsätzlich der deutschen Strafgewalt unterliegen, dennoch kann die Strafbarkeit nach deutschem Recht, wie eben im Fall der §§ 80 ff. StGB gesehen, ausgeschlossen sein. Entscheidend ist dabei, ob das deutsche Strafgesetz nur inländische oder auch ausländische Rechtsgüter schützen möchte.

I. Schutzbereich der nationalen Straftatbestände

Der Schutzbereich des nationalen Tatbestands ist tangiert, wenn durch das Auslandsverhalten inländische Interessen derart berührt werden, dass das nationale Strafrecht als innerstaatliches Ordnungsrecht auf den Plan gerufen wird.

Die Frage, welches Rechtsgut betroffen ist und ob es dem Schutzbereich eines deutschen Straftatbestandes unterfällt, wird von den §§ 3 ff. StGB nicht beantwortet. Da die Frage nach der Eröffnung der Schutzbereichs gesetzlich auch anderweitig nicht geregelt ist und es an allgemeingültigen Kriterien fehlt[602], lässt sich nur durch Auslegung bestimmen, ob der einschlägige Tatbestand das betreffende Rechtsgut tatsächlich schützen will[603]. Man kommt bei der Frage nach der Anwendbarkeit deutschen Strafrechts auf einen Auslandssachverhalt somit nicht umhin, den Zweck der Norm zu ermitteln[604], den der Gesetzgeber bei Schaffung der Regelung verfolgt hat, um seinen nationalen Werteanschauungen Ausdruck zu verleihen.

Der Gesetzgeber beantwortet die Frage nach der Eröffnung des Schutzbereiches, indem er den Umfang des inländischen Rechtsgüterschutzes bestimmt[605]. Rechtsgüter, die der deutsche Staat aufgrund seiner gesetzgeberischen Entscheidung nicht zu schützen vermag oder zu deren Schutz er nicht berufen ist[606], unterstehen daher von vornherein nicht dem inländischen Rechtsgüterschutz.

---

602 Vgl. *Eser* in Festgabe BGH, S. 3, 8; *Oehler*, JR 1980, S. 485, 485.

603 *Ambos*, Int. StR, § 1, Rn. 33; *Gribbohm*, in LK, 11. Aufl., Vor §§ 3 ff., Rn. 161; *Lackner/Kühl*, Vor §§ 3 ff., Rn. 9; *Obermüller*, Der Schutz ausländischer Rechtsgüter, S. 71 f.; *Oehler*, Int. StR, Rn. 233; *Nowakowski*, JZ 1971, S. 633, 634, *Werle/Jeßberger* in LK, 12. Aufl., Vor §§ 3 ff., Rn. 272; so auch *Schlüchter* in FS Oehler, S. 307, 311.

604 Vgl. *Schlüchter* in FS Oehler, S. 307, 311.

605 *Ambos*, Int. StR, § 1, Rn. 31; 33; ähnlich auch *Lüttger* in FS Jescheck, S. 121, 124.

606 Beispielsweise zum Schutz der territorialen Integrität, der Finanzen, der Staatsgewalt, der Rechtspflege oder der Verwaltung, vgl. *Eser* in Schönke/Schröder, Vor §§ 3ff., Rn. 34; *Lemke* in NK, 2. Aufl., Vor §§ 3 ff., Rn. 31.

Im Kern geht es um die Frage, ob der zugrunde liegende Sachverhalt die Ordnungsaufgaben des inländischen Rechts stört, was dann der Fall ist, wenn inländische Rechtsgüter tangiert sind. Berührt die Verhaltensweise hochrangige staatliche Interessen oder bringt Individualrechtsgüter in Gefahr, so entsteht für den deutschen Staat ein Interesse daran, diese Taten zu bestrafen, um seiner Aufgabe, einem umfassenden Rechtsgüterschutz gerecht zu werden.

1. Individualrechtsgüter

Werden durch die Tat Rechtsgüter betroffen, die allen Individuen gleichermaßen zukommen, so erfahren diese unabhängig von der Belegenheit des Rechtsguts oder der Nationalität des Verletzten Schutz durch nationales Strafrecht[607]. Demnach ist es allgemeine Auffassung[608], dass Individualrechtsgüter wie die Freiheit, die Ehre, das Leben oder das Vermögen des Einzelnen als grenzüberschreitend schutzwürdige Rechtsgüter zu qualifizieren sind. Sie werden dadurch nicht zu inländischen Rechtsgütern. Der Gedanke, sie dem Schutz durch das nationale Strafrecht zu unterstellen, rührt vielmehr aus dem völkerrechtlichen Gedanken des Fremdenrechts, wonach jeder Staat verpflichtet ist, den unveräußerlichen Rechten eines jeden Menschen ein Mindestmaß an Schutz zu gewähren[609].

2. Kollektivrechtsgüter

Daneben können auch Tatbestände, die dem Schutz inländischer öffentlicher Rechtsgüter dienen, (ohne zugleich Individualrechtsgüter zu schützen), der deutschen Strafgewalt unterliegen[610]. Anders als bei den Individualrechtsgütern entscheidet sich hier anhand des Rechtsgutsträgers, ob es sich um ein inländisches oder ausländisches Rechtsgut handelt[611]. So dient das deutsche Strafrecht bei der Gefährdung oder Verletzung von Kollektivrechtsgütern in der Regel allein dem Schutz seiner eigenen inländischen Interessen[612]. Werden die fiskalischen oder

607 *Ambos*, Int. StR, § 1, Rn. 37; *ders.* in MüKo, Vor §§ 3 ff., Rn. 86; *Eser* in Schönke/Schröder, Vor §§ 3 ff., Rn. 32; *Lemke* in NK, 2. Aufl., Vor §§ 3 ff., Rn. 28; vgl. auch *Oehler*, JR 1980, S. 485, 485.

608 Vgl. *Taupitz* in FS Hausheer, S. 733, 749.

609 *Ambos*, Int. StR, § 1, Rn. 37; *Böse* in NK, 4. Aufl., Vor §§ 3 ff., Rn. 56.

610 *Lemke* in NK, 2. Aufl., Vor §§ 3 ff., Rn. 30.

611 *Satzger*, Int. StR, § 6, Rn.1.

612 *Ambos*, Int. StR, § 1 Rn. 34.

verwaltungsrechtlichen Interessen eines ausländischen Staates berührt, so ist dieser selbst berufen, seine Interessen zu schützen.

Dies folgt schon daraus, dass die nationale Staatsgewalt nicht dazu berufen sein kann, innere Angelegenheiten anderer Staaten zu regeln[613]. So zeichnen sich solche Tatbestände meist dadurch aus, dass sie eng mit den Eigenarten der jeweiligen nationalen Rechtsordnungen verbunden sind und schon deshalb nicht von einer anderen Strafgewalt beurteilt werden können[614], um die staatliche Souveränität anderer Staaten nicht zu untergraben.

3. Ausnahmsweise Erstreckung des nationalen Rechtsgüterschutzes auf ausländische Rechtsgüter

Ausländische Rechtsgüter, die staatliche Interessen anderer Hoheitsträger betreffen, werden in der Regel schon tatbestandlich nicht erfasst und fallen daher bereits auf dieser Ebene aus dem Schutzbereich des deutschen Strafrechts heraus[615]. Nur in Ausnahmefällen wird der Schutz ausländischer Einrichtungen und deren Interessen durch deutsches Strafrecht gesondert angeordnet, so in den §§ 102 ff., 129 StGB. Hier werden ausnahmsweise auch ausländische Rechtsgüter vom Schutz nationaler Straftatbestände erfasst.

Darüber hinaus kann die Erstreckung auf ausländische Rechtsgüter auch auf völkerrechtlichen Staatsverträgen beruhen[616]. So wurden etwa zugunsten einiger NATO-Vertragspartner bestimmte Staatsschutztatbestände (§§ 93 ff., 109 d ff., 113 ff., 333 f. StGB) durch Art. 7 des StÄG[617] erweitert. Daneben kann es nach § 162 Abs. 1 StGB im Rahmen der Aussagedelikte dort zu einer Schutzbereichserweiterung kommen, wo es sich um Verfahren vor supra- oder internationalen Gerichtshöfen handelt und sich eine entsprechende völkervertragliche Vereinbarung, die eine solche Ausdehnung zulässt, finden lässt[618].

---

613 *Eser* in Schönke/Schröder, Vor §§ 3ff., Rn. 35; so auch *Oehler* in FS Mezger, S. 83, 99; *Ambos*, Int. StR, § 1, Rn. 34.

614 *Ambos*, Int. StR, § 1, Rn. 34; vgl. auch *Oehler* in FS Mezger, S. 83, 99,; *ders.* in JR 1980, S. 485, 485.

615 So *Eser* in Schönke/Schröder, Vor §§ 3 ff., Rn. 34; sowie *Lemke* in NK, 2. Aufl., Vor §§ 3 ff., Nr. 28, 31.

616 *Ambos*, Int. StR., § 1, Rn. 35, *Eser* in Schönke/Schröder, Vor §§ 3 ff., Rn. 39.

617 BGBl. I 1957, 597 ff.; vgl. dazu Art. VII Abs.11 des NATO – Truppenstatuts, BGBl. II, 1961, S. 1190, 1198.

618 *Ambos*, Int. StR, § 1, Rn. 35; *Gribbohm* in LK, 11. Aufl., Vor §§ 3 ff., Rn. 183; *Lüttger* in FS Jescheck, S. 121, 165 ff.; *Obermüller*, Der Schutz ausländischer Rechtsgüter,

Auch für schutzwürdige Interessen und Institutionen der Europäischen Gemeinschaft spielt die Erstreckung des Schutzbereiches nationaler Straftatbestände eine wichtige Rolle. Aus dem sog. Assimilierungsprinzip ergibt sich, dass insbesondere die Finanzinteressen der EU grundsätzlich vom Schutz der nationalen Vermögenstatbestände erfasst sein sollen[619].

Daneben kann die Einordnung einiger Tatbestände jedoch Schwierigkeiten bereiten[620]. So finden sich Regelungen, die nur auf den ersten Blick dem Schutz von Hoheitsinteressen dienen, daneben gleichsam den Schutz eines Individualrechtsguts verfolgen[621]. Die Feststellung, dass ein betreffender Tatbestand dem Schutz hoheitlicher Belange dienen soll, schließt nicht die Überlegung aus, ob daneben noch individuelle Interessen betroffen sein können[622]. Dient der Tatbestand zwar nicht ausschließlich, aber doch zusätzlich dazu, entsprechende Nachteile von Personen abzuwenden, so müssen auch diese Fälle dem deutschen Strafrecht unterfallen[623]. Entscheidend ist dabei stets, dass der betreffende Tatbestand einen eigenständigen Schutzzweck verfolgt und nicht nur bloßer Schutzreflex ist[624].

S. 204 ff., 206; *Satzger*, Int. StR, § 6, Rn. 3; *Werle/Jeßberger* in LK, 12. Aufl.,Vor §§ 3 ff., Rn. 302.

619 *Ambos*, Int. StR, § 1, Rn, 35; *Dannecker*, ZStW 108, 1996, S. 577, 585; *ders.* in Eser/ Huber (Hrsg.), Strafrechtsentwicklung in Europa, S. 54; *Eser* in Schönke/Schröder, Vor §§ 3 ff., Rn. 39; *Tiedemann*, NJW 1990, S. 2226, 2227; vgl. dazu *Hecker*, Europ. StR, § 7, Rn. 68.

620 Vgl. *Eser* in Festgabe BGH, S. 3, 8 ff.; *Oehler*, JR 1980, S. 485, 485; *Schlüchter* in FS Oehler, S. 307, 312 ff.

621 *Schlüchter* in FS Oehler, S. 307, 312; ähnlich *Oehler*, JR 1980, S. 485, 485 f.; vgl. auch *Rath*, JA 2007, S. 26, 34; wobei *Schlüchter* betont, dass eine Auslandserstrekkung des Tatbestandes nur erfolgen kann, wenn der Tatbestand unmittelbar Individualrechtsgüter verletzt; Rath hingegen lässt allgemein eine mittelbare Beeinträchtigung des Individualrechtsguts genügen, vgl. hierzu *Ambos* in MüKo, Vor §§ 3 ff., Rn. 87; sowie *Eser* in Festgabe BGH, S. 3, 10.

622 Strittig ist in diesem Zusammenhang insbesondere die Einordnung der Aussagedelikte der §§ 153 ff., der Unterhaltspflicht des § 170 b; des Landfriedensbruchs, § 125, der Urkunds- und Umweltdelikte, sowie der Verkehrsstraftaten.

623 *Ambos*, Int. StR. § 1, Rn. 38; *Eser* in Schönke/Schröder, Vor §§ 3ff., Rn. 33; *Schlüchter* in FS Oehler, S. 307, 312 ff..

624 *Ambos*, Int. StR. § 1, Rn. 38, *ders* in MüKo, Vor §§ 3 ff., Rn. 87; *Gribbohm* in LK, 11. Aufl., Vor §§ 3 ff., Rn. 179; *Werle/Jeßberger* in LK, 12. Aufl., Vor §§ 3 ff., Rn. 275.

II. Ergebnis

Letztlich entscheidend für die Eröffnung des Schutzbereiches nationaler Straftatbestände ist die Frage, ob das betroffene Rechtsgut unter den Schutz der nationalen Rechtsordnung fallen soll.

B. Schutzbereich der Tatbestände im Rahmen der biomedizinischen Forschung

Das Verhalten im Rahmen der hier zur Rede stehenden Forschungstätigkeit müsste, um nach deutschem Strafrecht beurteilt werden zu können, inländische Interessen insoweit betreffen, dass es gerechtfertigt oder gar notwendig erscheint, das betroffene Rechtsgut dem inländischen Rechtsgüterschutz zu unterstellen[625].

Wie bereits erwähnt, werden die durch die biomedizinische Forschung tangierten Rechtsgüter im grenzüberschreitenden Vergleich höchst unterschiedlich bewertet. Der deutsche Staat nimmt hier überwiegend eine sehr restriktive Haltung ein und hat die Forschung in diesem Bereich streng reglementiert, um den hinter den Forschungsmaßnahmen stehenden Rechtsgütern möglichst umfassenden Schutz zukommen zu lassen. Nach Ansicht des nationalen Strafgesetzgebers sind demnach inländische Rechtsgüter betroffen, deren Schutz auch eine Erstreckung der Strafgewalt über die eigenen Landesgrenzen hinaus legitimieren können muss.

Für den hier näher zu untersuchenden Bereich der Embryonenforschung erscheint dies jedoch fraglich: Die Frage, ob tatsächlich Individualrechtsgüter des menschlichen Embryos in vitro betroffen sind, ob ihm Rechtsträgereigenschaft überhaupt zukommt oder er lediglich unter der Schutzpflicht des deutschen Staates steht, ist selbst im Inland höchst strittig.

I. Betroffenes Individualrechtsgut

Nach nationaler Ansicht steht hinter den Strafandrohungen des deutschen ESchG, das die hier näher zu untersuchenden Forschungsgegenstände im Wesentlichen

625 Vgl. *Ambos*, Int. StR, § 1, Rn. 31.

regelt und sanktioniert, der Schutz des pränatalen Lebens[626], der Menschenwürde und des menschlichen Lebens[627].

Angesichts der Tatsache, dass die Frage, ab wann menschliches Leben vorliegt bzw. ob das embryonale Leben bereits menschliches Leben im Sinne des Grundrechts des Art. 2 Abs. 2 S. 1 GG darstellt, umstritten ist, erscheint fraglich, ob tatsächlich ein Individualrechtsgut betroffen sein kann.

1. Individualrechtsgut – Recht auf Leben

Nach überwiegender Ansicht ist von dem biologisch bestimmbaren Zeitpunkt der Verschmelzung von Ei und Samenzelle an menschliches Leben anzunehmen[628]. Das BVerfG ließ die Frage nach dem exakten Beginn des Lebensschutzes in seinen Entscheidungen zur Abtreibung bisher unbeantwortet[629]. Indem das Gericht jedoch betonte, dass es vorliegend keiner Entscheidung bedarf, „ob, wie es Erkenntnisse der medizinischen Anthropologie nahelegen, menschliches Leben bereits mit der Verschmelzung von Ei und Samenzelle entsteht" (oder erst mit der Nidation)[630], scheint es der Definition der herrschenden Meinung nicht gänzlich ablehnend gegenüber zu stehen[631]. Damit wäre das embryonale Leben vom Schutzbereich des Art. 2 Abs. 2 S. 1 GG grundsätzlich umfasst[632].

---

626 Vgl. *Eser/Koch*, Gutachten, S. 66.

627 Vgl. Entwurf des Gesetzes zum Schutz von Embryonen, BT-Drucks. 11/5460, S. 6.

628 *Brewe*, Embryonenschutz und Stammzellengesetz, S. 77; *Classen*, DVBl. 2002, S. 141, 144; *Kunig* in von Münch/Kunig, Art. 2, Rn. 49; *Schulze-Fielitz* in Dreier, 2. Aufl., Bd. I, Art. 2 II, Rn. 29; *Stern*, Staatsrecht der BRD, Bd. III/1, § 70, IV, 5 a; *Starck* in von Mangoldt/Klein/Starck, Bd.I, Art. 2 II, Rn. 192; *ders.* in EuR 2006, S. 1, 21, 25; *Taupitz/Brewe/Schelling* in Taupitz (Hrsg.), Menschenrechtsübereinkommen zur Biomedizin, S. 409, 450. Daneben finden sich weitere Auffassungen, die den maßgeblichen Zeitpunkt für den Beginn des Lebensrechts in der Individuation, dem Beginn der Hirntätigkeit, der Überlebensfähigkeit oder der Geburt sehen oder ihn gar moralisch begründen möchten. Eine umfassende Darstellung der übrigen vertretenen Theorien zur Frage nach dem Beginn des menschlichen Lebens, auf die hier nicht näher eingegangen werden kann, finden sich bei *Böckenförde-Wunderlich*, Präimplantationsdiagnostik als Rechtsproblem, S. 170 ff., sowie bei *Müller-Terpitz* in Isensee/Kirchhof, HdB Staatrecht, Band VII, 3. Aufl., § 147, Rn. 12 ff., sowie bei *Schroth*, JZ 2002, S. 170, 175 f.

629 Vgl. BVerfGE 39, 1, 37 ff.; 88, 203, 251 ff..

630 BVerfGE 88, 203, 251.

631 *Brewe*, Embryonenschutz und Stammzellengesetz, S. 78; *Taupitz/Brewe/Schelling* in Taupitz (Hrsg.), Menschenrechtsübereinkommen zur Biomedizin, S. 409, 450 f..

632 Vgl. auch *Iliadou*, Forschungsfreiheit und Embryonenschutz, S. 136.

Fraglich bleibt jedoch, ob sich daraus für den menschlichen Embryo eine abwehrrechtliche Schutzfunktion des Grundrechts ergibt oder ihm lediglich eine staatliche Schutzpflicht des Staates zu Gute kommt. Ein subjektives Abwehrrecht kommt nur in Betracht, wenn der menschliche Embryo auch als Grundrechtsträger anzusehen ist, was erheblich umstritten ist[633]. So wird teilweise die Befruchtung[634], teilweise die Nidation[635] als frühestmöglicher Zeitpunkt für die Annahme der Grundrechtsträgereigenschaft anerkannt[636]. Auch hierzu blieb das BVerfG bislang eine klare Antwort schuldig[637]. Indem es keine besondere Notwendigkeit gesehen hat, diese Frage im Rahmen der Abtreibungsentscheidungen weitergehend zu klären, geht das Gericht offenbar von einer weitgehenden Kongruenz des objektiven und subjektiven Gewährleistungsgehalts des Grundrechts aus[638]. So betont das Gericht, dass es zur gesicherten Rechtsprechung gehöre, dass die Grundrechtsnormen nicht nur subjektive Abwehrrechte des Einzelnen gegen den Staat verkörpern, sondern die Frage, „ob und in welchem Umfang der Staat zum Schutz des werdenden Lebens von Verfassung wegen verpflichtet ist (…)", bereits aus dem „objektiv-rechtlichen Gehalt der grundrechtlichen Normen erschlossen werden" kann[639]. Diese Schutzpflicht ist für das Gericht umso ernster zu nehmen, je höher der Rang des in Frage stehenden Rechtsgutes innerhalb der Werteordnung des Grundgesetzes anzusetzen ist[640].

---

633 Vgl. *Iliadou*, Forschungsfreiheit und Embryonenschutz, S. 137 ff., bei der sich eine ausführliche Meinungsdarstellung findet; *Ipsen*, JZ 2001, S. 989, 991 f.; *Taupitz* in FS Hausheer, S. 733, 741 f.; *ders.* in FS Schreiber, S. 96, 99 f.

634 *Brewe*, Embryonenschutz und Stammzellengesetz, S. 80; *Fielitz* in Dreier, 2. Aufl., Bd. I, Art. 2 II, Rn. 29; *Kunig* in von Münch/Kunig, Art. 2, Rn. 49; *Schulze- Stern*, Staatsrecht der BRD, Bd. III/1, § 70, IV, 5 a; wohl auch *Lorenz* in Isensee/Kirchhof, HdB StR, Bd. VI, 2. Aufl., Art. 2, Rn. 12; *Vitzthum*, MedR 1985, S. 249, 252.

635 *Di Fabio* in Maunz/Dürig, GG, Art. 2 II, Rn. 24; *Jarass* in ders./Pieroth, Art. 2, Rn. 85; *Murswiek* in Sachs, Art. 2 II, Rn. 145 a f.; wohl auch *Taupitz*, NJW 2001, S. 3433, 3438.

636 Vgl. dazu auch die Ausführungen von *Müller-Terpitz* in Isensee/Kirchhof, HdB StR, Band VII, 3. Aufl., § 147, Rn. 12 ff.

637 Nach Ansicht des Bundesverfassungsgerichts kommt dem Embryo Menschenwürde- und Lebensschutz jedenfalls ab dem Zeitpunkt der Nidation zu, vgl. BVerfGE 39, 1, 40 f.; 88, 203, 251 f. Ein früheres Anerkennen des Menschenwürde- und Lebensschutzes ist demnach nicht ausgeschlossen.

638 Vgl. *Brewe*, Embryonenschutz und Stammzellengesetz, S. 81.

639 BVerfGE 39, 1, 41 f..

640 BVerfGE 39, 1, 42.

Auch wenn sich der verfassungsrechtlich gebotene Schutzstandard, der sich aus dem objektiv-rechtlichen Gehalt der Schutzpflicht ergibt, von dem des abwehrrechtlichen subjektiven Rechts des Grundrechtsträgers unterscheidet[641], trifft den Staat angesichts der Bedeutung des Rechtsguts Leben als Höchstwert der grundgesetzlichen Ordnung eine umfassende Schutzpflicht für das embryonale Leben[642].

Im Folgenden soll daher an die umfassende Schutzpflicht des deutschen Staates angeknüpft werden, die auch das BVerfG in den genannten Entscheidungen zugrunde gelegt hat und die sich aus dem objektiv-rechtlichen Gehalt des Rechts auf Leben ergibt[643].

2. Menschenwürde

Das Recht auf Leben nach Art. 2 Abs. 2 S. 2 GG stellt sich als „vitale Basis der Menschenwürde" dar[644]. Somit könnte durch die Embryonenforschung auch die Garantie der Menschenwürde berührt sein.

Ob jedoch allein die Tatsache, dass etwas im biologisch-naturwissenschaftlichen Sinne als menschliches Leben bezeichnet werden kann, genügt, um es zum Träger der Menschenwürde ernennen zu können, erscheint fraglich[645]. So wird vertreten, dem – überspitzt ausgedrückt – „embryonalen Zellhaufen in der Petrischale" fehle es nicht nur an den das menschliche Dasein ausmachenden Fähigkeiten wie der Wahrnehmungsfähigkeit für Empfindungen, dem „Ich-Bewusstsein" oder der Selbstbestimmungsfähigkeit[646]. Ihm fehle neben der Körperlichkeit auch die Erkennbarkeit: Voraussetzung des Würdeschutzes sei, dass das lebende „Etwas", und sei es nur unter dem Mikroskop, als Mensch erkennbar sei[647].

Diesem materialen Würdeverständnis tritt jedoch das BVerfG entgegen, wenn es betont, „wo menschliches Leben existiert, kommt diesem Menschenwürde zu;

641 Vgl. *Brewe*, Embryonenschutz und Stammzellengesetz, S. 81; *Classen*, DVBl. 2002, S. 141, 143; vgl. auch *Geddert-Steinacher*, Menschenwürde als Verfassungsbegriff, S. 69.

642 *Brewe*, Embryonenschutz und Stammzellengesetz, S. 81.

643 Vgl. *Brewe*, Embryonenschutz und Stammzellengesetz, S. 81; *Ipsen*, JZ 2002, S. 989, 993.

644 BVerfGE 39, 1, 42.

645 Vgl. *Brewe*, Embryonenschutz und Stammzellengesetz, S. 82.

646 Vgl. *Dreier* in Dreier, 1. Aufl., Bd. 1, Art. 1 I, Rn. 50; 2. Aufl., Art. 1, Rn. 64; *ders.* in *DÖV* 1995, S. 1036, 1038.

647 *Schmidt-Jortzig*, DÖV 2001, S. 925, 929 f..

es ist nicht entscheidend, dass der Träger sich dieser Würde bewusst ist und sie selbst zu wahren weiß"[648].

Auch die überwiegende Auffassung in der juristischen Literatur teilt diese Annahme, nach der allein die Zugehörigkeit zur menschlichen Gattung eine unmittelbare Zuordnung zum Schutzbereich des Art. 1 Abs. 1 GG ermöglicht[649]. Zentraler Streitpunkt ist jedoch erneut die Frage nach dem konkreten Zeitpunkt, zu dem dieser Schutz einsetzen soll. Die Vielfalt der unterschiedlich hierzu vertretenen Ansichten vom Abstellen auf die Befruchtung[650] bzw. die Nidation[651] bis zu einem Abstufungsmodell[652] zeigt das Konfliktpotential der Problematik[653].

Ein Blick auf den Begriff der Menschenwürde allgemein und losgelöst von der schwierigen Frage, ob und ab wann dem embryonalen Leben diese zukommen mag, macht jedoch deutlich, dass diese Frage im Rahmen der biomedizinischen Forschung und des bioethischen Diskurses zwar von zentraler Bedeutung ist, jedoch nicht abschließend und allgemeingültig vom deutschen Recht beantwortet werden kann.

So führte auch die Schwierigkeit, eine Verletzung der menschlichen Würde positiv zu formulieren, letztlich zur heute allgemein anerkannten Objektformel, nach der das menschliche Leben nicht zum Objekt menschlichen Handelns herabgewürdigt werden darf. Das Fehlen einer positiven Definition jedoch macht gerade ein flexibles Anpassen an wechselnde gesellschaftliche Vorstellungen und den allgemeinen Wandel der Zeit möglich. Der Begriff der Menschenwürde ist keineswegs statisch konzipiert, sondern orientiert sich anhand gesellschaftlicher Wertvorstellungen und zeigt sich somit durchaus entwicklungsoffen[654]. Unter diesem Blickwinkel erscheint es nicht gerechtfertigt, das embryonale Leben unter den absoluten Schutz zu stellen und im Rahmen der Embryonenforschung von einem Verstoß gegen die Menschenwürde per se auszugehen. Eine nähere Untersuchung

---

648 BVerfGE 39, 1, 41; 88, 203, 251 f..

649 Siehe mit weiteren Nachweisen *Iliadou*, Forschungsfreiheit und Embryonenschutz, S. 124 f.; vgl. auch *Brewe*, Embryonenschutz, S. 83; *Starck*, JZ 2002, S. 1065, 1067.

650 *Hillgruber*, HFR 2008, S. 111, 112; *Starck*, JZ 2002, S. 1065, 1067; *Graf Vitzthum*, MedR 1985, S. 249, 252.

651 In diese Richtung *Schroth*, JZ 2002, S. 170, 177.

652 *Herdegen*, JZ 2001, S. 773, 774 f.; *Kloepfer*, JZ 2002, S. 417, 420 f.; *Taupitz*, NJW 2001, S. 3433, 3438.

653 Vgl. auch zur „Entkoppelung der Problematik von Menschenwürdegarantie und Lebensrecht", *Dreier*, DÖV 1995, S. 1036, 1036 ff.; *Heun*, JZ 2002, S. 517, 518; *Schmidt-Jortzig*, DÖV 2002, S. 925, 926 ff..

654 Vgl. *Taupitz* in FS Schreiber, S. 96, 101.

mit den einzelnen konkretisierten Forschungsmaßnahmen zeigt gerade, dass nicht alle Vorhaben, nur weil sie in das embryonale Leben eingreifen, auch tatsächlich einen Verstoß gegen die Menschenwürde darstellen müssen[655].

Eine solche strenge Annahme der absoluten Schutzwürdigkeit des embryonalen Lebens vermag außerdem Wertungswidersprüche im Vergleich zum Schwangerschaftsabbruch nach § 218 StGB hervorzurufen. Während ein durch In-vitro-Fertilisation gezeugter und in den Mutterleib implantierter Embryo abgetrieben werden kann, soll es eine Verletzung seiner Menschenwürde darstellen, wenn die vorher nicht implantierten überzähligen Embryonen zu Forschungszwecken verwendet werden, anstatt sie „wegzuschütten".

II. Ergebnis

Wie gesehen, ist das Vorliegen eines Individualrechtsguts grundsätzlich in der Lage, die Erstreckung des Schutzbereichs des nationalen Straftatbestandes zu legitimieren. Es gilt als „minimum standard of justice", dass diesen Rechtsgütern unabhängig von Staatsangehörigkeit und Belegenheit Schutz durch die nationale Strafrechtsordnung zukommt[656]. In der Regel wird sich der nationale Gesetzgeber bei strafbewehrten Verhaltensnormen stets darauf berufen, dass sie dem Schutz hochrangiger unveräußerlicher Interessen dienen und damit unabhängig von ihrer Belegenheit und ihrer Staatsangehörigkeit schützenswert sind.

Die Strafbarkeit nach nationalem Recht scheidet demnach nur aus, wenn der in Betracht kommende Tatbestand das betroffene Rechtsgut nicht in seinen Schutzbereich aufgenommen hat.

Insbesondere im Bereich der Embryonenforschung ist jedoch, wie gesehen, höchst strittig, wie der im Mittelpunkt der Beurteilung stehende Rechtsträger – der menschliche Embryo – rechtlich einzuordnen ist, und ob und wenn ja, welche Rechte ihm zukommen.

Mit der Annahme der staatlichen Schutzpflicht für das embryonale Leben ist die Frage, ob ein Individualrechtsgut vorliegt, das die Erstreckung des Strafgewalt auf den Auslandssachverhalt legitimieren könnte, zwar nicht abschließend

---

655 Vgl. die Untersuchung bei *Brewe*, Embryonenschutz, und Stammzellengesetz, S. 85 ff.; vgl. auch *Herdegen*, JZ 2001, S. 773, 775 ff..

656 *Böse* in NK, 4. Aufl., Vor §§ 3 ff., Rn. 56; *Gribbohm* in LK, 11. Aufl., Vor §§ 3 ff., Rn. 163; *Jescheck/Weigend*, StR AT, § 18 III 8; *Werle/Jeßberger* in LK, 12. Aufl., Vor §§ 3 ff., Rn. 276.

beantwortet. Diese Frage soll und kann jedoch für die Lösung der vorliegenden Problematik nicht in den Mittelpunkt der Betrachtung gerückt werden.

Zentrales Problem ist vorliegend, dass über die Schutzwürdigkeit des entsprechenden Rechtsguts kein Konsens besteht und sich der nationale Gesetzgeber daher mit der Geltungsanordnung seiner Regelungen mit fremden Rechtauffassungen in Konflikt setzt.

C. Verhältnis des Strafanwendungsrechts zum Schutzbereich nationaler Tatbestände

Fraglich – wenn auch von geringer praktischer Bedeutung – bleibt das Verhältnis der bislang genannten Problembereiche zueinander. So stellt sich die Frage, ob sich die Untersuchung nach der tatbestandsmäßigen Beschränkung des Geltungsbereichs bereits als Vorfrage auftut oder ob sie sich erst stellen kann, wenn die Anwendbarkeit nationalen Strafrechts bereits feststeht.

I. Frage nach dem Schutzbereich als der Strafrechtsanwendung vorgelagerte Frage

Die wohl herrschende Meinung in der Literatur[657] vertritt die Auffassung, dass die Frage nach dem Vorliegen der Voraussetzungen der §§ 3 ff. StGB erst im Anschluss an die Feststellung, dass der Schutzbereich des entsprechenden Tatbestandes hinsichtlich des zur Rede stehenden Rechtsguts überhaupt eröffnet ist, relevant werden kann.

Ergibt die Auslegung des entsprechenden Tatbestandes, dass er nur inländische Rechtsgüter[658] schützen will, so findet er auf solche Taten, die nicht in diesen

---

657 Vgl. *Ambos* in MüKo, Vor §§ 3 ff., Rn. 89 f.; *Eser* in Schönke/Schröder, Vor §§ 3 ff., Rn. 31 f.; *Fischer*, StGB, Vor §§ 3 ff., Rn. 4; *Gribbohm*, in LK, 11. Aufl., Vor §§ 3 ff., Rn. 3; *Lemke* in NK, 2. Aufl., Vor §§ 3 ff., Rn. 27; *Lackner/Kühl*, Vor §§ 3 ff., Rn. 9; *Nowakowski*, JZ 1971, 633, 634; *ders.* in Perspektiven zur Strafrechtsdogmatik, S. 34; *Oehler*, JR 1978, S. 381, 382; *ders.* in JR 1980, S. 485, 485; *Schröder*, JZ 1968, S. 241, 244; *Walter*, JuS 2006, S. 870, 870; diff. *Samson* in SK, 2.Aufl., § 3 Rn. 11; *Schlüchter* in FS Oehler, S. 307, 311 f..

658 Inländische Rechtsgüter sind solche, die durch die staatliche Rechtsordnung geschützt werden. Sind Individualrechtsgüter, also persönliche Rechtsgüter wie die Freiheit, die Ehre, das Leben oder das Vermögen eines Einzelnen betroffen, so sind diese durch

Schutzbereich eingreifen, keine Anwendung. Dies gilt selbst dann, wenn im Übrigen ein Anknüpfungspunkt im Sinne der §§ 3 ff. StGB gegeben ist[659].

Dem folgt auch die Rechtsprechung, wenn der BGH[660] feststellt, dass Handlungen, die den Schutzbereich eines deutschen Straftatbestandes nicht betreffen, bereits keine „Taten" im Sinne der §§ 3 ff. StGB darstellen, weil sie nicht den Tatbestand eines Strafgesetzes verwirklichen[661]. So mag das Verhalten, das sich gegen ausländische Rechtsgüter richtet, zwar der Tatbestandsbeschreibung eines deutschen Strafgesetzes entsprechen, eine Strafbarkeit nach deutschem Recht jedoch ist ausgeschlossen, wenn das Strafgesetz ausschließlich dem Schutz inländischer Rechtsgüter dient[662]. Die Frage nach der Anwendbarkeit deutschen Strafrechts stellt sich dann nicht mehr.

II. Gegenansicht: Vorrang des Strafanwendungsrechts

Demgegenüber wird vertreten, dass sich die Frage nach der Einbeziehung der konkreten Rechtsgüter in den Schutzbereich des jeweiligen nationalen Straftatbestandes erst stellen kann, wenn die Anwendbarkeit nationalen Rechts geklärt ist[663]. Da man den Schutzumfang der nationalen Strafrechtstatbestände nur durch Auslegung ermitteln kann[664] und zur Auslegung bereits die entsprechende Norm herangezogen werden muss, befindet man sich denklogisch bereits in der Phase

---

die staatliche Rechtsordnung geschützt, unabhängig von der Staatsangehörigkeit des Betroffenen oder der Belegenheit des Rechtsgutes. Dem stehen die ausländischen Rechtsgüter gegenüber, die staatliche Interessen anderer nationaler Hoheitsträger schützen.

659 *Eser* in Schönke/Schröder, Vor §§ 3 ff., Rn. 31.

660 BGHSt 21, S. 277, 280; 29, S. 85, 88; vgl. dazu auch BGHSt 22, S. 282, 285; 40, S. 79, 81.

661 So auch *Gribbohm* in LK, 11. Aufl., Vor §§ 3 ff., Rn. 161; *Lemke* in NK, 2. Aufl., Vor §§ 3 ff., Rn. 27; *Oehler*, JR 1978, S. 381, 382; *ders.* in JR 1980, S. 485, 485; *Schröder*, JZ 1968, S. 241, 244; *Vogler* in FS Grützner, S. 149, S. 150; *Walter*, JuS 2006, S. 870, 870, Fn. 1.

662 BGHSt 29, S. 85, 88.

663 *Hoyer* in SK, 6. Aufl., Vor §§ 3 ff., Rn. 31; *Obermüller*, Der Schutz ausländischer Rechtsgüter, S. 141; *Satzger*, Int. StR., § 3, Rn. 13; *Schröder*, NJW 1990, 1406, 1406; *Werle/Jeßberger* in LK, 12. Aufl., Vor §§ 3 ff., Rn. 273; *Wessels/Beulke*, StR AT, Rn. 66.

664 *Ambos*, Int. StR, § 1, Rn. 33; *Gribbohm* in LK, 11. Aufl., Vor §§ 3 ff., Rn. 161; *Lackner/Kühl*, Vor §§ 3 ff., Rn. 9; *Nowakowski*, JZ 1971, S. 633, 634; *Obermüller*, Der

der Anwendung nationalen Rechts[665]. Die Auslegung eines Straftatbestandes setzt notwendigerweise voraus, dass dieser für die fragliche Tat auch Geltung beansprucht, weshalb die Frage nach dem Geltungsbereich vorrangig zu beantworten sei. Der Begriff der „Tat" im Sinne der §§ 3 ff. StGB ist demzufolge so zu verstehen, dass davon der der strafrechtlichen Würdigung unterstehende Lebenssachverhalt erfasst werden soll[666], so dass darunter auch Taten fallen können, die sich gegen ausländische Rechtsgüter richten.

Weiterhin sind den prozessualen Folgen Rechnung zu tragen: Ergibt sich aus den §§ 3 ff. StGB keine Anwendung deutschen Strafrechts, so liegt ein Verfahrenshindernis vor[667]. Ob der Schutzzweck des deutschen Straftatbestands tangiert ist, wird dann nicht mehr relevant[668]. Deshalb erübrige die Verneinung der Anwendbarkeit deutschen Strafrechts weitere Überlegungen zur Tatbestandsmäßigkeit, nicht aber werde umgekehrt bei Verneinung der Tatbestandsmäßigkeit die Prüfung des Geltungsbereichs obsolet[669].

III. Ergebnis

Zwar mögen beide Auffassungen zum gleichen Ergebnis kommen, letztlich sprechen jedoch die besseren Argumente für letztgenannte Ansicht.

So ist der Schutzumfang des jeweiligen Tatbestandes, wie gesehen, durch Auslegung zu ermitteln. Die Auslegung hat sich an den Vorgaben des nationalen Rechts zu orientieren. An diesem kann sie sich jedoch nur dann orientieren, wenn dieses der entsprechenden Verhaltensweise überhaupt zugrunde gelegt werden kann. Über diese Frage kann gerade erst die Untersuchung der Strafberechtigung und des anwendbaren Rechts entscheiden. Sie muss daher der Schutzbereichsuntersuchung grundsätzlich vorgehen. Im Einzelfall kann es jedoch zur Bestimmung des einschlägigen Anknüpfungsprinzips unabdingbar sein, die Frage nach dem Schutzbereich vorab zu beantworten. Da im Übrigen auch die beiden dargestellten

---

Schutz ausländischer Rechtsgüter, S. 71 f.; *Oehler*, Int. StR, Rn. 233; *Werle/Jeßberger* in LK, 12. Aufl., Vor §§ 3 ff., Rn. 272.

665 Vgl. *Satzger*, Int. StR, § 3, Rn. 13; *Werle/Jeßberger* in LK, 12. Aufl., Vor §§ 3 ff., Rn. 273.

666 *Obermüller*, Der Schutz ausländischer Rechtsgüter, S. 141.

667 Vgl. zur Doppelnatur der §§ 3 ff. die Ausführungen oben im 1. Teil unter A, II, 1.

668 *Satzger*, Int. StR, § 3, Rn. 13; so auch *Werle/Jeßberger* in LK, 12. Aufl., Vor §§ 3 ff., Rn. 273.

669 Vgl. *Ambos* in MüKo, Vor §§ 3 ff., Rn. 89; *Hoyer* in SK, 6. Aufl., Vor §§ 3 ff., Rn. 31.

Meinungen zu denselben Ergebnissen kommen, soll die Problematik an dieser Stelle nicht überbewertet werden. Letztlich ist die Frage von geringer praktischer Relevanz, denn im Hinblick auf ein Strafverfahren handelt es sich bei beiden Fragen des Schutz- und Anwendungsbereichs stets um Vorfragen[670].

Des Weiteren kann für vorliegende Untersuchung im Ergebnis festgehalten werden, dass beide Ansichten zu der Frage nach dem Bestehen der Strafgewalt von vornherein ein anderes Verständnis zugrunde legen, als dies vorliegend der Fall sein soll. Die Frage nach der Strafgewalt wird in der Literatur – wie gesehen[671] – regelmäßig als mit dem Anwendungsbereich der §§ 3 ff. StGB gleichlaufend angesehen.

Nach hier vertretener Ansicht stellt sich jedoch die Frage nach dem Bestehen der Strafgewalt im Sinne einer Strafberechtigung als zentral und daher vorrangig dar. Im Wege dieser Untersuchung sind die strafanwendungsrechtlichen Anknüpfungspunkte bereits heranzuziehen und, wenn nötig, auf gleicher Ebene die Frage nach der Eröffnung des Schutzbereichs zu beantworten[672].

Für die vorliegende Untersuchung zentral ist daher einzig die Feststellung, dass die Frage nach der Strafberechtigung der Strafrechtsanwendung zwar grundsätzlich vorzugehen hat, jedoch in der Regel nur unter Bezugnahme auf diese beantwortet werden kann.

D. Gesamtergebnis

Bevor die einzelnen Beteiligungskonstellationen untersucht werden, bleibt festzuhalten, dass für die Problematik im Wesentlichen zwei Problemschwerpunkte ausgemacht werden konnten: So war einerseits zu untersuchen, wie weit die Strafberechtigung des deutschen Staates reichen kann. Wie gesehen muss diese ihre Grenzen im Rechtsstaatsgebot des Art. 103 Abs. 2 GG finden, wonach sich ein schutzwürdiges Vertrauen dafür, dass für die Tat allein das Recht des Tatortstaates maßgebend sein kann, ausmachen lässt. Ausgestaltet wird dieses Vertrauen durch die Freiheiten des Grundgesetzes sowie daneben durch die europarechtlichen Grundfreiheiten und die Unionsgrundrechte.

---

670 Vgl. *Ambos* in MüKo, Vor §§ 3 ff., Rn. 90; so auch *Eser* in Festgabe BGH, S. 3, 8.

671 Siehe dazu die Ausführungen im 1.Teil unter B, III.

672 In diese Richtung – wenn auch die Frage nach der hier besonders gewichteten Strafberechtigung nicht aufführend – *Böse* in NK, 4. Aufl., Vor §§ 3 ff., Rn. 55.

Wie weit die nationale Strafberechtigung gehen kann, ist im Folgenden Fünften Teil hinsichtlich der einzelnen Konstellationen, bezogen auf die Besonderheiten der Fallkonstellationen, gesondert zu untersuchen.

Als Problemschwerpunkt stellt sich daneben die Untersuchung der einzelnen Regelungen der §§ 3 ff. StGB dar.

Daneben stellt sich – vorliegend eher von untergeordneter Bedeutung – die Frage nach der Strafbarkeit. Diese kann nur gegeben sein, wenn das durch die Auslandstat betroffene Rechtsgut dem inländischen Rechtsgüterschutz unterfällt.

5. Teil: Grenzüberschreitende Forschungstätigkeit: Unterschiedliche Handlungsformen und Beteiligungsmöglichkeiten und die damit verbundenen rechtlichen Probleme

Im Folgenden sollen konkrete Fallkonstellationen untersucht werden, für die sich bei grenzüberschreitender Forschungstätigkeit ein besonderes Strafbarkeitsrisiko ergibt. Dabei sind die Strafbarkeitsrisiken bei Tatbegehung eines Deutschen im europäischen Ausland sowie der beteiligten ausländischen Forscher und die hier möglichen Beteiligungsvarianten zu beleuchten. Die Frage nach der Strafberechtigung wird dabei entscheidend durch die Untersuchung europarechtlicher, völkerrechtlicher und verfassungsrechtlicher Aspekte geprägt. Auch die strafanwendungsrechtlichen Regelungen der §§ 3 ff. StGB sollen näher untersucht werden.

A. Forschungsaktivitäten ausschließlich im Ausland

Zuerst sind die Strafbarkeitsrisiken zu untersuchen, die sich bei der Vornahme der Forschungstätigkeiten vollständig und ausschließlich im Ausland ergeben können.

I. Problemaufriss

Auch ein Verhalten, das im Ausland stattfindet und für das eine Anknüpfung an das Territorialitätsprinzip ausscheidet, kann der deutschen Strafgewalt unterfallen. So kann sich der deutsche wie auch der ausländische Wissenschaftler bei Handeln im Ausland nach deutschem Recht strafbar machen. Die Problematik soll an folgendem Beispiel verdeutlicht werden:

Beispiel 1:
Ein deutscher verbeamteter Professor[673] *reist ins Ausland, um an einem mit dortigem Recht in Einklang stehenden internationalen Forschungsprojekt teil zu*

673 Bzw. ein ausländischer Professor, der in Deutschland verbeamtet ist, im Rahmen eines universitären grenzüberschreitenden Forschungsprojekts; entscheidend hierbei ist,

nehmen, das die Forschung mit Embryonen zum Gegenstand hat und u.a. Untersuchungen durchführt, wie sie in Deutschland verboten wären.

In einer Konstellation wie der vorliegenden ist der Gedanke, dass sich der Forscher im Ausland nach deutschem Recht strafbar machen kann – gerade für den juristischen Laien – nicht unbedingt nahe liegend, schließlich findet das gesamte Geschehen und die zur Rede stehenden Forschungsmaßnahmen vollständig im Ausland statt und steht mit dortigem Recht in Einklang.

Um sein eigenes Strafrecht anwenden zu können, muss dem deutschen Staat die Berechtigung zukommen, die Tat tatsächlich nach seinem Recht zu beurteilen.

Die Anwendung des nationalen Strafrechts auf eine Fallkonstellation im Ausland kann weiter nur dann in Betracht kommen, wenn sich ein hinreichender Anknüpfungspunkt im Sinne des Strafanwendungsrechts der §§ 3 ff. StGB ausmachen lässt. Wie bereits mehrfach gesehen[674], werden hier die Regelungen des § 5 Nrn. 12 und 13 StGB relevant.

Lässt sich die Anwendbarkeit des deutschen Strafrechts bejahen, so stellt sich in einem weiteren Schritt die Frage, ob der Schutzbereich des entsprechenden Straftatbestandes eröffnet ist.

II. Strafberechtigung des deutschen Staates – Grenzen durch Art. 103 Abs. 2 GG

Bei der Untersuchung, ob es zur Anwendung deutschen Strafrechts kommen kann, stellt sich die Frage, ob das *ius puniendi* des deutschen Staates überhaupt so weit reichen kann, einen solchen grenzüberschreitenden Sachverhalt zu beurteilen.

Im Rahmen der vorliegend interessierenden Konstellationen der grenzüberschreitenden Forschung beurteilt die Rechtsordnung am Handlungsort das nach nationalem Recht strafbare Verhalten gerade anders und kennt keine Strafbarkeit der betreffenden grenzüberschreitenden Forschungsmaßnahmen. Die Ausdehnung der nationalen Strafgewalt setzt sich somit mit dem Recht am Handlungsort in Widerspruch.

Wie die Untersuchung der Entscheidung des BVerfG zum Europäischen Haftbefehlsgesetz gezeigt hat, gilt die Strafberechtigung des deutschen Staates nicht

---

dass er die Tat als „Amtsträger“ bzw. als sonst „dem Öffentlichen Dienst besonders Verpflichteter“ gem. § 5 Nr. 12 bzw. 13 StGB begeht.

674 Vgl. dazu die Ausführungen im 1.Teil unter A, III, sowie im 3. Teil unter B.

unbegrenzt[675]. Das *ius puniendi* hat sich vielmehr an den Grenzen zu orientieren, die sich aus Art. 103 Abs. 2 GG herleiten lassen. Demnach besteht ein berechtigtes Interesse, bei Auslandstaten klar erkennen zu können, wann die Anwendbarkeit der deutschen Strafnorm in Betracht kommt. Die Abgrenzungskriterien zwischen erlaubtem und strafbarem Verhalten müssen klar definiert sein und dürfen den Betroffenen nicht unzumutbar belasten. Wann dies im Rahmen der vorliegenden Konstellation der Fall sein kann und wann die Strafberechtigung des deutschen Staates begrenzt werden muss, soll die folgende Untersuchung zeigen. Hier tritt nicht nur der Konflikt mit den Berufsordnungen anderer Staaten offen zu Tage; die Strafandrohung im Ausland scheint auch zu gemeinschaftsrechtlichen Vorgaben in einem Spannungsverhältnis zu stehen und könnte einen Verstoß gegen die Europäischen Grundfreiheiten darstellen. Auch die Vereinbarkeit mit den Grundrechten der Wissenschafts- und Berufsfreiheit der Art. 13 und 15 EGRC scheint fragwürdig.

Daneben treten auch innerstaatliche verfassungsrechtliche Konflikte. Hier gilt es die Vereinbarkeit der Strafandrohung im Ausland mit den nationalen Grundrechten der Art. 5 Abs. 3 GG und Art. 12 GG zu untersuchen.

1. Vorhersehbarkeit

Klare und erkennbare Abgrenzungskriterien lassen sich bei täterschaftlichem Agieren im Ausland, bei dem § 5 Nr. 12 bzw. 13 StGB die Anwendbarkeit deutschen Strafrechts bestimmen, nur schwer ausmachen. So ist weder im Rahmen des § 5 Nr. 12 StGB, noch im Rahmen der Nr. 13 hinreichend geklärt, ob nur echte oder auch unechte Amtsdelikte von der Vorschrift und damit der Strafbarkeit nach deutschem Recht erfasst werden. Daneben bleibt stets die Unsicherheit, ob der Forscher in seinem jeweiligen Beschäftigungsverhältnis tatsächlich unter die Nr. 12 oder 13 des § 5 StGB zu subsumieren ist.

Die Einordnung der Tätigkeit ist oftmals von verschiedenen Faktoren abhängig und hängt angesichts der unterschiedlichen Organisationsformen der Forschungsinstitute und den dabei vorherrschenden Beschäftigungsformen stark vom Einzelfall ab[676]. Ob die nötige Rechtssicherheit in diesen Konstellationen durch hinreichende Bestimmbarkeit und Vorhersehbarkeit gegeben ist, erscheint zumindest zweifelhaft.

675 Vgl. dazu die Ausführungen oben im 2. Teil unter B und C.
676 Vgl. *Eser/Koch*, Gutachten, S. 106 f..

2. Vereinbarkeit mit Grundrechten

Erstreckt der deutsche Staat seine Strafgewalt auf Taten eines Deutschen im Ausland und will er ihn sogar dann bestrafen, wenn sein Verhalten mit den Vorschriften des Handlungsortes im Einklang steht, so könnte diese Strafandrohung unvereinbar mit den Grundrechten, namentlich der Forschungs- und Berufsfreiheit, der Forscher sein.

a. Anwendbarkeit der nationalen Grundrechte

Auch wenn Forschungs- und Berufsfreiheit neben dem deutschen Verfassungsrecht, vermittelt durch Art. 5 Abs. 3 und Art. 12 Abs. 1 GG sowie durch die EGRC geschützt werden, sind die nationalen Grundrechte in ihrer Anwendung nicht ausgeschlossen. Solange sich die Anwendungsbereiche der EGRC und der nationalen Verfassung überschneiden, ergibt sich aus Art. 53 EGRC, dass bezüglich desselben Lebenssachverhalts die Vorschriften der europäischen Grundrechte kumulativ zu den nationalen Grundrechten zur Anwendung kommen können[677]. Erst im Konfliktfall, wenn die Anschauungen divergieren, gilt aufgrund des Anwendungsvorrangs des Unionsrechts[678], dass die Anwendung nationalen Rechts hinter dem europäischen Rechts zurücktritt[679].

Der Anwendungsvorrang des Unionsrechts und die Anwendbarkeit der EGRC bedeuten demnach nicht, dass ein eventuell weitreichender nationaler Grundrechtsschutz verdrängt würde[680]. Die Strafandrohung bei Auslandstaten für grenzüberschreitend tätige Forscher muss sich daher auch anhand der nationalen Grundrechte überprüfen lassen und mit diesen vereinbar sein.

b. Rechtfertigung des Eingriffs in die Wissenschaftsfreiheit

Bereits die Untersuchung im Zweiten Teil unter C., I. hat gezeigt, dass die Strafandrohung im Ausland in die Wissenschaftsfreiheit eingreift. Ob dieser Eingriff in

---

677 Vgl. *Borowsky* in Meyer, EGRC, Art. 53, Rn. 22; *Jarass*, EU- Grundrechte, § 3, Rn. 15; *Ladenburger* in Tettinger/Stern, EGRC, Art. 51, Rn. 30.

678 Der auch vor nationalem Verfassungsrecht gilt, vgl. *Ehlers* in Ehlers, Europäische Grundrechte und Grundfreiheiten, § 14, Rn. 18 f..

679 Vgl. u.a. *Ambos*, Int. StR, § 11, Rn. 37; *Dannecker/Hagemeier* in Leitner (Hrsg.), Finanzstrafrecht 2008, S. 63, 94 f.; *Ehlers* in Ehlers, Europäische Grundrechte und Grundfreiheiten, § 14, Rn. 17 ff; *Lindner*, EuR 2008, S. 786, 791; *Satzger*, Int. StR, § 9, Rn. 80; ausführlich *Hecker*, Europ. StR, § 9, Rn.1 ff.; *Streinz*, Europarecht, Rn. 194 ff.; vgl. dazu auch *Lutter*, JZ 1992, S. 593, 596.

680 *Ladenburger* in Tettinger/Stern, EGRC, Art. 51, Rn. 30.

dieser konkreten Konstellation gerechtfertigt ist, ist im Wege einer Abwägung zu untersuchen.

aa. Rechtfertigung durch Schutzgedanken des § 5 Nrn. 12 bzw. 13 StGB?

Der Forschungsfreiheit gegenüber steht die Androhung der Strafbarkeit nach dem deutschen Embryonenschutzgesetz. Hinter der Geltungsanordnung des deutschen Strafrechts im Ausland nach § 5 Nrn. 12 und 13 StGB steht in erster Linie der Schutz öffentlicher Rechtsgüter[681] wie des Ansehens des deutschen Staates[682] und der Integrität der Verwaltung[683].

Ein Abstellen allein auf diese staatlichen Schutzzwecke konnte im Rahmen der Untersuchung der Vereinbarkeit mit europarechtlichen Vorgaben nicht zur Rechtfertigung genügen[684]. Ähnliches gilt auch im Rahmen der verfassungsrechtlichen Rechtfertigung. Bereits unter dem Aspekt, dass die Forschung gerade frei von staatlichen Eingriffen und Fremdbestimmung gewährleistet sein soll[685], können bloße öffentliche Interessen nicht in der Lage sein, den wissenschaftlichen Freiraum wirksam zu beschränken. Da der Staat gerade für die Verwirklichung und Sicherstellung der Funktionsfähigkeit der Wissenschaft einzustehen hat[686], kann er sie in Verfolgung eigener Interessen nicht derart tiefgreifend beschränken.

Daneben sollen sich die Grenzen der Forschungsfreiheit grundsätzlich aus der Verfassung selbst ergeben[687]. Weder das Ansehen des deutschen Staates, noch die Integrität der Verwaltung lassen sich jedoch der Verfassung selbst als Schutzgüter entnehmen, weshalb die genannten Ziele des Schutzes staatlicher Rechtsgüter die Forschungsfreiheit nicht überwiegen können.

bb. Rechtfertigung durch kollidierendes Verfassungsgut?

Nach nationaler Ansicht sind im Bereich der biomedizinischen Forschung die körperliche Unversehrtheit, das menschliche Leben oder die Menschenwürde tangiert.

---

681 Vgl. *Lemke* in NK, 2. Aufl., § 5, Rn. 4; *Böse* in NK, 4. Aufl., § 3, Rn. 7.

682 Vgl. zu Nr.12: BR-Drucks. 200/62, E 1962, S. 112, zu Nr.13: *Schmitz*, Das aktive Personalitätsprinzip im Internationalen Strafrecht, S. 207.

683 Zu Nr.12: *Schmitz*, Das aktive Personalitätsprinzip im Internationalen Strafrecht, S. 296; *Zieher*, Das sog. Internationale Strafrecht nach der Reform, S. 123; zu Nr.13: *Ambos*, Int. StR., § 3, Rn. 87.

684 Vgl. die Ausführungen im 2. Teil unter C, II, 3, b.

685 Vgl. BVerfGE 47, 327, 367; 35, 79, 112; *Ossenbühl* in FS Schiedermair, S. 505, 508.

686 Vgl. *Ossenbühl* in FS Schiedermair, S. 505, 509.

687 Vgl. *Losch/Radau*, NVwZ 2003, S. 390, 391; *Ossenbühl* in FS Schiedermair, S. 505, 516; *Pernice* in Dreier, 2. Aufl., Bd. I, Art. 5 III, Rn. 39 f.

Im Rahmen der Embryonenforschung ist dies umstritten, da die Rechtsträgereigenschaft der Embryonen nicht allgemeingültig geklärt ist und so vorliegend von einer (bloßen) Schutzpflicht des Staates auszugehen ist. Doch auch an dieser Stelle kann für die Frage nach der Reichweite dieser staatlichen Schutzpflicht nichts anderes gelten, als das, was bereits oben im Rahmen der Untersuchung im Zweiten.Teil unter C[688] festgestellt wurde. Von einer umfassenden Schutzpflicht des deutschen Staats für Rechtsgüter auch im Ausland kann daher nicht ausgegangen werden. Ein universelles Bedürfnis zur Erstreckung der Schutzpflicht auf Rechtsgüter im Ausland lässt sich gerade nicht ausmachen.

Ferner sind weder dem Völker- noch dem Europarecht gleichgerichtete Bewertungen zur embryonenverbrauchenden Forschung zu entnehmen[689], die eine Ausdehnung des Inlandschutzes legitimieren könnten.

c. Ergebnis

Wenn mit § 5 Nrn. 12 und 13 StGB und den Straftatbeständen des ESchG dem Schutz der Menschenwürde und des Rechts auf Leben ein universeller Geltungsanspruch verschafft wird, bedeutet dies eine Ausdehnung nationaler Wertvorstellungen auf ausländische Staaten, die von diesen nicht geteilt werden und auch aus nationaler Sicht – wie gesehen – verfassungsrechtlich nicht geboten ist[690]. Der Forschungsfreiheit muss in grenzüberschreitenden Sachverhalten letztlich dann stärkeres Gewicht beigemessen werden, wenn der Forscher darauf vertrauen durfte, dem eigenen Recht nicht mehr zu unterliegen und sich statt dessen am Recht des Forschungsortes ausrichten zu können. Dies muss bei vollständiger Vornahme aller Forschungshandlungen im Ausland im Einklang mit dortigem Recht der Fall sein. Hier muss sich im Einzelfall für den Forscher im Ausland aus Art. 103 Abs. 2 GG eine Schutzposition dahingehend ergeben, nicht mehr dem deutschen Strafrecht zu unterliegen, da er durch seine Handlungsweise einen maßgeblichen Auslandsbezug geschaffen hat. Dieser Auslandsbezug legitimiert, dass er darauf vertrauen darf, sein Handeln nach dem Tatortrecht auszurichten. Dieses berechtigte Vertrauen des Forschers muss stärker wiegen als das innerstaatliche Interesse, den Forscher im Ausland deshalb zu bestrafen, weil er Amtsträger bzw. dem öffentlichen Dienst Verpflichteter ist.

---

688 Vgl. die Ausführungen im 2.Teil unter C, I, 1, b, bb.

689 Vgl. dazu die Ausführungen im 3. Teil unter B, III, 2.

690 Vgl. *Müller-Terpitz*, WissR 2001, S. 271, 279; *Klöpfer*, JZ 2002, S. 417, 426; *Schwarz*, MedR 2003, S. 158, 162 f. (zur Stammzellenforschung); *Taupitz* in FS Hausheer, S. 733, 741.

3. Vereinbarkeit mit europarechtlichen Vorgaben

Daneben muss sich die Frage nach der Strafberechtigung auch an den Garantien der europäischen Grundfreiheiten wie der Arbeitnehmerfreizügigkeit, der Niederlassungs- und Dienstleistungsfreiheit sowie an den europäischen Grundrechten der Wissenschafts- und Berufsfreiheit der Art. 13 und 15 der EGRC messen lassen.

a. Schutzbereich

Im Rahmen des Schutzbereichs führt die Amtsträgerschaft der Forscher allein nicht zu einem Ausschluss der Anwendbarkeit der Grundfreiheiten nach Art. 51 AEUV bzw. nach Art. 62 i.V.m. Art. 51 AEUV für die Dienstleistungsfreiheit. Die Bereichsausnahmen für die jeweiligen Grundfreiheiten gelten bei Tätigkeiten, die in einem Mitgliedstaat dauernd oder zeitweise mit der Ausübung öffentlicher Gewalt verbunden sind. Abzustellen ist hierbei auf die konkrete Tätigkeit[691], die sich als „unmittelbare und spezifische Teilnahme an der Ausübung öffentlicher Gewalt“ darstellt[692] und zur Wahrung der Interessen eines Mitgliedstaates unbedingt erforderlich ist[693].

Allein die Eigenschaft als Amtsträger oder für den öffentlichen Dienst besonders Verpflichteter begründet noch nicht das Vorliegen der Bereichsausnahme, wenn die konkrete Tätigkeit nicht mit der Ausübung hoheitlicher Gewalt einhergeht.

b. Diskriminierung oder Beeinträchtigung?

Die Schlechterstellung durch die Anordnung der Geltung des deutschen Strafrechts für deutsche und ausländische Forscher, die sich als deutsche Amtsträger oder für den öffentlichen Dienst besonders Verpflichtete zwecks Erbringung einer Dienstleistung bzw. Niederlassung oder als Arbeitnehmer in das EU-Ausland begeben, führt dazu, dass Forscher aus dem umschriebenen Forscherkreis faktisch

---

691 Vgl. *Haratsch/Koenig/Pechstein*, Europarecht, Rn. 906; *Hobe*, Europarecht, § 16, Rn. 157; *Randelzhofer/Forsthoff* in Grabitz/Hilf, Das Recht der Europäischen Union, Art. 45, Rn. 7; *Tiedje/Troberg* in von der Groeben/Schwarze, Band I, Art. 45, Rn. 10.

692 EuGH, Rs. 2/74, Slg. 1974, S. 631, Rn. 44 f. – *Reyners*; Rs. C-42/92, Slg. 1993, S. I-4047, Rn. 22 – *Thijssen*; Rs. C- 114/97, Slg. 1998, S. I-6717, Rn. 35 – *Kommission/Spanien.*; Rs. C- 355/98, Slg. 2000, S. I-1221, Rn. 25 – *Kommission/Belgien.*

693 EuGH Rs. 147/86, Slg. 1988, S. 1637, Rn. 7 – *Kommission/Griechenland*; Rs. C-114/97, Slg. 1998, S. I-6717, Rn. 34 – *Kommission/Spanien.*

ihrer Tätigkeit nicht in gleichem Umfang nachgehen können wie ausländische Forscher im EU-Ausland, die keine deutschen Amtsträger sind.

In den Vorschriften über die speziellen Grundfreiheiten findet das allgemeine Diskriminierungsverbot des Art. 18 AEUV, das jegliche Ungleichbehandlung aufgrund der Staatsangehörigkeit verbietet, seine Konkretisierung[694]. Von einer Diskriminierung geht die ständige Rechtsprechung aus, „wenn unterschiedliche Vorschriften auf gleichartige Situationen angewandt werden oder wenn dieselbe Vorschrift auf unterschiedliche Situationen angewandt wird“[695]. Unter der Prämisse, dass ein grenzüberschreitender Sachverhalt vorliegt, ist es dem nationalen Recht nach dem Diskriminierungsverbot somit nicht gestattet, Angehörige anderer Mitgliedstaaten schlechter zu behandeln als Inländer[696]. Erfasst sind sowohl Maßnahmen, die ausdrücklich auf eine unterschiedliche Behandlung von In- und Ausländern abstellen (offene/unmittelbare Diskriminierung), als auch solche, die zwar nicht ausdrücklich, aber faktisch zu einer Schlechterstellung aufgrund der Staatsangehörigkeit führen (versteckte/mittelbare Diskriminierung)[697].

Auch Inländern ist es dabei nicht verwehrt, sich auf die Grundfreiheiten zu berufen – vorausgesetzt, es liegt ein grenzüberschreitender Sachverhalt vor und der Anwendungsbereich des Vertrages ist eröffnet[698].

---

694 Vgl. *Ehlers* in Ehlers, Europäische Grundrechte und Grundfreiheiten, § 7, Rn. 22; *Haratsch/Koenig/Pechstein*, Europarecht, Rn. 960 ff.; *Hecker*, Europ. StR, § 9, Rn. 40; *Classen* in Oppermann/Classen/Nettesheim, Europarecht, § 26, Rn. 13; *Nettesheim* in diess., a.a.O., § 29, Rn. 33; vgl. dazu auch EuGH Rs. 222/07, Slg. 2009, S. I-01407, Rn. 38 – *UTECA*.

695 EuGH, Rs. C-80/94, Slg. 1995, S. I-2493, Rn. 17 – *Wielockx*; EuGH Rs. C-107/94, Slg. 1996, S. I-3089, Rn. 40 – *Asscher*.

696 *Ehlers* in Ehlers, Europäische Grundrechte und Grundfreiheiten, § 7, Rn. 25; *Hans Georg Fischer*, Europarecht, Rn. 366; vgl. auch *Haratsch/Koenig/Pechstein*, Europarecht, Rn. 715 ff.; *Herdegen*, Europarecht, § 6, Rn. 17; *Hobe*, Europarecht, § 13, Rn.12.

697 U.a. *Ehlers* in Ehlers, Europäische Grundrechte und Grundfreiheiten, § 7, Rn. 26; *Hans Georg Fischer*, Europarecht, Rn. 367 zu ex. Art. 12 EGV, Rn. 543 zu ex. Art. 43 EGV, Rn. 574 zu ex. Art. 49 EGV; *Haratsch/Koenig/Pechstein*, Europarecht, Rn. 783; Rn. 717 zu Art. 18 AEUV; Rn. 828 ff. zu Art. 49 AEUV, Rn. 960 zu Art. 56 AEUV.

698 *Ehlers* in Ehlers, Europäische Grundrechte und Grundfreiheiten, § 7, Rn. 25; vgl. dagegen zur sog. Inländerdiskriminierung und deren Vereinbarkeit mit nationalem Verfassungsrecht: *Classen* in Oppermann/Classen/Nettesheim, Europarecht, § 23, Rn. 1; *Ehlers* in Ehlers, Europäische Grundrechte und Grundfreiheiten, § 7, Rn. 23 f.; *Herdegen*, Europarecht, § 6, Rn. 20; *Hobe*, Europarecht, § 13, Rn. 22 ff..

Die Benachteiligung durch § 5 Nr. 12 bzw. 13 StGB entsteht jedoch nicht in erster Linie durch Anknüpfung an das Merkmal der Staatsangehörigkeit, sondern aufgrund ihrer Eigenschaft als deutscher Amtsträger bzw. besonders für den deutschen öffentlichen Dienst Verpflichteter.

Ergeben sich die Nachteile bei einem grenzüberschreitenden Sachverhalt aus den Unterschieden und Divergenzen der einzelnen nationalen Rechtsordnungen, so liegt kein Fall der Diskriminierung aufgrund der Staatsangehörigkeit vor[699]. Hemmnisse dieser Art resultieren vielmehr aus einem Gefälle unterschiedlicher Rechtsordnungen, auf die das Diskriminierungsverbot nicht anwendbar ist[700].

Es stehen sich hier also keine vergleichbaren Sachverhalte gegenüber, die ungleich behandelt werden, da die Forscher im EU-Ausland bereits von vornherein nicht dem deutschen Amtsträger- bzw. Dienstverpflichtetenbegriff unterfallen können. Im Übrigen kommt es nicht zu einer Schlechterstellung eines grenzüberschreitenden Sachverhalts im Vergleich zu einem rein inländischen, da auch im Inland die Strafbarkeit der Beteiligten gegeben wäre. Daher liegt auch keine Inländerdiskriminierung vor.

c. Grundfreiheiten als Beschränkungsverbote?

Die Gewährleistung der Grundfreiheiten beinhaltet neben dem Diskriminierungsverbot ein allgemeines Beschränkungsverbot[701], wonach sich auch unterschiedslos auf Inländer und Ausländer anwendbare Vorschriften am Maßstab der Verhältnismäßigkeit messen lassen müssen[702] und jegliche nationale Maßnahme, die die Ausübung der Grundfreiheiten unmöglich macht oder erschwert, verboten ist[703].

---

699 *Hans Georg Fischer*, Europarecht, Rn. 368; *Hecker*, Europ. StR, § 9, Rn. 40; vgl. dazu EuGH Rs. 14/68, Slg. 1969, S. 1, Rn. 13 – *Walt Wilhelm*; EuGH Rs. C-137/00, Slg. 2003, S. I-07975, Rn. 123 – *Milk Marque*; EuGH Rs. C-403/03, Slg. 2005, S. I-6421, Rn. 34 – *Schempp*.

700 Vgl. *Haratsch/Koenig/Pechstein*, Europarecht, Rn. 715; *Hecker*, Europ. StR, § 9, Rn. 40.

701 Vgl. *Haratsch/Koenig/Pechstein*, Europarecht, Rn. 920 ff., 925, 958 ff.; *Hecker*, Europ. StR, § 9, Rn. 41; *Streinz*, Europarecht, Rn. 802 ff..

702 *Ehlers* in Ehlers, Europäische Grundrechte und Grundfreiheiten, § 7, Rn. 28; *Hobe*, Europarecht, § 13, Rn. 29; *Streinz*, Europarecht, Rn. 804.

703 *Hans Georg Fischer*, Europarecht, Rn. 416; vgl. der EuGH, der den Begriff der Beschränkung in Art. 56 AEUV auch auf Maßnahmen erstreckt, die, „-selbst wenn sie unterschiedslos für einheimische Dienstleistende wie für Dienstleistende anderer Mitgliedstaaten gelten -, ... geeignet sind, die Tätigkeit des Dienstleistenden, der in einem anderen Mitgliedstaat ansässig ist und dort rechtmäßig ähnliche Dienstleistungen

Bedroht nun das deutsche Strafrecht auch den im Ausland tätigen deutschen oder ausländischen Wissenschaftler nach § 5 Nr. 12 bzw. 13 StGB i.V.m. den entsprechenden Straftatbeständen mit Strafe, so berührt dies seine Personenverkehrsfreiheiten, da er nicht unbeeinträchtigt seiner Erwerbstätigkeit in einem anderen Mitgliedstaat nachgehen kann, ohne gegen deutsche Strafvorschriften zu verstoßen. Je nach Art und Dauer des Aufenthaltes, Kontinuität und Stabilität der Leistungserbringung bzw. Weisungsgebundenheit liegt auch eine Beschränkung seiner Niederlassungs- oder Dienstleistungsfreiheit bzw. seiner Arbeitnehmerfreizügigkeit vor.

Da das Risiko der Strafbarkeit wie ein Damoklesschwert über der grenzüberschreitenden Tätigkeit schwebt, ist die Anordnung der Anwendbarkeit des deutschen Strafrechts auch nicht lediglich als Modalität anzusehen, die die Art und Weise der Tätigkeit betrifft; vielmehr wird der grenzüberschreitende Sachverhalt bereits so stark beeinträchtigt, dass letztlich der Marktzugang selbst in Frage steht[704]. Eine Einschränkung nach der sog. „Keck-Rechtsprechung", durch die der EuGH die weite Beschränkungsformel nach „Dassonville" wieder reduzierte[705], kommt daher – ungeachtet dessen, ob man diese auf die anderen Grundfreiheiten übertragen möchte[706] – vorliegend nicht in Betracht.

---

erbringt, zu unterbinden oder zu behindern" bzw. „weniger attraktiv machen", EuGH Rs.C-76/90, Slg. 1991, S. I-4221, Rn. 12 – *Säger/Dennemeyer* sowie Rs. C-43/93, Slg. 1994, S. I-3803, Rn. 14 – *Vander Elst*; Rs. C-398/95, Slg. 1997, S. I-3091, Rn. 16 – *SETTG*; Rs. C-205/99, Slg. 2001, S. I-1271, Rn. 22 – *Analir*, sowie bereits EuGH Rs. 33/74, Slg. 1974, S. 1299, Rn. 10 ff. – *Van Binsbergen*; seit Mitte der 90er Jahre findet sich auch für die Niederlassungsfreiheit eine ähnliche Interpretation, vgl. EuGH Rs. C-55/94, Slg. 1995, S. I-4165, Rn. 37 – *Gebhard*; Rs. C-439/99, Slg. 2002, S. I-305, Rn. 22 – *Kommission/Italien.*

704 Vgl. u.a. *Oppermann/Classen/Nettesheim*, Europarecht, § 23, Rn. 36 ff.; *Ehlers* in Ehlers, Europäische Grundrechte und Grundfreiheiten, § 7, Rn. 86 f.; *Haratsch/Koenig/Pechstein*, Europarecht, Rn. 786, 825 ff.; *Tiedje/Troberg* in von der Groeben/ Schwarze, Band I, Art. 49 EGV, Rn. 102.

705 vgl. EuGH verb. Rs. C-267/91 u. Rs. C-268/91, Slg. 1993, S. I-6097, Rn. 16 – *Keck und Mithouard.*

706 Vgl. dies zumindest für die DLF einschränkend bejahend *Ehlers* in Ehlers, Europäische Grundrechte und Grundfreiheiten, § 7, Rn. 87; für die NLF vorsichtig bejahend *Haratsch/Koenig/Pechstein*, Europarecht, Rn. 926; für die DLF eher ablehnend *Pache* in Ehlers, Europäische Grundrechte und Grundfreiheiten, § 11, Rn. 63, diff. *Haratsch/ Koenig/Pechstein*, Europarecht, Rn. 970 ff.; *Tiedje/Troberg* in von der Groeben/ Schwarze, Band I, Art. 49, Rn. 103 ff.; Art.43, Rn. 102 f.; für die ANF diff. *Haratsch/ Koenig/Pechstein*, Europarecht, Rn. 883 f.; ähnlich *Becker* in Ehlers, Europäische

d. Rechtfertigung der Beeinträchtigung der Grundfreiheiten

Im Mittelpunkt der Untersuchung steht jedoch die Frage nach einer möglichen Rechtfertigung der Beeinträchtigung der Grundfreiheiten. Festhalten ließ sich bereits im Rahmen der allgemeinen Ausführungen hierzu[707], dass sich hinsichtlich derjenigen Forschungsmaßnahmen, die vom Schutzbereich des Art. 3 Abs. 2 EGRC erfasst werden, die Strafandrohung nach deutschem Strafrecht als gerechtfertigter Eingriff in die Grundfreiheiten darstellt. Der Schutz der körperlichen Unversehrtheit in diesen speziell geregelten Fällen muss die Ausübung der Grundfreiheiten überwiegen. Die Grundrechte der Union stellen hier eine verhältnismäßige Schranke der Grundfreiheiten dar.

Eine darüber hinausgehende Rechtfertigung durch die seitens der Mitgliedstaaten zur Wahrung gewichtiger Allgemeininteressen geltend zu machenden ungeschriebenen Rechtfertigungsgründe[708] ist nur dann denkbar, wenn der Verhältnismäßigkeitsgrundsatz gewahrt ist[709].

Die Strafandrohung stellt vorliegend zweifelsohne ein taugliches Mittel dar, deutsche und ausländische Amtsträger und für den öffentlichen Dienst besonders Verpflichtete von der Begehung von Straftaten im Ausland abzuhalten und damit die betreffenden Rechtsgüter zu schützen[710].

aa. Erforderlichkeit der Strafandrohung

Weiter dürfte ein anderes ebenso wirksames, aber die Ausübung der Grundfreiheiten weniger beeinträchtigendes Mittel[711] nicht zur Verfügung stehen. Unter

---

Grundrechte und Grundfreiheiten, § 9, Rn. 43; die Übertragung verneinend für alle Grundfreiheiten *Hans Georg Fischer*, Europarecht, Rn. 647, der kein praktisches Bedürfnis für eine solche Übertragung der Rechtsprechung sieht, da das Beschränkungsverbot von vornherein nur solche Maßnahmen erfasst, die den Zugang zum Markt des Aufnahmestaates erschweren; vgl. zum Ganzen ausführlich *Randelzhofer/Forsthoff* in Grabitz/Hilf, Das Recht der Europäischen Union, Art. 49/50 EGV, Rn. 91 ff..

707 Vgl. die Ausführungen im 2. Teil unter C, II, 3.

708 Vgl. dazu im 2. Teil unter C, II, 3, d: Rechtfertigung durch den Schutz pränatalen Lebens.

709 *Haratsch/Koenig/Pechstein*, Rn.791; *Hecker*, Europ. StR, § 9, Rn. 43; *Streinz*, Europarecht, Rn. 845.

710 Der EuGH erkennt den Gemeinschaftsorganen auch im Rahmen der Eignung einen grundsätzlich weiten Ermessens- und Prognosespielraum zu, vgl. u.a. *Ehlers* in Ehlers, Europäische Grundrechte und Grundfreiheiten, § 7, Rn. 110; *Lackhoff*, Die Niederlassungsfreiheit des EGV, S. 462; *Müller-Graff* in Streinz, EUV/EGV, Art. 43 EGV, Rn. 79.

711 Vgl. zur Frage der Erforderlichkeit u.a. *Holoubek* in Schwarze, EU-Kommentar, Art. 49/50, Rn. 116 ff.; *Lackhoff*, Die Niederlassungsfreiheit des EGV, S. 464; *Müller-Graff* in Streinz, EUV/EGV, Art. 43 EGV, Rn. 80.

Berücksichtigung der Tatsache, dass gerade mit den jeweiligen berufsrechtlichen Regelungen an den Handlungsorten im europäischen Ausland Vorschriften bestehen[712], die bestimmte Maßnahmen, die durch das ESchG unter Strafe gestellt sind, als zulässig erachten, besteht ein milderes Mittel in den Berufsregelungen dieser Staaten und die Erforderlichkeit der Strafandrohung erscheint somit durchaus fraglich. Das entsprechende Berufsrecht am Handlungsort in den hier interessierenden Fallkonstellationen kennt keine Strafbarkeit der betreffenden Forschungsmaßnahmen. Damit besteht konkurrierend zu den nationalen Vorschriften ein Regelwerk, das die konkrete Forschungstätigkeit bestimmt.

Darin findet sich zwar gerade nicht der nationale hohe Schutzstandard wieder; dennoch beanspruchen diese Gesetze in ihrem jeweiligen Geltungsland, den Schutz der Embryonen in ein ausgewogenes Verhältnis zu Forschungs- und Berufsfreiheit gebracht zu haben. Demnach bestehen Regelungen, die zwar nicht aus nationaler Sicht gleich wirksam sind. Auch sie bringen jedoch letztlich den Schutz des pränatalen Lebens zum Ausdruck, wenn auch unter liberaleren Voraussetzungen und unter Zugrundelegung anderer Anschauungen.

Unter Bezugnahme auf das jeweilige Berufsrecht, das das entsprechende Handeln erlaubt, erscheint somit bereits die Erforderlichkeit der Strafandrohung fragwürdig.

bb. Angemessenheit: Lässt sich die Beschränkung der Grundfreiheiten durch die Strafandrohung in § 5 Nrn. 12 und 13 StGB mit den europäischen Grundrechten vereinbaren?

Als angemessen[713] ist die staatliche Maßnahme, hier die Strafandrohung zur Sicherung zwingender Allgemeininteressen, zu erachten, wenn sie in einem

---

712 Vgl. z.B. den Human Fertilisation and Embryology Act in Großbritannien bzw. das Gesetz Nr. 1991:115 (Act concerning Measures for Purposes or Research or Treatment involving Fertilised Human Ova) aus dem Jahre 1991 in Schweden.

713 Auch wenn der Gerichtshof die Untersuchung der Angemessenheit zu vernachlässigen scheint (vgl. *Bieber/Epiney/Haag*, Die Europäische Union,§ 10, Rn. 17; *Ehlers* in Ehlers, Europäische Grundrechte und Grundfreiheiten, § 7, Rn. 110; vgl. dazu EuGH Rs. C-55/94, Slg. 1995, S. I-4165, Rn. 37 – *Gebhard*; Rs. C-19/92, Slg. 1993, S. I- 1163, Rn. 32 – *Kraus*; Rs. C-167/01, Slg. 2003, S. I-10155, Rn. 133 – *Inspire Art*, wo lediglich auf die Erforderlichkeit abgestellt wird.), kann vorliegend auf ihre Prüfung nicht verzichtet werden, da ihr entscheidende Bedeutung zukommt, vgl. zum Ganzen *Emmerich-Fritsche*, Der Grundsatz der Verhältnismäßigkeit, S. 216 f.; *Frenz*, HdB EuR, Bd.1, Rn. 534; kritisch zur geringen Kontrolldichte des EuGH infolge des Zugeständnisses eines weiten Prognosespielraums an die Mitgliedstaaten

ausgewogenen Verhältnis zu den beeinträchtigten Grundfreiheiten steht[714]. Hierbei sind der Schweregrad der Beeinträchtigung der Grundfreiheit gegenüber der Bedeutung und der Gewichtigkeit des Zielgewinns der Maßnahme abzuwägen[715].

Auf Seiten der Wertigkeit der Grundfreiheiten ist ein entscheidender Aspekt in die Abwägung mit einzubeziehen: Da nach Ansicht des EuGH die Schranken der Grundfreiheiten „im Lichte der (Unions-)Grundrechte" auszulegen sind[716], lässt sich die jeweilige Maßnahme nur rechtfertigen, wenn sie auch mit den europäischen Grundrechten vereinbar ist.

Die Bindung an die Grundrechte gilt auch und gerade in dem Fall, in dem ein Mitgliedstaat eine Beschränkung der Grundfreiheiten vornimmt[717]. Der deutsche Staat muss vorliegend sein Handeln am Maßstab der europäischen Grundrechte messen lassen und es mit diesen in Einklang bringen[718]. An dieser Stelle muss sich die Anordnung der Strafbarkeit der Forscher durch den deutschen Staat anhand der Unionsgrundrechte, insbesondere der Berufs- und Wissenschaftsfreiheit überprüfen lassen.

Gegen die Rechtfertigung der Strafandrohung und damit für die stärkere Gewichtung der Bedeutung der Grundfreiheiten lassen sich vorliegend die

---

(im Rahmen der Grundrechte) *Frenz*, HdB EuR, Bd. 4, Rn. 625 ff.; *Huber*, EuZW 1997, S. 517, 521; *Nettesheim*, EuZW 1995, S. 106, 106 f.; *Ruffert* in Calliess/Ruffert, EUV/AEUV, Art. 15 EGRC, Rn. 17 f.; *ders.* in Ehlers, Europäische Grundrechte und Grundfreiheiten, § 16.3, Rn. 38 f.; *von Danwitz* in Tettinger/Stern, EGRC, Art. 52, Rn. 19 f.. Vgl. dazu die Rechtsprechung des EuGH, insbesondere EuGH Rs. C-280/93, Slg. 1994, S.I-4973, Rn. 94 – *Deutschland/Rat (Bananenverordnung)*; ähnlich Rs. C-306/93, Slg. 1994, S. I-5555, Rn. 27 – *SMW Winzersekt GmbH*, wo sich der EuGH mit der Feststellung, dass die Maßnahme nicht offensichtlich ungeeignet ist, begnügt.

714 *Ehlers* in Ehlers, Europäische Grundrechte und Grundfreiheiten, § 7, Rn. 109; *Lackhoff*, Die Niederlassungsfreiheit des EGV, S. 464 f.; zum Ganzen *Emmerich-Fritsche*, Der Grundsatz der Verhältnismäßigkeit, S. 213 ff.

715 *Müller-Graff* in Streinz, EUV/EGV, Art. 43 EGV, Rn. 83; ähnlich *Holoubek* in Schwarze, EU-Kommentar, Art.49/50 EGV, Rn. 120; *Lackhoff*, Die Niederlassungsfreiheit des EGV, S. 464 f..

716 Vgl. dazu oben im 2. Teil unter C, II, 3, c, aa.

717 Vgl. dazu oben im 2. Teil unter C, II, 3, c, bb.

718 Da davon auszugehen ist, dass er sich durch die Beschränkung der Grundfreiheiten durch die Strafandrohung in § 5 Nrn. 12 und 13 StGB „im Anwendungsbereich des Gemeinschaftsrechts" (vgl. EuGH Rs. C-260/89, Slg. 1991, I-2925, Rn. 42 – *ERT*) befindet.

Grundrechte der Wissenschafts- und der Berufsfreiheit der Art. 13 bzw. 15 Abs. 2 EGRC sowie das Gleichheitsrecht des Art. 20 EGRC anführen.

(1) Schutzbereich

Art. 13 EGRC garantiert die Freiheit der Wissenschaft[719], die sowohl die Forschung als auch die akademische Freiheit umfasst[720].

Eine Definition des Forschungsbegriffs sucht man sowohl im europäischen Primär- als auch im Sekundärrecht vergeblich[721]. In vorsichtiger[722] Anlehnung an die deutsche Begriffsbestimmung wird man den Begriff dahingehend verstehen können, dass es nach der Forschungsfreiheit den Wissenschaftlern möglich sein muss, innerhalb eines festen organisatorischen Rahmens[723] einen nach Inhalt und Form ernsthaften planmäßigen Versuch zur Ermittlung der Wahrheit[724] zu unternehmen[725].

Vom Schutzbereich der Forschungsfreiheit werden weiter alle forschungsbezogenen Tätigkeiten einschließlich vorbereitender und unterstützender Aktivitäten erfasst[726]. Es kommt nicht darauf an, dass die Wissenschaftler dabei an staatlichen oder staatlich anerkannten Forschungseinrichtungen tätig sind; auch private Forschungstätigkeiten werden erfasst[727].

---

719 Näher dazu *Frenz*, HdB EuR, Bd. 4, Rn. 2310 ff.; *Jarass*, EU-Grundrechte, § 18; *Kempen* in Tettinger/Stern, EGRC, Art. 13 EGRC; *Mann* in Heselhaus/Nowak, HdB Europäische Grundrechte, § 26; *Pünder* in Ehlers, Europäische Grundrechte und Grundfreiheiten, § 16.2, Rn. 56 ff..

720 *Bernsdorff* in Meyer, EGRC, Art. 13, Rn. 15; *Frenz*, HdB EuR, Bd.4, Rn. 2334; *Jarass*, EU-Grundrechte, § 18, Rn. 6; *Mann* in Heselhaus/Nowak, HdB Europäische Grundrechte, § 26, Rn. 68; *Ruffert* in Calliess/Ruffert, EUV/AEUV, Art. 13 EGRC, Rn. 5.

721 Vgl. *Kempen* in Tettinger/Stern, EGRC, Art. 13 EGRC, Rn. 12.

722 Krit. zur Heranziehung der nationalen Begriffsdefinition *Ruffert* in Calliess/Ruffert, EGV/AEUV, Art. 13 EGRC, Rn. 6, der einer solchen Übertragung der deutschen Begriffsdefinition, die stark durch den nationalen Idealismus geprägt ist und daher nicht zwingend ein gesamteuropäisches Verständnis widerspiegelt, skeptisch gegenübersteht und daher zentral auf die „Generierung neues Wissens“ statt auf die Wahrheitssuche abstellt.

723 Vgl. *Frenz*, HdB EuR, Bd. 4, Rn. 2335.

724 BVerfGE 35, 79, 113- *Hochschulurteil.*

725 So – in Anlehnung an das BVerfG – *Jarass*, EU-Grundrechte, § 18, Rn. 6; *Kempen* in Tettinger/Stern, EGRC, Art. 13 EGRC, Rn. 12; *Pünder* in Ehlers, Europäische Grundrechte und Grundfreiheiten, § 16.2, Rn. 60.

726 *Jarass*, EU-Grundrechte, § 18, Rn. 7; *Ruffert* in Calliess/Ruffert, EGV/AEUV, Art. 13 EGRC, Rn. 8.

727 *Frenz*, HdB EuR, Bd. 4, Rn. 2338; *Kempen* in Tettinger/Stern, EGRC, Art. 13, Rn. 12; *Pünder* in Ehlers, Europäische Grundrechte und Grundfreiheiten, § 16.2, Rn. 60.

Reisen die in § 5 Nrn. 12 und 13 StGB genannten Personen ins Ausland, um dort an grenzüberschreitenden Verbundprojekten teilzunehmen, ihr Wissen einfließen zu lassen und gemeinsam an neuen Entwicklungen und Innovationen zu arbeiten, so wird diese Tätigkeit als unmittelbar methodisch reflektierendes und systematisches Erarbeiten neuen Wissens vom Schutzbereich des Art. 13 EGRC erfasst. Indem die Betroffenen dem Risiko unterliegen, sich nach deutschem Recht strafbar zu machen, wird ihnen das Recht genommen, sich mit anderen Forschern im Rahmen von europäischen und auch internationalen Forschungsprojekten uneingeschränkt auszutauschen und gemeinsame Forschungsziele zu verwirklichen, und damit ihre Forschungsfreiheit unmittelbar tangiert.

Art. 15 EGRC schützt die Berufsfreiheit. Für die Forscher gehört es zu ihren hauptberuflichen Tätigkeiten, nicht nur im innerdeutschen Raum forschen zu können, sondern ihr Wissen auch mit Kollegen im und aus dem Ausland zu teilen, von deren Kenntnisstand zu profitieren und bestehende Kenntnisse gemeinsam weiterzuentwickeln. Diese Möglichkeit wird ihnen faktisch genommen. Die deutschen Strafbestimmungen zwingen die Forscher, bei jeder Tätigkeit im Ausland das deutsche Strafrecht mit seinen Nebengesetzen zu beachten, und machen ihnen die Teilnahme an grenzüberschreitenden Projekten zu Forschungsgebieten, die in Deutschland streng reglementiert und teilweise strafbewehrt sind, de facto unmöglich. Durch die umfangreiche Strafandrohung und die weite Formulierung in § 2 Abs. 1 ESchG, die jedwede Verwendung von Embryonen, die nicht ihrer Erhaltung dienen, unter Strafe stellt, ist die Beteiligung an jeglichen Embryonenforschungsprojekten den von § 5 Nrn. 12 und 13 StGB erfassten Forschern im Ausland praktisch abgeschnitten. Dies bedeutet eine erhebliche Beschränkung der Ausübung ihrer Berufsfreiheit.

Weiter bringt Art. 15 Abs. 2 EGRC zum Ausdruck, dass die Arbeitnehmerfreizügigkeit des Art. 45 AEUV, die Niederlassungsfreiheit der Art. 49 ff. AEUV und die Dienstleistungsfreiheit der Art. 56 ff. AEUV in die Grundrechtecharta aufgenommen sind und er mit diesen deckungsgleich ist[728]. Bezüglich der Frage nach der Beeinträchtigung des Schutzbereichs kann demnach ergänzend auf die Ausführungen zu den genannten Grundfreiheiten verwiesen werden[729].

Es zeigt sich, dass vorliegend nicht nur die Ausübung der Grundfreiheiten stark beschränkt wird, sondern durch die Strafandrohung der Forschungsarbeit im

728 *Frenz*, HdB EuR, Bd. 4, Rn. 2572 ff.; *Jarass*, EU-Grundrechte, § 20, Rn. 20; *Blanke* in Tettinger/Stern, EGRC, Art. 15, Rn. 49; vgl. dazu auch die Erläuterungen des Präsidiums des Europäischen Konvents, ABl. 2004, C 310/435.

729 Siehe die Ausführungen hierzu oben im 2. Teil unter C, II, 2.

Ausland auch grundlegende Freiheitsrechte wie die Wissenschafts- und insbesondere die Berufsfreiheit tangiert werden.

Daneben dürfen nach dem allgemeinen Gleichheitsgrundsatz des Art. 20 EGRC im Wesentlichen gleichartige Sachverhalte nicht unterschiedlich sowie im Wesentlichen unterschiedliche Sachverhalte nicht gleich behandelt werden[730]. Wird der deutsche bzw. ausländische Amtsträger nach § 5 Nr. 12 bzw. 13 StGB anders behandelt als die Forscher anderer Nationen, liegt gerade darin eine Ungleichbehandlung.

(2) Rechtfertigung

Doch auch die Unionsgrundrechte können nach Ansicht des EuGH keine uneingeschränkte Geltung beanspruchen[731]. So trifft Art. 52 Abs. 1 EGRC eine allgemeine Schrankenregelung[732], die deutlich macht, dass Einschränkungen der Grundrechte unter Wahrung des Verhältnismäßigkeitsgrundsatzes den dem Gemeinwohl dienenden Zielsetzungen der Union oder den Erfordernissen des Schutzes der Rechte und Freiheiten anderer entsprechen müssen.

Die Grundrechte mögen demnach zwar in der Lage sein, die Garantiewirkung der Grundfreiheiten zu stärken, doch auch sie sind einer konkreten Abwägung zugänglich und können sich nicht davor verschließen, dass man ihre Bedeutung mit der Wertigkeit entgegenstehender Rechtsgüter ins Verhältnis setzt.

Für den Grundsatz der Gleichbehandlung gilt, dass eine Rechtfertigung der Ungleichbehandlung nach Art. 20 ERGC zwischen Forschern, die die Voraussetzungen des § 11 Abs. 1 Nrn. 2 und 4 StGB erfüllen, und solchen, die keine Amtsträgerschaft innehaben, in Betracht kommt, wenn sich ein objektiver Unterschied zwischen den beiden Gruppen ausmachen ließe[733]. Dieser objektive Unterschied

---

730 EuGH Rs. C-80/94, Slg. 1995, S. I -2493, Rn. 17 – *Wielockx*; EuGH Rs. C-107/94, Slg. 1996, S. I- 3089, Rn. 40 – *Asscher*.

731 Vgl. EuGH Rs. 265/87, Slg. 1989, S. 2237, Rn. 15 – *Schräder*; Rs. 5/88, Slg. 1989, S. 2609, Rn. 18. – *Wachauf*; Rs. C-292/97, Slg. 2000, S. I-2737, Rn. 45 – *Karlsson*. Zu den Ausnahmen vgl. *Bühler*, Einschränkung von Grundrechten nach der Europäischen Grundrechtecharta, S. 362 ff., *Kober*, Grundrechtsschutz in der Europäischen Union, S. 231ff.; *Borowsky* in Meyer, EGRC, Art. 52, Rn. 14.

732 Wonach jede Einschränkung auf einer gesetzlichen Grundlage beruhen und den Wesensgehalt des Grundrechts achten muss. Vgl. i.Ü. näher zu Einschränkungsmöglichkeiten nach der Charta *Bühler*, Einschränkung von Grundrechten nach der Europäischen Grundrechtecharta, S. 223 ff., insb. S. 235 ff.; sowie *Jarass*, EU-Grundrechte, § 6, Rn. 24 ff.; *Kober*, Grundrechtsschutz in der Europäischen Union, S. 192 ff..

733 EuGH Rs. C-80/94, Slg. 1995, S. I -2493, Rn. 18 – *Wielockx*; EuGH Rs. C-107/94, Slg. 1996, S. I- 3089, Rn. 41 f. – *Asscher*.

lässt sich vorliegend gerade in der Amtsträgerschaft selbst sehen. Das Bestehen dieses besonderen Pflichtenverhältnisses zum deutschen Staat ist demnach in der Lage, die Ungleichbehandlung zu rechtfertigen.

cc. Abwägung

Einerseits werden durch die deutschen Strafbestimmungen die Forscher und Wissenschaftler in ihren europäischen Grundfreiheiten beeinträchtigt. Daneben tritt die massive Beschränkung der Wissenschafts- und insbesondere der Berufsfreiheit, ein in allen Mitgliedstaaten anerkanntes und meist verfassungsrechtlich verbürgtes Freiheitsrecht[734].

Hinzu kommt, dass das Berufsrecht am Handlungsort das betreffende Forschungsverhalten gerade billigt und eine Strafbarkeit, wie sie nach deutschem Recht angeordnet wird, nicht kennt.

Dem stehen die durch die strafbewährte Forschungsmaßnahme betroffenen Schutzgüter gegenüber, die zumindest der deutsche Staat als schutzwürdig erachtet.

Zwar wird den einzelnen Mitgliedstaaten die grundsätzliche Möglichkeit zugebilligt, nationale Interessen auch im Ausland zu schützen. Angesichts der Europäisierung der Rechtslage, der zunehmenden Globalisierung und der Brisanz der Thematik erscheint es jedoch fraglich, ob ein Mitgliedstaat die angesprochenen Sachverhalte tatsächlich seiner rechtlichen Bewertung unterziehen darf oder ob nicht dem Gemeinschaftsrecht in Form des Überwiegens der Grundfreiheiten und -rechte der Vorrang beizumessen ist.

Hinsichtlich der durch die EGRC in Art. 3 Abs. 2 erfassten Verhaltensweisen erscheint die Strafbarkeit legitimiert und die Beeinträchtigung der Grundfreiheiten

734 Vgl. Art. 12 GG; Art. 23 Abs.1 und 3 Nr.1 der Verfassung Belgiens; Art. 48 Abs.1, 3 der Verfassung Bulgariens; § 74 der Verfassung Dänemarks; Art. 29 der Verfassung Estlands; § 18 der Verfassung Finnlands; Art. 22 Abs.1 der griechischen Verfassung; § 106 der Verfassung Lettlands; Art. 19 Abs. 3 der Verfassung der Niederlande; Art. 18 des Staatsgrundgesetzes Österreichs; Art. 65 Abs.1 der Verfassung Polens; Art. 47 Abs.1 der Verfassung Portugals; Art. 38 Abs.1 S. 2 der Verfassung Rumäniens; Kap. 2 § 20 der Verfassung Schwedens, Art. 35 Abs. 1 der Verfassung der Slowakei; Art. 49 der Verfassung Sloweniens; Art. 35 Abs. 1 der Verfassung Spaniens; Art. 3, 112 Abs.1 der Verfassung Tschechiens i.V.m. Art. 26 Abs. 1 der tschechischen Grundrechtsdeklaration; Art. 70/B Abs. 1 der Verfassung Ungarn; vgl. die Ausführungen bei *Blanke* in Tettinger/Stern, EGRC, Art. 15, Rn. 15 ff.; *Frenz*, HdB EUR, Bd. 4, Rn. 2489; *Nowak* in Heselhaus/Nowak, HdB Europäische Grundrechte, § 30, Rn. 19 ff..

gerechtfertigt, da diese nicht nur bloßen nationalen, sondern auch europaweiten und internationalen[735] Anschauungen gerecht wird.

Schwieriger, weil in der EGRC und auch sonst unionsrechtlich nicht geregelt, ist die Frage, wie die Strafbarkeit in anderen Forschungskonstellationen der Embryonenforschung bzw. der biomedizinischen Forschung allgemein zu beurteilen ist. Nach nationaler Ansicht sind auch hier hochrangige Rechtsgüter betroffen und daher ist die umfassende Strafandrohung gerechtfertigt. So steht hinter der Strafandrohung für nach dem ESchG verbotener Embryonenforschung zwar nach nationaler Ansicht der Schutz des pränatalen Lebens.

Doch der den Mitgliedstaaten grundsätzlich zugebilligte Einschätzungsspielraum kann unmöglich so weit gehen, dass sich die Strafbarkeit nach nationalem Strafrecht auf alle durch Amtsträger und dem öffentlichen Dienst besonders Verpflichtete im Ausland begangenen Delikte erstreckt. Allein die Wertevorstellung des deutschen Staates kann es unter dem Aspekt der völkerrechtlichen Rücksichtnahme schwerlich legitimieren, dass Rechtsgüter, die sich nicht im eigenen Land befinden, von der Strafbarkeit nach deutschem Recht erfasst werden.

Die Strafandrohung von Auslandstaten über § 5 Nrn. 12 und 13 StGB bedeutet für die Forscher nicht nur ein erhebliches Risiko bei der Teilnahme an grenzüberschreitenden Forschungsprojekten; damit einher geht auch eine beträchtliche Beschränkung ihrer Freiheitsrechte. Die Möglichkeit der Forschung im Ausland läuft praktisch gegen null, da sie mit zu großen Strafbarkeitsrisiken verbunden ist. Damit wird den Forschern nicht nur eine grundlegende Betätigungsweise im Rahmen ihrer geschützten Berufs- und Forschungsfreiheit sowie der Grundfreiheiten beschränkt, auch der innereuropäische Binnen- und Forschungsraum ist tangiert, wenn die Durchsetzung bloßer nationaler Anschauungen die langfristigen Prioritäten[736] der Union als Ganzes gefährdet.

Das Berufsrecht der jeweiligen Handlungsorte kann daher nicht ohne Weiteres durch die Anwendung deutschen Strafrechts überlagert werden. Ausdruck der Europäisierung ist es auch und gerade, dass grenzüberschreitend in einem anderen Mitgliedstaat eine Tätigkeit aufgenommen werden darf, die unter der dort geltenden Rechtslage möglicherweise weniger strengen Anforderungen unterliegt, auf welche sich der Handelnde als für ihn

735 Vgl. dazu i.Ü. die Ausführungen im 3. Teil unter B, III, 2.

736 Vgl. Art. 4 Abs. 3 und Art. 179 ff. AEUV, die das Ziel der Union zum Ausdruck bringen, die Forschung im europäischen Raum zu fördern und zu unterstützen.

einschlägigen Richtwert berufen darf und auf deren Geltung er vertrauen können muss[737].

Den erheblichen Einschnitten auf Seiten der Grundfreiheiten und der Ausübung der Grundreche der Forscher stehen nationale Interessen gegenüber, über deren Schutzwürdigkeit sich kein grenzüberschreitendes Einvernehmen ausmachen lässt. Daher kann dem nationalen Strafrecht nicht die Berechtigung zukommen, über diese im Ausland befindlichen Rechtsgüter zu richten und sie nationaler Strafgewalt zu unterstellen. Das verfolgte nationale Interesse an einem umfassenden Schutz des pränatalen Lebens ist zwar durchaus verständlich, kann im konkreten Fall jedoch nicht geeignet sein, ein Überwiegen vor den Garantien der Grundfreiheiten und der europäischen Grundrechte zu begründen.

Im Bereich der Embryonenforschung, wo nicht nur das betroffene Rechtsgut bzw. die Rechtsgutsträgereigenschaft an sich umstritten und die Frage nach dessen Schutzwürdigkeit und -bedürftigkeit alles andere als hinreichend geklärt ist, kann das deutsche Strafrecht sich zur Begründung seiner Strafgewalt im Ausland nicht auf diese ohnehin fragliche Anschauung berufen.

dd. Zwischenergebnis

Die freie Ausübung von Grundfreiheiten und der Berufs- und Wissenschaftsfreiheit ist demnach grundsätzlich in der Lage, die Wahrung von Interessen des deutschen Staates über die eigenen Staatsgrenzen hinaus zu überwiegen. Die strikte Anwendung der nationalen Strafgewalt in diesen Konstellationen ist mit den Grundfreiheiten und den Unionsgrundrechten der Wissenschafts- und Berufsfreiheit nicht ohne Weiteres vereinbar.

4. Ergebnis

Die Untersuchung der Vereinbarkeit der Geltungsanordnung des deutschen Strafrechts für Forscher im Ausland mit nationalen Grundrechten und verfassungsrechtlichen Grundsätzen sowie mit dem Unionsrecht hat gezeigt, dass die Annahme der Strafberechtigung für grenzüberschreitende Sachverhalte nicht unproblematisch ist.

---

737 Vgl. die Fallkonstellation des deutschen Abtreibungsarztes in den Niederlanden, dessen berufliche Tätigkeit grundsätzlich unter dem Schutz der Niederlassungs- bzw. Dienstleistungsfreiheit steht. Die Beachtung des deutschen Strafrechts nach § 5 Nr. 9 StGB stellt sich für ihn als unverhältnismäßige Einschränkung dar, vgl. *Ambos*, Int. StR, § 3, Rn. 59; *Dannecker*, ZStW 117, 2005, S. 679, 716; sowie ausführlich zum Fall *Hecker*, Europ. StR, § 9, Rn. 36 ff..

Die Androhung der deutschen Strafbarkeit bei Taten im Ausland führt nicht nur zu einer schwerlich zu rechtfertigenden Behinderung der Forschung; die damit einhergehende Unsicherheit der Strafbarkeit bedeutet letztlich einen erheblichen Einschnitt in die internationale Forschung und dürfte in letzter Konsequenz mit einem Verbot derselben gleichzusetzen sein[738]. Unter europa- wie auch unter verfassungsrechtlichen Aspekten ist dieses Ergebnis nicht tragbar.

Zur Rechtfertigung der jeweiligen Eingriffe in die europäischen Grundfreiheiten und der europäischen wie nationalen Grundrechte lassen sich zwar hochrangige Schutzgüter wie der Schutz des pränatalen Lebens, die körperliche Unversehrtheit oder die Menschenwürde anführen. Diese können letztlich jedoch nur in besonderen Fällen in der Lage sein, die Grundfreiheiten bzw. die europäischen wie auch die nationalen Grundrechte zu überwiegen und nicht perse herangezogen werden, um eine Geltungserstreckung der deutschen Strafgewalt zu legitimieren. Bedeutung erlangt in diesem Zusammenhang insbesondere die Frage nach der Reichweite der staatlichen Schutzpflicht, für deren unreflektierte Erstreckung über die eigenen Grenzen grundsätzlich kein Gebot und kein Bedürfnis bestehen.

Deutlich wurde auch, dass es im Rahmen der vorliegenden Problematik um Bereiche geht, die einen speziellen Charakter aufweisen. Die der Forschung im biomedizinischen Bereich und gerade der Embryonenforschung zugrunde liegenden Straftatbestände sind teilweise im Inland hoch umstritten und ihrerseits angreifbar, so dass deren Strafwürdigkeitsgehalt bereits unter diesem Aspekt fraglich erscheint. Beachtlich ist daneben auch, dass es sich hierbei durchweg um Verhaltensweisen handelt, die unter den Schutz der Forschungs- bzw. Berufsfreiheit fallen und die damit Schutz durch bedeutende Grundrechte genießen. Aufgrund ihrer Wirtschaftlichkeit kommt ihnen auch der Schutz durch die europäischen Grundfreiheiten (sowie im Übrigen der europäischen Grundrechte) zugute.

Es liegen demnach berufstypische Verhaltensweisen vor, die durch die §§ 3 ff. StGB in ein Spannungsverhältnis zwischen Strafbarkeit und Freiheitsausübung geraten. Die Strafwürdigkeit solcher Verhaltensweisen ist demnach von vornherein anders beschaffen als in Fällen, in denen es um Verhaltensweisen geht, die europarechtlich und verfassungsrechtlich nicht geschützt sind.

738 Vgl. (zum StZG) *Schwarz*, MedR 2003, S. 158, 163. Die dort angestrengten Überlegungen sind jedoch auch auf die Embryonenforschung übertragbar, da sich auch hier die genannten Probleme, wenn auch in anderem Ausmaß, stellen.

III. Strafanwendungsrecht

Stellt sich bei einem grenzüberschreitenden Sachverhalt die Frage, welches Recht darauf zur Anwendung kommen kann, sind zur Beantwortung dazu die Strafanwendungsregeln der §§ 3 ff. StGB heranzuziehen.

Hinter den strafanwendungsrechtlichen Regelungen der §§ 3 ff. StGB steht der Gedanke, die Ausübung der Strafgewalt auf ein völkerrechtlich legitimes Maß zu beschränken. Fraglich ist daher, worin im Rahmen vorliegend zu untersuchender Konstellation die hinreichende Verbindung gesehen werden kann.

Die Untersuchung der Frage, auf welchen Anknüpfungsprinzipien die Regelungen des § 5 Nrn. 12 und 13 StGB konkret beruhen und inwiefern diese die Erstreckung der Strafgewalt legitimieren können, soll aufzeigen, inwiefern die staatlichen Interessen zur Garantie eines umfassenden Rechtsgüterschutzes durch das Strafanwendungsrecht gesichert werden.

Dies leitet über zu den zentralen Fragen, wie die Tatsache zu beurteilen ist, dass der Rechtsordnung am Handlungsort keinerlei Beachtung geschenkt wird und ob auf eine identische Tatortnorm tatsächlich verzichtet werden kann.

Indem der deutsche Strafgesetzgeber über die Regelungen des § 5 Nrn. 12 und 13 StGB die Geltung des deutschen Strafrechts anordnet, dehnt er seine Strafgewalt über die eigenen Grenzen hinweg aus. Er übt damit zwar nicht unmittelbar seine Strafgewalt auf fremdem Territorium aus, dennoch „regiert" er in das fremde Hoheitsgebiet hinein und fordert die Einhaltung seiner eigenen Normen auf fremdem Territorium[739].

Er bestraft auf eigenem Gebiet und nach innerstaatlichem Recht, was auf fremdem Boden geschieht, und misst dabei dem Recht am Handlungsort keinerlei Bedeutung zu[740]. Die Entscheidung der fremden Rechtsordnung, das Verhalten nicht unter Strafe zu stellen, wird vollends übergangen und mit der eigenen Anschauung überlagert. Dies könnte eine Einmischung in fremde innerstaatliche Angelegenheiten bedeuten und damit gegen den Grundsatz der souveränen Gleichheit der Staaten und das Nichteinmischungsgebot verstoßen[741].

1. Anknüpfungsprinzipien im Rahmen des § 5 StGB

Um aus völkerrechtlicher Sicht die Erstreckung der eigenen Strafgewalt legitimieren zu können, soll über die Anknüpfungsprinzipien des internationalen

---

739 Vgl. *Pottmeyer*, NStZ 1992, S. 57, 58.

740 Vgl. *Pottmeyer*, NStZ 1992, S. 57, 58; *Wagner*, UBWV 2008, S. 441, 447.

741 Vgl. zum Ganzen auch *Ambos*, Int. StR, § 2, Rn. 3.

Strafrechts eine hinreichend enge Verbindung des normierenden Staates zu dem normierten Auslandssachverhalt hergestellt werden. Da im Rahmen vorliegender Konstellation den Regelungen des § 5 Nrn. 12 und 13 StGB besondere Relevanz zukommt, stellt sich die Frage, auf welche Anknüpfungsprinzipien sich diese Vorschriften stützen lassen[742]. In Betracht kommen das aktive Personalitäts- sowie das Staatsschutzprinzip. Das Weltrechtsprinzip wird im Rahmen der folgenden Untersuchung vernachlässigt, da sich bereits gezeigt hat, dass es nur in sehr begrenztem Umfang geeignet ist, die Erstreckung der Strafgewalt für vorliegend der Untersuchung zugrunde liegende Sachverhalte zu legitimieren[743].

Der weiteren Untersuchung soll eine Analyse der beiden genannten Anknüpfungsgrundsätze vorausgehen, die die Frage klärt, inwiefern die strafanwendungsrechtlichen

---

742 Bzgl. Nr. 12 1.Var. sprechen sich für das Zugrundeliegen des aktiven Personalitätsprinzip u.a. *Ambos* in MüKo, § 5, Rn. 34, *ders.* in Int. StR, § 3, Rn. 60, sowie *Böse* in NK, 4. Aufl., § 5, Rn 16; *Gribbohm* in LK, 11. Aufl., § 5, Rn. 87; *Samson* in SK, 2. Aufl., § 5, Rn. 20, wohl auch *Lemke* in NK, 2. Aufl., § 5, Rn. 4 und 24 und *Werle/Jeßberger* in LK, 12. Aufl., § 5, Rn. 185, die jedoch eine mögliche Ergänzung durch das Staatsschutzprinzip zumindest bei echten Amtsdelikten oder sonstigen Taten in Bezug auf den Dienst betonen.
Nr. 12 2.Var. hingegen beruht nach überwiegender Ansicht auf dem Realprinzip: *Ambos* in MüKo, § 5, Rn. 3; *Böse* in NK, 4. Aufl., § 5, Rn. 16; *Samson* in SK, 2. Aufl. § 5, Rn. 20; wohl auch *Gribbohm* in LK, 11. Aufl., § 5, Rn. 88.
Allgemeiner wird auch von *Satzger* in SSW, § 5, Rn. 13, sowie *ders.* in Int. StR, § 5, Rn. 66; *Schmitz*, Das aktive Personalitätsprinzip im Internationalen Strafrecht, S. 206 und *Jakobs*, StR AT, 5. Abschn., Rn. 16 darauf hingewiesen, dass Nr.12 beide Anknüpfungspunkte zugrunde liegen, wobei deren Ausführungen nicht weiter zwischen den beiden Varianten differenzieren. Auch *Hoyer* in SK, 6. Aufl., § 5, Rn. 28 und *Weber* in Baumann/Weber/Mitsch, StR AT, § 7, Rn. 60 differenzieren nicht näher die beiden Varianten. *Hoyer* möchte bei Nr. 12 das aktive Personalitätsprinzip zugrunde liegen sehen, während *Weber* in Baumann/Weber/Mitsch, StR AT in Nr. 12 das Staatschutzprinzip verwirklicht sehen mag.
Auch im Rahmen der Nr. 13 ist umstritten, ob sich diese Vorschrift tatsächlich auf das aktive Personalitätsprinzip, so *Eser* in Schönke/Schröder, § 5, Rn. 20; *Hoyer* in SK, 6. Aufl., § 5, Rn. 29; *Werle/Jeßberger* in LK, 12. Aufl., § 5, Rn. 199 oder das Schutzprinzip stützen lässt, so *Ambos* in MüKo, § 5, Rn. 36; *ders.* in Int. StR, § 3, Rn.87; *Fischer*, StGB, § 5, Rn. 13; *Schmitz*, Das aktive Personalitätsprinzip im Internationalen Strafrecht, S. 207; *Weber* in Baumann/Weber/Mitsch, StR AT, § 7, Rn. 60, siehe auch Begr. zu E 1962, BR-Drucks. 200/62, S. 112; diff. *Jakobs*, StR AT, 5. Abschn., Rn. 16; *Lemke* in NK, 2. Aufl., § 5, Rn. 27. Eine Kombination aus beiden nimmt auch hier wieder *Satzger* in SSW, § 5, Rn. 13 sowie in Int. StR., § 5, Rn. 66 an.

743 Vgl. dazu die Ausführungen oben im 3. Teil unter B, III, 2.

Anknüpfungsprinzipien den materiell-rechtlichen Interessen des Staates Rechnung tragen.

a. Untersuchung der Anknüpfungsprinzipien

Da das Strafanwendungsrecht u.a. dazu dienen soll, nationalen Interessen Ausdruck zu verleihen, muss dieses Ansinnen durch die Anknüpfungskriterien des aktiven Personalitätsprinzips sowie des Staatsschutzprinzips sichergestellt werden.

aa. Aktives Personalitätsprinzip

(1) Grundlage

Nach dem aktiven Personalitätsprinzip darf ein Staat seine Strafgewalt auf jegliche Taten seiner Staatsangehörigen erstrecken, unabhängig davon, ob sie im Inland oder im Ausland begangen wurden[744]. Die Strafgewalt knüpft somit an die Staatsangehörigkeit des Täters an und ihre Erstreckung wurzelt in der auch über die eigenen Staatsgrenzen hinaus reichenden Personalhoheit des Heimatstaates[745]. Die völkerrechtlich gebotene Verknüpfung zwischen dem normierenden Staat und dem normierten Sachverhalt ergibt sich dabei aus der Personenbezogenheit: Die Personalhoheit endet nicht an den Gebietsgrenzen des eigenen Territoriums und lässt so eine extraterritoriale Anwendung des inländischen Strafrechts auf die Taten eigener Staatsangehöriger zu[746].

(2) Sicherstellung der materiell-rechtlichen nationalen Interessen

Fraglich bleibt, welche Gesichtspunkte hinter dem aktiven Personalitätsprinzip stehen. Die Strafandrohung für Auslandstaten deutscher Staatsangehöriger könnte dem Selbstschutz des Staates dienen, wenn die Begehung von Straftaten durch deutsche Bürger tatsächlich herausragende staatliche Interessen zu gefährden in der Lage wäre. Als solches kommt hier die Integrität der deutschen Strafrechtsordnung in Betracht. Durch die Strafandrohung im Ausland wird von dem deutschen Staatsangehörigen eine bestimmte Verhaltensweise und so die Einhaltung der

---

744 *Ambos*, Int. StR, § 3, Rn. 39; *Doehring*, Völkerrecht, Rn. 816; *Eser* in Schönke/Schröder, Vor §§ 3 ff., Rn. 15; *Satzger*, Int. StR, § 4, Rn. 7; *Stein/Von Butlar*, Völkerrecht, Rn. 617; *Werle/Jeßberger* in LK, 12. Aufl., Vor §§ 3 f., Rn. 232.

745 *Ambos*, Int. StR, § 3, Rn. 39; *Doehring*, Völkerrecht, Rn.816, 1156; *Stein/von Buttlar*, Völkerrecht, Rn. 617; *Werle/Jeßberger* in LK, 12. Aufl., Vor §§ 3 ff., Rn. 232.

746 *Ambos*, Int. StR, § 3, Rn. 39; *Doehring*, Völkerrecht Rn. 812; vgl. auch *Hailbronner* in Vitzthum, Völkerrecht, 3. Abschn., Rn. 144 f..

eigenen Rechtsordnung erzwungen. Die Integrität der nationalen Normenordnung scheint bei der Begehung von nach inländischem Strafrecht verbotenen Taten durch eigene Staatsangehörige in Gefahr. Aufgrund seiner besonderen Verbindung zum deutschen Staat könne von ihm die Einhaltung der inländischen Rechtsordnung auch im Ausland verlangt werden.

Dazu müsste das aktive Personalitätsprinzip aus der Sicht des jeweils Betroffenen legitimierbar sein.

Vor dem Hintergrund, dass es sich bei dem aktiven Personalitätsprinzip um das geschichtlich früheste Anknüpfungskriterium handelt und nach alter Rechtsauffassung der Rechtsstatus des Menschen durch seine Stammeszugehörigkeit bestimmt wurde[747], lässt sich erklären, dass das aktive Personalitätsprinzip auf der Überlegung gründet, dass der Staat die Wahrung seiner Ge- und Verbote aufgrund einer den eigenen Staatsangehörigen auferlegten Treuepflicht fordern kann[748]. Ein solches Verständnis wird jedoch wegen der darin zum Ausdruck kommenden autoritären Staatsvorstellung heute überwiegend kritisch gesehen[749].

Die Idee, dass der deutsche Staatsangehörige seinem Staat auch im Ausland Gehorsam und Treue schulde[750], ist mit dem freiheitlichen Rechtssystem des deutschen Staates schwer vereinbar. Dies wird insbesondere deutlich, wenn man einen Blick auf die Staatsschutzdelikte des Landes- und Hochverrats wirft. In- und Ausländer werden hier gleichermaßen bestraft: Den Inländer trifft dabei nicht etwa eine härtere Strafe als den Ausländer, der eine solche Tat begeht[751]. Dies wäre jedoch die logische Folge, ginge man von einer besonderen Treuepflicht des deutschen Staatsangehörigen gegenüber seinem Heimatland und dessen Gesetzen aus[752].

Wieso nicht einmal bei diesen die Existenz des deutschen Staates schützenden Tatbeständen eine Treuepflicht des Bürgers vorausgesetzt wird, dies jedoch bei anderen Delikten, die private oder nur indirekt staatliche Rechtsgüter betreffen, der Fall sein soll, ist nicht nachvollziehbar[753].

---

747 *Jescheck/Weigend*, StR AT, § 18 II 3.

748 *Doehring*, Völkerrecht, Rn. 814; *Lackner/Kühl*, Vor §§ 3 ff., Rn. 2; vgl. auch *Schröder*, JZ 1968, S. 241, 241; krit. *Oehler*, Int. StR., Rn. 139 f.; *ders.* in FS Grützner, S. 110, 122 f.; *Pottmeyer*, NStZ 1992, S. 57, 60; *Vogler* in FS Maurach, S. 595, 597 f..

749 *Ambos* in MüKo, Vor §§ 3 ff.; Rn. 36 f.; *Böse* in NK, 4. Aufl., Vor §§ 3 ff., Rn. 18; *Oehler*, Int. StR., Rn. 139 f.; ders. in FS Grützner, S. 110, 122 f.; *Pottmeyer*, NStZ 1992, S. 57, 60.

750 Vgl. *Olshausen*, StGB, § 3, Anm. A 1.

751 *Oehler*, Int. StR., Rn. 732.

752 *Pottmeyer*, NStZ 1992, S. 57, 60.

753 *Oehler*, Int. StR., Rn. 139 f.; *ders.* in FS Grützner, S. 110, 122 f..

Auch das Unterordnungsverhältnis des Bürgers zum Staat kann dem Staat nicht erlauben, mit seinen Bürgern nach Belieben zu verfahren, gleichgültig, wo sie sich aufhalten[754]. In einer freiheitlich-demokratischen Grundordnung ist für solch obrigkeitsstaatliches Denken, in dem der Einzelne vollkommen dem Staatswillen untergeordnet wird[755], kein Raum[756].

Das aktive Personalitätsprinzip lässt sich nach alledem nicht aus der Treuepflicht der deutschen Staatsangehörigen oder der Personalhoheit des deutschen Staates ableiten.

Diesen Kritikpunkten kann sich auch die moderne Deutung des aktiven Personalitätsprinzips nicht vollständig entziehen: Sie weist den Vorwurf, obrigkeitsstaatlichem Denken verhaftet zu sein, zurück und erhebt die vom Heimatstaat garantierte „Infrastruktur von Freiheitlichkeit" zum entscheidenden Aspekt[757]. Mit der Möglichkeit, jederzeit von dieser stabilen Infrastruktur profitieren zu können, und der Tatsache, dass diese nicht erst nach Rückkehr in den räumlichen Geltungsbereich der heimischen Rechtsordnung ansetzt, sondern bereits das vorbehaltlose Recht umfasst, jederzeit in den Heimatstaat zurückkehren und bleiben zu dürfen, schafft der Staat eine wertvolle Rechtsposition, die auf Seiten des Bürgers mit der Pflicht zur Wahrung der innerstaatlichen Rechtsordnung korrespondiert[758].

Den Bürger trifft demnach im Gegenzug zur staatlich gewährleisteten Daseinsordnung von Freiheit die Pflicht, an der Aufrechterhaltung des Zustandes der Freiheitlichkeit mitzuwirken und den Bestand der staatlichen Ordnung nicht zu gefährden[759]. Inwiefern beispielsweise jedoch der ohnehin nur geringe diplomatische Schutz, den der eigene Staatsbürger im Ausland erhält, in der Lage sein soll, diese Bürgerpflicht im Gegenzug begründen zu können, erscheint fraglich[760].

---

754 *Pottmeyer*, NStZ 1992, S. 57, 60; anders jedoch *Schultz* in FS Weber, S. 305, 311; ähnlich *Zieher*, Das sog. Internationale Strafrecht nach der Reform, S. 77.

755 Vgl. *Ambos* in MüKo, Vor §§ 3 ff., Rn. 37.

756 Vgl. *Pottmeyer*, NStZ 1992, S. 57, 60, der in Fn. 70 auf die Kritik *Voglers* in FS Maurach hinweist, der gar von einer „ideologischen Zwangsjacke" spricht, die so viel Unbehagen bereite, dass das Prinzip selbst suspekt geworden sei, S. 595, 596 f..

757 *Pawlik* in FS Schröder, S. 357, 376 f.; ähnlich auch *Epping*, RIW 1991, S. 461, 467, die die Treuepflicht als „Gegenstück zum diplomatischen Schutz" sieht.

758 *Pawlik* in FS Schröder, S. 357, 376 f..

759 *Pawlik* in FS Schröder, S. 357, 373, 377.

760 Vgl. *Oehler* in Int. StR, Rn. 139; *ders.* in FS Grützner, S. 110, 123; *Pottmeyer*, NStZ 1992, S. 57, 60; so aber *Epping*, RIW 1991, S. 461, 467.

Die Bürgerpflicht kann nur so weit reichen, wie durch die Tat auch tatsächlich die Integrität inländischer Rechtspositionen betroffen ist[761]. So kann die besondere „Infrastruktur von Freiheitlichkeit" zwar legitimieren, von den eigenen Staatsbürgern auch im Ausland zu fordern, den Bestand der heimischen Rechtsordnung nicht zu gefährden. In Fällen, in denen sich die Tat ausschließlich gegen ausländische Rechtsgüter richtet, kann von einer derartigen Pflicht jedoch mangels Gefährdung der Integrität des Staates kaum mehr gesprochen werden[762].

An dieser Stelle wird deutlich, wie sehr die Problemkreise der Strafberechtigung und der Strafbarkeit miteinander verwachsen sind. So zeigt sich, dass die Anknüpfung an das aktive Personalitätsprinzip zur völkerrechtlichen Legitimation der Strafgewaltserstreckung hiernach ausscheiden muss, wenn keine Verletzung des Schutzbereichs des deutschen Tatbestandes festgestellt werden kann.

Des Weiteren kann die Strafberechtigung auch nur so weit reichen, wie sie sich nicht in Konflikt mit europa- und verfassungsrechtlichen Vorgaben setzt. Bei einer unreflektierten Anknüpfung der Strafgewalt an die Staatsangehörigkeit für alle Taten, die der Staatsbürger im Ausland begeht, lässt sich dies schwerlich erreichen. Die Frage nach der Legitimität des aktiven Personalitätsprinzips als solches geht demnach bereits vollständig in der Frage nach der Strafberechtigung auf.

Diesem Konflikt lässt sich dadurch begegnen, dass das aktive Personalitätsprinzip auf den Grundsatz der internationalen Solidarität gestützt wird[763]. Deutschen Staatsangehörigen soll es nicht möglich sein, im Ausland Straftaten zu begehen und sich danach ungestraft in ihr Land zurückzuziehen[764]. Für Taten, für die sie im Ausland strafrechtlich nicht zur Verantwortung gezogen werden konnten, haben sie nach dem Gedanken der Solidarität gegenüber dem Tatortstaat in ihrem

761 *Pawlik* in FS Schröder, S. 357, 377; vgl. auch *Böse* in NK, 4. Aufl., Vor §§ 3 ff., Fn. 336.

762 *Pawlik* in FS Schröder, S. 357, 377; vgl. auch *Böse* in NK, 4. Aufl., Vor §§ 3 ff., Fn. 336.

763 *Böse* in NK, 4. Aufl., Vor §§ 3 ff., Rn. 18; *Jescheck/Weigend*, StR AT, § 18 II 3; *Oehler*, Int. StR, Rn. 139 ff., Rn. 733 ff.; *ders*. in FS Grützner, S. 110, 123; *Pottmeyer*, NStZ 1992, S. 57, 60; vgl. auch *Lemke* in NK, 2. Aufl., Vor §§ 3 ff., Rn.11; *Satzger*, Int. StR, § 4, Rn. 7; *Werle/Jeßberger* in LK, 12. Aufl., Vor §§ 3 ff., Rn. 235; für den eingeschränkten Personalitätsgrundsatz *Ambos* in Int. StR, § 3, Rn. 41; *Gribbohm* in LK, 11. Aufl., Vor §§ 3 ff., Rn. 133.

764 *Jescheck/Weigend*, StR AT, § 18 II 3; *Satzger*, Int. StR., § 4, Rn, 7; vgl. auch *Oehler*, Int. StR, Rn. 729, wobei er in diesem Zusammenhang darauf verweist, dass die sozialethische und präventive Funktion des Strafrechts dabei beeinträchtigt würde.

Heimatstaat einzustehen[765]. Das aktive Personalitätsprinzip bezweckt demnach den Schutz ausländischer Rechtsgüter vor Straftaten von Inländern[766].

Daraus folgt jedoch, dass das aktive Personalitätsprinzip danach nur in seiner eingeschränkten Form – unter der Voraussetzung, dass eine identische Tatortnorm besteht – hinreichend legitimiert sein kann[767]. Dadurch ließen sich die europarechtlichen und verfassungsrechtlichen Konflikte entschärfen, da sich die Anordnung der Strafgewalt nicht mehr länger nur allein nach deutschem Recht ergibt: Ein Berufen auf die Grundfreiheiten und -rechte schiede aus, wenn das entsprechende Verhalten auch am Forschungsort selbst strafbar wäre. Die Strafbarkeit träfe den Forscher weiter nicht unerwartet.

(3) Zwischenergebnis

Grundsätzlich kann dem aktiven Personalitätsprinzip die völkerrechtliche Legitimation nicht abgesprochen werden. So stellt die Staatsangehörigkeit grundsätzlich eine hinreichend enge Verbindung dar, die eine Erstreckung der Strafgewalt legitimiert. Sieht man das aktive Personalitätsprinzip im Grundsatz der internationalen Solidarität verwurzelt, so kann dies nur in den Fällen gelten, in denen das Recht am Tatort eine Strafbarkeit der Tat kennt, mithin eine lex loci vorliegt. Sieht die Rechtsordnung des entsprechenden Tatorts keine Strafbarkeit der Tat vor, so könnte in der Erstreckung der Strafgewalt ohne Rücksichtnahme auf das Tatortrecht eine völkerrechtswidrige Einmischung liegen[768].

Sieht man das aktive Personalitätsprinzip als in der besonderen „Infrastruktur von Freiheitlichkeit" begründet, so kann dem Gedanken der Wahrung der Integrität der nationalen Strafrechtsordnung nur dann hinreichend Rechnung getragen werden, wenn sich die Straftat tatsächlich gegen die Integrität des Heimatsstaates wendet. Eine fehlende Tatortstrafbarkeit ist nach dieser Ansicht zwar unschädlich[769]. Da dies jedoch zu der soeben dargelegter Problematik führt, ist diese Ansicht abzulehnen.

---

765 *Oehler*, Int. StR, Rn. 139 ff., 733; *ders* in FS Grützner, S. 110, 123; *Pottmeyer*, NStZ 1992, S. 57; 60.

766 *Gribbohm* in LK, 11. Aufl., Vor §§ 3 ff., Rn. 133.

767 *Pottmeyer*, NStZ 192, S. 57, 60; vgl. auch *Ambos*, Int. StR, § 3, Rn. 41; *ders* in MüKo, Vor §§ 3 ff., Rn. 37; *Böse* in NK, 4. Aufl., Vor §§ 3 ff., Rn. 18; a. A. *Oehler*, Int. StR, Rn. 751; *Werle/Jeßberger* in LK, 12. Aufl., Vor §§ 3 ff., Rn. 235, 232.

768 *Ambos*, Int. StR, § 3, Rn. 40; *ders.* in MüKo, Vor §§ 3 ff., Rn. 37; *Pottmeyer*, NStZ 1992, S. 57, 60.

769 Vgl. *Böse* in NK, 4. Aufl., Vor §§ 3 ff, Rn. 18.

bb. Untersuchung des Staatschutzprinzips

(1) Grundlage

Das Staatsschutzprinzip (Realprinzip) gilt neben dem passiven Personalitätsprinzip als Ausprägung des Schutzprinzips, das den Staaten die Befugnis einräumt, ihre Strafgewalt auf Handlungen im Ausland zu erstrecken, die inländische Rechtsgüter verletzen oder gefährden[770].

Dabei liegt dem Realprinzip speziell der Gedanke zugrunde, dass es keinem Staat verwehrt sein darf, Angriffe auf seine innerstaatliche Integrität bzw. seine Institutionen zu verfolgen, zumal er davor durch das Recht am Tatort in der Regel nicht geschützt wird[771].

Das Realprinzip ist völkerrechtlich anerkannt und nicht nur im Ausland weit verbreitet[772], sondern findet sich auch in vielen internationalen Abkommen wieder[773]. Da der Täter hierbei selbst durch seine Tat eine Beziehung zur Strafgewalt des betroffenen Staates herstellt und es dem Staat möglich sein muss, hierauf zu reagieren, kann auch auf das Erfordernis der identischen Tatortnorm verzichtet werden[774].

Dennoch berechtigt dieses „Notwehrrecht" des Staates[775] nicht zu einer unbeschränkten Erstreckung des Strafrechtsschutzes auf jedes erdenkliche Inlandsgut[776].

---

770 U.a. *Ambos*, Int. StR, § 3, Rn. 68; *Eser* in Schönke/Schröder, Vor §§ 3 ff., Rn. 16; *Lemke* in NK, 2. Aufl., Vor §§ 3 ff., Rn. 12; *Satzger*, Int. StR, § 4, Rn. 9; vgl. auch *Roggemann*,Strafrechtsanwendung und Rechtshilfe zwischen beiden deutschen Staaten, S. 41 f.; *Vogler* in FS Grützner, S. 149, 155; *Zieher*, Das sog. Internationale Strafrecht nach der Reform, S. 78.

771 *Ambos*, Int. StR, § 3, Rn. 69; *Lemke* in NK, 2. Aufl., Vor §§ 3 ff., Rn. 12; *Satzger*, Int. StR, § 4, Rn. 10; *Vogler* in FS Grützner, S. 149, 155; *Werle/Jeßberger* in LK, 12. Aufl., Vor §§ 3 ff., Rn. 225. Zur Frage, ob das Schutzprinzip nur für Auslandstaten von Ausländern in Betracht kommt vgl. *Epping*, RIW 1991, S. 461, 466 f. m.w.N.

772 *Ambos* in MüKo, Vor §§ 3 ff., Rn. 40 m.w.N.

773 Vgl. *Werle/Jeßberger* in LK, 12. Aufl., Vor §§ 3 ff., Rn. 141, 144, 153, 181.

774 *Ambos*, Int. StR, § 3, Rn. 69; *Gribbohm* in LK, 11. Aufl., Vor §§ 3 ff., Rn. 129; *Lemke* in NK, 2. Aufl., Vor §§ 3 ff., Rn. 12; *Satzger*, Int. StR, § 4, Rn. 10; *Werle/Jeßberger* in LK, 12. Aufl., Vor §§ 3 ff., Rn. 225.

775 Vgl. *Ambos*, Int. StR, § 3, Rn. 70; *ders.* in MüKo, Vor §§ 3 ff., Rn. 41; vgl. auch *Roggemann*, Strafrechtsanwendung und Rechtshilfe zwischen beiden deutschen Staaten, S. 42.

776 *Ambos*, Int. StR, § 3, Rn. 70, 80; *Werle/Jeßberger* in LK, 12. Aufl., Vor §§ 3 ff., Rn. 226 f.; *Zieher*, Das sog. Internationale Strafrecht nach der Reform, S. 78; a. A. wohl *Eser* in Schönke/Schröder, Vor §§ 3 ff., Rn. 16.

(2) Sicherstellung der materiell-rechtlichen nationalen Interessen

Die Ausdehnung der Strafgewalt gestützt auf das Staatsschutzprinzip ist legitim, weil ein Angriff auf hochrangige staatliche Interessen wie seine Organe, Behörden oder (wirtschaftliche) Interessen vorliegt, gegen den er sich zur Wehr setzen kann und – zum Erhalt seiner staatlichen Integrität – sogar muss. Der Angriff muss sich demnach gezielt gegen seine Sicherheit und seinen Bestand richten[777], wovon insbesondere bei einem Angriff auf den Kernbereich essenzieller Staatsinteressen, beispielsweise der Sicherheit, der territorialen Integrität und der politischen Unabhängigkeit des Staates, auszugehen ist[778].

Festzuhalten ist demnach, dass es sich um einen unmittelbaren Angriff gegen ein wesentliches Rechtsgut des Staates handeln muss und Angriffe gegen dieses Rechtsgut im Ausland nicht verfolgt werden können[779]. Andernfalls kann eine Durchbrechung des Nichteinmischungsgebots durch das Staatsschutzprinzip nicht gerechtfertigt werden[780].

b. Verwirklichte Anknüpfungsprinzipien

aa. Im Rahmen des § 5 Nr. 12 StGB

Gemäß § 5 Nr. 12 StGB ist deutsches Strafrecht für alle Taten anwendbar, die ein deutscher Amtsträger oder für den öffentlichen Dienst besonders Verpflichteter begeht. Voraussetzung ist, dass die Tat während eines dienstlichen Aufenthalts oder in Beziehung auf den Dienst begangen wird.

Dabei werden grundsätzlich Straftaten jeglicher Art erfasst, nicht nur Amtsdelikte[781].

(1) § 5 Nr. 12 1. Variante StGB

Im Rahmen der ersten Variante hält der Gesetzgeber einen inneren Zusammenhang der Tat mit der Dienstausübung nicht für erforderlich, sondern lässt bereits einen zeitlichen Zusammenhang genügen[782]. Dem Amtsträger kommt wegen seiner

---

777 *Ambos*, Int. StR, § 3, Rn. 70; *ders.* in MüKo, Vor §§ 3 ff., Rn. 41; vgl. auch *Werle/Jeßberger* in LK, 12. Aufl., Vor §§ 3 ff., Rn. 226.

778 *Werle/Jeßberger* in LK, 12. Aufl., Vor §§ 3 ff., Rn. 226.

779 *Werle/Jeßberger* in LK, 12. Aufl., Vor §§ 3 ff., Rn. 227.

780 *Ambos*, Int.StR, § 3, Rn. 70.

781 *Ambos* in MüKo, § 5, Rn. 34; *Böse* in NK, 4. Aufl., § 5, Rn. 16; *Gribbohm* in LK, 11. Aufl., § 5, Rn. 86; *Eser* in Schönke/Schröder, § 5, Rn. 19.

782 Vgl. BT-Drucks. V/4095, S. 6; *Böse* in NK, 4. Aufl., § 5, Rn. 16; *Gribbohm* in LK, 11. Aufl., § 5, Rn. 87; *Werle/Jeßberger* in LK, 12. Aufl., § 5, Rn. 189.

besonderen Funktion auch im Ausland die umfassende Pflicht zu, sich an die deutschen Strafgesetze zu halten[783]. Naheliegend erscheint daher, die Vorschrift dem aktiven Personalitätsprinzip zuzuordnen, denn der deutsche Staat erwartet hier von seinen Bürgern, die eigene Rechtsordnung auch im Ausland zu wahren[784].

Teilweise wird die Vorschrift auch dem Schutzprinzip zugeordnet[785]. Die Amtsträger und dem öffentlichen Dienst besonders Verpflichteten stehen demnach in einer besonderen Beziehung zum Staat, die von ihnen die Einhaltung der eigenen Rechtsordnung auch im Ausland verlangt.

Die Erstreckung der Strafgewalt findet ihre Legitimationsgrundlage im Schutz des Ansehens des deutschen Staates im Ausland[786]. Kommt es zu einer Verletzung der eigenen Rechtsordnung im Ausland durch die „Repräsentanten" des deutschen Staates, ist dieses Ansehen betroffen und gefährdet[787]. Da der ausländische Staat an einer Verfolgung dieser Taten kein Interesse haben wird, gründet die deutsche Strafgewalt in fehlenden Schutzeinrichtungen und Durchsetzungsgarantien im Ausland[788].

Oehler sieht in dieser „Amts-Sonderpflicht" aufgrund der besonderen Stellung der Amtsträger und besonders Verpflichteten sogar einen eigenständigen Anknüpfungspunkt für die Erstreckung der Strafgewalt. Der deutsche Staat möchte das deliktische Handeln nicht um der Reinhaltung des Amtes willen dem deutschem Strafrecht unterstellen, sondern um die diesen Personen besonders obliegende Pflicht, sich an die eigene Rechtsordnung zu halten, durchzusetzen[789]. Allein in dieser Sonderpflicht liege das den Geltungsbereich des materiellen Strafrechts begründende Moment[790].

---

783 BT-Drucks. V/4095, S. 6; vgl. auch Begr. zu E 1962, BR-Drucks. 200/62, S. 112.

784 Vgl. Begr. zu E 1962, BR-Drucks. 200/62, S. 112; *Ambos*, MüKo, § 5, Rn. 24, *ders.* in Int. StR, § 3, Rn. 60; *Gribbohm* in LK, 11. Aufl., § 5, Rn. 87.

785 *Weber* in Baumann/Weber/Mitsch, StR AT, § 7, Rn. 60; wohl auch *Zieher*, Das sog. Internationale Strafrecht nach der Reform, S. 124; zumindest in Kombination mit dem Aktiven Personalitätsprinzip *Lemke* in NK, 2. Aufl.,§ 5, Rn. 24; *Satzger*, Int. StR, § 5, Rn. 66; *Schmitz*, Das aktive Personalitätsprinzip im Internationalen Strafrecht, S. 206.

786 *Schmitz*, Das aktive Personalitätsprinzip im Internationalen Strafrecht, S. 206; vgl. dazu BT Drucks. V/4095, S. 6 sowie die Begr. zu E 1962, BR-Drucks. 200/62, S. 112.

787 *Schmitz*, Das aktive Personalitätsprinzip im Internationalen Strafrecht, S. 206; *Zieher*, Das sog. Internationale Strafrecht nach der Reform, S. 124.

788 *Schmitz*, Das aktive Personalitätsprinzip im Internationalen Strafrecht, S. 206, *Zieher*, Das sog. Internationale Strafrecht nach der Reform, S. 124.

789 *Oehler*, Int. StR, Rn. 611.

790 *Oehler*, Int. StR, Rn. 612.

Dem kann jedoch nicht gefolgt werden. Allein die Amtspflicht als solche kann nicht genügen, die Erstreckung der Strafgewalt auf alle Taten dieser Personen im Ausland zu legitimieren. Dies würde vielmehr, wie *Zieher* zutreffend feststellt, dazu führen, dass die Vorschrift einer Blankettnorm gleich käme, da bereits jede Tatbestandverwirklichung dieser Person im Ausland als eine einheitliche, schlichte Amtspflichtverletzung mit den unterschiedlichsten Rechtsfolgen qualifiziert würde[791].

Doch auch ein Abstellen auf das Schutzprinzip erscheint bei Taten, die mit der Erfüllung der Dienstpflichten nicht im Zusammenhang stehen, schwer vertretbar[792]. Daran ändert auch das Betonen des Schutzes der amtlichen Funktion[793] oder des Interesses des deutschen Staates an der Wahrung seines Ansehens[794] nichts. Allein der bloßen Stellung des Amtsträgers oder besonders Verpflichteter kann nicht die Pflicht entnommen werden, sich im Ausland „ehrenhafter" und treuer gegenüber der eigenen Rechtsordnung zu zeigen als andere Staatsangehörigen. So ist nicht nachvollziehbar, wieso ein Mitarbeiter eines nicht staatlichen, privatrechtlich organisierten Forschungsinstituts, der lediglich aufgrund der besonderen Ausgestaltung seines Beschäftigungsverhältnisses[795] unter den Tatbestand des § 11 Abs. 1 Nr. 4 und damit unter § 5 Nr. 12 StGB fällt, das Ansehen des deutschen Staates ernsthaft gefährden oder gar schädigen können soll[796].

Unter dem Aspekt, dass das Verhalten am Handlungsort nicht sanktioniert wird, ist überhaupt fraglich, ob ein Ansehensverlust tatsächlich zu befürchten ist. Über eine Verhaltensweise, die nach der ausländischen Rechtsordnung toleriert wird, besteht gerade kein verallgemeinerungsfähiges strafrechtliches Unwerturteil.

---

791 *Zieher*, Das sog. Internationale Strafrecht nach der Reform, S. 123.

792 Vgl. *Werle/Jeßberger* in LK, 12. Aufl., § 5, Rn. 188; ähnlich *Böse* in NK, 4. Aufl., § 5, Rn. 16.

793 Vgl. BT-Drucks. V/4095, S. 6.

794 Begr. zu E 1962, BR-Drucks. 200/62, S. 112.

795 Vgl. hierzu die Ausführungen im Gutachten *Eser/Koch*, S. 102 ff.. So verlangt § 11 Abs. 1 Nr. 4 lit a) ein Tätig werden bei einer Behörde oder einer sonstigen Stelle, die Aufgaben der öffentlichen Verwaltung wahrnimmt, lit.b) das Ausführen von Aufgaben der öffentlichen Verwaltung für eine Behörde oder eine sonstige Stelle bei einem Verband oder einem sonstigen Zusammenschluss, Betrieb oder Unternehmen. Weiter verlangt § 11 Abs. 1 Nr. 4 eine „Beschäftigung" bzw. ein „Tätig werden" sowie eine förmliche Verpflichtung des Betroffenen auf Grundlage eines besonderen Verpflichtungsgesetzes.

796 So können die in § 11 Abs. 1 Nr. 4 lit. b) StGB genannten „Betriebe" durchaus auch private Forschungseinrichtungen darstellen, vgl. *Eser/Koch*, Gutachten, S. 104 f.; *Lackner/Kühl*, § 11, Rn. 15.

Allein die Tatsache, dass die Tat im Ausland von einer Personengruppe begangen wird, der man eine besondere Beziehung zum deutschen Staat unterstellt, kann nicht die Annahme rechtfertigen, die Strafandrohung sei zum Schutz des Ansehens des deutschen Staates erforderlich[797]. Sieht das ausländische Recht die Verhaltensweise bereits nicht als strafwürdiges Unrecht an, kann diese auch nicht geeignet sein, die Rechtsstaatlichkeit und Effektivität der Verwaltung im Ausland in Frage zu stellen[798]. Schutzgüter des deutschen Staates sind demnach nicht betroffen und ein Ansehensverlust ist zumindest in den Bereichen, in denen das Recht des Tatortstaates eine Strafbarkeit nicht kennt, schwer vorstellbar[799]. Anknüpfungspunkt der Strafgewalt kann daher bei der ersten Variante nur das aktive Personalitätsprinzip sein.

(2) § 5 Nr. 12, 2. Variante StGB

Demgegenüber erfasst die zweite Variante des § 5 Nr. 12 StGB auch Taten, die während eines privaten Aufenthalts begangen werden, fordert jedoch einen Bezug der Straftat zur dienstlichen Tätigkeit und ist somit beschränkt auf Dienstpflichtverstöße, die sowohl in der aktiven Zeit (z.B. Bestechung, §§ 331, 332 StGB), als auch nach Beendigung des Dienstpflichtverhältnisses (z.B. Geheimnisverrat, § 203 Abs. 2, § 353 b StGB) begangen werden können[800]. Soweit der (hinreichende) Bezug zum Dienstverhältnis hergestellt ist, lässt sich diese Regelung auf das Staatsschutzprinzip stützen[801]. In diesen Fällen besteht ein staatliches Schutzgut, das auch im Ausland geschützt werden darf[802].

---

797 So jedoch *Schmitz*, Das aktive Personalitätsprinzip im Internationalen Strafrecht, S. 205; wohl auch *Zieher*, Das sog. Internationale Strafrecht nach der Reform, S. 123 f.; für eine Rechtfertigung durch das Staatsschutzprinzip sprechen sich auch *Weber* in Baumann/Weber/Mitsch, StR AT, § 7, Rn. 61 und *Lemke* in NK, 2. Aufl., § 5, Rn. 24 aus.

798 *Böse* in NK, 4. Aufl., § 5, Rn. 16.

799 *Böse* in NK, 4. Aufl., § 5, Rn. 16; *Jakobs*, StR AT, 5. Abschn., Rn. 16; *Werle/Jeßberger* in LK, 12. Aufl., § 5, Rn. 188; ähnlich *Samson* in SK, 2. Aufl., § 5, Rn. 20; krit. zur Heranziehung des aktiven Personalitätsprinzips ferner auch *Ambos* in MüKo, § 5, Rn. 35; *Hoyer* in SK, 6. Aufl., § 5, Rn. 28.

800 *Ambos* in MüKo, § 5, Rn. 34; *Böse* in NK, 4. Aufl., § 5, Rn. 16; *Eser* in Schönke/Schröder, § 5, Rn. 19; vgl. auch BT-Drucks.7/550, S. 207.

801 *Ambos* in MüKo, § 5, Rn. 34; *Böse* in NK, 4. Aufl., § 5, Rn. 16; *Gribbohm* in LK, 11. Aufl., § 5, Rn. 88; *Jakobs*, StR AT, 5. Abschn., Rn. 16; *Samson* in SK, 2. Aufl., § 5, Rn. 20; *Werle/Jeßberger* in LK, 12. Aufl., § 5, Rn. 188.

802 *Werle/Jeßberger* in LK, 12. Aufl., § 5, Rn. 188.

Nach überwiegender Ansicht muss es sich bei § 5 Nr. 12, 2. Var. StGB jedoch nicht um ein Amtsdelikt handeln, vielmehr genügt bereits ein indirekter Zusammenhang des Verhaltens mit dem Status des Täters[803]. So soll es für die Anwendbarkeit des deutschen Strafrechts genügen, wenn ein Amtsträger oder besonders Verpflichteter während eines Auslandsurlaubs Versuche unternimmt, die einem in Deutschland stattfindenden Forschungsprojekt zugutekommen sollen[804].

Liegt eine enge Verbindung zwischen „Tat" und der dienstlichen Tätigkeit, die den Schutz des Heimatstaates im Ausland notwendig erscheinen lässt, vor, so kann die 2. Variante des § 5 Nr. 12 StGB auf das Staatsschutzprinzip gestützt werden. Ergänzend tritt das aktive Personalitätsprinzip hinzu.

bb. § 5 Nr. 13 StGB

Die Vorschrift des § 5 Nr. 13 StGB erstreckt die Geltung des deutschen Strafrechts auch auf Taten eines Ausländers, wenn er Träger eines deutschen Amtes oder ein für den öffentlichen Dienst besonders Verpflichteter ist. Umstritten ist auch hier, welches Anknüpfungsprinzip dieser Regelung zugrunde liegt.

Teilweise wird die Vorschrift dem aktiven Personalitätsprinzip zugeordnet[805]. Indem der Amtsträger ein Dienstverhältnis eingeht, akzeptiert er die besondere personale Bindung zur Bundesrepublik Deutschland[806]. Diese über das Dienstverhältnis vermittelte besondere personale Bindung bewirke einerseits, dass der Amtsträger sich dem Schutz durch die deutsche Rechtsordnung sicher sein dürfe (§ 5 Nr. 14 StGB), und rechtfertige andererseits, dass ihm die Pflicht auferlegt werde, sich auch im Ausland an die deutsche Rechtsordnung zu halten[807].

Diese Ansicht ist jedoch abzulehnen: Indem die Geltung der deutschen Strafgewalt auf Ausländer erstreckt wird, wird die Staatsangehörigkeit des Täters vom Gesetzgeber gerade nicht als beachtlich eingestuft[808]. Entscheidend für die Strafgewaltserstreckung ist demnach nicht die Nationalität des Täters, sondern die

---

803 So nach h.M. *Eser* in Schönke/Schröder, § 5, Rn. 19; *Hoyer* in SK, 6. Aufl., § 5, Rn. 28; vgl. auch *Brewe*, Embryonenschutz und Stammzellengesetz, S. 45; *Eser/Koch*, Gutachten, S. 107.

804 *Eser/Koch*, Gutachten, S. 107.

805 *Eser* in Schönke/Schröder, § 5, Rn. 20; *Hoyer* in SK, 6. Aufl., § 5, Rn. 29; *Jakobs*, StR AT, 5. Abschn., Rn. 16; *Werle/Jeßberger* in LK, 12. Aufl., § 5, Rn. 199; wohl auch *Dahm/Delbrück/Wolfrum*, Völkerrecht I/1, S. 321, Fn. 24; *Lemke* in NK, 2. Aufl., § 5, Rn. 27.

806 *Werle/Jeßberger* in LK, 12. Aufl., Vor §§ 3 ff., Rn. 236; § 5, Rn. 199.

807 *Werle/Jeßberger* in LK, 12. Aufl., § 5, Rn. 199.

808 Vgl. *Schmitz*, Das aktive Personalitätsprinzip im Internationalen Strafrecht, S. 207.

Wahrung der Integrität der deutschen Verwaltung und damit des Ansehens des deutschen Staates, das durch die Begehung von Straftaten durch Repräsentanten des deutschen Staates besonders in Gefahr gerät[809].

Das aktive Personalitätsprinzip knüpft jedoch an die Staatsangehörigkeit[810], nicht an ein Dienstverhältnis und damit eine besondere Beziehung des Täters zum Staat an[811]. Die Deutscheneigenschaft rechtfertigt es, die eigenen Staatsangehörigen auch im Ausland der nationalen Strafgewalt zu unterwerfen.

Die von den Vertretern dieser Ansicht proklamierte besondere personale Bindung der Amtsträger zum deutschen Staat ist jedoch mit den Rechten und Pflichten, die sich nach Art. 16 GG aus der deutschen Staatsangehörigkeit ergeben, qualitativ nicht vergleichbar[812]. Die Schutzwirkung, die sich für die eigenen Bediensteten nach § 5 Nr. 14 StGB ergibt, lässt sich daher nicht aus der besonderen personalen Bindung zum deutschen Staat herleiten, sondern ist als „Reflex des Staatsschutzprinzips" zu sehen[813]: Da die Opfer „ein reales Stück Entsendestaat" repräsentieren[814], kann ein Angriff auf die eigenen Bediensteten die Integrität des deutschen Staates verletzen oder gar gefährden[815]. Der Regelung des § 5 Nr. 13 StGB kann daher nur das (Staats-)Schutzprinzip zugrunde liegen[816].

Im Vergleich zu § 5 Nr. 12 StGB ist die Vorschrift des § 5 Nr. 13 StGB jedoch enger formuliert: Es werden nur Auslandstaten erfasst, die der ausländische Täter in seiner Eigenschaft als Träger eines deutschen staatlichen Amtes oder als für den

---

809 Vgl. *Ambos*, Int. StR., § 3, Rn. 87; *Schmitz*, Das aktive Personalitätsprinzip im Internationalen Strafrecht, S. 207.

810 *Ambos*, Int. StR, § 3, Rn. 39; vgl. auch *Doehring*, Völkerrecht, § 16, Rn. 811 f., 816; *Stein/von Buttlar*, Völkerrecht, Rn. 617.

811 Vgl. aber *Bleckmann*, Völkerrecht, Rn. 510; *Dahm/Delbrück/Wolfrum*, Völkerrecht I/1, S. 321.

812 *Böse* in NK, 4. Aufl., § 5, Rn. 17.

813 *Böse* in NK, 4. Aufl., § 5, Rn. 17.

814 *Zieher*, Das sog. Internationale Strafrecht nach der Reform, S. 125; vgl. auch *Ambos*, Int. StR., § 3, Rn. 88.

815 *Ambos*, Int. StR, § 3, Rn. 88; ähnlich *Zieher*, Das sog. Internationale Strafrecht nach der Reform, S. 125.

816 *Ambos* in MüKo, § 5, Rn. 36; *ders.* in Int. StR, § 3, Rn. 87; *Böse* in NK, 4. Aufl., § 5, Rn.17; *Fischer*, StGB, § 5, Rn. 13; *Gribbohm* in LK, 11. Aufl., § 5, Rn. 90; *Maurach/Zipf*, StR AT, Tb. I, § 11, Rn. 31 f.; *Schmitz*, Das aktive Personalitätsprinzip im Internationalen Strafrecht, S. 207; *Weber* in Baumann/Weber/Mitsch, StR AT, § 7, Rn. 60; *Zieher*, Das sog. Internationale Strafrecht nach der Reform, S. 124.

öffentlichen Dienst besonders Verpflichteter begeht[817]. Ob damit eine Beschränkung nur auf Amtsdelikte einhergeht, ist umstritten[818].

So lässt sich vertreten, dass dem Wortlaut eine solche Begrenzung ebenso wenig zu entnehmen ist wie dem Zweck der Vorschrift[819]. Demnach wird es sich zwar in der Regel um ein (echtes oder unechtes) Amtsdelikt handeln, zwingend ist dies jedoch nicht[820]. Übereinstimmend wird lediglich betont, dass Taten, die während oder in Bezug auf den Dienst begangen worden sind, wie es im Rahmen des § 5 Nr. 12 StGB genügen soll, von Nr. 13 nicht erfasst sein sollen[821].

Der Grund für diese unterschiedliche Behandlung soll darin liegen, dass im Rahmen des § 5 Nr. 13 StGB wegen der Ausländereigenschaft im Gegensatz zu Nr. 12 dem aktiven Personalitätsprinzip keine (zumindest ergänzende Bedeutung) zukomme[822].

Legt man der Regelung das Staatsschutzprinzip zugrunde, so ist entscheidend, dass sich die Tat auch tatsächlich gegen ein staatliches Interesse richtet. Dies kann nur der Fall sein, wenn die Tat hinreichend eng mit der Amtsausübung verbunden ist, so dass eine Gefährdung oder Verletzung hoheitlicher Interessen denkbar erscheint. Ein Blick auf die im Übrigen im Rahmen des § 5 StGB genannten staatlichen Interessen zeigt, dass es sich um ein nicht unerhebliches Interesse des deutschen Staates handeln muss[823]. Welches dies konkret sein soll, lässt sich bereits der Gesetzesbegründung zu § 5 Nrn. 12 und 13 StGB nicht klar entnehmen. Als einziger Hinweis findet sich hier, wie schon dargelegt, das Interesse das Ansehen des deutschen Staates im Ausland schützen zu wollen[824]. Wohl um die

817 *Ambos* in MüKo, § 5, Rn. 36; *ders.*, Int. StR, § 3, Rn. 87; *Gribbohm* in LK, 11. Aufl., § 5, Rn.90; *Lemke* in NK, 2. Aufl., § 5, Rn. 27; *Satzger* in SSW, § 5, Rn.26; *Eser* in Schönke/Schröder, § 5, Rn. 20; *Werle/Jeßberger* in LK, 12. Aufl., § 5, Rn. 197.

818 So *Böse* in NK, 4. Aufl., § 5, Rn. 17; *Fischer*, StGB, § 5, Rn. 13; von einer „faktischen Beschränkung" auf Amtsdelikte geht *Ambos* in MüKo, § 5, Rn. 36 aus.

819 *Lemke* in NK, 2. Aufl., § 5, Rn. 26.

820 *Eser* in Schönke/Schröder, § 5, Rn. 20; *Gribbohm* in LK, 11. Aufl., § 5, Rn. 90; *Hoyer* in SK, 6. Aufl., § 5, Rn. 29; *Lackner/Kühl*, § 5, Rn. 3; *Lemke* in NK, 2. Aufl., § 5, Rn. 26; *Satzger* in SSW, § 5, Rn. 26.

821 *Lemke* in NK, 2. Aufl., § 5, Rn. 27; *Eser* in Schönke/Schröder, § 5, Rn. 20; *Gribbohm* in LK, 11. Aufl., § 5, Rn. 90; nur gelegentlich während eines dienstl. Aufenthalts *Satzger* in SSW, § 5, Rn. 26; *Werle/Jeßberger* in LK, 12. Aufl., § 5, Rn. 197; eine bloße dienstliche Beziehung reicht nicht aus vgl. *Ambos* in MüKo, § 5, Rn. 36

822 Vgl. *Gribbohm* in LK, 11. Aufl., § 5, Rn. 90.

823 Vgl. § 5 Nr. 1: Angriff auf die innere Sicherheit Deutschlands, Nr. 2: Hochverrat, Nr. 10: Schutz der deutschen Rechtspflege, usw.

824 Vgl. Begr. Zu E 1962, S. 112.

Integrität und Effektivität der deutschen Verwaltung sicherzustellen[825], wird das Interesse des Staates an der Einhaltung der eigenen Rechtsordnung durch seine Amtsträger (und Soldaten) betont[826].

Um die Ausdehnung der Strafgewalt tatsächlich durch den Schutz dieser Interessen legitimieren zu können, muss die zugrunde liegende Tat dieses Interesse jedoch tatsächlich auch tangieren und bedrohen. Eine Bedrohung der Integrität der Verwaltung scheint nur denkbar, wenn die Tat tatsächlich in sehr engem Bezug zur dienstlichen Tätigkeit steht, respektive wenn der Täter die Tat in Ausführung seines Amtes begeht und damit die Integrität der deutschen Verwaltung tangiert, wie dies in der Regel bei Amtsdelikten oder sonstigen Dienstpflichtverletzungen im Hinblick auf die amtliche Tätigkeit der Fall ist.

Nur in diesen Fällen betrifft die Tat auch tatsächlich ein staatliches Rechtsgut[827].

Die Vorschrift des § 5 Nr. 13 StGB ist daher restriktiv auszulegen[828] und ein hinreichend enger Bezug zur amtlichen Tätigkeit zu fordern, um dem Zweck der Regelung, der Wahrung der Integrität der Verwaltung, Rechnung tragen zu können und tatsächlich im Sinne des Staatsschutzprinzips ein elementares Schutzinteresse des deutschen Staates zu wahren. In der Regel wird dies der Fall sein bei Amtsdelikten und sonstigen Dienstpflichtverletzungen im Hinblick auf die amtliche Tätigkeit.

2. Legitimation der Strafgewalterstreckung durch Anknüpfung an die völkerrechtlich anerkannten Prinzipien im Rahmen der vorliegenden Konstellation

Die genannten Anknüpfungsprinzipien können im Rahmen vorliegender Konstellation die Strafgewaltserstreckung nur teilweise legitimieren.

Im Rahmen des § 5 Nr. 12 StGB erscheint bezüglich der ersten Variante nur ein Anknüpfen an das aktive Personalitätsprinzip denkbar. Bezüglich der 2. Variante ist ein Berufen auf das Staatsschutzprinzip naheliegend. Voraussetzung dazu ist ein hinreichender Bezug der Tat zur dienstlichen Tätigkeit. Da es sich um Taten deutscher Staatsangehöriger handelt, kann ergänzend auf das aktive

---

825 Vgl. *Ambos*, Int. StR., § 3, Rn. 87; *Schmitz*, Das aktive Personalitätsprinzip im Internationalen Strafrecht, S. 206; *Zieher*, Das sog. Internationale Strafrecht nach der Reform, S. 123.

826 Vgl. auch BT-Drucks. V/4095, S. 6.

827 Vgl. *Werle/Jeßberger* in LK, 11. Aufl., § 5, Rn. 188.

828 *Ambos*, Int. StR, § 3, Rn. 87.

Personalitätsprinzip abgestellt werden. Dies berechtigt jedoch nicht grundsätzlich dazu eine weitere Auslegung als im Rahmen der Nr. 13 vorzunehmen[829].

Die Vorschrift des § 5 Nr. 13 StGB lässt sich dagegen nur auf das Staatsschutzprinzip stützen.

a. Legitimation durch das aktive Personalitätsprinzip

Das aktive Personalitätsprinzip wird vorliegend so verstanden, dass sich darin der Gedanke der internationalen Solidarität der Staaten verwirklicht sieht[830]. Eine Legitimation kommt daher nur unter der Voraussetzung der doppelten Strafbarkeit in Betracht[831]. Nach dem aktiven Personalitätsprinzip, wie es in § 5 Nr. 12 StGB zur Anwendung kommt, ist eine Tatortstrafbarkeit für die Erstreckung der deutschen Strafbarkeit jedoch gerade nicht entscheidend. Die Strafgewaltserstreckung lässt sich vorliegend daher nicht auf das aktive Personalitätsprinzip und die internationale Solidarität stützen und erweist sich insoweit als völkerrechtswidrig.

b. Legitimation durch das Staatsschutzprinzip

Um die Anwendung des deutschen Strafrechts aufgrund des Staatsschutzprinzips legitimieren zu können, muss die Tat objektiv geeignet sein, solche Interessen, die der Staat zur Wahrung seiner Integrität und Funktionsfähigkeit schützen will, zu verletzen.

Ein Berufen auf das Staatsschutzprinzip kann daher nur in Betracht kommen, wenn die Tat in engem Zusammenhang mit der Ausübung der amtlichen Tätigkeit steht und so geeignet ist, seine staatliche Sicherheit und seinen Bestand auch tatsächlich zu gefährden oder gar zu schädigen. Kann ein solch enger Zusammenhang zwischen Tat und der staatlichen Integrität nicht ausgemacht werden, so ist eine Durchbrechung des Nichteinmischungsgebots nicht mehr gerechtfertigt.

Im Rahmen des § 5 StGB bedeutet das, dass der Amtsträger bzw. besonders Verpflichtete die Tat stets in engem Zusammenhang zu seiner dienstlichen Tätigkeit ausführen muss. Um eine ausufernde Auslegung zu verhindern und tatsächlich

---

829 Vgl. dazu die folgenden Ausführungen.

830 Vgl. *Böse* in NK, 4. Aufl., Vor §§ 3ff., Rn.15; *Oehler*, Int. StR, Rn. 139 ff.; *ders.* in FS Grützner, S. 110, 115; *Schröder*, JZ 1968, S. 241, 241 f..

831 Vgl. u.a. *Böse* in NK, 4. Aufl., Vor §§ 3 ff., Rn. 18; *Oehler*, Int. StR., Rn. 139 ff.; *ders.* in FS Grützner, S. 110, 123; *Satzger*, Int. StR, § 4, Rn. 7.

auf ein staatliches Interesse abstellen zu können, erscheint eine Beschränkung auf echte und unechte Amtsdelikte angemessen[832]. Die negativen Auswirkungen der Tat müssen tatsächlich geeignet sein, die staatliche Integrität zu beeinträchtigen. Ein bloß indirekter Zusammenhang genügt demnach nicht[833]. Die Feststellung, dass das Ansehen des Staates verletzt ist, wenn staatliche Repräsentanten wie Amtsträger oder besonders Verpflichtete die eigene Rechtsordnung im Ausland verletzen, ist demnach zu pauschal[834].

Die Ungleichbehandlung im Sinne der weiteren Auslegung der „dienstlichen Beziehung" im Rahmen des § 5 Nr. 12, 2. Var. StGB im Vergleich zu Nr. 13 ist nicht haltbar. Der Hinweis, die Regelung der Nr. 12, 2. Var. sei zusätzlich neben dem Schutzprinzip auf das aktive Personalitätsprinzip zu stützen, trägt nicht, da auf das aktive Personalitätsprinzip nach hier vertretener Ansicht wegen Verzichts auf die identische Tatortnorm nicht abgestellt werden kann. Demnach ist auch im Rahmen des § 5 Nr. 12, 2. Var. StGB eine hinreichend enge Verbindung der Tat zur amtlichen Tätigkeit zu fordern, an die die gleichen engen Voraussetzungen zu stellen sind wie im Rahmen der Nr. 13, so dass letztlich ein Berufen auf das Staatsschutzprinzip nur in Betracht kommt, wenn ein staatliches Interesse tatsächlich gefährdet ist.

Gerade dies scheint im Rahmen der vorliegend zu untersuchenden Problematik jedoch fraglich.

Bei Auslandstaten von Amtsträgern oder besonders Verpflichteten, die sich an einem grenzüberschreitenden Forschungsprojekt beteiligen, bei dem es zur Vornahme von nach deutschem Recht strafbaren Forschungstätigkeiten kommt, erscheint nach dieser engen Auslegung die Möglichkeit der Anknüpfung an das Staatschutzprinzip zur Erstreckung der nationalen Strafgewalt praktisch nahezu ausgeschlossen, da das Vorliegen eines staatlichen Interesses schwerlich ausgemacht werden kann.

Eine Strafbarkeit kommt demnach nur in Ausnahmefällen, wenn sie an dem entsprechenden Forschungsprojekt im Ausland tatsächlich in ihrer Tätigkeit als Amtsträger oder dienstlich Verpflichteter teilnehmen und so die staatliche Integrität in Gefahr bringen können, in Betracht.

---

832 Vgl. im Rahmen der Nr. 13 auch *Böse* in NK, 4. Aufl. § 5, Rn. 17; *Fischer*, StGB, § 5, Rn. 13; auch *Ambos* geht von einer faktischen Beschränkung auf Amtsdelikte aus, in MüKo, § 5, Rn. 36.

833 So aber *Brewe*, Embryonenschutz und Stammzellengesetz, S. 45.

834 So jedoch wohl *Schmitz*, Das aktive Personalitätsprinzip im Internationalen Strafrecht, S. 206 f.; *Zieher*, Das sog. Internationale Strafrecht nach der Reform, S. 124.

c. Ergebnis

Die Anwendung des deutschen Strafrechts kann vorliegend nicht auf das aktive Personalitätsprinzip gestützt werden. Ein Anknüpfen an das Staatschutzprinzip kommt nur für Fälle in Betracht, in denen die „Tat" in enger Verbindung zur amtlichen Tätigkeit steht und tatsächlich ein staatliches Schutzinteresse in Gefahr scheint. Festzuhalten bleibt an dieser Stelle, dass die Regelung des § 5 Nr. 12, 1. Var. StGB sich als unvereinbar mit dem Völkerrecht zeigt. Eine Legitimation der Anwendung deutschen Strafrechts auf Auslandssachverhalte nach § 5 Nr. 12 StGB durch das aktive Personalitätsprinzip ist vorliegend nicht möglich, da diese nach hier vertretener Ansicht nur in Fällen, in denen eine identische Tatortnorm vorliegt, in Betracht kommt. An einer solchen fehlt es im Rahmen der hier interessierenden Konstellationen gerade.

So bleibt zuletzt zu untersuchen, inwiefern die Anwendung nationalen Strafrechts völkerrechtlich legitim sein kann, wenn es auf die Tatortstrafbarkeit gerade nicht ankommen soll.

3. Erstreckung der staatlichen Regelungsgewalt ohne Rücksicht auf das Tatortstrafrecht

Die Regelungen des § 5 StGB führen zu einer weitreichenden Erstreckung der deutschen Strafgewalt über die nationalen Grenzen hinaus, wobei es auf die Tatortstrafbarkeit nicht ankommen soll[835].

Wie gesehen, ist die Ausübung von Hoheitsgewalt zwar grundsätzlich nicht auf die Grenzen des eigenen Staatsgebiets beschränkt[836]. Bei der Ausdehnung seiner Hoheitsgewalt hat der Staat jedoch sicherzustellen, dass er die Souveränität anderer Staaten nicht missachtet. Eine solche Missachtung könnte vorliegen, wenn der im Ausland tätige Forscher unter Anknüpfung an das absolute aktive Personalitätsprinzip der Geltung des deutschen Strafrechts unterstellt wird, obwohl die Tat am Handlungsort legal ist.

Indem der deutsche Staat seine Strafgewalt beansprucht, macht er deutlich, dass ihm die unbedingte Durchsetzung seiner Wertevorstellungen mehr am Herzen liegt als die Beachtung des Nichteinmischungsgebots[837].

---

835 Vgl. *Eser* in Schönke/Schröder, § 5, Rn. 1; *Werle/Jeßberger* in LK, 12. Aufl., § 5, Rn. 2; *Lemke* in NK, 2. Aufl., § 5, Rn. 2; *Satzger*, Int. StR, § 5, Rn. 64; *ders.* in SSW, § 5, Rn. 7.

836 Vgl. dazu insb. die Ausführungen im 3. Teil unter A.

837 Vgl. *Ambos*, Int. StR, § 3, Rn. 40.

a. Konflikt mit dem völkerrechtlichen Fremdenrecht und dem Hoheitsanspruch des Empfangsstaates

Nach dem völkerrechtlichen Fremdenrecht unterliegt der Fremde grundsätzlich in vollem Umfang der am Aufenthaltsort geltenden Rechtsordnung[838]. Er hat als „Fremder“ die Rechtsordnung des Ortes, an dem er seine Forschung vornimmt, zu beachten und sich an dessen Gesetze zu halten.

Es ergibt sich aus dem Grundsatz der Gebietshoheit, dass alle Individuen, die sich auf dem Territorium eines Staates befinden, dessen Hoheitsgewalt unterworfen sind[839]. Aus seiner staatlichen Souveränität erwächst jedem Staat die Möglichkeit, die Rechtsverhältnisse in seinem Territorium umfassend zu regeln[840]. Die Anknüpfung an das (absolute) aktive Personalitätsprinzip und die Anordnung der deutschen Strafbarkeit in Fällen, in denen es an der Strafbarkeit am Handlungsort fehlt, setzt sich mit diesen völkerrechtlichen Regeln in Konflikt, wenn so die Geltung des deutschen Strafrechts trotz fehlender identischer Tatortnorm angeordnet wird.

Das Fremdenrecht legt die Vermutung nahe, dass der sich auf fremdem Territorium aufhaltende Wissenschaftler sein Handeln nach dem Recht des Aufenthaltsstaates auszurichten hat.

Dann jedoch erscheint es unbillig, wenn dennoch der Heimatstaat über den betreffenden Sachverhalt zu urteilen in der Lage sein und sich der Betroffene trotz Straflosigkeit nach dem Recht am Handlungsort nach deutschem Strafrecht strafbar machen können soll, obwohl er in erster Linie dem Recht am Handlungsort untersteht.

Hat er nach dem Gebietsgrundsatz doch gerade die Rechtsordnung am Handlungsort zu beachten, so stellt eine Anordnung des deutschen Strafrechts eine Missachtung dieses Hoheitsanspruchs und der Rechtsordnung dar, als er dessen Entscheidung, das betreffende Verhalten nicht zu bestrafen, ignoriert[841]. Für eine solche Vorgehensweise ergibt sich keine Notwendigkeit. Zwar verfolgt der deutsche Staat den Schutz von nach seinen Werte- und Moralvorstellungen schützenswerten Rechtsgütern. Warum diese jedoch schwerer wiegen sollen als die Einschätzungen am Handlungsort, lässt sich nicht zufriedenstellend begründen.

---

838 *Ambos* in MüKo, Vor §§ 3 ff., Rn. 36; *Doehring*, Völkerrecht, Rn. 812; *Hailbronner* in Vitzthum, Völkerrecht, 3. Abschn., Rn. 275; *Ipsen* in Ipsen, Völkerrecht, § 50, Rn. 4.

839 *Epping/Gloria* in Ipsen, Völkerrecht, § 23, Rn. 67.

840 *Epping/Gloria* in Ipsen, Völkerrecht, § 23, Rn. 67.

841 *Ambos* in MüKo, Vor §§ 3 ff., Rn. 36; so auch *Wagner*, UBWV 2008, S. 441, 448.

b. Missachtung fremder Rechtsordnungen

Eine „richtige" oder stärkere Rechtsordnung in dem Sinne, dass sie sich bei der Beurteilung der betreffenden Verhaltensweisen durchsetzen könnte, kann es bei einer souveränen Gleichheit aller Staaten nicht geben. Die eigene Rechtsordnung darf nicht durch ihre unbedingte Anwendung andere Rechtsordnungen verdrängen oder überlagern.

Ließe man die nationalen Anschauungen zur Frage der legitimen Anwendung des deutschen Strafrechts genügen und die daneben tangierte Rechtsordnung völlig außer Acht, so käme dies einer Überbewertung innerstaatlicher Werte gleich, die mit dem Gebot der Achtung der Souveränität fremder Staaten schwer vereinbar ist. Bei Auslandstaten können also – da sich in Deutschland eine sehr restriktive Regelung im Umgang mit Embryonen und embryonaler Stammzellen vorfindet[842]- nicht vorbehaltlos die nationalen Einschätzungen zur Frage nach der Anwendbarkeit deutschen Strafrechts zugrunde gelegt werden. Auch an dieser Stelle wird erneut das enge Zusammenspiel der Frage nach der Anwendbarkeit des deutschen Strafrechts mit der Frage nach der Strafberechtigung deutlich, denn letztlich kann auch diese nur gegeben sein, wenn sie sich mit völkerrechtlichen Grundsätzen vereinbar zeigt, so dass die vorangegangenen und folgenden Ausführungen auch im Zusammenhang mit der Frage nach dem Bestehen des *ius puniendi* Beachtung finden müssen.

Findet sich in der ausländischen Rechtsordnung eine vom deutschen Schutzstandard abweichende Regelung über die Vornahme biomedizinischer Forschungsmaßnahmen, so hat dies der deutsche Staat im Sinne einer völkerrechtsfreundlichen Grundhaltung zu respektieren.

Die Schaffung eines staatlichen Schutzniveaus war in diesen Fällen gerade möglich und sie wurde nach eigenen innerstaatlichen Aspekten als ausreichend erkannt. Der Respekt vor dieser souveränen Entscheidung gebietet es, diese anzuerkennen und zu akzeptieren.

Diesen Konflikt kann auch die Existenz des Verfolgungsermessens der deutschen Strafverfolgungsbehörden, wie es in § 153 c StPO zum Ausdruck kommt, nicht relativieren. Wird hiervon Gebrauch gemacht, so führt dies allenfalls zu einem weniger intensiven Völkerrechtseingriff[843]. So kann die Staatsanwaltschaft von der Verfolgung einer Tat, die außerhalb des räumlichen Geltungsbereichs der

842 So ist hierzulande die Embryonenforschung, sowie die Gewinnung von heS-Zellen und therapeutisches Klonen strikt verboten und der Import und die Verwendung von hES-Zellen zu Forschungszwecken streng reglementiert.

843 *Wagner*, UBWV 2008, S. 441, 448.

StPO begangen wurde, absehen. Da die Möglichkeit der Erstreckung der deutschen Strafgewalt auf diese Taten jedoch überhaupt möglich ist, lassen sich die völkerrechtlichen Bedenken gegen einen Verzicht auf die Tatortstrafbarkeit dadurch nicht beseitigen.

c. Berechtigtes Interesse des deutschen Staates an der Erstreckung der Strafgewalt?

Das staatliche Interesse, den Schutz der betroffenen und unter dem deutschen Strafrechtschutz unterstehenden Rechtsgüter zu bewahren, ist nur allzu verständlich, jedoch unter völkerrechtlichen Aspekten nicht tragbar. Die Anordnung der Strafbarkeit in Fällen, die sich ausschließlich auf fremdem Hoheitsgebiet zutragen, stellt eine Missachtung der dortigen Rechtsordnung und eine unzulässige Intervention in die Souveränität der betreffenden Staaten dar. Eine Ausnahme davon bietet sich in dem Fall, in dem ein Anknüpfen an das Staatschutzprinzip möglich ist.

aa. Völkerrechtskonforme Erstreckung der Strafgewalt durch Anknüpfung an das Staatsschutzprinzip

Soweit durch die Auslandstat die Existenz des Staates, seine verfassungsmäßige Ordnung oder seine Institutionen tangiert werden, besteht für den jeweiligen Staat ein Selbstschutzrecht und die Möglichkeit, diese Taten im Interesse der Wahrung seiner eigenen Integrität zu sanktionieren. Eine Anknüpfung an das Staatsschutzprinzip ist dann völkerrechtlich unbedenklich. Handelt es sich dabei um staatliche Kerninteressen, ist auch das Fehlen einer identischen Tatortnorm unschädlich. Dass in diesen Fällen das entgegenstehende Recht am Handlungsort nicht beachtet wird, stellt dann keine Missachtung der Souveränität und keinen Verstoß gegen das Nichteinmischungsgebot dar, da das Selbstschutzinteresse des deutschen Staates in diesen Fällen überwiegen muss, um die eigenen (staatlichen) Schutzgüter nicht der Schutzlosigkeit preis zu geben und damit die staatliche Sicherheit und Integrität zu gefährden.

bb. Völkerrechtswidrige Erstreckung der Strafgewalt durch Anknüpfung an das aktive Personalitätsprinzip

Eine Anknüpfung an das aktive Personalitätsprinzip bei fehlender Tatortstrafbarkeit ist hingegen nicht völkerrechtskonform. Im Bereich der grenzüberschreitenden Forschung bedeutet das, dass ein Anknüpfen an das aktive Personalitätsprinzip nur unter bestimmten Voraussetzungen in Frage kommt. Allein die Tatsache, dass der Forscher sich im Ausland befindet und eine nach deutschem Recht verbotene Handlung vornimmt, kann zur Erstreckung der Strafgewalt nicht genügen. Vielmehr kommt als legitimierender Anknüpfungspunkt für die Erstreckung der nationalen Strafgewalt nach alledem nur das eingeschränkte aktive Personalitätsprinzip in Betracht. Hier wird neben der Staatsangehörigkeit des Täters eine identische Tatortnorm verlangt und somit die Achtung vor der ausländischen Rechtsordnung zum Ausdruck gebracht[844].

4. Ergebnis

Eine völkerrechtskonforme Erstreckung der nationalen Strafgewalt auf Auslandssachverhalte der grenzüberschreitenden Forschung kommt nur im Fall der Anknüpfung an das Staatsschutzprinzip in Betracht, sofern die Tat einen hinreichenden Bezug zur amtlichen Tätigkeit und damit zur staatlichen Integrität aufweist. Dagegen stellt sich das Anknüpfen an das aktive Personalitätsprinzip bei Verzicht auf die doppelte Strafbarkeit in den hier interessierenden Fallkonstellationen als unvereinbar mit dem Interventionsverbot und dem Grundsatz der Respektierung staatlicher Souveränität dar.

IV. Zwischenergebnis

Die Untersuchung hat gezeigt, dass sich aus dem Rechtsstaatsprinzip, den nationalen wie europäischen Grundrechten und den europäischen Grundfreiheiten Grenzen für die Frage nach der Strafberechtigung des deutschen Staates für Sachverhalte, die sich vollständig im Ausland abspielen, ergeben.

Zwar mag die Anwendung deutschen Strafrechts auf den Auslandssachverhalt des vorliegenden Beispielsfalls auf den ersten Blick legitim erscheinen, da sich über Nr. 12 bzw. 13 des § 5 StGB unter strafanwendungsrechtlichen Aspekten ein Anknüpfungspunkt ausmachen lässt. Eine Anknüpfung an die den § 5 Nrn. 12 und 13 StGB zugrunde liegenden Prinzipien ist jedoch nur in eng begrenztem Umfang möglich. Ein Zugrundelegen des absoluten aktiven Personalitätsprinzips ohne Beachtung des Tatortstrafrechts scheidet nach vorliegend vertretener Ansicht aus, da sich dies als völkerrechtswidrig zeigt.

844 *Ambos* in Int. StR, § 3, Rn. 41; vgl. auch *Pottmeyer*, NStZ 1992, S. 57, 61; *Wagner*, UBWV 2008, S. 441, 448 f..

V. Strafbarkeit nach deutschem Recht

Das entsprechende Verhalten müsste weiterhin überhaupt vom Schutzbereich eines deutschen Straftatbestandes erfasst werden. Die Strafbarkeit nach nationalem Recht kann sich demnach nur ergeben, wenn das betroffene Rechtsgut dem inländischen Rechtsgüterschutz unterfallen soll[845].

1. Inländischer Rechtsgüterschutz betroffen?

Auf dem Gebiet der biomedizinischen Forschung ist die Verletzung oder Gefährdung wichtiger Individualrechtsgüter wie Leben und körperliche Unversehrtheit von Patienten, Probanden und anderer betroffener Personen durchaus denkbar. Im Rahmen der Forschung am Menschen sind beispielsweise das Leben und die Gesundheit als hochrangige Rechtsgüter festzuhalten, die eine Erstreckung der nationalen Strafgewalt legitimieren könnten.

Im Bereich der Embryonenforschung ist dies nicht unproblematisch. Ein Berufen auf das Recht des Lebens bzw. die Menschenwürde ist hier nicht ohne weiteres möglich. Allen Forschungsbereichen gemein ist die Problematik, dass über die Schutzwürdigkeit und -bedürftigkeit unterschiedliche Anschauungen innerhalb der beteiligten Rechtsordnungen bestehen.

a. Eröffnung des Schutzbereichs

Wie im Rahmen der Untersuchung im Vierten Teil gesehen, ist der Schutzbereich der nationalen Straftatbestände aus nationaler Sicht eröffnet. Das betreffende Verhalten ist nach deutschem Recht strafbar, um dem aus nationaler Sicht dahinterstehenden Rechtsgut umfassenden Schutz zukommen zu lassen. Der nationale Strafgesetzgeber sieht demnach in dem durch die Forschungsmaßnahme betroffenen menschlichen Embryo menschliches Leben, dem er individualen Schutzcharakter zuspricht[846].

b. Problematik: Führt die Erstreckung zu einer Überbewertung nationaler Werte vor der Beachtung gemeinschaftsrechtlicher Vorgaben und verfassungsrechtlicher Freiheiten?

Nach innerstaatlicher Anschauung ist das durch die Forschung betroffene Rechtsgut über das ESchG, dessen Schutz nicht an den nationalen Landesgrenzen Halt

845 Vgl. *Ambos*, Int. StR, § 1, Rn. 31.
846 Vgl. *Eser/Koch*, Gutachten, S. 67.

machen soll, geschützt. Dem steht jedoch entgegen, dass diese Auffassung von anderen nationalen Gesetzgebern nicht geteilt wird.

Grenzüberschreitend vereinheitlichte europäische oder internationale Vorgaben können bezüglich der Embryonenforschung allgemein nicht gefunden werden, so dass einer Strafbarkeit nach nationalem Recht – wenn denn ein hinreichender Anknüpfungspunkt gefunden werden kann – lediglich nationale Anschauungen zugrunde liegen und dies somit zu einer Überbewertung nationaler Vorstellungen und Werte und einer unbedingten Geltungsverschaffung deutschen Strafrechts führt.

Wenn es noch nicht einmal auf europäischer Ebene gelungen ist, eine einheitliche Auffassung über die Schutzwürdigkeit des Embryos und die Frage, ob dieser in den Schutzbereich der Menschenwürde einzubeziehen ist[847], zu erzielen, so erscheint die strafrechtliche Beurteilung eines Auslandssachverhalts nur nach nationalen Anschauungen gerade dann alles andere als legitim, wenn über die Strafwürdigkeit des betreffenden Verhaltens die Ansichten extrem auseinander gehen. Hinzu kommt die Tatsache, dass es sich bei den betreffenden Rechtsmaterien im Rahmen vorliegender Problematik in der Regel um solche handeln, die selbst im Inland nicht gänzlich unumstritten und daher angreifbar sind, was bereits für sich genommen die Strafwürdigkeit fraglich erscheinen lässt[848].

2. Zwischenergebnis

Nach allein nationaler Ansicht mag das jeweilige Verhalten in den Schutzbereich des entsprechenden Straftatbestandes fallen. Die Annahme, der inländische Rechtsgüterschutz sei betroffen, sieht sich letztlich jedoch mit den oben dargelegten Problemen konfrontiert.

VI. Ergebnis

Die Untersuchung hat gezeigt, dass sich die Frage nach der Strafberechtigung als problematisch erweist. So zeigt sich die Erstreckung des nationalen Strafrechts mit den europäischen Grundfreiheiten sowie den europäischen wie nationalen Grundrechten schwer vereinbar.

Die Ausdehnung der staatlichen Regelungsgewalt stößt des Weiteren auf völkerrechtliche Bedenken. Die Missachtung der fremden Rechtsordnung und deren

---

847 Vgl. *Schulz*, Biomedizin, S. 38 f.

848 Vgl. *Miller/Rackow*, ZStW 117, 2005, S. 379, 404.

Überlagerung durch die Anordnung der Geltung des eigenen Strafrechts stellen sich als Verstoß gegen das Nichteinmischungsgebot und den Grundsatz der Achtung der staatlichen Souveränität dar.

Daneben kann im Bereich der Embryonenforschung das Vorliegen von inländischen Rechtsgütern nicht zweifelsfrei festgestellt werden.

B. Grenzüberschreitende Forschungsaktivitäten vom Inland aus in das Ausland

Nunmehr sollen auch die strafrechtlichen Risiken der Beteiligten an Forschungsvorhaben untersucht werden, die zwar schwerpunktmäßig im Ausland stattfinden, die jedoch vom Inland aus in irgendeiner Weise unterstützt werden, sei es durch die Veranlassung von deutschen Forschern, deren Beratung und Förderung oder durch deren finanzielle Unterstützung.

Hier bestehen Strafbarkeitsrisiken, die zuerst unter dem Gesichtspunkt „Inländische Teilnahme an einem ausländischen Forschungsvorhaben" erläutert werden, bevor die „täterschaftliche Beteiligung an grenzüberschreitenden Forschungsprojekten im Ausland" problematisiert werden soll.

I. Problemaufriss

1. Ursprung des Strafbarkeitsrisikos bei inländischer Teilnahme an ausländischer und nach deutschem Recht verbotener Forschung

Für einen deutschen Teilnehmer an einer im Ausland begangenen Straftat gilt nach § 9 Abs. 2 S. 2 StGB deutsches Strafrecht und damit das Strafbarkeitsrisiko bei grenzüberschreitender, nach deutschem Recht verbotener Forschung selbst dann, wenn die Tat nach dem Recht des Handlungsortes der Haupttat nicht unter Strafe steht.

Im Rahmen des Erlasses des Stammzellengesetzes im Jahre 2002 waren es vor allem die Strafbarkeitsrisiken bei der Teilnahme an europäischen Verbundprojekten zur Stammzellenforschung im Zusammenhang mit § 13 StZG i.V.m. § 9 Abs. 2 S. 2 StGB, die deutsche Forscher und Forscherinnen aufschrecken und bereits kurz nach Erlass des Gesetzes Rufe nach einer Änderung (des Gesetzes) laut werden ließen.

Bereits während des Gesetzgebungsverfahrens[849] wurde der Vorschlag vorgebracht[850], die Anwendung des § 9 Abs. 2 S. 2 StGB auf § 13 StZG auszuschließen,

849 Vgl. BT-Drucks. 14/8846; 14/8869; 14/8876; 14/8922; 14/8925.

850 BT- Drucks. 14/8846, S. 9.

um den Forschern eine risikofreie Beteiligung an solchen Verbundprojekten zu ermöglichen. Zwar hat man sich letztlich nach jahrelanger Debatte[851] für eine Änderung des StZG entschieden und damit einhergehend das Strafbarkeitsrisiko für grenzüberschreitend tätig werdende Forscher limitiert[852]. Dennoch sind damit die Strafbarkeitsrisiken, die die Anwendung des § 9 Abs. 2 S. 2 StGB mit sich bringt, für andere Bereiche nicht aufgehoben, wie folgendes *Beispiel* deutlich machen soll:

Der schweizer Forscher A, der im Rahmen eines grenzüberschreitenden Forschungsprojekts zum Thema „Sterbehilfe" an einem nach deutschem Recht verbotenen schmerzlindernden Arzneimittel in Einklang mit seinem Heimatrecht forscht und dabei dessen Wirkung im Rahmen einer Palliativtherapie untersuchen möchte, ruft seinen deutschen Kollegen B in Deutschland an, um sich über eine wissenschaftliche Frage zu erkundigen. Dabei ist den Forschern bekannt, dass das Schmerzmittel unter bestimmten Umständen Erlösungscharakter haben und die Verabreichung unter bestimmten Umständen je nach Konstituition des Patienten zum Tode führen kann. Kommt B der Aufforderung zur Auskunft nach, könnte er sich ggfs. wegen Beihilfe zur Tötung auf Verlangen nach deutschem Strafrecht strafbar machen.

Aufgrund des Verzichts auf die doppelte Strafbarkeit in § 9 Abs. 2 S. 2 StGB ändert die Straflosigkeit des Forschungsvorhabens nach dem Heimatrecht des Haupttäters A nichts an dem Strafbarkeitsrisiko, das sich für B bei diesem Sachverhalt ergibt. Allein die Strafbarkeit des Vorhabens nach deutschem Strafrecht und die Vornahme der Handlung des Teilnehmers im Inland genügen grundsätzlich, um seine Strafbarkeit zu begründen.

a. Wie kommt es zur Geltung des deutschen Strafrechts – Bestimmung des Tatorts nach § 9 StGB

Unbesehen der Frage nach der Strafberechtigung richtet sich die Anwendbarkeit des nationalen Strafrechts nach dem Strafanwendungsrecht.

Die Tatortbestimmung bei der hier interessierenden Teilnahmehandlung richtet sich nach § 9 Abs. 2 StGB. Demnach gilt die Teilnahme sowohl an dem Ort als begangen, an dem die Haupttat begangen ist, als auch an dem Ort, an dem der Teilnehmer gehandelt hat, im Fall des Unterlassens hätte handeln müssen oder an dem

851 Vgl. dazu auszugsweise BT-Drucks. 15/5165; 15/5196; 15/5584; 16/7984; 16/7983; sowie die Gutachten von *Dahs/Müssig* und *Eser/Koch.*

852 Die Änderung fand dahingehend statt, dass nicht die Anwendbarkeit des § 9 II 2 StGB ausgeschlossen, sondern die Strafbarkeit der Verwendung von embryonalen Stammzellen auf solche Stammzellen, die sich im Inland befinden, beschränkt wurde.

nach seiner Vorstellung die Tat begangen werden sollte. Insgesamt ergeben sich so zehn Teilnahmeorte[853]. Grundsätzlich ist die Teilnahme im Inland nach dem Akzessorietätsprinzip von der im In- oder Ausland begangenen Haupttat abhängig. Davon macht jedoch § 9 Abs. 2 S. 2 StGB eine Ausnahme: Deutsches Strafrecht gilt bei inländischer Teilnahme an einer Auslandstat auch, wenn die Tat nach dem Recht des Tatorts nicht mit Strafe bedroht ist. Der inländische Teilnehmer an einer Auslandstat wird so deutschem Strafrecht unterstellt, unabhängig von der Strafbarkeit der Haupttat.

b. Problematik

Dadurch kommt es zu einer erheblichen Ausdehnung der deutschen Strafgewalt[854]. So unterfallen auch ausländische Teilnehmer, die im Inland an einer ausländischen Haupttat teilnehmen, der deutschen Strafgewalt, obwohl ihr Heimatrecht ihr Handeln gestattet[855]. Der englische Forscher A, der von einem in Deutschland stattfindenden Kongress aus seinen Gehilfen B in Großbritannien anruft und diesen um die Durchführung eines nach deutschem ESchG strafbaren Forschungsvorhabens bittet, unterliegt streng genommen deutschem Strafrecht.

Doch auch der deutsche Teilnehmer an einer ausländischen Haupttat wird für seine im Inland erbrachten Teilnahmehandlungen nach deutschem Strafrecht zur Rechenschaft gezogen. Kritisch erscheint dies insbesondere, wenn der deutsche Teilnehmer, wie im obigen Beispielsfall, im Einklang mit dem Recht des Begehungsortes der „Tat“ gehandelt hat.

2. Ursprung des Strafbarkeitsrisikos bei täterschaftlicher Beteiligung an grenzüberschreitenden Forschungsprojekten im Ausland

Auch die täterschaftliche Beteiligung an grenzüberschreitenden Forschungsprojekten, die im Ausland stattfinden sollen, ist mit Strafbarkeitsrisiken behaftet, wie die folgenden Ausführungen zeigen sollen. So kommt eine Tatortbegründung im Inland nach § 9 Abs. 1 StGB dort in Betracht, wo täterschaftlich im Sinne des § 25 StGB gehandelt wird und nicht bloße Teilnahmehandlungen erbracht werden[856].

853 Ausführlich dazu *Miller/Rackow* in ZStW 117, 2005, S. 379, 386 ff..
854 Vgl. *Ambos/Ruegenberg* in MüKo, § 9, Rn. 40; *Ambos*, Int. StR, § 1, Rn. 17.
855 Vgl. *Ambos/Ruegenberg* in MüKo, § 9, Rn. 40.
856 *Eser/Koch*, Gutachten, S. 85.

Zur Verdeutlichung soll folgendes *Beispiel*[857] dienen:

Der deutsche Wissenschaftler A, der im Inland an der Entwicklung eines technischen Geräts mitgearbeitet hat, das u.a. auch für die (im Inland verbotene) Embryonenforschung eingesetzt werden kann, trägt dazu bei, dass dieses Gerät ins Ausland verkauft wird, wo es im Rahmen eines europäischen Verbundprojekts, das im Ausland stattfinden soll, u.a. auch zur Embryonenforschung eingesetzt wird. Sieht man A und seine Kollegen als Mittäter an, so stellt sich die Frage, nach welchen Kriterien diese Handlungsweise unter strafanwendungsrechtlichen Gesichtspunkten zu beurteilen ist.

a. Wie kommt es zur Geltung des deutschen Strafrechts? – Bestimmung des Tatorts nach § 9 StGB

Für die Konstellation der grenzüberschreitenden Mittäterschaft ist unter den Vorschriften des Strafanwendungsrechts keine eigenständige Regelung zu finden.

Nach welchen Grundsätzen sich der Handlungsort bei Mittätern richtet, ist daher umstritten. § 9 Abs. 1 StGB stellt lediglich darauf ab, wo der „Täter" gehandelt hat, ohne eine Tatbegehung durch mehrere Täter näher zu regeln[858]. Täterschaftliches Handeln bedeutet dabei jedoch nicht die eigenhändige Durchführung der wissenschaftlichen Untersuchung oder einer sonstigen Forschungstätigkeit im Labor; es genügt vielmehr auch hier wie nach allgemeinen Täterschaftsregeln, dass die Handlung als mittelbar oder mittäterschaftlich zuzurechnen ist[859]. Neben der gegenseitigen Zurechnung von Tatbeiträgen soll es nach überwiegender und – soweit ersichtlich – kaum kritisierter Meinung bei mittäterschaftlicher Tatbegehung zu einer Tatortbegründung eines jeden Mittäters an jedem Ort kommen, an dem einer der Mittäter gehandelt hat[860].

Zu welchen Folgen diese Vorgehensweise führt, wird an obigem Beispiel deutlich: Betrachtet man A und seine Kollegen als Mittäter, so könnte ihr Handeln – unter gegenseitiger Zurechnung der Tatbeiträge – einen gemeinschaftlichen Verstoß gegen den Tatbestand des § 2 ESchG darstellen. Der mittäterschaftlich erbrachte Tatbeitrag des deutschen Forschers begründet einen Handlungsort im

857 Angelehnt an Beispiel bei *Valerius*, NStZ 2008, 121, 123.

858 *Valerius*, NStZ 2008, 121, 123.

859 *Eser/Koch*, Gutachten, S. 85.

860 BGH NJW 1993, S. 1405, 1405; BGH NJW 2002, 3486, 3487; BGH NStZ 2009, S. 197; *Ambos/Ruegenberg* in MüKo, § 9, Rn. 10; *Eser* in Schönke/Schröder, § 9, Rn.10; *Satzger*, Int. StR, § 5, Rn. 19; *Werle/Jeßberger* in LK, 12. Aufl., § 9, Rn. 13; a.A. nur *Hoyer* in SK, 6. Aufl., § 9, Rn. 5; *Oehler*, Int. StR, Rn. 361.

Inland und somit seine Strafbarkeit nach deutschem Recht, allein aufgrund seiner Mittäterschaft an dem europäischen Projekt, das mit dem Recht am Handlungsort im Einklang steht.

Darüber hinaus begründet dieser Tatort des inländischen Mittäters auch einen Tatort für den ausländischen Forscher, so dass dieser konsequenterweise dem deutschen Strafrecht unterliegen würde, obwohl er mit jenem, so mag man annehmen, offensichtlich nicht in Berührung kommt.

b. Problematik

Hier offenbart sich ein erhebliches Strafbarkeitsrisiko. Allein die Unterstützung und Beratung (wenn sie denn mittäterschaftsbegründend wirkt) durch deutsche Kollegen an einem Vorhaben, das nach deutschem Recht strafbar ist, kann einen Tatort in Deutschland für den deutschen und nach soeben dargestellter Meinung auch für den oder die „Mittäter" im Ausland begründen.

Die ausländischen Forscher sollen sich demnach nach nationalem Recht strafbar machen können, obwohl sie an ihrem Forschungsstandort nach mit dem dortigen Recht in Einklang stehenden Kriterien arbeiten. Die Strafbarkeit nach deutschem Recht begründet sich in diesem Fall unabhängig von einer etwaigen Strafbarkeit an ihrem Forschungsstandort im Ausland. Auch wenn die doppelte Strafbarkeit nicht gegeben ist, soll dennoch eine Strafbarkeit nach deutschem Recht begründet werden können. Somit kommt es zu einer erheblichen Ausweitung des Anwendungsbereichs des nationalen Strafrechts. Dasselbe Problem stellt sich im Rahmen der mittelbaren Täterschaft. Auch hier geht die überwiegende Ansicht in Literatur und Rechtsprechung von einer Zurechnung des Tatbeitrages des Werkzeugs an den Hintermann aus[861]. Lässt also ein deutscher Forscher seinen weisungsgebundenen Gehilfen im Ausland für ihn eine nach dem EschG verbotene Forschung vornehmen, könnte dies bereits einen inländischen Tatort und die Strafbarkeit des Hintermannes begründen.

Zentrale Bedeutung erlangt daher auf den ersten Blick die Frage, ob im Rahmen des Strafanwendungsrechts, bei der in erster Linie das Augenmerk auf hinreichende völkerrechtliche Anknüpfungspunkte zu legen ist, auf Zurechnungsregelungen, die im Rahmen des § 25 Abs. 2 StGB herangezogen werden, zu rekurrieren ist. Dies erscheint insbesondere unter dem Aspekt des hohen Strafbarkeitsrisikos, das sich für den „Mittäter" im Ausland dabei ergibt, obwohl er nach dem Recht am Handlungsgort gesetzeskonform agiert, fragwürdig.

---

861 *Eser* in Schönke/Schröder, § 9, Rn.10; *Lackner/Kühl*, § 9, Rn. 2; *Ambos/Ruegenberg* in MüKo, § 9, Rn. 10; *Rath*, JA 2007, 26.

II. Untersuchung der strafanwendungsrechtlichen Regelungen des § 9 StGB

Der Frage nach dem *ius puniendi* in diesen Konstellationen soll eine nähere Untersuchung der Regelungen des § 9 StGB vorausgehen.

1. Untersuchung der Regelung des § 9 Abs. 2 S. 2 StGB

Das Risiko der Strafbarkeit bei Teilnahme an einem im Ausland stattfindenden Projekt entsteht letztlich aufgrund der Regelung des § 9 Abs. 2 S. 2 StGB. In der Literatur wird daher versucht, die Problematik an dieser strafwendungsrechtlichen Regelung festzumachen[862] und ihr über eine nähere Untersuchung zu begegnen[863]. Insbesondere die Frage nach der Vereinbarkeit des § 9 Abs. 2 S. 2 StGB mit dem Akzessorietätsprinzip stellt sich dabei als zentral dar.

a. Akzessorietätsgrundsatz

Die Strafbarkeit der Teilnahme ist nach den Grundsätzen der (limitierten) Akzessorietät grundsätzlich davon abhängig, dass auch die im In- oder Ausland verübte Haupttat strafbar ist[864]. Strafbare Teilnahme ist demnach nur möglich, wenn eine nach deutschem Recht mit Strafe bedrohte, vorsätzliche und rechtswidrige Haupttat eines anderen vorliegt, vgl. §§ 26, 27 StGB. Der Teilnehmer wird bestraft, weil er die vom Haupttäter begangene Tat fördert bzw. mit verursacht[865]. Findet die Tat im Ausland statt, kommt sie als taugliche Haupttat grundsätzlich nur dann in Betracht, wenn sie nach den Strafanwendungsregelungen der §§ 3 ff. StGB dem deutschen Strafrecht unterliegt[866].

---

862 Vgl. insb. zum Stammzellengesetz (vor seiner Änderung) *Eser/Koch*, Gutachten, S. 87 ff.; *Hilgendorf*, ZRP 2006, S. 22, 24; *Schwarz*, MedR 2003, S. 158, 161; *Valerius*, NStZ 2008, S. 121, 124.

863 Vgl. dazu u.a. *Gribbohm*, JR 1998, S. 177, 178 f.; *Jung*, JZ 1979, S. 325 ff.; *Krapp*, Distanzdelikt und Distanzteilnahme, S. 146 ff.; *Lemke* in NK, 2. Aufl., § 9, Rn. 28 f.; *Miller/Rackow*, ZStW 117, 2005, S. 379, 389 ff.; *Oehler*, Int. StR, Rn. 360; *Werle/Jeßberger* in LK, 12. Aufl., § 9, Rn. 47 ff..

864 *Ambos/Ruegenberg* in MüKo, § 9, Rn. 39.

865 *Heine* in Schönke/Schröder, Vor §§ 25 ff., Rn. 17; *Lackner/Kühl*, Vor § 25, Rn. 8; *Kühl*, StR AT, § 20, Rn.132; *Wessels/Beulke*, StR AT, Rn. 552; eine Übersicht zu den zum Strafgrund der Teilnahme vertretenen Theorien findet sich bei *Roxin*, StR AT, Bd. II, § 26, Rn.12 ff.

866 *Gribbohm* in LK, 11. Aufl., § 9, Rn. 30; *Werle/Jeßberger* in LK, 12. Aufl., § 9, Rn. 48.

Auch die Teilnahmeregelung des § 9 Abs. 2 StGB geht grundsätzlich von dieser „Sinneinheit von Haupttat und Teilnahmehandlung“ aus, da sich ansonsten die Strafbarkeit des im Inland handelnden Teilnehmers bereits aus dem Territorialitätsprinzip ergeben würde[867] und eine spezielle Regelung nicht notwendig wäre.

Ein eigenständiges, vom Unrecht der Haupttat losgelöstes Teilnehmerdelikt findet daher in Anbetracht der mangelnden rechtsstaatlichen Bestimmtheit keine Stütze im Gesetz[868].

b. Die Regelung des § 9 Abs. 2 S. 2 StGB als Abweichung vom Akzessorietätsprinzip?

§ 9 Abs. 2 S. 2 StGB regelt die Fälle der Distanzteilnahme und erfasst damit Konstellationen, in denen die Anstiftungs- bzw. Beihilfehandlung auf einem anderen Staatsgebiet als die Haupttat ausgeführt wird[869]. Die Regelung weicht dabei von den soeben genannten Akzessorietätsgrundsätzen der Teilnahme ab: Deutsches Strafrecht findet selbst dann auf den inländischen Teilnehmer Anwendung, wenn die „Haupttat“ nach dem Recht am Begehungsort nicht mit Strafe bedroht ist. Eine strafbare Haupttat liegt somit nicht vor und die Strafwürdigkeit lässt sich gerade nicht aus der Haupttat ableiten, da diese nach dem Recht am Handlungsort nicht mit Strafe bedroht ist und deutschem Strafrecht mangels Anknüpfungspunkt nicht unterliegt.

Dass dies mit einem akzessorietätsorientierten Verständnis der Teilnahme in Konflikt steht, liegt auf der Hand. Vereinzelten Stimmen in der Literatur zu Folge stellt § 9 Abs. 2 S. 2 StGB sogar eine Durchbrechung des Akzessorietätsprinzips dar[870].

Aus teilnahmedogmatischer Sicht führt diese Ansicht zu kaum überwindbaren Schwierigkeiten: Wie soll eine Handlung noch als Teilnehmerhandlung zu

---

867 Vgl. *Miller/Rackow*, ZStW 117, 2005, S. 379, 393.

868 *Wessels/Beulke*, StR AT, Rn. 551.

869 *Miller/Rackow*, ZStW 117, 2005, S. 379, 389.

870 So *Ambos/Ruegenberg* in MüKo, § 9, Rn. 39; *Gribbohm*, JR 1998, S. 177, 178; ähnlich *Krapp*, Distanzdelikt und Distanzteilnahme, S. 149; *Lemke* in NK, 2. Aufl., § 9, Rn. 29; *Oehler*, Int. StR, Rn. 360 ff.; *Werle/Jeßberger* in LK, 12. Aufl., § 9, Rn. 49; *Zieher*, Das sog. Internationale Strafrecht nach der Reform, S. 39. Nach alter Rechtsprechung wurde eine solche Problematik nicht gesehen, vgl. BGHSt 4, 333, 335. Unter Zugrundelegung der Ansicht, dass die Verhaltensnormen des Strafrechts universelle Geltung beanspruchen (vgl. dazu oben im 1.Teil unter A, II, 2 und danach auch die im Ausland begangene Haupttat als tatbestandliches Unrecht zu qualifizieren war, konnte ein Widerspruch mit dem Akzessorietätsprinzip vermieden werden.

qualifizieren sein, wenn man sie nicht zur Haupttat in Beziehung setzen kann? Haupttat und Teilnahmehandlung sind demnach derart eng miteinander verknüpft, dass sich die Frage auftut, ob sich die Regelung des § 9 Abs. 2 S. 2 StGB mit dem akzessorietätsorientierten Verständnis der Teilnahmestrafbarkeit versöhnen lässt, wenn § 9 Abs. 2 S. 2 StGB in „seiner spezifisch strafanwendungsrechtlichen Funktion“ nur die Teilnahmehandlung, nicht die Haupttat deutschem Strafrecht unterstellt[871].

Dieser Problematik ist im Übrigen auch nicht dadurch zu entgehen, dass man in § 9 Abs. 2 S. 2 StGB eine gesetzliche Fiktion einer teilnahmefähigen Haupttat sieht[872], da es dem Gesetzgeber nicht freisteht, zwingende Voraussetzungen strafbarer Teilnahmehandlungen zu fingieren[873].

aa. Rein strafanwendungsrechtliche Betrachtung der Problematik

Ein Akzessorietätsproblem sieht *Jung*[874] dagegen nicht. Er vertritt die Ansicht, Akzessorietätsfragen könnten sich erst stellen, wenn feststeht, dass „ein bestimmter Sachverhalt nach deutschem Recht zu beurteilen ist“[875]. § 9 Abs. 2 S. 2 StGB verzichte – so *Jung* – demnach nicht auf das Akzessorietätserfordernis, sondern stelle lediglich klar, dass „die Rechtswidrigkeit der Haupttat sich nach deutschem Recht beurteilt, wenn der Teilnehmer im Inland gehandelt hat“[876].

Darüber hinaus zeige der Blick auf die Limitierung der Akzessorietät gerade, dass sich die Beziehung der Teilnahmehandlung zur Haupttat auf einen Bewertungszusammenhang reduziert habe und nicht mehr in einem totalen Abhängigkeitsverhältnis stehe[877].

Nach einem solchen Verständnis des § 9 Abs. 2 S. 2 StGB komme der Akzessorietätsgedanke durchaus zum Ausdruck, denn die Strafbarkeit des Teilnehmers sei nur in Betracht zu ziehen, wenn eine Handlung vorliege, die ein nach deutschem Strafrecht tatbestandsmäßiges und rechtswidriges Verhalten darstelle[878]. Damit

871 *Miller/Rackow*, ZStW 117, 2005, S. 379, 394.
872 So aber *Gribbohm* in JR 1998, S. 177, 178; *Hoyer* in SK, 6. Aufl., § 9, Rn. 10. Davon, dass nicht nur die Haupttat als Anwendbarkeitsvoraussetzung, sondern gar die Anwendbarkeit des deutschen Strafrechts selbst fingiert wird, sprechen *Lackner/Kühl*, § 9, Rn. 3.
873 *Miller/Rackow*, ZStW 117, 2005, S. 379, 395.
874 *Jung*, JZ 1979, S. 325 ff..
875 *Jung*, JZ 1979, S. 325, 328.
876 *Jung*, JZ 1979, S. 325, 328.
877 *Jung*, JZ 1979, S. 325, 327.
878 *Jung*, JZ 1979, S. 325, 328.

wird jedoch letztlich zur Bewertung der Teilnahmehandlung die ausländische Haupttat wie eine Inlandstat behandelt, die gerade nicht vorliegt.

Jung legt seinen Ausführungen zur Regelung des § 9 Abs. 2 S. 2 StGB jedoch ein rein pragmatisch strafanwendungsrechtliches[879] Verständnis zugrunde. Die ausländische Tat solle letztlich bloß „zum Zweck der Erfassbarkeit" inländischer Teilnahme der Bewertung durch deutsches Strafrecht unterstehen[880].

Mit der Feststellung, Akzessorietätsfragen könnten überhaupt erst relevant werden, wenn die Erstreckung des deutschen Strafrechts auf den jeweiligen Sachverhalt feststehe, übersieht er jedoch die Frage, ob der deutsche Staat zur Beurteilung des jeweiligen „Sachverhalts" überhaupt berechtigt ist[881]. Wenn es denn so ist, dass der deutsche Gesetzgeber zur Bewertung einer „Tat", die im Ausland im Einklang mit der dortigen Kultur und Rechtsordnung stattfindet, nicht berufen ist, kann er schwerlich ohne Weiteres ihre „Rechtswidrigkeit" deklarieren und sie als „Haupttat" zur Begründung der inländischen Teilnahmestrafbarkeit heranziehen[882].

Wie gesehen, steht dem deutschen Staat nicht ohne Weiteres die Berechtigung zu, das Auslandsverhalten mit dem Stempel seines Unrechts zu versehen und es als strafwürdig zu erachten, nur um damit dem Vorwurf des Verstoßes gegen das Akzessorietätsprinzips zu entgehen. Diese Sichtweise greift daher zu kurz und übersieht die zentrale Bedeutung der Frage nach der Strafberechtigung.

bb. Teilnahmedogmatisches Problem: § 9 Abs. 2 S. 2 StGB als Regelung inakzessorischer Teilnahme?

Stattdessen stellt sich nach überwiegender Ansicht in der Literatur die Akzessorietätsproblematik im Rahmen des § 9 Abs. 2 S. 2 StGB als zentral dar[883].

Grundsätzlich ist zuzugeben, dass es durch die Lockerung der Akzessorietät zwar zu einer gewissen „Verselbstständigung der Teilnahme" kommen mag[884].

879 Strafanwendungsrecht ist hier in dem Sinne zu verstehen, dass es nur die Frage geht, ob und v.a. wie es zur Anwendung deutschen Strafrechts kommt. Fragen nach der Strafberechtigung finden hierbei keinerlei Beachtung.

880 *Miller/Rackow*, ZStW 117, 2005, S. 379, 393.

881 Vgl. *Miller/Rackow*, ZStW 117, 2005, S. 379, 392.

882 Vgl. *Miller/Rackow*, ZStW 117, 2005, S. 379, 392; ähnlich *Oehler*, Int. StR, Rn. 360.

883 Vgl. dazu u.a. *Gribbohm*, JR 1998, S. 177, 178 f.; *Jung*, JZ 1979, S. 325 ff.; *Krapp*, Distanzdelikt und Distanzteilnahme, S. 146 ff.; *Lemke* in NK, 2. Aufl., § 9, Rn. 28 f.; *Miller/Rackow*, ZStW 117, 2005, S. 379, 389 ff.; *Oehler*, Int. StR, Rn. 360; *Werle/Jeßberger* in LK, 12. Aufl., § 9, Rn. 47 ff..

884 Vgl. *Oehler*, Int. StR, Rn. 360.

Darin einen Verstoß gegen das Rechtsstaatsgebot zu sehen[885], erscheint angesichts der Tatsache, dass dem deutschen Recht eine Lockerung der Teilnahme aus dem Abhängigkeitsverhältnis zur Haupttat keineswegs völlig fremd ist[886], schwer vertretbar.

So wird darauf verwiesen, dass beispielsweise § 259 StGB eine typische Beihilfehandlung[887] zur strafbaren täterschaftlichen Modalität der Absatzhilfe erhebe und damit die Strafbarkeitslücken schließe, die dadurch entstünden, dass die Haupttat der Hehlerei nicht durch den Vortäter begangen werden könne[888]. Die Straflosigkeit des Beihilfeleistenden mangels teilnahmefähiger Haupttat werde durch die Aufwertung seines Tatbeitrags zur täterschaftlichen Begehungsweise verhindert[889].

Darüber gehe § 9 Abs. 2 S. 2 StGB in gewisser Weise noch hinaus, wenn die Regelung – ohne eine Teilnahmehandlung zur Täterschaft aufzuwerten – für bestimmte Teilnahmekonstellationen vom Erfordernis der der deutschen Strafgewalt unterliegenden vorsätzlichen rechtswidrigen Haupttat abweiche.

Doch auch eine weitergehende Beschneidung des Akzessorietätsprinzips sei dem nationalen Strafrecht nicht völlig fremd. So zeige beispielsweise § 30 Abs. 1 StGB eine Reduktion des Akzessorietätsprinzips auf ein „gedankliches Minimum", wenn die versuchte Teilnahme an einer bloß vorgestellten Haupttat strafbar sei[890]. Wohl um der Problematik in Hinblick auf die Teilnahmedogmatik und das Akzessorietätsprinzip zu entgehen, werde in § 30 Abs. 1 StGB eine Regelung der selbstständig strafbaren Vorbereitungshandlung und nicht eine Teilnahmeregelung gesehen[891]. Da es jedoch auch hier an einer Haupttat fehle und die Annahme einer hypothetischen Akzessorietät nicht tragbar sei, wenn man davon ausgehe, dass sich das Unrecht der Teilnahmehandlung wesentlich aus der Haupttat ableite, träte im Grunde eine ähnliche Problematik zutage, wie sie sich im Rahmen des § 9 Abs. 2 S. 2 StGB stelle. Eine Teilnahmestruktur solle – ohne zur Täterschaft

885 In diese Richtung wohl *Lemke* in NK, 2. Aufl., § 9, Rn. 29.

886 *Böse* in NK, 4. Aufl., § 9, Rn. 21; *Miller/Rackow*, ZStW 117, 2005, S. 379, 396 f..

887 Wer demjenigen, der eine Sache gestohlen oder sonst durch eine gegen fremdes Vermögen gerichtete rechtswidrige Tat erlangt hat, bei der Weiterveräußerung der Sache behilflich ist.

888 Vgl. *Miller/Rackow*, ZStW 117, 2005, S. 379, 396.

889 Vgl. *Miller/Rackow*, ZStW 117, 2005, S. 379, 396; vgl. auch § 84 Abs. 2; 129 Abs.1 sowie § 30 StGB.

890 Vgl. *Tröndle/Fischer*, § 30, Rn. 2.

891 *Joecks* in MüKo, § 30, Rn. 9; *Roxin* in LK, 11. Aufl., § 30, Rn. 2; *Schünemann* in LK, 12. Aufl., § 30, Rn. 2.

aufgewertet zu werden und ohne Vorliegen einer vorsätzlichen und rechtswidrigen Haupttat – der (deutschen) Strafbarkeit unterliegen.

In § 30 StGB geschehe dies, weil der Gesetzgeber besonders gefährliche Formen der Vorbereitungshandlungen unter Strafe stellen wolle[892]. Der Gesetzgeber erachtete diese Verhaltensweisen demnach als besonders strafwürdig[893].

Auch im Rahmen des § 9 Abs. 2 S. 2 StGB versuche der Gesetzgeber die Regelung zu rechtfertigen und seine Ziele deutlich zu machen: Da die im Ausland begangene Haupttat unter Umständen nach dem Recht des Tatorts nicht strafbar sei, solle die Strafbarkeit des Teilnehmers nicht von der Beurteilung der Strafbarkeit der Haupttat abhängig sein, sondern sich allein nach deutschem Recht richten[894]. Rechtspolitische Gründe, die der Reformgesetzgeber nicht weiter benenne, sprächen dafür, auf das Strafbarkeitserfordernis der Haupttat im Rahmen des § 9 Abs. 2 S. 2 StGB zu verzichten, so dass es für die Strafbarkeit des Teilnehmers auf die Bewertung der Haupttat als strafbares Unrecht am Tatort nicht ankomme.

Der Unterschied zu § 30 StGB bestünde jedoch darin, dass über die – wenn auch noch nicht umgesetzte Haupttat – ein Unrechtsurteil vorläge, dem keine andere Rechtsauffassung entgegen stehe.

c. Ergebnis

Eine Abweichung vom Akzessorietätsprinzip mag demnach bei § 9 Abs. 2 S. 2 StGB vorliegen.

Doch die Untersuchung unter teilnahmedogmatischen Gesichtspunkten stellt sich für die Problemlösung als weniger zentral dar, als dies auf den ersten Blick der Fall zu sein scheint.

Zwar mögen im Rahmen des § 9 Abs. 2 S. 2 StGB strafanwendungsrechtliche und teilnahmedogmatische Fragen aufeinandertreffen. Die Untersuchung, ob und inwiefern sich § 9 Abs. 2 S. 2 StGB mit dem Akzessorietätsprinzip vereinbar zeigt, bringt die Problematik, wie den aus dieser Regelung entstehenden Strafbarkeitsrisiken zu begegnen sei, jedoch nicht spürbar voran.

Daneben macht die Tatsache, dass sich solche teilnahmedogmatischen Fragestellungen nicht auftun würden, läge dem StGB statt des Akzessorietäts- das Einheitstäterprinzip zugrunde, deutlich, dass die Untersuchung der Regelung als solche nicht viel zur Auflösung der Problematik beitragen kann. Läge dem StGB

---

892 *Fischer*, StGB, § 30, Rn. 2; *Roxin*, StR AT, Bd. II, § 38, Rn. 2; *Schünemann* in LK, 12. Aufl., § 30, Rn. 2a

893 *Roxin*, StR AT, Bd. II, § 28, Rn. 2; *Schünemann* in LK, 12. Aufl., § 30, Rn. 2a.

894 Vgl. BR-Drucks. 200/62, Begr. Zu E 1962, S. 113 f..

das Einheitstäterprinzip zugrunde, so stellte sich die Akzessorietätsproblematik nicht, da es hiernach nur auf den eigenen Tatbeitrag eines jeden Beteiligten als Täter ankäme[895]. Die Frage nach der Strafberechtigung kann daher nicht von dem gewählten Beteiligungssystem abhängen.

Erneut zeigt sich, dass der Problematik der Strafbarkeitsrisiken bei grenzüberschreitender Forschung auf dem Wege der Untersuchung der strafanwendungsrechtlichen Regelungen wenig erfolgreich begegnet werden kann, sich vielmehr auch hier die Frage nach der Strafberechtigung als zentral darstellt.

Bevor diese Frage näher beleuchtet wird, fragt sich, wie sich die Ausgangslage bei mit- oder mittelbar täterschaftlicher Tatbegehung darstellt.

2. Untersuchung des § 9 Abs. 1 StGB hinsichtlich der gegenseitigen Zurechnung der Handlungsorte

Die Ursache der Strafbarkeitsrisiken, die durch täterschaftliche Beteiligung an grenzüberschreitenden Forschungsprojekten entstehen können, stellt letztlich auch hier die die Geltung deutschen Strafrechts anordnende Regelung des § 9 Abs. 1 StGB dar.

Eine eigenständige Regelung zum Handlungsort bei mit- oder mittelbar täterschaftlicher Tatbegehung findet sich in § 9 StGB zwar nicht. Folgt man jedoch der herrschenden Meinung in Literatur und Rechtsprechung, so ist für jeden Mittäter ein Handlungsort dort begründet, wo einer von ihnen gehandelt hat[896].

Diesem Standpunkt stehen die Vertreter der sog. Einzellösung[897] gegenüber.

a. Meinungsstand

Nach Ansicht der Vertreter der sog. „Einzellösung“ soll sich der Handlungsort für jeden Mittäter einzeln anhand seiner erbrachten mittäterschaftsbegründenden Tatbeiträge bestimmen[898].

---

895 Der Beteiligte im Inland könnte demnach bereits eigenständig einen Tatort begründen, ohne dass es auf die Regelung des § 9 II 2 StGB ankäme.

896 Vgl. BGH NJW 1993, S. 1405, 1405; BGH NJW 2002, 3486, 3487; BGH NStZ 2009, S. 197; *Ambos/Ruegenberg* in MüKo, § 9, Rn. 10; *Eser* in Schönke/Schröder, § 9, Rn.10; *Satzger*, Int. StR, § 5, Rn. 19; *Werle/Jeßberger* in LK, 12. Aufl., § 9, Rn. 13.

897 Vgl. *Hoyer* in SK, 6. Aufl., § 9, Rn. 5; *Heinrich* in FS Weber, S. S. 91, 107 f.; (bzgl. Mittäterschaft, anders im Rahmen der mittelbaren Täterschaft) *Oehler*, Int. StR, Rn. 361; i.Ü. zum Begriff der Einzellösung vgl. *Satzger*, Int. StR, § 5, Rn. 19.

898 *Hoyer* in SK, 6. Aufl., § 9, Rn. 5; *Heinrich* in FS Weber, S. 91, 107 f.; ähnlich, aber zwischen Mit- und mittelbarer Täterschaft differenzierend *Oehler*, Int. StR, Rn. 361.

Aus der Zurechnungsnorm des § 25 Abs. 2 StGB ergebe sich – so *Hoyer*[899] – nicht, dass eine Zurechnung des Tatbeitrags bzw. des Taterfolges diesen zum Teil der Tathandlung im Sinne der §§ 8, 9 StGB mache. Die Zurechnung der Tatbeiträge dürfe nicht dazu führen, dass diese als eigenhändig erbracht angesehen werden. Gerade im Fall des Bandenchefs, der die Tat lediglich im Vorfeld plane, deren Durchführung jedoch den übrigen Mittätern überlasse und dabei nicht selbst anwesend sei, mute es seltsam an, das Verhalten der Mittäter als in seiner Person verwirklichtes Verhalten zu qualifizieren. Zwar möge er im Wege der funktionellen Tatherrschaft als Mittäter anzusehen sein, zu einer Zurechnung des Verhaltens als eigene Tat könne es jedoch nicht kommen, da dies sonst, so *Hoyer*[900], zu dem gänzlich unvertretbaren Ergebnis führe, dass Mittäterschaft auch bei eigenhändigen Delikten möglich sei.

Im Rahmen der Mittäterschaft sei deshalb Handlungsort nur der Ort, an dem die mittäterschaftsbegründende Handlung vorgenommen werde, er also tatsächlich selbst in eigener Person handle. Die Auswirkungen seines Handelns, d.h. die Tatbegehung durch die übrigen Mittäter bzw. der Erfolg könnten ihm über § 25 Abs. 2 StGB zwar u.U. zugerechnet werden, jedoch nicht in der Weise, dass die zugerechneten Tatbeiträge als eigenhändig erbracht erachtet würden[901].

Nach der Gegenansicht ist die Tat an jedem Ort begangen, an dem auch nur ein Mittäter gehandelt hat[902]. Sobald ein Mittäter demnach im Inland handele, begründe er für alle mittäterschaftlich Beteiligten einen inländischen Handlungsort. Es findet sich hierzu sogar die Ansicht, es käme deshalb im Rahmen des § 9 Abs. 1 StGB zu einer Zurechnung von Handlungsorten[903].

Der Vorwurf, dass über die Zurechnung auch Mittäterschaft bei eigenhändigen Delikten ermöglicht werde, wird zurückgewiesen, denn hier werde ein entscheidender Aspekt verkannt: Komme eine Tatbestandsverwirklichung durch einen Täter alleine nicht in Betracht, so sei vor der Frage, ob die Voraussetzungen für eine Mittäterschaft vorliegen, zu klären, ob die Tat überhaupt in Mittäterschaft begangen werden könne. Bevor es zur Zurechnung von Tatbeiträgen kommen könne, stelle sich die Frage, ob der Charakter der Vorschrift eine solche denn erlaube. Eigenhändige Delikte müssten bereits an dieser Stelle in der weiteren

---

899 *Hoyer* in SK, 6. Aufl., § 9, Rn. 5.

900 Derselben Meinung auch *Heinrich* in FS Weber, S. 91, 107 f..

901 *Hoyer* in SK, 6. Aufl., § 9, Rn. 5; *Heinrich* in FS Weber, S. 91, 107 f..

902 *Böse* in NK, 4. Aufl., § 9, Rn. 5; *Satzger*, Int. StR, § 5, Rn. 19; *Ambos/Ruegenberg* in MüKo, § 9, Rn. 10; *Werle/Jeßberger* in LK, 12. Aufl., § 9, Rn. 13.

903 Vgl. *Fischer*, StGB, § 9, Rn. 3 a; *Valerius*, NStZ 2008, S. 121, 123 f..

Prüfung der mittäterschaftlichen Verwirklichung ausscheiden, da sie sich gerade dadurch auszeichneten, nur von einem bestimmten Täter in eigener Person begangen werden zu können[904]. Die Frage nach der Reichweite der Zurechnung stelle sich erst im Anschluss an die Feststellung, dass eine Mittäterschaft grundsätzlich möglich ist[905].

Der Argumentation von *Hoyer*, zu einer Zurechnung dürfe es deshalb nicht kommen, weil dadurch die Mittäterschaft auch bei eigenhändigen Delikten ermöglicht werde, sei demnach in diesem Punkt nicht zu folgen[906].

Dieser Kritikpunkt der Vertreter der Einzellösung scheint zwar widerlegt. Ob deshalb der Gegenansicht der Vorzug zu geben ist und es sogar zu einer Zurechnung von Handlungsorten kommen soll, ist aufgrund der weitreichenden Strafbarkeiten im Ausland, zu denen diese Ansicht führt, äußerst fragwürdig.

Letztlich drängt sich an dieser Stelle jedoch die Frage auf, ob der Strafberechtigung überhaupt auf beteiligungsdogmatischer Ebene sinnvoll zu begegnen ist.

b. Übertragbarkeit der beteiligungsdogmatischen Überlegungen zur Zurechnung der Tatbeiträge auf das Strafanwendungsrecht?

Die wechselseitige Zurechnung ermöglicht bei einer arbeitsteilig begangenen Tat, bei der jeder Mittäter nur einen bestimmten Teil der Tatbestandshandlungen vorgenommen hat, die einzelnen Tatbeiträge zu einem einheitlichen Ganzen zusammen zu fassen[907]. Nicht eigenhändig vorgenommene Handlungen sollen den anderen Mittätern daher wie eigene zugerechnet werden[908], so dass es den einzelnen Mittätern nicht zu Gute kommen kann, dass sie für sich allein betrachtet nicht jeweils den Tatbestand selbstständig erfüllt haben, sondern dies erst durch ihr Zusammenwirken gelingen konnte[909]. So kann letztlich eine vollständige Tatbestandsverwirklichung durch alle Mittäter angenommen und jeder Mitwirkende als Täter erfasst werden, weil er sich behandeln lassen muss, als hätte er selbst alle Tatbestandsmerkmale erfüllt[910].

---

904 *Hoyer* in SK, 6. Aufl., § 25, Rn. 14; *Schünemann* in LK, 12. Aufl., § 25, Rn. 45.

905 Vgl. *Satzger*, Int. StR, § 5, Rn. 19.

906 Vgl. *Böse* in NK, 4. Aufl., § 9, Rn. 5; *Satzger*, Int. StR, § 5, Rn. 19.

907 *Wessels/Beulke*, StR AT, Rn. 526.

908 *Heine* in Schönke/Schröder, Vor §§ 25 ff., Rn. 73; *ders.* a.a.O., § 25, Rn. 61; *Kühl*, StR AT, § 20, Rn. 100; *Miller/Rackow*, ZStW 117, 2005, S. 379, 409.

909 *Valerius*, NStZ 08, S. 121, 123.

910 *Heine* in Schönke/Schröder, § 25, Rn. 61; *Schünemann* in LK, 12. Aufl., § 25, Rn. 155.

Aus beteiligungsdogmatischer Sicht ist es daher unerlässlich, die eigenhändig erbrachten Tatbeiträge wechselseitig zuzurechnen, um einen einheitlichen Verstoß gegen einen Straftatbestand begründen und den gemeinschaftlichen Angriff auf das geschützte Rechtsgut sanktionieren zu können.

Genauso soll die Frage nach der Strafanwendung durch diese Zurechnung geprägt sein, wenn jedem Mittäter das Handeln der anderen und sogar der Ort ihres Handelns[911] zugerechnet wird. Demnach könne bereits das täterschaftliche Handeln eines Mittäters im Inland genügen, um einen Tatort für alle Mittäter im Ausland zu begründen. Zu welch abwegigen Ergebnissen dies führen kann, wurde anhand des obigen Beispiels deutlich. Für den Forscher im Ausland gerät die Beteiligung an einem Forschungsprojekt im eigenen Land in Einklang mit seinem (Berufs-) Recht zum unkalkulierbaren Risiko, je nachdem, ob und in welcher Beteiligungsform ein Deutscher sich daran beteiligt. Demnach hängt das Strafbarkeitsrisiko entscheidend davon ab, ob sich der Tatbeitrag des deutschen Forschers als mittäterschaftlich oder als „bloße" Teilnahmehandlung charakterisieren lässt. Nach überwiegender Ansicht soll der mittäterschaftliche Tatbeitrag zu einer Tatortbegründung im Inland auch der Kollegen im Ausland führen und diese somit grundsätzlich dem deutschen Strafrecht unterstellen.

Dagegen soll es – soweit ersichtlich – im Fall der Teilnahme nicht zu einer grenzüberschreitenden Strafgewaltserstreckung kommen: Der die Haupttat im Ausland verwirklichende Forscher hat keine Beurteilung nach deutschem Strafrecht zu befürchten, da die Strafbarkeit der Teilnahmehandlung sich auf seine Haupttat nicht auswirkt.

Zumindest für die Mittäter im Ausland stellt sich die Abgrenzung zwischen Täterschaft und Teilnahme demnach als Kernpunkt ihres Strafbarkeitsrisikos dar. Die eigentliche ratio legis des § 9 Abs. 2 S. 2 StGB, die darin zu sehen ist, die Strafbarkeit nach deutschem Strafrecht nicht von der mitunter schwierigen Abgrenzungsfrage zwischen Täterschaft und Teilnahme abhängig zu machen[912], trägt demnach nur teilweise.

Die Abgrenzung zwischen Täterschaft und Teilnahme wird somit – zumindest für den Forscher im Ausland – zentrale Bedeutung erlangen. Für die Frage nach der Strafrechtsanwendung führt dies ebenso wie die strikte Anwendung der Zurechnungsregeln zu nicht nachvollziehbaren Ergebnissen.

---

911 So ausdrücklich nur *Fischer*, StGB, § 9, Rn. 3a; *Valerius*, NStZ 2008, S. 121, 123.

912 Vgl. *Ambos/Ruegenberg* in MüKo, § 9, Rn. 41; *Gribbohm* in LK, 11. Aufl., Rn. 35; *Miller/Rackow*, ZStW 117, 2005, S. 379, 394; *Werle/Jeßberger* in LK, 12. Aufl., § 9, Rn. 53.

3. Zwischenergebnis

Die Frage nach der Anwendbarkeit nationalen Strafrechts darf nicht von Zurechnungsfragen abhängig gemacht werden. Entgegen *Valerius* liegt das zentrale Problem der Strafbarkeitsrisiken im Rahmen der grenzüberschreitenden Forschung nicht in der Frage nach der Zurechnung von Handlungsorten[913]. Abgesehen davon, dass über § 25 Abs. 2 StGB schwerlich etwas anderes als eine Handlung zugerechnet werden kann, führt diese Ansicht zu sinnwidrigen Ergebnissen, wenn der Forscher im Ausland nationalem Strafrecht unterliegen soll, ohne mit dem dortigen Recht erkennbar in Berührung gekommen zu sein.

Auch auf die dogmatische Einordnung in Mittäterschaft oder Teilnahme kann es nicht entscheidend ankommen. Dies insbesondere deshalb, weil die Abgrenzungsproblematik zwischen Täterschaft und Teilnahme im Rahmen des Strafanwendungsrechts trotz § 9 Abs. 2 S. 2 StGB noch immer nicht vollständig gelöst ist.

Ob eine Verhaltensweise vom nationalen Strafrecht erfasst werden darf, kann nicht von der rein national geprägten Frage nach der Qualität des Tatbeitrags abhängig gemacht werden, sondern ist vielmehr anhand der Frage zu bestimmen, ob für den deutschen Staat tatsächlich das Recht, diese Verhaltensweise zu bestrafen, gegeben sein kann. Erst wenn die Frage nach der Strafberechtigung beantwortet ist, kann das Vorliegen eines hinreichenden Anknüpfungspunktes der §§ 3 ff. StGB zur Anwendbarkeit des nationalen Strafrechts führen.

III. Besteht eine Strafberechtigung des deutschen Staates?

Die Anwendung des nationalen Strafrechts auf einen Auslandssachverhalt kann demnach nicht unbesehen der Frage nach dem Bestehen des *ius puniendi* stattfinden. Es genügt weder, allein auf das Vorliegen eines Anknüpfungspunktes der §§ 3 ff. StGB abzustellen, noch können materiell strafrechtliche Fragestellungen und die nationale dogmatische Einordnung der Verhaltensweise für die Untersuchung der Strafbarkeitsrisiken in erster Linie entscheidend sein.

Denn entgegen der Ansicht, die Problematik stelle sich als Akzessorietätsproblem[914] oder als Frage nach der Zurechnung dar[915], muss es (nach vorliegend vertretener Ansicht) in erster Linie entscheidend darauf ankommen, ob sich für das entsprechende Verhalten ein Recht zu strafen für den deutschen

---

913 Vgl. *Valerius*, NStZ 2008, S. 121, 122 f..

914 Vgl. dazu die Ausführungen eben im 2. Teil unter B, II, 1, b.

915 Vgl. *Valerius*, NStZ 2008, S. 121, 122 f..

Staat ergibt. Ein solches hat sich am Rechtsstaatsgebot des Art. 103 Abs. 2 GG zu orientieren und dabei sowohl verfassungsrechtlichen als auch europarechtlichen Vorgaben zu genügen. Erst die Klärung der Fragen, ob die Anwendbarkeit der deutschen Strafnorm vorhersehbar für die Adressaten ist und für die Annahme der nationalen Strafgewalt gewichtige Interessen streiten, kann im weiteren Verlauf der Prüfung darüber entscheiden, ob nationales Strafrecht überhaupt zur Anwendung kommen kann und welche Anknüpfungspunkte dafür heranzuziehen sind.

Gerade die Konstellationen, die dazu Anlass geben, von einem „Strafbarkeitsrisiko" zu sprechen, können daher grundsätzlich bereits durch eine eingehende Prüfung der Strafberechtigung ausgeschlossen werden. Die mitunter schwierige Abgrenzungsfrage nach Mit- oder mittelbarer Täterschaft bzw. Teilnahme wird hinfällig, da sich für die Untersuchung der Strafbarkeit der Beteiligten zuerst die Frage stellt, ob dem deutschen Staat überhaupt das Recht zukommt, die jeweilige Verhaltensweise zu bewerten.

Ausgangspunkt der Problematik ist die Tatsache, dass die nach deutschem Recht als strafbar erachtete Verhaltensweise nach dem fremden Recht am Ort der Forschung legal ist. Daher drängt sich auch hier die Frage nach der Vereinbarkeit mit europäischen Grundfreiheiten (Dienstleistungsfreiheit) und den Grundrechten der Berufs- und Forschungsfreiheit auf.

Untersucht werden soll daher auch, unter welchen Gesichtspunkten sich eine Änderung zur ersten Konstellation ergibt. Führt die bloße Beteiligung an einem schwerpunktmäßig im Ausland statt findenden Projekt zu einer Tangierung inländischer Interessen? Zwar nimmt der Forscher im Inland durch sein Handeln an der Rechtsgutsverletzung im Ausland teil; sein Tatbeitrag spielt dabei jedoch lediglich eine untergeordnete Rolle. Kann es hierbei von Bedeutung sein, dass er vom Inland aus agiert und damit auf deutschem Territorium handelt?

Was ergibt sich für den Forscher im Ausland? Kann er der nationalen Strafgewalt überhaupt unterstehen?

1. Der Forscher im Ausland

Der Forscher beteiligt sich in dieser Konstellation an dem Projekt, bei dem es zu der nach nationalem Strafrecht verbotenen Handlung kommt, durch sein Handeln im Ausland, wo das Forschungsprojekt durchgeführt wird und nimmt so unmittelbar dort an der „Rechtsgutsverletzung" teil. Seine Handlungsweise zeigt sich jedoch mit dem Recht am ausländischen Forschungsort vereinbar und steht grundsätzlich unter dem Schutz der Berufs- bzw. Forschungsfreiheit, die in zahlreichen

Mitgliedstaaten verfassungsrechtlich verankert ist[916]. Die Strafandrohung durch deutsches Strafrecht stellt eine Beeinträchtigung dieser Freiheiten dar.

Unter Berücksichtigung der zentralen Aussage des BVerfG in seinem Urteil zum Europäischen Haftbefehl[917], in dem es darauf hinweist, dass dem Bürger grundsätzlich ein Vertrauen darauf zu Gute kommt, nur dem Recht unterworfen zu sein, an dessen Ort sich der Schwerpunkt der Tat befindet, muss für den Forscher im Ausland gelten, dass er darauf vertrauen darf, nur dem Recht am Forschungsort bzw. für den Fall, dass dieses nicht dasselbe ist, seinem Heimatrecht unterworfen zu sein und nicht durch die Beteiligung anderer Forscher anderer Nationalitäten deren Rechtsordnung zu unterstehen.

Es ist nicht hinreichend vorhersehbar und mit dem Bestimmtheitsgrundsatz des Art. 103 Abs. 2 GG unvereinbar, wenn ein Handeln, das nach seinem Heimatrecht völlig legal ist, im Inland strafrechtlich verfolgt werden kann und die bloße Beteiligung eines Deutschen an einem grenzüberschreitenden Projekt die Strafbarkeit nach deutschem Recht für alle Beteiligten nach sich ziehen soll. Die Grenzen, in denen sich die Forschungstätigkeit bewegen kann, sind dann nicht mehr hinreichend ersichtlich.

Zu einer Zurechnung von „Handlungsorten" darf es bereits aus diesem Grund nicht kommen. Der Schwerpunkt der Tat befindet sich trotz Beteiligung deutscher Forscher im Ausland und kann ein hinreichendes Interesse des deutschen Staates an der Erfassung dieses Sachverhaltes nicht legitimieren.

Auch der Schutz durch sein eigenes Berufsrecht, das einem Ausländer ein derartiges Tätigwerden im eigenen Land gerade erlaubt, lässt kein anderes Ergebnis zu. Wird ein Forscher ausschließlich in seinem eigenen Heimatgebiet tätig, muss er auf sein eigenes Berufsrecht, das ihm die Forschungshandlung gestattet, vertrauen dürfen und durch dieses geschützt sein.

Lässt sich für den deutschen Staat – wie im Rahmen vorliegender Konstellation anzunehmen – kein hinreichendes Schutzinteresse ausmachen, so darf es zu keiner Strafgewalterstreckung kommen. Demnach überwiegt auch hier der Schutz durch die Europäischen Grundfreiheiten – in dieser Konstellation ist an die Dienstleistungsfreiheit zu denken – die inländischen Interessen.

In einem einheitlichen Raum der Freiheit, der Sicherheit und des Rechts, den die Europäische Union zu schaffen anstrebt[918] und der den Bürgern Freizügigkeit und

916 Vgl. zur Berufsfreiheit oben Fn. 734; sowie zur Forschungsfreiheit *Kempen* in Tettinger/Stern, EGRC, Art. 13, Rn. 19 f.; *Nowak* in Hilgendorf/Beck (Hrsg.), Biomedizinische Forschung, S. 75, 76, Fn. 5.

917 BVerfGE 113, 273 ff.. Vgl. dazu die Ausführungen im 2. Teil unter B.

918 Vgl. Titel V, Art. 67 ff. AEUV.

ein hohes Maß an Schutz gewährleisten will[919], muss auch das nationale Strafrecht diesen Vorgaben gerecht werden, indem es seinen Geltungsbereich beschränkt, da sich für die Ausdehnung desselbigen keine hinreichende Legitimation ergibt.

2. Der Forscher im Inland: Vereinbarkeit mit den europäischen Grundfreiheiten und europäischen wie nationalen Grundrechten

Auch bei der im Rahmen dieser Konstellation nach deutschem Recht strafbaren Handlung im Inland steht die Frage nach der Vereinbarkeit mit dem Rechtsstaatsprinzip im Mittelpunkt. Da es dem Forscher im Inland nicht mehr möglich ist, ungestört wissenschaftliche Informationen an Kollegen im Ausland weiter zu geben bzw. Kollegen zu beraten und zu unterstützen, kommt eine Beeinträchtigung der europäischen Grundfreiheiten, vorliegend der Dienstleistungsfreiheit, in Betracht. Weiter ist auch dieser Konstellation die Problematik der Vereinbarkeit mit nationalen wie europäischen Grundrechten immanent.

a. Vorhersehbarkeit der deutschen Strafnorm?

Unter Heranziehung der Grundgedanken des Urteils des BVerfG zum Europäischen Haftbefehl liegt der hinreichende Inlandsbezug, der die eigene Rechtsordnung als Orientierungshilfe für das eigene Handeln erscheinen lässt, für den Forscher im Inland zwar ohne Weiteres vor. Darf der deutsche Staatsbürger auf die Verlässlichkeit der eigenen Rechtsordnung vertrauen, so kann von ihm grundsätzlich erwartet werden, dass er sich an die Einhaltung der eigenen Rechtsordnung auch bei grenzüberschreitenden Sachverhalten hält.

Dennoch erschweren die im Rahmen der biomedizinischen Forschung oftmals sehr detaillierten und teilweise unübersichtlichen Regelungstatbestände[920] ein vollumfängliches Erfassen der Gesetzesregelung und ihrer Erlaubnis- und

---

919 Vgl. http://europa.eu/legislation_summaries/justice_freedom_security/index_de.htm [Stand 18.11.2013].

920 Vgl. beispielsweise im Fall des ESchG die noch immer weitgehend ungeklärten Begriffsbestimmungen zur Frage, wann eine Befruchtung vorliegt, vgl. dazu das Urteil des OLG Rostock vom 07.05.2010, Az. 7 U 67/09, sowie zur lange währenden Ungewissheit, ob die umstrittene Präimplantationsdiagnostik durch das ESchG verboten ist oder nicht. Letztere Frage wurde am 07.07.2010 durch den BGH beantwortet, siehe 5 StR 386/09, der die PID letztlich als rechtlich zulässig erachtet hat. Auch die nach § 96 Nrn. 10, 11 jew. i.V.m. § 40 AMG verbotene und strafbare klinische Prüfung von Arzneimitteln insb. an Minderjährigen unterliegt sehr engen und umfangreichen Voraussetzungen, die in Verbindung mit § 9 II 2 StGB schwer feststellbar sind.

Verbotssätze. Treten dazu die kontroversen Regelungen des § 9 Abs. 1 bzw. Abs. 2 S. 2 StGB, ist der mögliche Anwendungsbereich kaum mehr vorhersehbar.

Für den Forscher ist nicht mehr hinreichend ersichtlich, unter welchen Voraussetzungen seine Beteiligung an einem ausländischen Forschungsprojekt strafbar ist und wann nicht[921]. Gerade die Tatsache, dass er sich bei einer Reise ins Ausland (ohne Anknüpfung an das aktive Personalitätsprinzip) und der dortigen Teilnahme an einem Projekt nicht strafbar machen kann, er für einen bloßen Hinweis aus dem Inland jedoch strafrechtlich zur Verantwortung gezogen werden kann, ist nicht nachvollziehbar und lässt die nötige Rechtssicherheit vermissen.

Auch befindet sich der Schwerpunkt des nach deutschem Strafrecht relevanten Verhaltens, da das Forschungsprojekt vollständig außerhalb der deutschen Staatsgrenzen durchgeführt wird, im Ausland. Der nach deutschem Recht strafbare Tatbeitrag des Forschers ist aufgrund der Tatsache, dass dieser in der Regel lediglich von geringem Gewicht ist und mit der unmittelbaren „Rechtsgutsbeeinträchtigung" nicht in Berührung kommt, als solcher nur schwer erkennbar.

b. Vereinbarkeit mit den Freiheitsrechten der Forscher

Bietet der Wissenschaftler im Inland seine Dienste im Sinne der wissenschaftlichen Informations- und Wissensvermittlung im Ausland an, so liegt eine Dienstleistung vor, wobei das grenzüberschreitende Moment in der Dienstleistung selbst liegt[922]. Die Androhung der Strafbarkeit nach deutschem Strafrecht bei Beteiligung im Inland an im Ausland erlaubten Handlungsweisen stellt je nach Fallgestaltung ein beträchtliches Strafbarkeitsrisiko und damit auch eine erhebliche Beschränkung der Grundfreiheiten dar.

Wenn ein deutscher Forscher im Inland keine Ratschläge an ausländische Forscherteams mehr geben und sein Wissen nicht mit ausländischen Wissenschaftlern teilen darf, stellt sich dies nicht nur als Eingriff in seine Grundfreiheiten dar, sondern beeinträchtigt daneben auch seine europäischen wie nationalen Grundrechte der Berufs- und Forschungsfreiheit, sofern die ausgeübte und grundsätzlich geschützte Tätigkeit mit Strafe bedroht wird.

Da sich über die Schutzwürdigkeit der betroffenen Rechtsgüter kein einheitlicher Konsens ausmachen lässt, wird die Strafbarkeit für Verhaltensweisen angeordnet, die nicht nur vom Schutzbereich europaweit und national gewährter Garantien erfasst, sondern die nach ausländischem (Berufs-)Recht teilweise

---

921 Vgl. *Schwarz*, MedR 2003, S. 158, 163.

922 Vgl. *Haratsch/Koenig/Pechstein*, Europarecht, Rn. 949.

ausdrücklich erlaubt sind[923]. Erneut wird deutlich, dass es sich bei den hier interessierenden „Tatbeiträgen“ um berufstypische Verhaltensweisen handelt.

aa. Rechtfertigung

Die Beeinträchtigung der Ausübung der Grundfreiheiten lässt sich auch für den Forscher im Inland nicht ohne Weiteres durch ein zwingendes Allgemeininteresse, das nationale Interesse am Schutz der betroffenen Rechtsgüter, rechtfertigen.

Die durch die Forschung betroffenen Rechtsgüter befinden sich nach wie vor ebenso wie der eigentliche Schwerpunkt der „Tat“ im Ausland. Dort findet das Forschungsprojekt bzw. die vorzunehmende Forschungsarbeit und damit auch die eigentliche „Rechtsgutsverletzung“ statt.

Legt man den allgemeinen Grundgedanke des § 9 StGB zugrunde, dass deutsches Strafrecht unabhängig vom Handlungsort anwendbar sein soll, wenn es im Inland zu einer Schädigung von Rechtsgütern oder zu Gefährdungen kommt, deren Vermeidung Zweck der Strafvorschrift ist[924], so ist diese Vorgehensweise unter dem Blickwinkel eines möglichst umfassenden Rechtsgüterschutzes zwar verständlich. Jedoch kann es nicht die Aufgabe des deutschen Staates sein, sämtliche Rechtsgüter außerhalb seines Territoriums zu schützen, soweit nicht an diesen ein speziell inländisches Interesse besteht[925].

Ein solches mag der deutsche Strafgesetzgeber grundsätzlich für sich in Anspruch nehmen, dies leitet jedoch über zu der Frage, ob es tatsächlich noch Zweck der Strafvorschrift sein kann, Rechtsgüter zu schützen, die sich nicht im eigenen Hoheitsgebiet befinden und über deren Schutzwürdigkeit in den Staaten divergierende Auffassungen vertreten werden. Erneut wird daher die Frage nach der Reichweite der staatlichen Schutzpflicht relevant.

(1) Reichweite der staatlichen Schutzaufgabe

Durch die Anordnung der Strafbarkeit des betreffenden Verhaltens möchte der Gesetzgeber den durch die Forschung betroffenen Rechtsgütern den nationalen

923 So ist etwa in Schweden die fremdnützige Verwendung und damit Forschung mit menschlichen Embryonen grundsätzlich zulässig, vgl. Sec. 2 des Gesetzes 1991:115 vom 14.03.1991 (Act concerning Measures for Purposes of Research or Treatment involving Fertilised Human Ova), bzw. Chapter 5 sec. 3 ff. des Gesetzes 2006:351 aus dem Jahr 2006 (Genetic Integrity Act), während dies in Deutschland nach dem ESchG verboten ist, vgl. § 2 ESchG.

924 Vgl. *Ambos/Ruegenberg* in MüKo, § 9, Rn. 21; *Gribbohm* in LK, 11. Aufl., § 9, Rn. 24; *Werle/Jeßberger* in LK, 12. Aufl., § 9, Rn. 33.

925 *Hoyer* in SK, 6. Aufl., § 9, Rn. 3.

umfassenden Schutz zu Gute kommen lassen. Gleichzeitig erstreckt er dadurch seine staatlichen Schutzpflichten über die eigenen Landesgrenzen hinaus ins Ausland, wofür grundsätzlich kein Bedürfnis besteht[926]. Eine allgemeine staatliche Schutzpflicht des deutschen Staates für Rechtsgüter im Ausland besteht nicht. Ihre unbedingte Ausbreitung kann vielmehr eine fehlende Respektierung fremder Rechtsauffassungen und Wertevorstellungen bedeuten[927]. Unter dem Aspekt der gegenseitigen Rücksichtnahme und der friedlichen Koexistenz der Staaten erscheint dies bedenklich und lässt die gebotene völkerrechtliche Zurückhaltung vermissen.

Etwas anderes könnte sich ergeben, wenn der Tatbeitrag des Forschers im Inland eine abweichende Beurteilung zum Forscher im Ausland (vgl. Erste Konstellation) zulässt.

(2) Gewicht des Tatbeitrags

Der Ausübung der europa- bzw. verfassungsrechtlich geschützten Freiheit steht die Rechtsgutsverletzung im Ausland gegenüber, an der sich der Forscher im Inland beteiligt.

Anders als im Rahmen der ersten Konstellation reist der Forscher nicht ins Ausland, sondern hält sich im Inland auf, wo er auch seinen „Tatbeitrag" erbringt.

Im Unterschied zum Forscher im Ausland wirkt der Beteiligte im Inland an der Forschungsmaßnahme selbst in Form der „Rechtsgutsgefährdung" oder „-verletzung" nicht unmittelbar mit, sein „Tatbeitrag" zeichnet sich lediglich durch eine Aufforderung oder Wissensvermittlung aus.

Entscheidend muss hier letztlich daher das Gewicht des Tatbeitrags sein. Unabhängig von der Qualifikation als Teilnahme oder (Mit-)Täterschaft muss eine Abwägung im Einzelfall vorgenommen werden, die sowohl die durch die Tat tangierten Rechtsgüter als auch die beeinträchtigten Freiheiten in ein ausgewogenes Verhältnis bringt. Stellt sich dabei die Verhaltensweise des Forschers im Inland als bloß unterstützend dar, muss dieser nur untergeordnete Tatbeitrag die Abwägungsentscheidung entsprechend beeinflussen.

---

926 Vgl. dazu die Ausführungen im 2. Teil unter C, I, 1, b, cc.

927 Etwas anderes muss freilich gelten, wenn eine insofern hinreichende Verbindung zum Inland besteht, dass eine Verletzung inländischer Interessen ausgemacht werden kann, was – wie im Rahmen der ersten Konstellation gesehen – der Fall sein kann, wenn nationale Interessen an der staatlichen Integrität geltend gemacht werden können bzw. ein schwerwiegender Verstoß gegen überragend wichtige Grundwerte festgestellt werden kann.

Fraglich ist daher auch, ob es im Rahmen der Strafbarkeit tatsächlich einen entscheidenden Unterschied machen kann, ob ein Forscher vom Inland aus zur Durchführung einer Forschungsmaßnahme im Ausland anstiftet, oder ob er zur Vornahme des jeweiligen Handlungsbeitrags ins Ausland reist und sich dann in der Regel (wenn keine Anknüpfung an das aktive Personalitätsprinzip) nicht strafbar macht.

So mag es zwar äußerst fragwürdig erscheinen, ob allein der Tatbeitrag im Inland zu einer nach deutschem Recht strafbaren Tat im Ausland tatsächlich zu einer Erschütterung des inländischen Rechtsfriedens führen kann. Nicht zu übersehen ist jedoch, dass sowohl (bzw. gerade) bei der Teilnahme[928] als auch grundsätzlich bei mittäterschaftlicher Tatbegehung[929] solche bloß untergeordneten Tatbeiträge grundsätzlich strafwürdig sind. So liegt der Strafgrund der Teilnahme gerade darin, dass der Teilnehmer durch seinen Tatbeitrag die Haupttat (bloß) fördert bzw. mit verursacht[930] und damit das Unrecht der Haupttat verstärkt. Vergleichbares gilt für die mittäterschaftliche Tatbegehung. Auch hinter der Zurechnung des § 25 Abs. 2 StGB steckt letztlich die Idee, eine gemeinschaftliche Tatbestandsverwirklichung und somit einen einheitlichen Angriff auf ein Rechtsgut zu bestrafen.

Ein Blick auf die Haupttat bzw. allgemein auf das Forschungsverhalten im Ausland mag diesen Strafgrund jedoch fraglich erscheinen lassen, da die „Haupttat" nach dem Recht des Vornahmeortes gar kein Unrecht darstellt.

Allein die Möglichkeit der Subsumierbarkeit des Sachverhalts unter einen nationalen Straftatbestand kann also nicht genügen, um eine Tat als strafbedürftiges Unrecht und Rechtsgutsangriff zu qualifizieren.

---

928 So ist der Teilnahmestrafbarkeit diese nur mittelbare Rechtsgutsgefährdung gerade immanent, vgl. *Dannecker/Hagemeier* in Leitner (Hrsg.), Finanzstrafrecht 2008, S. 63, 90; *Jescheck/Weigend*, StR AT, § 64 I 2.

929 So können auch nicht tatbestandsmäßige Handlungen in der Regel ohne Weiteres Mittäterschaft begründen, wenn sie für die Tatbestandsverwirklichung wesentlich und von einigem Gewicht und Bedeutung sind ist, vgl. *Lackner/Kühl*, § 25, Rn. 11; *Roxin*, StR AT, Bd. II, § 25, Rn. 211. Zu der Frage, ob bereits Tatbeiträge im Vorbereitungsstadium ausreichen können, eine Mittäterschaft zu begründen (so die Rechtsprechung und überwiegende Ansicht in der Literatur) vgl. u.a. RG St 35, S. 13, 17; 74, S. 21, 23; 66, S. 236, 240, BGH St 16, S. 12, 14; 39, S. 381, 386; BGH NJW 1999, S. 2449, 2449; sowie die weiteren zahlreichen Entscheidungen, die sich bei *Schünemann* in LK, 12.Aufl., § 25, Rn. 180 f. finden; *Weber* in Baumann/Weber/Mitsch, StR AT, § 29, Rn. 83; *Joecks* in MüKo, § 25, Rn. 176; *Heine* in Schönke/Schröder, Vor §§ 25 ff, Rn. 83; *ders.* a.a.O., § 25, Rn. 66; *Maurach/Gössel/Zipf*, StR AT, Tb. II, § 49, Rn, 29 ff..

930 *Heine* in Schönke/Schröder, Vor §§ 25 ff., Rn. 17; *Maurach/Gössel/Zipf*, AT, Tb. II, § 50, Rn. 57.

Ist die Forschungsmaßnahme nach dem Recht ihres Erfolgsortes nicht strafbar, so besteht über ihren Rechts- oder Unrechtsgehalt bereits eine dem deutschen Recht widersprechende Bewertung. Indem der deutsche Staat die Tathandlung des Forschers im Inland zu einer eigentlich straflosen, jedoch unter einen deutschem Straftatbestand zu subsumierenden Tat in Beziehung setzt, sie deutschem Strafrecht unterstellt und so über sie ein Unrechturteil fällt, setzt er seine eigene Werteordnung letztlich rigoros durch.

Wenn die im Ausland begangene Forschungsmaßnahme für die rechtliche Beurteilung der Tatbeiträge in der Sache wie eine Inlandstat behandelt wird und ihr damit der nationale Bewertungshorizont zugrunde gelegt wird, bedeutet dies eine universelle Bewertung von Auslandstaten durch das deutsche Strafrecht, was letztlich einem universellen Geltungsanspruch seiner Verhaltensnormen gleichkommt[931], der grundsätzlich[932] aufgrund des Gebots des völkerrechtlich gebotenen Respekts vor fremden Rechtsauffassungen abzulehnen ist.

bb. Ergebnis

Der Strafberechtigung stehen auch hier die Beeinträchtigungen der Grundfreiheiten und der Grundrechte der Berufs- und Forschungsfreiheit entgegen. Letztlich kann nur eine Analyse des entsprechenden Tatbeitrags, der im Einzelfall zu bewerten ist, die Frage nach dem Bestehen des *ius puniendi* beantworten. Je größer die Bedeutung ist, die die Handlung des Forschers im Inland für das Gelingen des Forschungsvorhabens hat, und je mehr diese zur Rechtsgutsverletzung beiträgt, desto eher ist von dem Bestehen der Strafberechtigung auszugehen.

IV. Strafanwendungsrecht: Hinreichende Anknüpfungspunkte der §§ 3 ff. StGB – Völkerrechtliche Schranken der Erstreckung der nationalen Strafgewalt

Im Unterschied zur ersten Konstellation findet die zu bewertende Handlung im Inland statt. Der deutsche Staat muss dem nationalen Strafrecht daher nicht im

---

931 Für den Bereich der Teilnahmestrafbarkeit erkannte dies auch *Schröder*, ZStW 61, 1942, S. 57, 96 f., der die Strafbarkeit der inländischen Teilnahme daher im Übrigen danach beurteilen wollte, ob die Haupttat nach deutschem Recht eine wirkliche Interessenverletzung darstellte und „ob die deutsche Rechtsordnung die Auslandstat richtig bewertet, sie mit Recht als „Unrecht“ qualifiziert“, vgl. S. 118 f..

932 Vgl. dazu oben im 1. Teil unter A, II, 2.

Ausland zur Anwendung verhelfen, sondern er erfasst ein Handeln, das auf seinem Hoheitsgebiet stattfindet.

Aus völkerrechtlicher Sicht stellt sich die Anwendung deutschen Strafrechts in diesen Fällen auf den ersten Blick als unproblematisch dar. Problematisch und daher fraglich in diesen Konstellationen ist jedoch das Vorliegen eines hinreichenden Anknüpfungspunktes für den Forscher im Ausland.

1. Forscher im Ausland

Für denjenigen Forscher, der an einem grenzüberschreitenden Projekt, an dem auch deutsche Forscher im Inland mitwirken, beteiligt ist, sich jedoch im Ausland befindet, stellt sich die Frage, wieso seine Forschungsmaßnahme im Ausland, die im Einklang mit dem dortigen Recht stattfindet, der Beurteilung durch das deutsche Strafrecht unterliegen soll.

a. Anknüpfungspunkt

Die Frage nach dem strafanwendungsrechtlichen Anknüpfungspunkt für den Forscher im Ausland lässt sich lediglich mit der oben aufgezeigten[933] teilweise vertretenen Ansicht beantworten, nach der Anknüpfungspunkt für die Erstreckung der Strafgewalt der Handlungsort eines Mittäters im Inland sein soll[934]. Demnach bestehe die hinreichende Verbindung des Handelns des Mittäters im Ausland über den Tatort des Mittäters im Inland, da bereits dieser auch für die Mittäter im Ausland einen Tatort im Inland begründen kann. Diese Ansicht ist jedoch nicht nur aus den oben genannten Gründen[935] abzulehnen, sondern auch unter völkerrechtlichen Aspekten nicht tragbar:

Auf das Erfordernis der doppelten Strafbarkeit wird hier verzichtet. Unabhängig von der Frage nach einem Anknüpfungspunkt nach den §§ 3 ff. StGB setzt sich eine solche Vorgehensweise mit dem völkerrechtlichen Gebot der Zurückhaltung und des gegenseitigen Respekts nationaler Wertesysteme in Konflikt, wenn der deutsche Staat sich anmaßt, einen Sachverhalt seiner Beurteilung zu unterstellen, der sich nicht nur vollständig auf fremdem Hoheitsgebiet zuträgt, sondern für den eine nach fremdem Recht abweichende Beurteilung besteht. Die völkerrechtlich gebotene gegenseitige Rücksichtnahme und der Respekt vor fremden

933 Siehe oben im 5. Teil, unter B, II, 2, a.

934 *Ambos/Ruegenberg* in MüKo, § 9, Rn. 10; *Böse* in NK, 4. Aufl., § 9, Rn. 5; *Satzger*, Int. StR, § 5, Rn. 19; *Werle/Jeßberger* in LK, 12. Aufl., § 9, Rn. 13.

935 Siehe oben im 5. Teil unter B, II, 3.

Rechtsordnungen gebietet es, bei der extraterritorialen Ausbreitung nationaler Anschauungen Zurückhaltung walten zu lassen, da mit der fremden Rechtsordnung bereits ein Ordnungssystem und eine Werteentscheidung bestehen, die nicht durch die unbedingte Anwendung des nationalen Rechts überlagert werden dürfen.

Dies muss umso mehr gelten, da das Handeln nach dem Recht am Handlungsort erlaubt und durch das Berufsrecht geschützt ist.

Ein Recht des deutschen Staates, ein Verhalten im Ausland zu bestrafen, das im Einklang mit dortigem Recht vorgenommen und unter dem Schutz der dortigen Berufsordnung steht, kann sich daher nicht ergeben. Eine Anknüpfung an den Tatort im Inland, den andere am Projekt ebenfalls beteiligte Kollegen begründen mögen, kommt für den Forscher im Ausland daher von vornherein nicht in Betracht. Einen eigenen Handlungsort begründet er nur im Ausland.

Die Anwendung deutschen Strafrechts ließe sich allenfalls für den Fall legitimieren, dass die Tat vom Weltrechtsprinzip erfasst ist, was jedoch im Rahmen der biomedizinischen Forschung in der Regel nicht der Fall sein wird[936].

b. Welche materiell-rechtlichen Erwägungen stehen hinter dem Strafanwendungsrecht?

Auch die hinter den völkerrechtlichen Anknüpfungspunkten stehenden materiell-rechtlichen Aspekte stützen dieses Ergebnis.

Die Anwendung deutschen Strafrechts auf Auslandssachverhalte ist angezeigt, um den Rechtsfrieden und die Normenordnung zu wahren und Angriffe gegen Rechtsgüter, an denen ein nationales Interesse besteht, abzuwehren.

Führt ein Forscher im Ausland im Einklang mit dem dort geltenden Recht eine Forschungsmaßnahme durch, die das deutsche Recht unter Strafandrohung stellt, so scheint eine Verletzung des inländischen Normbewusstseins selbst dann schwer vorstellbar, wenn daran ein Forscher aus dem Inland beteiligt ist. Wieso allein die Beteiligung eines Forschers im Inland zur Strafbarkeit des Forschers im Ausland führen soll, lässt sich nicht erklären. Daran ändert sich auch nichts, wenn man auf das durch die Forschung möglicherweise betroffene Rechtsgut abstellt. Da über dieses kein grenzüberschreitender Konsens herrscht und lediglich das nationale Recht die Schutz- und Strafwürdigkeit anerkennt, ist dieses in der Regel nicht ohne Weiteres geeignet, die Ausübung der den Forschern zu Gute kommenden Freiheiten zu überwiegen und ebenso wenig, die Anwendung deutschen Strafrechts unter materiell-rechtlichen Aspekten völkerrechtlich zu legitimieren.

---

936 Vgl. dazu die Ausführungen oben im 3. Teil unter B, III, 2.

2. Forscher im Inland

Fraglich bleibt, was für den ausländischen Forscher im Inland zu gelten hat.

a. Hinreichender Anknüpfungspunkt

Unter völkerrechtlichen Aspekten ist die Anwendung deutschen Strafrechts auf Tathandlungen im Inland grundsätzlich nicht bedenklich. Sie ist vom Territorialitätsgrundsatz, der als völkerrechtlich hinreichend legitimierter Anknüpfungspunkt für den Geltungsanspruch nationalen Strafrechts gilt, gedeckt.

Das nach § 9 Abs. 1 bzw. Abs. 2 S. 2 StGB deutschem Strafrecht unterstehende und damit strafbare Verhalten des Forschers findet auf nationalem Hoheitsgebiet statt, auch wenn der Schwerpunkt des zur Rede stehenden Geschehens noch immer im Ausland liegt. Zu einer Erstreckung der Strafgewalt durch Anwendung deutschen Strafrechts über die eigenen Landesgrenzen hinaus kommt es nicht.

b. Materiell-rechtliche Aspekte

Die materiell-rechtliche Idee hinter dem Territorialitätsprinzip, dass die innerstaatliche Rechtsordnung für jeden gelten soll, der sich auf deutschem Hoheitsgebiet aufhält[937], kann nur noch bedingt durchgesetzt werden.

Zum Schutz des eigenen Territoriums, seines Staatsvolkes und der Wahrung des innerstaatlichen Rechtsfriedens ist dieser Gedanke und seine Durchsetzung als Ausfluss der territorialen Souveränität des Staates zwar zulässig[938]. Je nach Ausgestaltung des Tatbeitrags im Inland zu einer nach deutschem Recht strafbaren Tat im Ausland ist jedoch fraglich, ob dieser überhaupt zu einer Erschütterung des Rechtsfriedens führen kann. Dem Ziel, den inländischen Rechtsgüterschutz zu gewähren, kann die Strafrechtsordnung in diesen Fällen allenfalls noch mittelbar gerecht werden, wenn die Verletzung des Rechtsguts, dessen Wertigkeit gerade im Bereich der Embryonenforschung hoch umstritten ist, im Ausland stattfindet und der Tatbeitrag geringes Gewicht hat.

3. Ergebnis

Zu einer Erstreckung der Strafgewalt auf die Verhaltensweise des Forschers im Ausland durch Anwendung deutschen Strafrechts kann es unter völkerrechtlichen Gesichtspunkten nicht kommen. Für die Anwendung nationalen Strafrechts auf

---

937 *Satzger*, Int. StR, § 4, Rn. 5; *Werle/Jeßberger* in LK, 12. Aufl., Vor §§ 3 ff., Rn. 222.
938 Vgl. *Böse* in NK, 4. Aufl., Vor §§ 3 ff., Rn. 16.

den Forscher im Inland lässt sich das Territorialitätsprinzip heranziehen. Die Anwendung ist unter dem Aspekt, dass ein hinreichender Anknüpfungspunkt bestehen muss, unbedenklich.

V. Strafbarkeit

Damit letztlich das nationale Strafrecht tatsächlich Anwendung finden kann, muss durch die Tat der Schutzbereich des entsprechenden nationalen Straftatbestands tangiert und ein inländisches Rechtsgut betroffen sein. Diesbezüglich kann auf die oben zu dieser Frage getroffenen Ausführungen verwiesen werden[939]. In der Regel wird sich im Bereich der biomedizinischen Forschung die Strafandrohung aus nationaler Sicht auf den Schutz eines Individualrechtsguts zurückführen lassen.

Diese Ansicht wird von den fremden Rechtsordnungen im Rahmen der vorliegenden Problematik jedoch nicht geteilt. Soweit sich vereinheitlichte Vorgaben im Europarecht oder internationalen Recht finden lassen, sind diese bei der Beurteilung nach der Schutzbereichseröffnung zu berücksichtigen.

VI. Gesamtergebnis

Die Untersuchung der Frage nach der Strafberechtigung des deutschen Staates hat gezeigt, dass es hier nicht in erster Linie auf beteiligungsdogmatische Fragestellungen ankommen kann. So mag die Geltung deutschen Strafrechts für Inlandsbeteiligung an Auslandstaten nach § 9 Abs. 2 S. 2 StGB formaljuristisch zwar angezeigt sein und sich in der Literatur die Ansicht finden, dass sich der Forscher im Ausland den Tatort seines Kollegen im Inland unter bestimmten Voraussetzungen[940] zurechnen lassen muss. Dass die unreflektierte Anwendung der §§ 3 ff. StGB jedoch nicht nur gerade erst zu den häufig kritisierten Strafbarkeitsrisiken führt, sondern auch die Berufsausübung erheblich beschränkt, haben die vorangegangenen Ausführungen deutlich gezeigt.

Daneben hat sich offenbart, dass eine Untersuchung der einzelnen Regelungen des § 9 StGB nicht weiter hilft: Völkerrechtliche Schranken finden sich zwar in den strafanwendungsrechtlichen Regelungen verwirklicht, erschöpfen sich jedoch nicht in diesen. So kann unabhängig von der Frage nach einem hinreichenden

939 Vgl. dazu die Ausführungen im 5. Teil unter A, V.

940 Vgl. dazu die Ausführungen im 5. Teil unter B, I, 2, a.

Anknüpfungspunkt die Geltendmachung eines universellen Bewertungsanspruchs bzw. einer unbedingten Erstreckung der staatlichen Schutzpflicht eine Missachtung fremder Souveränität bedeuten.

Da die Tätigkeiten im Bereich der biomedizinischen Forschung in der Regel berufsspezifische Verhaltensweisen darstellen, bringt sich die extraterritoriale Erstreckung der nationalen Strafgewalt in ein angespanntes Verhältnis zu Berufs- und Forschungsfreiheit. Daneben unterfallen die erfassten Tätigkeitsbereiche nicht selten dem Schutz durch die europäischen Grundfreiheiten.

C. Grenzüberschreitende Forschungsaktivitäten vom Ausland in das Inland

Zuletzt bleiben die Strafbarkeitsrisiken für die Konstellation der grenzüberschreitenden Forschung vom Ausland in das Inland zu untersuchen. Hierunter sollen die Fälle gefasst werden, in denen ein ausländischer Forscher ein Forschungsprojekt mit Schwerpunkt im deutschen Inland stattfinden lassen will. Die Strafbarkeit der Forscher im Inland steht dabei außer Frage.

I. Problemausfriss

Zur Verdeutlichung soll auch hier ein *Beispiel* dienen:

Der Forscher aus Schweden gibt seinen deutschen Kollegen den Auftrag, in ihrem Labor nach deutschem Recht verbotene embryonale Stammzellen herzustellen, da ihm die Mittel in Schweden dazu derzeit nicht zur Verfügung stehen.

Sieht man den ausländischen Forscher nun als Anstifter, so könnte für ihn nach § 9 Abs. 2 S. 1. 1. Alt. StGB deutsches Strafrecht zur Anwendung und eine Strafbarkeit nach dem EschG in Betracht kommen. Demnach ist die Teilnahme an dem Ort begangen, an dem die (Haupt-)Tat begangen ist. Ein Blick auf § 9 Abs. 1 StGB zeigt, dass Tatort der Haupttat (u.a.) der Ort ist, an dem der Täter gehandelt hat. Da die Forscher in Deutschland im Inland tätig werden und somit hier einen Handlungsort begründen, ist gem. § 9 Abs. 1 StGB auch die Haupttat im Inland begangen. Über § 9 Abs. 2 S. 1 StGB begründet dies auch einen Handlungsort für die Teilnahme, so dass sich für den Forscher im Ausland eine Strafbarkeit nach deutschem Recht ergibt.

Dasselbe gilt direkt über § 9 Abs. 1 StGB und erst recht, wenn der Forscher im Ausland derart an einem nach deutschem Recht verbotenen Forschungsprojekt mitwirkt, dass er sich unmittelbar an der schädigenden Handlung beteiligt oder es derart unterstützt, dass der schädigende Erfolg im Inland eintritt.

Unabhängig von den strafanwendungsrechtlichen Regelungen des § 9 Abs. 1 und 2 S. 1 StGB und der kategorischen Einordnung in Täterschaft und Teilnahme steht auch hier an erster Stelle die Frage nach der Strafberechtigung. Insbesondere interessiert die Frage, ob sich für diese Konstellationen etwas anderes ergeben kann, als für die soeben untersuchte, bei der sich ebenfalls über die Regelungen des § 9 Abs. 1 und 2 StGB eine Anwendbarkeit deutschen Strafrechts für Forscher auch im Ausland ergeben kann.

II. Strafberechtigung

Orientiert man sich für die Frage nach dem Bestehen des *ius puniendi* am Rechtstaatsgebot des Art. 103 Abs. 2 GG und zieht die Rechtsprechung des BVerfG zum Europäischen Haftbefehl heran, so ergibt sich folgendes Bild und damit ein entscheidender Unterschied zur vorherigen Konstellation der Forscher im Ausland.

Im Rahmen beider Konstellationen handelt der Forscher im Ausland im Einklang mit seinem Heimatrecht. Dabei handelt er in der Konstellation unter B. vollständig in seinem Heimatgebiet, da dort auch das eigentliche Forschungsprojekt stattfinden soll. Ein in den Worten des BVerfG gesprochenener „hinreichender Inlandsbezug" zu Deutschland ließe sich nur anhand der strafanwendungsrechtlichen Regelungen des § 9 StGB über die Zurechnung der Handlungen der beteiligten deutschen Kollegen „konstruieren". Dies ist jedoch, wie gesehen, abzulehnen. Anders ist dies jedoch im Rahmen der vorliegenden Konstellation. Der Forscher wird auch hier zwar im Ausland bzw. von dort aus aktiv. Es stellt sich jedoch die Frage, ob er dabei auch tatsächlich nur in seinem eigenen Heimatland handelt. Kann sich der Forscher im Ausland bei Tätigwerden in seinem Heimatgebiet auf den Schutz durch sein Berufsrecht berufen, so kann dies dann nicht mehr gelten, wenn er sein eigenes Staatsgebiet verlässt. Zentrale Frage ist daher, wann ein „Verlassen des eigenen Gebietes" vorliegt.

Hierzu ist letztlich die Kategorisierung in Mittäterschaft und Teilnahme weniger hilfreich als die konkrete Untersuchung des Tatbeitrags unabhängig von dessen dogmatischer Einordnung. Zur Beantwortung der Frage nach dem hinreichenden Inlandsbezug entscheidend heranzuziehen sind dazu die Frage nach dem Schwerpunkt der Tat sowie die Natur des Tatbeitrages.

Fraglich ist bereits, anhand welcher Kriterien sich der Schwerpunkt eines Projekts tatsächlich festlegen lassen soll. Soll ein Forschungsvorhaben letztlich im Inland von deutschen Forschern durchgeführt werden, so lässt sich die Tatsache, dass der Schwerpunkt eines solches Vorhabens auch im Inland liegen soll, nicht leugnen.

Doch kann diese Feststellung als solche noch nicht genügen, auch die Strafberechtigung gegenüber dem Forscher, der im oder vom Ausland aus tätig wird und sich an dem Projekt beteiligt, zu begründen. Im Hinblick auf das Rechtsstaatsgebot des Art. 103 Abs. 2 GG letztlich entscheidend muss sein, inwiefern es für den Forscher vorhersehbar ist, dass sein Handeln der Beurteilung durch das deutsche Strafrecht unterliegt. Die Vorhersehbarkeit hat sich an dem hinreichenden Inlandsbezug zu orientieren. Um diesen feststellen zu können, verdient der Tatbeitrag des Forschers eine genauere Untersuchung.

Wirkt dieser sich so aus, dass er entscheidend zum Gelingen des Projekts und damit zur Verwirklichung des tatbestandlichen Erfolges im Sinne des entsprechenden Straftatbestandes beigetragen hat, geht das Eintreten dieses tatbestandlichen Erfolges zulasten des Forschers im Ausland und begründet so ein berechtigtes Interesse des deutschen Staates, diesen Sachverhalt mit seiner Strafgewalt zu erfassen. Dies lässt sich für den Forscher, der eine im Tatbestand beschriebene Handlung im Ausland ganz oder teilweise alleine ausführt und damit nach der älteren, heute nicht mehr vertretenen formal-objektiven Theorie zur Mittäterschaft, als Täter anzusehen ist[941], genauso annehmen wie für denjenigen Forscher im Ausland, der die Kollegen im Inland zur Durchführung des Projekts im Inland ermutigt und damit die Voraussetzungen der Anstiftung erfüllt, da auch dieser Forscher einen erheblichen Beitrag zum Gelingen des Projekts leistet und das Projekt ohne seinen Anstoß mit an Sicherheit grenzender Wahrscheinlichkeit nicht durchgeführt worden wäre.

Dasselbe gilt für Konstellationen, in denen sich der Schwerpunkt des Projekts nicht auf den ersten Blick ausmachen lässt, beispielsweise weil mehrere Forscher aus unterschiedlichen Ländern Beiträge zum Gelingen des Forschungsvorhabens erbringen. Auch dann ist der hinreichende Bezug zum Inland anhand des konkreten Tatbeitrags der Forscher nach eben dargelegten Kriterien zu untersuchen und einzuordnen.

Anders muss die Beurteilung jedoch dann aussehen, wenn der konkrete Tatbeitrag des Forschers im Ausland die Durchführung des Projekts zwar unterstützt, für das Gelingen jedoch von nur untergeordneter Bedeutung ist, etwa weil die Forschungsmaßnahme auch ohne seine Mithilfe durchgeführt worden wäre und es auf seinen Beitrag nicht entscheidend ankommt.

941 Vgl. hierzu *Roxin*, Täterschaft und Tatherrschaft, S. 34 ff..

Als Ergebnis bleibt somit festzuhalten, dass im Hinblick auf die Frage nach dem *ius puniendi* des deutschen Staates entscheidend auf den Tatbeitrag, jedoch unabhängig von dessen beteiligungsdogmatischer Einordnung im Rahmen des § 9 StGB, abzustellen ist.

Ist der ausländische Forscher an dem Projekt oder der Forschungsmaßnahme unmittelbar beteiligt, beispielsweise durch finanzielle Unterstützung oder durch aktive Mitarbeit in Form von Wissensvermittlung, ohne die das Projekt nicht hätte stattfinden können, und wirkt er dadurch auch unmittelbar an der schädigenden Handlung, im vorliegenden Beispiel an der verbotenen Herstellung embryonaler Stammzellen, mit, so stellt er einen Bezug zum Inland her, der die Strafberechtigung des deutschen Staates legitimiert.

Zwar stehen auch in dieser Konstellation der Frage nach dem Bestehen des *ius puniendi* die Ausübung der eigenen Berufsrechte und der Schutz durch die Europäischen Grundfreiheiten und Grundrechte gegenüber. Diese Rechte können jedoch erneut nur dann überwiegen, wenn die besondere Ausgestaltung des Handlungsbeitrags dies tatsächlich legitimiert. Dies ist dann nicht mehr der Fall, wenn sich seine Handlung derart im Inland auswirkt, dass sein Beitrag als wesentlich zum Gelingen des gesamten Projekts ausgemacht werden kann. In diesen Fällen ist es dem Forscher im Ausland verwehrt, auf sein eigenes Berufsrecht zu vertrauen und sich auf den Schutz durch europäische Grundfreiheiten und -rechte zu berufen.

III. Strafanwendungsrecht

Die Frage, ob deutsches Strafrecht für den Forscher im Ausland anwendbar ist, beantwortet sich nach hinreichender Untersuchung der Strafberechtigung recht schnell. Konnte die Strafberechtigung für den jeweiligen Sachverhalt bejaht werden, spricht auch nichts mehr dagegen, deutsches Strafrecht über die §§ 3, 9 Abs. 1 bzw. Abs. 2 S. 1 StGB anzuwenden. Ein hinreichender Anknüpfungspunkt im Sinne der §§ 3 ff. StGB ergibt sich für diese Konstellationen aus dem Territorialitätsprinzip des § 3 i.V.m. § 9 Abs. 1 bzw. § 9 Abs. 2 S. 1 StGB.

IV. Strafbarkeit

Für die Strafbarkeit gilt das unter B. V. Dargelegte.

6. Teil: Lösungsvorschlag

Zwar hat die Untersuchung gezeigt, dass die Frage nach dem Bestehen des *ius puniendi* des deutschen Staates zentrale Bedeutung erlangt. Damit ist die Frage, wie dieses Recht im Rahmen einer Prüfung der Strafbarkeit konkret umzusetzen ist und wie das *ius puniendi* konket ausgestaltet sein soll, noch nicht beantwortet.

A. Grenzen der Strafbarkeit in den Berufsrechten anderer Staaten

Die Untersuchung der Vereinbarkeit der Strafandrohung im Ausland sowohl mit europarechtlichen Regelungen als auch mit verfassungsrechtlichen und völkerrechtlichen Vorgaben hat gezeigt, dass der nationale Bewertungsspielraum nicht unbegrenzt gelten kann.

Nach nationaler Ansicht ist ein Individualrechtsgut betroffen, zu dessen Schutz sich der deutsche Strafgesetzgeber aufgerufen fühlt, auch wenn es im Ausland belegen ist. Erstreckt sich der Schutz der Strafdrohung auch auf Rechtsgüter im Ausland, über deren Schutzwürdigkeit divergierende Anschauungen vorherrschen, so drängt sich die Frage auf, ob und inwieweit auch die ausländischen rechtlichen-Vorgaben heranzuziehen sind[942].

Der Konflikt mit völkerrechtlichen, europäischen wie auch mit nationalen Vorgaben könnte abgemildert werden, indem das ausländische Recht, insbesondere die Tatsache, dass dieses keine Strafbarkeit der Tat kennt, bei der Beurteilung der Strafberechtigung Beachtung findet.

So könnte der nationale Bewertungsanspruch sinnvoll begrenzt und der Problematik um die Strafbarkeitsrisiken bei grenzüberschreitender Forschung begegnet werden.

942 Vgl. dazu bereits die Ausführungen zur Frage nach der Erforderlichkeit im Rahmen der Untersuchung der Vereinbarkeit mit europarechtlichen Vorgaben im 5. Teil unter A, II, 3, d, aa.

I. Heranziehen des § 3 Abs. 2 a.F. StGB

Für Fälle, in denen eine Tat nach deutschem Strafrecht bestraft werden soll, die nach dem Recht des Forschungsortes straflos ist, könnte der Gedanke des § 3 Abs. 2 a.F. StGB herangezogen werden. Unter der Geltung des alten Rechts, dem das aktive Personalitätsprinzip als Hauptanknüpfungspunkt zugrunde lag, galt nach § 3 Abs. 2 a.F. StGB deutsches Strafrecht bei einer Auslandstat eines Inländers nicht, wenn die Tat nach dem Recht des Tatorts straflos war und wegen der besonderen Verhältnisse am Tatort kein strafwürdiges Unrecht darstellte. Dieser Rechtsgedanke wurde auch auf Fälle der Distanzteilnahme (analog) angewendet, mit der Folge, dass für eine inländische Teilnahmehandlung deutsches Strafrecht nicht galt, wenn die besonderen Voraussetzungen des § 3 Abs. 2 a.F. StGB vorlagen[943]. Nach Aufgabe des aktiven Personalitätsprinzips schien diese Regelung entbehrlich, da Auslandstaten von Inländern nicht mehr grundsätzlich dem deutschen Strafrecht unterworfen waren und der Gesetzgeber diese Regelung – letztlich auch wegen ihrer fehlenden Bestimmtheit – aufgehoben hat[944]. Bedauerlicherweise wurde dabei übersehen, dass diese Regelung eine wichtige Rolle bei problematischen Fällen gerade auch von Inlandstaten[945] spielte[946]. Da der Gesetzgeber jedoch bewusst auf die frühere Regelung in § 3 Abs. 2 StGB a.F. verzichtet hat, kommt nach ihrem Wegfall eine Lösung über diese inzwischen aufgehobene Vorschrift nicht mehr in Betracht[947].

II. Prozessuale Lösung über § 153 c StPO

Da eine Lösung über § 3 Abs. 2 a.F. StGB nicht mehr heranzuziehen ist, kann in solchen Fällen verfahrensrechtlich über § 153 c StGB Abhilfe geschafften werden.

---

943 *Schröder*, ZStW 61, 1942, S. 57, 116; *Oehler* in FS Mezger, S. 83, 101 ff..

944 *Bergmann*, Begehungsort im internationalen Strafrecht, S. 53; *Böse* in NK, 4. Aufl., § 9, Rn. 22; vgl. auch *Oehler* in FS Mezger, S. 83, 101.

945 Wie oben i.R.d. Ausführungen zur zweiten und dritten Konstellation im 5. Teil unter B gesehen.

946 Vgl. *Samson* in SK, 2. Aufl., § 9, Rn. 16.

947 *Böse* in NK, 4. Aufl., § 9, Rn. 22; *Gribbohm* in LK, 11. Aufl., § 9, Rn. 34; *Samson* in SK, 2.Aufl., § 9, Rn. 16; *Werle/Jeßberger* in LK, 12. Aufl. § 9, Rn. 52; Auf den Grundgedanken des § 3 II a.F. StGB zurückgreifen in diesen Fällen wollen jedoch *Jakobs*, StR AT, 5. Abschn., Rn. 22 und *Jescheck/Weigend*, StR AT, § 18 I 1.

Nach § 153 c StPO besteht die Möglichkeit der Staatsanwaltschaft, das Verfahren bei Auslandstaten aus Opportunitätsgründen einzustellen. Diese Vorgehensweise steht bei solchen Taten zur Verfügung, die außerhalb des räumlichen Geltungsbereichs der Strafprozessordnung begangen sind oder die ein Teilnehmer an einer außerhalb des räumlichen Geltungsbereichs der Strafprozessordnung begangenen Handlung in diesem Bereich begangen hat[948]. Der Verfolgungszwang ist insoweit zwar gelockert; eine solche bloß prozessuale Herangehensweise stellt jedoch keine zufriedenstellende Lösung der Problematik dar. Die Möglichkeit, auf die Strafverfolgung zu verzichtet, besteht erst, wenn bereits feststeht, dass eine Auslandstat tatsächlich vorliegt und somit ein Unrechtsurteil über die Tat gefällt ist und sie nach deutschem Strafrecht strafbar ist. Gerade die Strafbarkeit unter dem Aspekt der Strafberechtigung steht hier jedoch in Frage. Eine adäquate Lösung muss daher früher ansetzen.

III. Lösung durch Heranziehung des ausländischen Rechts

Eine andere Lösung könnte sich daher durch die Beachtung der Vorgaben durch das ausländische Recht ergeben.

1. Grundsatz

Deutsche Gerichte wenden grundsätzlich ausschließlich das deutsche Strafrecht an. Die strafrechtliche Bewertung anderer Staaten spielt dabei in der Regel keine Rolle. Dennoch ist zu berücksichtigen, dass die Anordnung der Geltung deutschen Strafrechts nicht bedeutet, dass der betreffende Sachverhalt in jeglicher Hinsicht nach nationalem Recht zu beurteilen ist und die Heranziehung des ausländischen Rechts völlig ausgeschlossen ist[949]. Soweit es für die Prüfung des deutschen

948 Vgl. (für den Fall der Inlandsteilnahme an einer nach dem Recht am Tatort straflosen Auslandstat) *Ambos/Ruegenberg* in MüKo, § 9, Rn. 41; *Böse* in NK, 4. Aufl., § 9, Rn. 22; *Gribbohm* in LK, 11. Aufl., § 9, Rn. 34; *Werle/Jeßberger* in LK, 12. Aufl., § 9, Rn. 52.

949 Vgl. dazu *Böse* in NK, 4. Aufl., Vor §§ 3 ff., Rn. 63 ff.; im Rahmen des § 9 StGB *ders.*, a.a.O., § 9, Rn. 22; *Hoyer* in SK, 6. Aufl., § 9, Rn. 12; *Jakobs*, StR AT, 5. Abschn., Rn. 22; *Miller/Rackow*, ZStW 117, 2005, S. 379, 400; sowie umfassend dazu *Cornils*, Die Fremdrechtsanwendung; *Liebelt*, Zum deutschen internationalen Strafrecht, S. 195 ff.; *Nowakowski*, JZ 1971, S. 633 ff.; *ders.* in Perspektiven zur Strafrechtsdogmatik, S. 31 ff..

Tatbestands relevant sein kann, kann durchaus auch das ausländische Recht einbezogen werden[950]. So können sich etwa normative Tatbestandsmerkmale wie die Fremdheit der Sache, das Vorliegen einer Garantenpflicht oder das Eingreifen von Erlaubnissätzen nach ausländischem Recht bemessen[951].

Um die unterschiedlichen Entwicklungsstandards zu berücksichtigen, aber auch um die wirtschaftliche Konkurrenzfähigkeit bei grenzüberschreitenden Kontakten nicht zu untergraben, müssen ausländische Vorfeldnormen maßgeblich bleiben[952]. Für die Beurteilung, ob eine strafbare Handlung in Betracht kommt, wenn sich bei Ausübung eines gefahrgeneigten Gewerbes durch einen Deutschen eine der diesem Betrieb immanenten Gefahren verwirklicht, gerät die Frage nach dem erlaubten Risiko bzw. der Sozialadäquanz in den Mittelpunkt[953]. Diese Frage darf nicht allein anhand des deutschen Rechts bestimmt werden, da ihre Beurteilung von Sicherungsvorschriften und eventuellen Genehmigungen, die auf Grundlage des möglicherweise weniger regelungsintensiven ausländischen Rechts erlassen wurden, abhängig ist.

Durch die Beachtung ausländischer Normen soll verhindert werden, dass Handlungen bestraft werden, die am Tatort überhaupt keine schutzwürdigen Interessen verletzen[954].

Die außerstrafrechtlichen Rechtssätze des ausländischen Rechts können jedoch nicht unbegrenzt Beachtung finden: In Fällen, in denen das ausländische Recht nach „rechtsstaatlichen Maßstäben (...) extrem unzureichend erscheint“[955], ist von der Beachtung dieser Vorfeldnormen abzusehen[956]. Unter Bezugnahme auf das Internationale Privatrecht kann hier die Schranke des ordre public zum Tragen kommen[957]. Soweit es für die Prüfung des nationalen Tatbestandes relevant ist, ist

950 *Böse* in NK, 4. Aufl., § 9, Rn. 22.

951 Umfassend dazu *Nowakowski*, Perspektiven der Strafrechtsdogmatik, S. 31 ff..

952 *Nowakowski*, JZ 1971, S. 633, 635; *ders.* in Perspektiven zur Strafrechtsdogmatik, vgl. auch *Jakobs*, StR ATt, 5. Abschn., Rn. 22; *Miller/Rackow*, ZStW 117, 2005, S. 379, 400 (mit Beispielen).

953 Vgl. *Nowakowski*, JZ 1971, S. 633, 633. 635; *ders.* in Perspektiven zur Strafrechtsdogmatik, S. 32, 37.

954 *Nowakowski*, JZ 1971, S. 633 638; *ders.* in Perspektiven zur Strafrechtsdogmatik, S. 46; *Samson* in SK, 2. Aufl., § 9, Rn. 17.

955 *Miller/Rackow*, ZStW 117, 2005, S. 379, 401.

956 *Hoyer* in SK, 6. Aufl., § 9, Rn. 12; im Rahmen der Teilnehmerstrafbarkeit *Krapp*, Distanzdelikt und Distanzteilnahme, S. 155 f..

957 *Nowakowski*, JZ 1971, S. 633, 636; *ders.* in Perspektiven zur Strafrechtsdogmatik, S. 42; vgl. auch *Miller/Rackow*, ZStW 117, 2005, S. 379, 401.

im Rahmen der Anwendung des inländischen Strafrechts die Heranziehung des ausländischen Rechts demnach nicht gänzlich fremd[958].

2. Beachtung außerstrafrechtlicher Regelungen auf Tatbestandsebene

Auch in den hier problematisierten Fällen der biomedizinischen Forschung im Ausland und der angedrohten Strafbarkeit nach deutschem Recht trotz fehlender Tatortstrafbarkeit lässt sich eine Lösung über die Beachtung des Rechts am Forschungsort heranziehen. So wäre im Bereich der Forschung an Nicht-Einwilligungsfähigen die Frage nach der Einwilligung bzw. der Minderjährigkeit am Recht des Ortes auszurichten, an dem die Forschung tatsächlich stattfindet. Lassen sich rechtfertigende Vorfeldnormen ausmachen, könnten diese ebenfalls Berücksichtigung finden.

Eine Lösung über die Akzeptanz ausländischer Vorfeldnormen gestaltet sich jedoch dort schwierig, wo solche nicht existieren. Ist die Strafbarkeit nicht von außerstrafrechtlichen Rechtssätzen abhängig, über die das ausländische Recht zur Anwendung kommen kann, oder bestehen keine Erlaubnissätze im fremden Recht, weil dieses bereits keine Verbotsnormen kennt, stellt sich die Frage nach einem Einbeziehen des ausländischen Rechts zumindest auf Tatbestandsebene nicht.

3. Beachtung außerstrafrechtlicher Rechtssätze im Rahmen der Strafrechtsanwendung

Wie die Untersuchung gezeigt hat, erlangt im Rahmen der vorliegenden Problematik die Frage nach dem Bestehen der nationalen Strafgewalt zentrale Bedeutung. Diese ist im Wesentlichen davon abhängig, ob dem deutschen Staat tatsächlich die Berechtigung zukommt, das entsprechende Verhalten zu bestrafen, was im Rahmen der vorliegend interessierenden Fallkonstellationen nicht ohne Weiteres festzustellen ist:

---

958 Diese Problematik wird – soweit sie überhaupt gesehen wird – insbesondere im Rahmen der strafbaren Teilnahmehandlung an nach Tatortrecht strafloser Haupttat erkannt, da hier die Ergebnisse des § 9 StGB teilweise als unbefriedigend erachtet werden, vgl. dazu *Böse* in NK, 4. Aufl., § 9, Rn. 22; *Hoyer* in SK, 6. Aufl., § 9, Rn. 12; *Jakobs*, StR AT, 5. Abschn., Rn. 22; *Miller/Rackow*, ZStW 117, 2005, S. 379, 400. Sie stellt sich im Rahmen der strafbaren grenzüberschreitenden Forschung jedoch auch in der Konstellation, in der der Forscher im Ausland tätig wird und die Anknüpfung an das aktive Personalitätsprinzip zur Strafbarkeit nach deutschem Recht führt.

So setzt sich die Erstreckung der Strafgewalt auf grenzüberschreitende Sachverhalte, wie gesehen, in Konflikt mit einer ungestörten Ausübung der Grundfreiheiten wie dem Berufsrecht und der Forschungsfreiheit. Diese Feststellung macht deutlich, dass es sich bei den zur Rede stehenden Handlungsweisen nicht nur um europarechtlich wie auch verfassungsrechtlich geschützte Tätigkeiten, sondern um Verhaltensweisen handelt, die geradezu typisch für das Berufsbild des Forschers bzw. Wissenschaftlers sind. Daneben handelt es sich um Verhaltensweisen, die am Recht des Forschungsortes nicht verboten, sondern teilweise ausdrücklich erlaubt und damit durch das dortige Berufsrechts geschützt sind. Gerade die Embryonenforschung ist in vielen Ländern zulässig und gesetzlich geregelt. Mit diesen Vorschriften bestehen spezielle berufsrechtliche Regelungen am Handlungsort, die einen rechtlichen Rahmen für die Berufsausübung im Ausland abstecken, der auch für deutsche Berufstätige und Forscher, wenn sie im Ausland tätig werden, Berücksichtigung finden muss[959].

Die Feststellung, dass es sich bei den zur Rede stehenden Verhaltensweisen um berufstypische, nach dem Recht am Forschungsort erlaubte Tätigkeiten handelt, verschärft den Blick auf die Frage, ob der deutsche Staat für solche Verhaltensweisen tatsächlich seine Strafgewalt in Anspruch nehmen darf und muss.

Da ein universeller Geltungsanspruch der Verhaltensnormen nach deutschem Recht abzulehnen ist und die Beurteilung der Frage nach der Strafbarkeit (bei grenzüberschreitenden Sachverhalten) letztlich nicht allein auf nationale Anschauungen und Werte gestützt werden kann, darf die Tatsache, dass das Recht am Tatort „einen dem Schutzzweck des deutschen Strafgesetzes entsprechenden Interessenbereich rechtlich nicht anerkennt“[960], nicht gänzlich unberücksichtigt bleiben.

Vielmehr müssen die in den jeweiligen Berufsordnungen getroffenen Wertungen dahingehend Berücksichtigung finden, dass die außerstrafrechtlichen Rechtsregeln des Tatortstaates die Frage nach der Strafberechtigung beeinflussen. Es bietet sich daher auch hier eine Lösung über die Einbeziehung fremden Rechts an. Dieses kann jedoch nicht (erst) im Rahmen tatbestandlicher Inzidentfragen relevant werden, sondern muss bereits die Frage nach der Strafgewalt des nationalen Gesetzgebers entscheidend beeinflussen können. Dies hat ebenso zu gelten, wenn es an einer ausdrücklichen gesetzlichen Regelung im Ausland fehlt. Das Nichtvorhandensein von Verbotsnormen bedeutet doch gerade, dass es an einem

959 *Dannecker* in Hilgendorf/Beck (Hrsg.), Biomedizinische Forschung in Europa, S. 153, 162 f..

960 Vgl. *Nowakowski*, Perspektiven zur Strafrechtsdogmatik, S. 46.

gesetzlichen Verbot der entsprechenden Handlung im Ausland fehlt, so dass der Betroffene über ihr Erlaubtsein gar nicht erst zu reflektieren braucht[961]. Der Forscher im Ausland muss auf die Straflosigkeit seines Verhaltens vertrauen können; dass er stattdessen noch immer seinem Heimatrecht unterworfen sein soll und sein Handeln an dessen Verhaltensnormen auszurichten habe, ist für ihn je nach Fallstruktur in hohem Maße unvorhersehbar.

Wie sich bereits im Rahmen der Untersuchung der Vereinbarkeit mit den Grundfreiheiten angedeutet hat, ließe sich durch die Beachtung des fremden Rechts ein angemessenes Ergebnis erzielen: Nationales und fremdes Recht könnten in ein ausgewogenes Verhältnis gebracht und eine Überbewertung nationalen Rechts verhindert werden.

Diese Vorgehensweise ist dem deutschen Strafrecht im Grunde keineswegs so fremd, wie es auf den ersten Blick der Fall zu sein scheint. So ist im Rahmen der Beihilfestrafbarkeit die Einschränkung der Strafbarkeit durch die Rechtsfigur der berufsneutralen Handlung anerkannt, wonach die Strafbarkeit bei sozialadäquatem Verhalten oder aufgrund der Verwirklichung von erlaubtem Risiko ausscheidet[962]. Die in vielen Bereichen bestehenden informellen Regelungssysteme und Vorgaben sollen dabei im Rahmen der Sozialadäquanz oder des erlaubten Risikos als allgemein anerkannte Verhaltensnormen Berücksichtigung finden[963].

Ähnlich verhält es sich vorliegend: Die Forscher im Ausland gehen ihrer Berufstätigkeit, der Wissenschaft und Forschung nach. Ihre Handlungen dienen ihrer Berufsausübung und weisen in erster Linie eher berufsspezifische Relevanz, denn strafrechtlichen Charakter auf. Als gesetzliche Regelungen zur Bewertung der Strafberechtigung des deutschen Staates für ihr Handeln sind die Normen am Forschungsort heranzuziehen, die ihr Verhalten bewerten. Da das gesamte Forschungsgeschehen inklusive der Rechtsgutsbeeinträchtigung im Ausland stattfindet, erscheint diese Vorgehensweise auch legitim.

Dies hat erst recht für denjenigen Forscher im Ausland zu gelten, für den der einzige Bezug zum Inland darin besteht, dass sich ein deutscher Kollege an dem Verbundprojekt beteiligt. Er kann nicht einem völlig fremden Recht unterstellt werden, in dessen Anwendungsbereich er nur deshalb hineingeraten ist, weil an dem Projekt auch ein deutscher Forscher beteiligt ist. Auch, wenn sich die Anordnung

---

961 Vgl. *Miller/Rackow*, ZStW 117, 2005, S. 379, 404.

962 Vgl. dazu ausführlich *Dannecker/Hagemeier* in Leitner (Hrsg.), Finanzstrafrecht 2008, S. 63, 70 ff., 82 m.w.N..

963 *Brinkmann*, Der Vertrauensgrundsatz als eine Regel der Erfahrung, S. 104; *Dannekker/Hagemeier* in Leitner (Hrsg.), Finanzstrafrecht 2008, S. 63, 97.

der Strafbarkeit nach deutschem Strafrecht für den ausländischen Forscher nicht als Beeinträchtigung seiner Grundfreiheiten darstellen mag, da kein unmittelbarer Grenzübertritt vorliegt, so untersteht auch er grundsätzlich dem Schutz durch die Berufs- bzw. Forschungsfreiheit, die auch in anderen Mitgliedstaaten verfassungsrechtlich verankert sind und die auch im internationalen Ausland eine gewichtige Position einnehmen[964]. Sein eigenes Berufsrecht muss damit eine Rechtsordnung darstellen, die der Anwendung des deutschen Strafrechts vorzugehen hat. Verhaltensweisen, die sein Berufsrecht zulässt, dürfen nicht durch die Anwendung deutschen Strafrechts überlagert werden[965].

Doch auch bei Beteiligung an grenzüberschreitenden Verbundprojekten durch Forscher aus dem Inland erscheint eine Beschränkung der Strafbarkeit nach den obigen Überlegungen über die Beachtung des ausländischen Berufsrechts denkbar und sinnvoll.

Über die Annahme, dass die Strafbarkeit bei Beteiligung an einer Auslandstat teilweise sehr weitreichend geregelt ist, herrscht weitgehend Übereinstimmung[966]. Um die Strafbarkeit zu begrenzen, wurde daher unter Geltung des alten Rechts die Regelung des § 3 Abs. 2 a.F. StGB herangezogen[967]. Zwar ist dieser Weg nach dem Wegfall der Regelung fortan versperrt[968], dennoch bietet sich auch im Rahmen dieser Konstellationen die Einbeziehung fremder Rechtsansichten an. Der Aspekt, dass die Vornahme der Forschungstätigkeit nach dem Recht am Forschungsort nicht strafbar ist, hat dabei ebenso wie die Tatsache, dass durch die jeweilige Verhaltensweise nur eine mittelbare Rechtsgutsverletzung vom Inland aus vorgenommen wird, in die Frage nach der Strafberechtigung einzufließen.

---

964 Vgl. dazu *Nowak* in Hilgendorf/Beck (Hrsg.), Biomedizinische Forschung in Europa, S. 75, 76 m.w.N..

965 Vgl. *Dannecker/Hagemeier* in Leitner (Hrsg.), Finanzstrafrecht 2008, S. 63, 97 f.; *ders.* in ZStW 117, 2205, S. 697, 717 f..

966 Vgl. zur Regelung des § 9 II 2 StGB: *Ambos* in MüKo, § 9, Rn. 40; *Gribbohm* in LK, 11. Aufl., § 9, Rn. 34; *Werle/Jeßberger* in LK, 12. Aufl., § 9, Rn. 52; ähnlich *Böse* in NK, 4. Aufl., § 9, Rn. 21 f.; *Samson* in SK, 2. Aufl., § 9, Rn. 15 ff.; zur Kritik auch *Lemke* in NK, 2. Aufl. § 9, Rn. 28 f..

967 So ausdrücklich *Schröder*, ZStW 61, 1942, S. 57, 116; vgl. dazu *Gribbohm* in LK, 11. Aufl., § 9, Rn. 34; *Samson* in SK, 2. Aufl., § 9, Rn. 16; *Werle/Jeßberger* in LK, 12. Aufl., § 9, Rn. 52.

968 *Böse* in NK, 4. Aufl., § 9, Rn. 22; *Gribbohm* in LK, 11. Aufl., § 9, Rn. 34; *Werle/Jeßberger* in LK, 12. Aufl., § 9, Rn. 52. Dennoch weiterhin auf die Regelung des § 3 II a.F. StGB abstellen möchten *Jakobs*, StR AT, 5. Abschn., Rn. 22; *Jescheck/Weigend*, StR AT, § 18 I 1; *Samson* in SK, 2. Aufl., § 9, Rn. 20.

Dass eine solche Beschränkung der Strafbarkeit dringend angezeigt ist, zeigt sich auch im Blick auf den derzeit soweit ersichtlich aktuellsten Fall dieser Problematik[969], bei der der Herausgabeanspruch auf Eizellen zum Zweck einer Infertilitätsbehandlung im Ausland von der die Eizellen einlagernden Klinik mit dem Hinweis des Strafbarkeitsrisikos nach § 4 Abs. 1 Nr. 3 ESchG i.V.m. § 9 Abs. 2 S. 2 StGB verweigert wurde. Wo bereits materielle Fragen des betreffenden Gesetzes selbst nicht hinreichend geklärt sind[970] und der Status des betroffenen Rechtsguts hoch umstritten ist, kann die Frage nach dem Bestehen der Strafgewalt nicht ohne Weiteres unbeantwortet und durch die Anknüpfung an eine entsprechende Regelung der §§ 3 ff. StGB übergangen werden. Unter Bezugnahme auf das fremde, hier das polnische Recht, stellt sich das Vorhaben als berufstypisch und daher sozialadäquat dar. Von einer Strafbarkeit ist daher bereits abzusehen, bevor sich die Frage nach einem hinreichenden Anknüpfungspunkt nach den §§ 3 ff. StGB überhaupt stellen kann.

Dogmatisch lässt sich die Beachtung des ausländischen Rechts über eine Erweiterung der strafanwendungsrechtlichen Untersuchung um materielle Aspekte entwickeln – ein Gedanke, der im Wesentlichen der gesamten Arbeit zugrunde liegt.

Hat sich gezeigt, dass die strikte Anwendung der §§ 3 ff. StGB zu nicht zufriedenstellenden Ergebnissen führt und man der Problematik mit der Untersuchung dieser Regelungen und ihrer Eigenart nicht hinreichend Herr werden kann, erlangte stattdessen die Frage nach dem Bestehen der Strafgewalt zentrale Bedeutung.

Dieser Frage kann in einem Zeitalter, das durch Globalisierung und ein gleichberechtigtes Nebeneinander unterschiedlicher Rechtsordnungen und Rechtskulturen geprägt ist, nicht mehr nur allein die nationale Einschätzung zugrunde gelegt werden.

Genauso wie das Strafrecht innerstaatlich nicht völlig autonom gegenüber dem übrigen Recht entwickelt und angewendet werden darf[971], kann es bei der Beurteilung eines Auslandssachverhalts nicht ungeachtet fremder Rechtsordnungen und Wertanschauungen vorgehen.

In die Beurteilung der Frage nach der Strafberechtigung sind demnach auch außerstrafrechtliche Regelungen und Vorgaben einzubeziehen. Die ausländischen Berufsordnungen, die das jeweilige Verhalten gerade gestatten, können nicht

969 Vgl. Urteil des LG Neubrandenburg vom 12.08.2009, Az. 2 O 111/09; sowie Urteil des Oberlandesgerichts Rostock vom 07.05.2010, Az. 7 U 67/09.

970 Hier die Frage, ab welchem Zeitpunkt eine Eizelle als befruchtet gilt.

971 Vgl. *Dannecker/Hagemeier* in Leitner (Hrsg.), Finanzstrafrecht 2008, S. 63, 83.

übergangen werden durch die Anwendung eigenen Rechts, sondern müssen hinreichend Beachtung finden.

4. Ergebnis

Die Untersuchung der Konstellationen der grenzüberschreitenden Forschungsaktivitäten hat gezeigt, dass sich hier enorme Strafbarkeitsrisiken und Widersprüchlichkeiten auftun. Die Berufs- und Forschungsfreiheit, gerade auch die europäischen Grundfreiheiten müssen es den Forschern daher ermöglichen, ihre Tätigkeit an dem Recht des Staates auszurichten, in dem die eigentliche Forschungsmaßnahme stattfindet. Durch die Beachtung des ausländischen Rechts können der Garantie dieser Freiheiten ausreichend Rechnung getragen und den Strafbarkeitsrisiken Einhalt geboten werden.

Mit dem ausländischen Berufsrecht des Empfangs- bzw. Forschungsstaates besteht eine Rechtsordnung, der Beachtung zu zollen ist und die in die Frage nach dem Bestehen der Strafberechtigung des deutschen Staates einbezogen werden muss. Ist die Forschung dort explizit geregelt, stehen diese Normen unter dem Schutz des Berufsrechts und stellen eine spezielle Berufsordnung dar, die es zu respektieren gilt. Ist die Forschung nicht speziell geregelt, sondern „bloß" erlaubt, stehen der Strafbarkeit nach deutschem Recht zwar keine konkreten Normen gegenüber, sondern eine bloße „Wertung". Auch diese muss jedoch nach dem eben Dargelegten grundsätzlich geeignet sein, die Frage nach der Strafberechtigung zu beeinflussen.

Ausgangspunkt der Anwendung nationalen Strafrechts muss demnach stets die Frage nach dem Bestehen der Strafgewalt sein. Hierbei ist von zentraler Bedeutung, wo die eigentliche Rechtsgutsverletzung stattfindet. Für die hier interessierenden problematischen Konstellationen ist dies in der Regel das Ausland[972]. Da dort möglicherweise andere Rechts- und Wertevorstellungen vorherrschen, muss die Strafandrohung des nationalen Strafrechts in den Regelungen anderer Mitgliedstaaten ihre Grenzen finden. Die Ausgestaltung der Berufsrechte in anderen Mitgliedstaaten ist daher eine grundsätzlich dem eigenen Strafrecht vorgelagerte Ordnung, die im Rahmen der Frage nach der Strafberechtigung Berücksichtigung finden muss. Richtet der Forscher im Ausland sein Handeln an dem dort geltenden Recht aus, so bewegt er sich grundsätzlich im Bereich sozialadäquaten Verhaltens und eine Strafbarkeit muss ausscheiden[973].

---

972 Einzige Ausnahme: Die Konstellation im 5. Teil unter C.

973 Vgl. *Dannecker/Hagemeier* in Leitner (Hrsg.), Finanzstrafrecht 2008, S. 63, 99.

B. Grenzen der Straflosigkeit

Dieses Ergebnis bedeutet einerseits, dass der Beurteilung der Strafbarkeit eines Verhaltens, das sowohl Berührungspunkte zum deutschen Recht als auch zu ausländischem Recht aufweist, nicht mehr nur alleine die nationale Bewertung zugrunde gelegt werden kann. Andererseits soll damit jedoch keineswegs eine Preisgabe nationaler Grundwerte einhergehen. Die nationalen Rechtsordnungen müssen dem Prozess der Internationalisierung, der gerade auf dem Gebiet der biomedizinischen Forschung verstärkt von Statten geht, Rechnung tragen, ohne dabei jedoch den eigenen Gesundheits- und Lebensschutz völlig preis zu geben[974].

Ziel dieser Arbeit ist es, die Konflikte mit dem Gemeinschaftsrecht, dem nationalen Verfassungsrecht wie auch dem Völkerrecht aufzuzeigen und die Problematik der einseitigen Erstreckung der Strafgewalt zu verdeutlichen. Durch die Beachtung der Vorgaben im ausländischen Recht können diese Konflikte zwar abgeschwächt werden, sie soll jedoch nicht dazu führen, dass nach nationalem Recht und nach rechtsstaatlichen Maßstäben extrem unzureichend erscheinende Vorgaben in der Lage sein können, nationales Recht zu überlagern.

In Fällen des Rechtsmissbrauchs und der besonders schwerwiegenden Rechtsgutsbeeinträchtigung muss eine Strafberechtigung des deutschen Staates weiter bestehen bleiben. Wie bereits gesehen spielt hier das Gewicht des entsprechenden Tatbeitrags eine entscheidende Rolle[975].

Es kann vorliegend daher lediglich darum gehen, einen Ansatz aufzuzeigen, der die Lösung solcher Fallkonstellationen erleichtert, die bereits deshalb einen geringen Strafwürdigkeitsgehalt aufweisen, weil die ihnen zugrunde liegenden Strafnormen bzw. deren Reichweite[976] im Inland umstritten sind.

Zu berücksichtigen ist dabei, dass ein Berufen auf die Berufs- und Forschungsfreiheit bzw. die Grundfreiheiten nicht unbegrenzt dazu führen kann, dass von einer Strafbarkeit nach deutschem Recht abzusehen ist. Die Beachtung der ausländischen Rechtsordnung kann nicht zu einem Freifahrtschein für sämtliche

974 Vgl. *Dannecker* in Hilgendorf/Beck (Hrsg.), Biomedizinische Forschung in Europa, S. 153, 192.

975 Vgl. die Ausführungen im 5. Teil unter B, III, 2, b, aa, (2), sowie unter C, II.

976 Der BGH hat diesbezüglich der Unsicherheit für die bislang umstrittene Strafbarkeit der Präimplantationsdiagnostik vorläufig ein Ende gesetzt, indem er sie im Urteil vom 06.07.2010 (vgl. BGH 5 StR 386/09) unter engen Voraussetzungen als nicht strafbar erachtet hat.

Forschungsvorhaben im Ausland führen, die aufgrund eines möglichst geringen Restriktions- und Normierungsgehalts gerade an diesen Ort verlegt wurden. Die Straflosigkeit bei berufstypischen Verhaltensweisen gilt demnach keineswegs generell, sondern stößt vielmehr an klare Grenzen. So muss es außerdem bei schwerwiegenden Verstößen weiterhin möglich sein, das jeweilige Verhalten strafrechtlich erfassen zu können. Dies muss insbesondere für Fälle des Missbrauchs der eingeräumten Handlungsspielräume gelten.

Davon geht auch der EuGH aus, wenn er formuliert, dass die missbräuchliche oder betrügerische Berufung auf Gemeinschaftsrecht nicht gestattet ist[977]. Die gemeinschaftsrechtlichen Freiheiten müssen daher dort ihre Grenze finden, wo sich die Angehörigen eines Mitgliedstaates missbräuchlich auf sie berufen und sich so der Anwendung des eigenen Rechts zu entziehen[978].

Demnach dürfen keine Rechtsgutsverletzungen unter dem Deckmantel der Grundfreiheiten bzw. der Forschungsfreiheit vorgenommen werden.

Jenseits der Missbrauchsfälle und der in § 5 StGB geregelten Fälle scheint eine solche Grenzziehung zwischen berufsneutralem Forschungshandeln und strafbaren Verhaltensweisen jedoch schwierig. Als verlässliche Grenzen heranzuziehen sind sicherlich diejenigen Regelungen, die vereinheitlichte Rechtsansichten zum Ausdruck bringen und in europäischen bzw. internationalen Regelwerken zum Ausdruck kommen[979]. Darüber hinaus ist die Formulierung von Grenzen schwierig. Dies jedoch kann letztlich nicht mehr Aufgabe des nationalen Rechts sein; vielmehr ist es hier unerlässlich, auf europäische oder internationale Standards hinzuarbeiten[980]. Gerade in Bereichen wie der Reproduktionsmedizin und der Gewebe- und Organtransplantation empfiehlt sich die Erarbeitung international abgestimmter Standards. Durch die Schaffung solcher vereinheitlichter Vorgaben ist es möglich, schwerwiegende Verstöße zu sanktionieren, ohne dabei eine nationale Wertanschauung zu konterkarieren.

Auf europäischer Ebene zeigt sich jedoch schnell, dass hier die Kompetenzen der Europäischen Union auch nach dem Lissabonner Vertrag auf dem Gebiet sowohl des Strafrechts als auch im Bereich der Biomedizin und Biotechnologie

---

977 Vgl. EuGH Rs. C-196/04, Slg. 2006, S. I-7995, Rn. 35 – *Schweppes*; vgl. auch Rs. 115/78, Slg. 1979, S. 399, Rn. 25 – *Knoors*; Rs. C61/89, Slg. 1990, S. I3551, Rn. 14 – *Bouchoucha*; Rs. C212/97, Slg. 1999, S. I1459, Rn. 24 – *Centros*.

978 *Dannecker/Hagemeier* in Leitner (Hrsg.), Finanzstrafrecht 2008, S. 63, 100.

979 Vgl. dazu die Ausführungen oben im 3. Teil unter B, III, 2.

980 Vgl. dazu *Dannecker* in Hilgendorf/Beck (Hrsg.), Biomedizinische Forschung in Europa, S. 153, 173 ff..

stark begrenzt sind[981]. Angesichts der insgesamt eher restriktiven Grundhaltung, die dem Gemeinschaftsrecht zu entnehmen ist, und der Tatsache, dass die Berufung auf die Grundfreiheiten nicht zu einer Nivellierung nationaler Standards führen soll[982], ist von Seiten der Europäischen Union derzeit nicht zu erwarten, dass sie sich dieser rechtlich wie moralisch problembehafteten Frage annehmen wird.

Um die Rechtsvereinheitlichung voran zu treiben, besteht daher insbesondere auf internationaler Ebene Handlungsbedarf. Hier zeigt sich letztlich der vom Europarat mit der Ausarbeitung der Biomedizin-Konvention und ihrer Zusatzprotokolle bereits eingeschlagene Weg als gangbarer Lösungsansatz, den es fortzusetzen gilt.

C. Ergebnis

Die Geltendmachung eines universellen Bewertungsanspruchs des Strafrechts ist angesichts der Tatsache, dass mit der Rechtsordnung am Vornahmeort des Forschungsprojekts ein Wertesystem besteht, das nicht völlig unberücksichtigt bleiben kann, abzulehnen. Nur durch die Respektierung der Vorgaben des fremden Rechts kann diesem mit dem gebührenden Respekt gegenüber getreten werden und den Vorgaben der europäischen Grundfreiheiten bzw. der verfassungsrechtlich garantierten Berufs- und Forschungsfreiheit entsprochen werden.

Die ausländische Rechtsordnung stellt demnach eine vorstrafrechtliche Werteordnung dar, die grundsätzlich im Rahmen der Frage nach der Strafberechtigung Berücksichtigung finden muss.

Dabei ist jedoch ein zentraler Aspekt nicht aus den Augen zu verlieren: Die Entscheidung des nationalen Gesetzgebers, dass von inländischem Boden aus die Beteiligung an nach nationalem Strafrecht strafbarem Verhalten im Ausland bzw. die Beteiligung daran durch einen Amtsträger oder für den öffentlichen Dienst besonders Verpflichteter im Ausland verboten sein soll, soll durch die vorliegende Untersuchung keineswegs in ihrem Grundsatz in Frage gestellt werden. Die vorliegende Arbeit beabsichtigt vielmehr, die Probleme der teilweise nach strafanwendungsrechtlichen Regelungen der §§ 3 ff. StGB sehr weitgehenden Ausdehnung der deutschen Strafgewalt herauszuarbeiten und aufzuzeigen, dass eine unreflektierte Anwendung der §§ 3 ff. StGB unter dem Aspekt des *ius puniendi* zu

981 Vgl. dazu die Darstellung von *Dannecker* in Hilgendorf/Beck (Hrsg.), Biomedizinische Forschung in Europa, S. 153, 188 ff..

982 Vgl. *Müller-Terpitz*, Pränatales Leben, S. 481.

fragwürdigen und wenig zufriedenstellenden Resultaten führt. So kommt diese, wie die Untersuchung gezeigt hat, zu teilweise befremdlichen Ergebnissen, wenn beispielsweise sich der deutsche Arzt nach dem TPG i.V.m. § 9 Abs. 2 S. 2 StGB strafbar machen kann, wenn er seinem Patienten zur Vornahme einer (nach dortigem Recht legalen) Organtransplantation im Ausland rät, die durch die (nach § 19 Abs. 1 Nr. 2 TPG strafbewehrte) Begrenzung des Spenderkreises des § 8 Abs. 1 S. 2 TPG nach inländischem Recht verboten ist.

7. Teil: Schlussbetrachtung

A. Zusammenfassung der Ergebnisse

Die Untersuchung hat gezeigt, dass bei Beteiligung an einem grenzüberschreitenden Forschungsprojekt im Bereich der Biomedizin sowohl für deutsche als auch für ausländische Forscher mit den §§ 3 ff. StGB ein erhebliches Strafbarkeitsrisiko besteht. So hat sich offenbart, dass die Anwendung des deutschen Strafrechts nach den §§ 3 ff. StGB in einigen Fällen zu weit geht und darüber hinaus bei einigen Fallkonstellationen nicht so zwingend indiziert ist, wie dies in Literatur und Rechtsprechung teilweise vertreten wird[983].

Deutlich wurde nicht nur, dass dieser Problematik sowohl europarechtliche als auch verfassungs- und völkerrechtliche Probleme innewohnen, sondern auch, dass die Antwort auf die letztlich zentrale Frage nach der Reichweite der staatlichen Strafgewalt nicht in den §§ 3 ff. StGB selbst geregelt ist, sondern diesen als Frage nach dem *ius puniendi* – der Strafberechtigung vorgelagert ist.

Die Fallkonstellationen im Bereich der grenzüberschreitenden biomedizinischen Forschung zeichnen sich insbesondere dadurch aus, dass die ihnen zugrunde liegenden rechtlichen Regelungen bei mehreren beteiligten Staaten in diesen teils sehr unterschiedlich geregelt sind. Im Kern geht es um die Einschränkung grundrechtlicher wie auch europarechtlicher Freiheiten, denen ein Rechtsgut gegenübersteht, dessen Wertigkeit bzw. Gefährdungsgrad meist bereits im Inland nicht geklärt ist. Daneben tritt die Tatsache, dass es sich in der Regel um eine Verhaltensweise handelt, die der nationalen Strafbarkeit unterliegen soll, obwohl das betreffende Rechtsgut am Handlungsort nach dortigem Recht als nicht schutzwürdig angesehen wird und das Verhalten am Recht des Forschungsortes gerade legal ist.

Im Mittelpunkt der Untersuchung der ersten Konstellation (Fünfter Teil, A.) stand die Frage, ob ein Verhalten, das vollständig im Ausland stattfindet, der nationalen Strafgewalt unterliegen darf.

Bereits die Frage nach dem Vorliegen des zu schützenden Rechtsguts gestaltete sich schwierig, da sich hier die Kontroverse abzeichnete, die die vorliegende

983 Vgl. die Zurechnung der Tatbeiträge und insb. der Handlungsorte im Rahmen der mittäterschaftlichen Tatbegehung.

Problematik ausmacht: Divergierende Rechtsauffassungen und Wertevorstellungen erschweren eine widerspruchsfreie Erstreckung der Strafgewalt. Zentrale Bedeutung erlangte daher die Frage, inwiefern eine solche Erstreckung der Strafgewalt legitimiert sein kann und wo sie ihre Grenzen finden muss. Diese Frage orientierte sich im Folgenden am Rechtsstaatsgebot des Art. 103 Abs. 2 GG und an einer der Kernaussagen der Entscheidung des BVerfG aus dem Jahre 2005 zum Europäischen Haftbefehlsgesetz, nämlich der Frage nach einem hinreichenden Inlandsbezug[984] und dem schutzwürdigen Vertrauen der Bürger, die anwendbare Rechtsordnung bei Auslandsstraftaten erkennen zu können und nur an die Rechtsordnung gebunden zu sein, die am Handlungsort maßgeblich ist. Stellt der Forscher im Ausland durch sein Handeln jedoch einen hinreichenden Inlandsbezug zu Deutschland her, so ist die Anwendbarkeit deutschen Strafrechts auch für den Forscher im Ausland vorhersehbar und der Strafberechtigung des deutschen Staates steht nichts entgegen.

Im Rahmen der Untersuchung der Vereinbarkeit mit Art. 103 Abs. 2 GG zeigte sich auch, dass ein Forschungsvorhaben in der Europäischen Union grundsätzlich unter den Schutz der europäischen Grundfreiheiten fällt und der nationalen Strafgewalt bereits aufgrund des Anwendungsvorrangs des Unionsrechts im Konfliktfall Grenzen gesetzt sein können.

Aufgrund des berufstypischen Charakters der Forschungstätigkeit stand auch die Vereinbarkeit mit den europäischen[985] und den nationalen Grundrechten in Frage.

Daneben hat die Untersuchung der strafanwendungsrechtlichen Anknüpfungskriterien unter völkerrechtlichen Gesichtspunkten gezeigt, dass eine völkerrechtlich zulässige Erstreckung der Strafgewalt nur bei Anknüpfung an das Staatschutzprinzip gegeben ist. Die Anknüpfung an das aktive Personalitätsprinzip zeigte sich hingegen unter Verzicht auf die doppelte Strafbarkeit als völkerrechtswidrige Intervention.

Auch im Rahmen der zweiten Konstellation (5.Teil, B.) erlangte neben der Akzessorietäts- und der Zurechnungsproblematik, die letztlich beide von untergeordneter Bedeutung waren, die Frage nach dem *ius puniendi* zentrale Bedeutung. Für den Forscher ergibt sich ein vergleichbar großes Strafbarkeitsrisiko wie im Rahmen der ersten Konstellation, mit dem Unterschied, dass er sich je nach Fallkonstellation nicht nur im Ausland, sondern auch auf deutschem Boden befindet.

---

984 Die nicht zu verwechseln ist mit der Frage nach der hinreichenden Verbindung zum Inland im Rahmen der strafanwendungsrechtlichen Untersuchung der §§ 3 ff. StGB.

985 Die im Rahmen der Prüfung der Grundfreiheiten relevant werden.

Dennoch sind auch dieser Konstellation Konflikte mit den europäischen Grundrechten und der Berufs- und Forschungsfreiheit immanent.

Die strafanwendungsrechtliche Regelung ist aufgrund der gesetzgeberischen Wertung, dass von nationalem Boden aus keine Rechtsgüterverletzung im Ausland aus stattfinden soll, verständlich, führt jedoch, wie gezeigt werden konnte, zu teilweise paradoxen Ergebnissen, für die es eine Lösung zu finden gilt.

Letztlich hat die Konstellation des Forschers im Ausland (Fünfter Teil, C.) das bereits zur zweiten Konstellation gefundene zentrale Ergebnis verdeutlicht, dass es weniger auf die beteiligungsdogmatische Einordnung des Tatbeitrags als vielmehr auf eine konkrete Untersuchung des Gewichts des Tatbeitrags selbst ankommt. So spielt es im Rahmen der Frage nach der Strafberechtigung keine Rolle, welcher Variante des § 9 StGB die Konstellation unterfällt. Vielmehr steht die Frage nach dem hinreichenden Inlandsbezug im Vordergrund, die anhand einer eingehenden Prüfung des Tatbeitrags dahingehend untersucht werden muss, wie sich der Forscher im Ausland an dem Projekt beteiligt hat und inwiefern sein Beitrag zum Erfolg der Tat beitrug.

Die Untersuchung der einzelnen Konstellationen hat gezeigt, dass die Strafgewalterstreckung begrenzt werden muss. Grundsätzlich ist es dem deutschen Staat zwar nicht verwehrt, seine Strafgewalt auch über die eigenen Landesgrenzen hinaus zur Anwendung zu bringen. Er muss dabei jedoch Grenzen beachten. Diese Grenzen aufzuzeigen war Ziel der vorliegenden Arbeit.

Im Ergebnis hat sich gezeigt, dass sich hierzu die Einbeziehung des ausländischen Berufsrechts als dem nationalen Strafrecht vorgehende Rechtsnormen anbietet, die im Rahmen der Frage nach der Strafberechtigung zu untersuchen ist.

Für den Forscher im Ausland, der durch seine entsprechende Beteiligung an einem Forschungsvorhaben im eigenen Land scheinbar zufällig in die „Strafrechtsfalle“ tappt, bedeutet dies, dass sein eigenes Berufsrecht, das ihm sein Handeln erlaubt, vorgehen muss. Etwas anderes mag gelten, wenn das Forschungsprojekt und die Rechtsgutsverletzung im deutschen Inland stattfinden sollen und er durch seinen Tatbeitrag derart daran mitwirkt, dass erst durch ihn das Projekt erfolgreich durchgeführt werden kann.

Doch auch für den deutschen Wissenschaftler im Inland darf nicht die wortgetreue Anwendung des § 9 Abs. 1 bzw. Abs. 2 S. 2 StGB zur unreflektierten Anwendung deutschen Strafrechts führen. Findet sich nach dem Recht am Forschungsort keine entsprechende Strafbarkeitsnorm, so ist die Anwendung des deutschen Strafrechts für den Beteiligten im Inland zumindest zu überdenken, da seine Verhaltensweise – in den hier interessierenden Fallkonstellationen – in der Regel nur einen geringen Strafwürdigkeitsgehalt aufweist. Dies hat vor allem deshalb zu gelten, weil die eigentliche Rechtsgutsbeeinträchtigung im Ausland stattfindet und der Beteiligte nur durch einen in der Regel untergeordneten Beitrag daran teilnimmt.

Diese Einschränkung kann von vornherein jedoch nur in den Fällen in Betracht gezogen werden, in denen sich der Tatbeitrag des Beteiligten im Inland tatsächlich als von untergeordneter Bedeutung ausmachen lässt und bloßen vorbereitenden oder unterstützenden Charakter hat.

Unter völkerrechtlichen Aspekten stellten sich die Regelungen des § 9 Abs. 1 bzw. Abs. 2 S. 2 StGB als weniger problematisch dar, als dies im Rahmen des § 5 Nrn. 12 und 13 StGB der Fall war. Zwar wird auch hier auf eine identische Tatortnorm verzichtet. Anders als im Rahmen der ersten Konstellation kommt es jedoch im Rahmen des § 9 StGB nicht zu einer Anwendung deutschen Strafrechts im Ausland. Da sich der Beteiligte im Inland befindet, lässt sich die strafrechtliche Erfassung seiner Tat auf das Territorialitätsprinzip stützen.

Anders für den Forscher im Ausland, zu dessen Strafbarkeit die überwiegende Ansicht der Lehre durch Zurechnung kommen mag: Die Begründung eines Handlungsortes im Inland durch Zurechnung und die damit einhergehende Erstreckung der Strafgewalt in das Ausland kommt einer Missachtung fremder Souveränität gleich, da sie ausländische Anschauungen und Wertungen, das entsprechende Verhalten nicht unter Strafe zu stellen, nicht achtet.

Um den nationalen Bewertungsanspruch sinnvoll zu begrenzen und dabei fremden Rechtsordnungen gebührenden Respekt zu zollen und völkerrechtliche Zurückhaltung walten zu lassen, bietet es sich an, das ausländische Recht und seine Vorgaben in die Beurteilung nach der Strafberechtigung mit einzubeziehen.

Dies darf keineswegs dazu führen, den nationalen Schutzstandard aufzuweichen und nationale Werte preis zu geben. An der innerstaatlichen Werte- und Normenordnung soll sich nichts ändern, entscheidend ist allein, durch hinreichende Beachtung der Frage nach dem Bestehen des *ius puniendi* das Strafbarkeitsrisiko bei der Beteiligung an grenzüberschreitenden Forschungsprojekten zu minimieren. Zwar ist aus nationaler Sicht nachvollziehbar, dass den nationalen Werten so umfassend wie möglich Schutz gewährleistet werden soll; ob es dafür jedoch in Zeiten, in denen nach deutschem Recht strafbares Verhalten möglicherweise durch europäische Grundfreiheiten geschützt ist, einer unbedingten Strafgewaltsausdehnung bedarf, ist fraglich. Durch den hier vorgeschlagenen Lösungsweg soll es weder zu einer Anwendung ausländischen Rechts noch zu einer Billigung von Rechtsgutsverletzungen im Ausland kommen.

Ziel ist lediglich, die Frage nach der Strafrechtsanwendung zu überdenken und nicht durch die strikte Anwendung der §§ 3 ff. StGB das deutsche Strafrecht zur

Anwendung zu bringen. Der Frage nach dem Bestehen des *ius puniendi*, in Verbindung mit der Untersuchung des betroffenen Rechtsguts und ihre Verträglichkeit mit Europa- wie Verfassungs- und nicht zuletzt mit dem Völkerrecht, soll verstärkt Gewicht verschafft werden.

Auch soll diese Vorgehensweise keinesfalls dazu führen, dass für einige Mitgliedstaaten gänzlich unerträgliche Vorgehensweisen gemeinschaftlich gefördert werden[986].

Zentrale Bedeutung erlangen daher zu setzende Grenzen der Straflosigkeit. Hierzu wird es erforderlich sein, allgemein anerkannte und übergreifend geregelte Standards herauszuarbeiten, Verhaltensweisen also, die weder durch die Berufs- oder Forschungs-, noch durch die Grundfreiheiten gerechtfertigt sein können. Letztlich kommt daher auch der hier erarbeitete Lösungsvorschlag nicht ohne übergreifende Regelungen und damit nicht ohne die Zuhilfenahme europäischer oder internationaler Organisationen aus.

B. Ausblick

Der EuGH hat mit seiner Entscheidung vom 18. Oktober 2011, in der er hinsichtlich der Auslegung der Richtlinie 98/44/EG über den rechtlichen Schutz biotechnologischer Erfindungen[987] entschied, dass Stammzellen, die aus menschlichen Embryonen gewonnen wurden, nicht patentiert werden dürfen, ein klares Signal gesetzt. Das Gericht stellt klar, dass es sich dem Schritt hin zu gelockerten Voraussetzungen von Forschungsmaßnahmen, bei denen es zur Vernichtung von embryonalen Stammzellen kommt und zu einem liberaleren Umgang mit der Embryonenforschung allgemein verschließt und betont stattdessen den Schutz des betroffenen Forschungsgegenstands.

Kritiker sehen die Forschung innerhalb der EU in diesem Bereich nun im internationalen Wettbewerb in Gefahr. Soll einerseits die Forschung im biomedizinischen Bereich auch mit Mitteln der EU unterstützt und ausgebaut werden, so erscheint dies hinsichtlich der Entscheidung des EuGH ambivalent, muss es

---

986 Vgl. *Streinz* in Hilgendorf/Beck (Hrsg.), Biomedizinische Forschung in Europa, S. 29, 45.

987 EuGH in Rs C-34/10 – Brüstle (noch nicht in der Sammlung der Rechtsprechung veröffentlicht). Das Vorabentscheidungsersuchen war durch den BGH am 21.01.2010 beim EuGH eingereicht worden und betraf insbesondere die Auslegung des Art. 6 der Richtlinie.

doch jedem klar sein, dass Forschung – unabhängig in welchem Sektor sie ausgeübt wird – nur dann wirklich gewinnbringend sein kann, wenn ihre Ergebnisse wirtschaftlich verwertbar sind. Dieser der eigentlichen Forschung nachfolgende Schritt wird durch die Entscheidung des EuGH erheblich erschwert bzw. innerhalb der EU nahezu unmöglich.

Daneben bleibt ein eklatanter Widerspruch als fader Beigeschmack des Urteils: Die Forschung an Zellen, die aus embryonalen Stammzellen hergestellt wurden, soll nach Ansicht der Richter zwar als Verstoß gegen die Menschenwürde angesehen werden. Gleichzeitig bleibt es jedoch in europäischen Ländern wie Schweden und Großbritannien erlaubt, gerade solche Zellen zu Forschungszwecken herzustellen. Zwar ist die Entscheidung originär zum Patentrecht ergangen, und die EU-Forschungskommissarin stellte kurz nach dem Erlass des Urteils klar, dass das Urteil als solches nicht bedeute, dass die Finanzierung der Stammzellforschung verboten werden müsse[988]. Dennoch hat die Entscheidung grundsätzliche Bedeutung für die Zukunft der Embryonenforschung in der EU, deren konkrete Auswirkungen in der biomedizinischen Forschung sich bereits unmittelbar im Anschluss an den Erlass des Urteils bemerkbar gemacht haben und insbesondere die Verhandlungen um die Zukunft des an das 7. Forschungsrahmenprogramm anschließende Projekt „Horizon 2020“ schwierig gestalteten. So hatten Europaabgeordnete mehrerer Fraktionen gefordert, auf die Finanzierung der Forschung mit menschlichen embryonalen Stammzellen komplett zu verzichten. Für die Palamentarier war unverständlich, wieso Forschungsvorhaben finanziell unterstützt werden sollten, deren Ergebnisse innerhalb der Europäischen Union letztlich nicht patentiert werden dürfen. Auch der Rechtsausschuss des EU-Parlaments sprach sich im Herbst 2012 dafür aus, auf die finanzielle Förderung der Forschung, bei der menschliche Embryos getötet oder menschliche embryonale Stammzellen verwendet werden, komplett zu verzichten, und erhöhte so den Druck auf die Europäische Kommission.

Daneben formierte sich auch Widerstand in der Bevölkerung: In Deutschland wurde die Initiative „Einer von uns“ gegründet, die für eine Stärkung des Embryonenschutzes in der EU und insbesondere für ein Verbot der Finanzierung von Projekten, bei denen menschliche Embryonen zerstört werden, eintritt. Zentraler Kritikpunkt ist, dass in einem europäischen Verbundprojekt beispielsweise die Forschung mit embryonalen Stammzellen, die nach dem 1. Mai 2007 gewonnen wurden, erlaubt sei, während dies in Deutschland gem. § 4 StZG verboten sei.

---

988 Vgl. Dt. Ärzteblatt, Nachrichten vom 30.11.2011.

Um letztlich für mehr Rechtssicherheit auf dem Gebiet der biomedizinischen Forschung zu sorgen und gerade die grenzüberschreitende Forschung in der EU im globalen Wettbewerb zu stärken, bleibt als einzig praktikable Lösung für die Zukunft die Schaffung international abgestimmter Regelungen auf diesem Gebiet[989]. Der Europäischen Union stehen hierzu mangels Kompetenzen nur bedingt Möglichkeiten zur Verfügung[990].

Denkbar wäre hier jedoch ein (Wieder-)Tätigwerden des Europarates. Die Arbeit ist mit dem Zusatzprotokoll zum Übereinkommen über Menschenrechte und Biomedizin über biomedizinische Forschung aus dem Jahre 2005 zwar bereits auf den Weg gebracht. Gerade, weil jedoch dieses Vorhaben den heiklen Bereich der Embryonenforschung ausklammert, konnte es noch nicht beendet werden. Auch die Arbeiten an einem gesonderten Zusatzprotokoll zur Embryonenforschung wurden aufgrund der Unmöglichkeit einen gemeinsamen Ansatz auszumachen, nach Veröffentlichung eines umfassenden Berichts im Jahre 2003, der die verschiedenen Positionen und deren Begründungen widergibt, eingestellt und ruhen seither[991]. Hier besteht dringender Handlungsbedarf, um die grenzüberschreitende Forschung zu erleichtern.

Bis dies gelingen wird, bleibt jedoch die Teilnahme an grenzüberschreitenden Forschungsprojekten für die Wissenschaftler weiter mit einem Strafbarkeitsrisiko behaftet. Ein allgemeinverbindlicher Leitfaden für die Praxis lässt sich aufgrund der Komplexität der Sachverhalte und der beteiligten und sich teilweise widersprechenden Rechtsordnungen nach nationalem Recht kaum erarbeiten. Die vorliegende Untersuchung hat jedoch gezeigt, dass man der Problematik mit der Beachtung der Frage nach dem Bestehen der Strafgewalt begegnen und eine reflektierte Anwendung des Strafanwendungsrechts unter ergänzender Beachtung materieller Aspekte zu durchaus sinnvollen und angemessenen Ergebnissen führen kann, die dem ausländischen Recht hinreichend Rechnung tragen.

Im Rahmen dieser Überlegung stellt sich schließlich die Frage, ob es ein nationales *ius puniendi* als solches überhaupt noch geben kann oder ob das *ius puniendi* neu zu definieren und im Sinne eines europäischen *ius puniendi* zu entwickeln

989 Vgl. dazu *Dannecker* in Hilgendorf/Beck (Hrsg.), Biomedizinische Forschung in Europa, S. 153, 173, 199.

990 Vgl. hierzu die Ausführungen bei *Dannecker* in Hilgendorf/Beck (Hrsg.), Biomedizinische Forschung in Europa, S. 153, 174 ff., insb. 188 ff..

991 Vgl. dazu die Übersichtsseite zur Embryonenforschung des Europarates, http://www.coe.int/t/dg3/healthbioethic/Activities/04_Human_embryo_and_foetus_en/default_en.asp [Stand 18.11.2013].

ist. Gemessen an dem Europäisierungsprozess, der seit der Gründung der Europäischen Union durch den Vertrag von Maastricht im Jahre 1992 in Gang gesetzt wurde und seither stetig und zuletzt entscheidend durch die Rechtsverbindlichkeit des Lissabonner Vertrages, aber auch – wie gesehen – durch die stetige Entwicklung der Rechtsprechung des EuGH Vorschub erfahren hat, scheint es kaum mehr zeitgemäß, die Strafberechtigung allein national zu beurteilen. Die Überlegung, ob das *ius puniendi* nicht völlig neu und im europäischen Kontext definiert werden muss, scheint nach alledem zumindest bedenkenswert.

www.ingramcontent.com/pod-product-compliance
Ingram Content Group UK Ltd.
Pitfield, Milton Keynes, MK11 3LW, UK
UKHW021913290926
8980IPUK00015B/1233

9 783631 646632